赫尔墨斯国际前沿论文书系

主　编　汝　信

副主编　金惠敏

策　划　张云鹏

全球的美国？
——全球化的文化后果

(德)乌尔里希·贝克
(以)内森·施茨纳德 等著
(奥)雷纳·温特

刘　倩　杨子彦　译

河南大学出版社
·郑州·

图书在版编目(CIP)数据

全球的美国?:全球化的文化后果/(德)乌尔里希·贝克等著;刘倩,杨子彦译. —郑州:河南大学出版社,2011.3
(赫尔墨斯国际前沿论文书系)
ISBN 978-7-5649-0394-7

Ⅰ. ①全… Ⅱ. ①乌… ②刘… ③杨… Ⅲ. ①全球化—影响—文化—研究—世界 Ⅳ. ①G112

中国版本图书馆 CIP 数据核字(2011)第 044845 号

责任编辑	武新军
责任校对	李菊红
封面设计	吕　玮

出　版	河南大学出版社
	地址:郑州市郑东新区商务外环中华大厦 2401 号　邮编:450046
	电话:0371－86059701(营销部)　　网址:www.hupress.com
排　版	郑州市今日文教印制有限公司
印　刷	郑州市今日文教印制有限公司
版　次	2012 年 5 月第 1 版　　　印　次　2012 年 5 月第 1 次印刷
开　本	890mm×1240mm　1/32　　印　张　17.625
字　数	365 千字　　　　　　　　　定　价　44.00 元

(本书如有印装质量问题,请与河南大学出版社营销部联系调换)

总　　序

马克思曾批评旧哲学只是以不同的方式"解释世界",而不知道更重要的工作乃是"改变世界"。马克思主义哲学以其实践性品格而著称。

孔夫子的解释学亦侧重于学以致"用"的方面,例如说:"诵诗三百,授之以政,不达;使于四方,不能专对;虽多,亦奚以为?"显然,对他而言读诗的最高境界不在诗内而在诗外。

当代西方社会学家齐格蒙特·鲍曼描述说:如今人文知识分子已从过去的"立法者"蜕变为"解释者"。鲍曼将前者视为现代性,后者为后现代性。其价值倾向,这里不去究问。

因此,当我们将丛书定名为"赫尔墨斯"云云是否便意味着一个消极的和保守的计划呢?

2　全球的美国？——全球化的文化后果

赫尔墨斯，源出于古希腊神话，在他的诸多职能中，以作为神的信使最著名，因而"解释学"（hermeneutics）就是由他而来的。"在所有西方语言中，赫尔墨斯词源意味着：表达和辩术、转译和解释。"（贝尔纳·斯蒂格勒）

但是，我们所理解的"赫尔墨斯"却并不仅仅是"解释"，或仅仅局限于不及物的"认识"。解释学有待于重新解释。

第一，"解释"本身其实就孕育着"改变"的种子。我们何以要解释？"解释"不是解释行为的目的。"解释"是去蔽，是揭开隐藏的真理，是神话中所谓的"传达神的旨意"。对世界的"改变"当依赖于先于对它的"解释"或"认识"，因为毫无疑问，人是理性的动物。"解释"总是为"改变"构筑蓝图。"改变"自然也会反过来确认和修正"解释"。

第二，对于人文学者来说，其本职工作在于"解释"，在于为最终的"改变世界"提供合乎真理的知识。一个人文学者固然可以带着他的知识去从事其他职业，去做觉醒了的浮士德，但他将不再是学者了。学者以学术为业，以学术向世界说话。在他，"言"即是"行"，言行不二，以言行事。

因而我们的"赫尔墨斯"代表着坚守学术本位而又积极进取的入世态度。"解释世界"意在"改变世界"，或者说，"改变世界"先已内在于而不是拘禁于"解释世界"。

进入新世纪，我们是愈益强烈地感受到全球化力量的冲击和挑战。《共产党宣言》所期待的"世界文学"虽未实现，远未实现，但已在缓缓地向我们逼近了。而倘若把"世界文学"视为一个过程,那么它实际上早已开始。全球化是一种变革性的力量,生活在变,知识在变,一切传统的东西都在经历着某种转型。

全球化对学术提出了更高的要求:要求超越民族之"片面性和局限性"的"世界文学"视野,要求解决世界共同问题的勇气和能力。我们无权选择"国际性",就像我们无权选择事实一样。"国内学术界"正在汇入"国际学术界"。"国际性"已表现为当前学术的一个基本事实。我们被裹挟于其中。我们只能向"国际前沿"走去。否则,便不得不接受被边缘化的命运。

丛书提出一个"论文书"的概念,是有针对性的。近些年,形式上的"厚""重""大"书很受追捧,而一些很有学术分量的论文却难以找到恰当的方式面世:杂志嫌它长,出版社嫌它短,科研管理部门嫌它是"论文(集)"而不是"专著"。异乎此,我们则坚信,要发展学术,首要的是从一篇篇的论文做起,然后庶可形成真正的大书。

设立在百年老校河南大学的"河南省高校人文重点学科开放研究中心",自建立之日起就以开放的姿态和视界开展学术活动、组织学术研究,近年来在海内外产生一定的影响。现在,中心主任张云鹏教授出于对学术发展大势的把握,以前瞻性的目光,又将这套以"赫尔墨斯"为宗旨的丛书列入中心的工作日程。丛书有了"家",有了"温暖",但也更有了不容懈怠的"责任"。我们组织者个人能力有限,惟望得到海内外学人的不吝支持。学术是大家的事业,远的说,也是全人类的事业。

我们不敢对丛书做过高的期许,但我们会以较高的标准要求丛书,以敬畏之心对待我们的学术事业。"只问耕耘,不问收获"。

是为序。

汝信 中国社会科学院学部委员、河南省高校人文重点学科开放研究中心学术委员会主任

2008年3月4日

目　　录

作者简介 ………………………………………………（1）
致谢 ……………………………………………………（1）
引言 ………………………内森·施茨纳德/雷纳·温特（1）

第一部分　理论视角

第一章　有根的世界主义:从差异竞争中兴起
　　………………………………………乌尔里希·贝克（23）
第二章　评估麦当劳化、美国化、全球化
　　………………………乔治·里泽/托德·斯蒂尔曼（46）
第三章　文化、现代性与即时性…………约翰·汤姆林森（76）
第四章　帝国主义、普遍主义与霸权主义——国际社会中
　　政治与经济之间的关系………………………丹·戴纳（102）

第二部分　国家个案研究

第五章　超级大国例外论:美国方式的全球化

.... 简·里德文·皮尔特斯(157)

第六章 "美国化"论争：以法国为例…… 理查德·库索尔(212)

第七章 消费、现代性与日本文化身份：美国化的局限？
.... 杰拉德·德兰迪(243)

第三部分　跨国化进程

第八章 网络经济中的技术移民 ………… 翁爱华(279)

第九章 记忆的美国化：以大屠杀为例
.... 内森·施茨纳德(313)

第十章 从里斯本灾难到奥普拉·温弗莉：全球化时代作
为身份的苦难 ………… 伊娃·伊洛兹(337)

第十一章 全球媒介、文化变迁与在地改造：文化研究对
社会学混杂形成理论的贡献 …… 雷纳·温特(367)

第十二章 "摇滚化"：世界流行音乐的同中有异
.... 莫蒂·芮杰夫(398)

第十三章 互联网：美国化的工具？……… 罗伯·克鲁斯(421)

第十四章 欧洲的反美主义(与反犹主义)：一再被矢口否认的
现实………… 安德烈·S·马柯维特斯(451)

第四部分　结　　语

第十五章 重新思考美国化 ………… 罗兰·罗伯逊(533)

译后记 ....(545)

作者简介

乌尔里希·贝克(Ulrich Beck),德国慕尼黑大学社会学教授,英国伦敦政治经济学院终身客座教授。著有《风险社会》(*Risk Society*, 1992)、《自反性现代化》(*Reflexive Modernization*,1994,与安东尼·吉登斯[Anthony Giddens]、斯科特·科什[Scott Lash]合著,1995)《风险时代的生态政治学》(*Ecological Politics in an Age of Risk*,1995)、《生态启蒙》(*Ecological Enlightenment*,1995)、《爱情的正常性混乱》(*The Normal Chaos of Love*,1995,与 E·贝克-吉恩思海姆[E Beck-Gernsheim]合著)、《再造政治》(*The Reinvention of Politics*, 1996)、《民主制度所向无敌》(*Democracy Without Enemies*, 1998)、《世界风险社会》(*World Risk Society*,1999)、《勇敢新世界》(*The Brave New World of Work*, 2000)、《个人化》

(*Individualization*,2000)等。

杰拉德·德兰迪(Gerard Delanty),英国利物浦大学社会学教授。1998年纽约大学、多伦多大学客座教授,2000年日本东京同志社大学客座教授,曾在爱尔兰、德国、意大利等多所大学授教。著有《创造欧洲》(*Inventing Europe：Idea, Identity, Reality*,1995)、《反思爱尔兰历史：民族主义、身份认同与意识形态》(*Rethinking Irish History：Nationalism, Identity and Ideology*,1998,与帕特利特[Patrick O'Mahony]合著)、《社会科学：超越构成派与现实派》(*Social Science：Beyond Constructivism and Realism*,1997)、《变动世界中的社会理论》(*Social Theory in a Changing World*,1999)、《现代性与后现代性：知识、权力与自我》(*Modernity and Postmodernity：Knowledge, Power and the Self*,2000)、《全球时代的公民身份》(*Citizenship in a Global Age*,2000)、《挑战知识：知识社会中的大学》(*Challenging Knowledge：The University in the Knowledge Society*, 2001)、《民族主义与社会理论》(*Nationalism and Social Theory*,2002,与帕特利特合著)等。

丹·戴纳(Dan Diner),曾为丹麦欧登塞大学、德国埃森大学、以色列特拉维夫大学教授。1999年任莱比锡大学西蒙·都布诺(Simon Dubnow)犹太历史文化研究所所长。2002年为以色列耶路撒冷希伯来大学现代欧洲历史教授。著有《超乎想象：德国、纳粹主义、大屠杀研究》(*Beyond the Conceivable：Studies on Germany, Nazism, and the Holocaust*, 2000)、《凯尔森与施米特：并置》(Hans Kelsen and Carl Schmitt：A Juxtaposition，与米歇尔·斯托莱斯[Michael Stolleis]合著，1999)、《世界理解：大历史解读》(Das Jahrhundert verstehen：Eine universalhistorische Deutung，1999)、《轮回：国家社会主义与记忆》(Kreislähfe：Nationalsozialismus and Gedächtnis，1995)、《颠倒的世界：德国的反美思潮》(Verkehrte Welten：Antiamerikanismus in Deutschland，1993)。

伊娃·伊洛兹(Eva Illouz)，耶路撒冷希伯来大学社会学高级讲师。著有《消费浪漫乌托邦：爱情与资本主义的文化矛盾》(Consuming the Romantic Utopia：Love and the Cultural Contradictions of Capitalism，1997)。即将出版《奥普拉·温弗莉与痛苦的魔力》(Oprah Winfrey and the Glamour of Misery，哥伦比亚大学出版社)、《扁平身份与深厚联系：人类社会的风险》(Flat Identities and Thick Relation：The Rise of Homo Communicans，加利福尼亚大学出版社)。

罗伯·克鲁斯(Rob Kroes)，荷兰阿姆斯特丹大学"美国研究中心"主席、欧洲"美国研究协会"前主席(1992-1996)，撰著、主编31部著作，代表作主要有《持续的种族划分》(The Persistence of Ethnicity，1992)、《见微知著：欧洲与美国的大众文化》(If You've Seen One, You've Seen the Mall：Europeans and American Mass Culture，1996)等，新著则有《他们、我们：全球化时代的公民身份问题》(Them and Us：Questions of Citizenship in a Globalizing World，2000)。主编了于阿姆斯特丹出版的两套丛

书:《欧洲美国研究》(European Contributions to American Studies)、《阿姆斯特丹美国研究专题》(Amsterdam Monographs in American Studies)。

理查德·F·库索尔(Richard F Kuisel),美国乔治城大学"德国与欧洲研究中心"历史学教授;曾任纽约州立大学石溪分校历史学教授(1980-2000)、加利福尼亚大学伯克利分校历史学助教(1970-1980)。曾因对欧洲历史的研究而获得纽约欧洲历史学家协会奖(1995),另获"吉尔贝·希纳尔"(Gilbert Chinard)奖(1993)。著有 Le miroir américain: 50 ans de regard français sur l'Amérique (1996)、《诱使法国人:美国化进退两难》(Seducing the French: Dilemma Of Americanization, 1993)、Le capitalisme et l'état en France: Modernisation et dirigisme au. XXe siècle(1984)、《现代法国的资本主义与政府:20世纪的变革与经济管理》(Capitalism and the State in Modern France: Renovation and Economic Management in the Twentieth Century, 1981)、Ernest Mercier: French Technocrat(加利福尼亚大学出版社,1967)等。

简·里德文·皮尔特斯(Jan Nederveen Pieterse),美国伊利诺斯大学厄本那香槟分校社会学教授。曾为荷兰海牙社会研究中心助教。曾在加纳、英国等多个国家任教,也担任过日本、印度尼西亚的访问教授。著有《发展理论:解构与重建》(Development Theory: Deconstruction/Reconstruction, 2000)、《西方通俗文化中的非洲与黑人形象》(White on Black: Images of Africa and

Blacks in Western Popular Culture, 1992)、《帝国与解放:世界范围的权力与解放》(Empire and Emancipation, 1989)。主编有《形塑全球化》(Shaping Globalization, 2000)、《发展中的世界秩序》(World Orders in the Making: Humanitarian Intervention and Beyond, 1998)、《想象的去殖民化》(The Decolonization of Imagination, 1995, 与海库·巴克雷[Bhikhu Parekh]合编)、《解放、现代、后现代》(Emancipations, Modern and Postmodern, 1992)、《基督教与霸权》(Christianity and Hegemony, 1992)等。

翁爱华(Aihwa Ong),美国加利福尼亚大学伯克利分校东南亚研究中心人类学教授。出版有《灵活的公民身份:跨国性的文化逻辑》(Flexible Citizenship: The Cultural Logics of Transnationality, 1999)、《虚幻帝国:现代中国跨国主义的文化政治》(Ungrounded Empires: The Cultural Politics of Modern Chinese Transnationalism, 主编, 1997)、《东南亚的性别与身体政治》(Bewitching Women, Pious Men: Gender and Body Politics in Southeast Asia, 主编, 1995)、《反抗精神与资本主义纪律:马来西亚的工厂女工》(Spirits of Resistance and Capitalist Discipline: Factory Women in Malaysia, 1987)等。

莫蒂·芮杰夫(Motti Regev),爱尔兰开放大学社会学、政治学、传播学系高级讲师。著有《流行音乐与爱尔兰文化》(Popular Music and Israeli Culture, 即出, 合著, 加利福尼亚大学出版社)、《摇滚美学与世界音乐》(Rock Aesthetics and Musics of the World, 1997, 《理论、文化与社会》14)、《生产艺术价值:以摇滚乐为例》(Producing Artistic Value: The Case of Rock Music, 1994,《社会学季刊》35)等。

乔治·里泽(George Ritzer),美国马里兰大学教授,教学、科研能力杰出,曾获优秀教师奖。福布莱特·海斯(Fulbright Hays)基金学者,荷兰高级研究所研究员,瑞典社会科学高级研究委员会研究员,俄罗斯科学院教科文组织社会理论研究教职。代表作有《社会学:多元范式学科》(Sociology: A Multiple Paradigm Science, 1975)、《朝向整合的社会学范式》(Toward an Integrated Sociological Paradigm, 1981)《社会学的元理论化》(Metatheorizing in Sociology, 1991)。还撰著有《社会的麦当劳化》(The McDonaldization of Society, 1993)、《表达美国:全球信用卡社会的批评》(Expressing America: A Critique of the Global Credit-Card Society, 1995)、《麦当劳化命题:范围与探究》(The McDonaldization Thesis: Extensions and Explorations, 1998)、《沉醉于去魅化的世界:消费手段的革命》(Enchanting a Disenchanting World: Revolutionizing the Means of Consumption, 1999)。著作被翻译成多国语言,《社会的麦当劳化》一书,至少已有超过十二种语言的译本。另与巴里·斯马特(Barry Smart)合编有《社会理论手册》(Handbook of Social Theory, 2001)。

罗兰·罗伯逊(Roland Robertson),英国阿伯丁大学社会学会教授。曾任美国匹兹堡大学社会学与宗教研究教授。有专著、合著多种,代表作有《意义与变化》(Meaning and Change)、《国际体系与社会的现代化》(*International Systems and the Modernization of Societies*)、《宗教的社会学阐释与全球化》(*The Sociological Interpretation of Religion and Globalization*)等。

托德·斯蒂尔曼(Todd Stillman),美国马里兰大学帕克分校社会学系研究生。主要研究社会理论、消费。与人合著的论文,内容涉及居伊·德波(Guy Debord)与情境主义、拉斯维加斯赌场、消费服务等。

内森·施茨纳德(Nathan Sznaider),以色列特维拉夫大学社会学副教授。主要研究道德伦理、流行文化、集体记忆。著有《同情:现代社会的关爱与残忍》(*The Compassionate Temperament: Care and Cruelty in Modern Society*, 2000)、《资本主义中的同情》(*über das Mitleid im Kapitalismus*, 2000)等。近年来与丹尼尔·李维(Daniel Levy)合作,完成了大屠杀记忆与全球化的研究著作《大屠杀:全球化时代的记忆》(*Erinnerung im globalen Zeitalter: Der Holocaust*, 2001)。

约翰·汤姆林森(John Tomlinson),英国诺丁汉大学文化社会学教授、国际信息文化研究中心主任。专著《文化帝国主义》(*Cultural Imperialism*)、《全球化与文化》(*Globalization and Culture*)被译成多国文字。

雷纳·温特(Rainer Winter),社会学家,奥地利克拉根福大学传播理论与文化研究教授、传媒研究所主任。在社会理论、文化社会学、文化与媒介研究方面,有多种论著发表。近年来的著作,主要有《坚执的艺术:作为批评与权力的文化研究》(*Die Kunst des Eigensinns: Cultural Studies als Kritik der Macht*, 2001)、《文化、媒介、权力:文化研究与媒介分析》(*Kultur, Medien, Macht: Cultural Studies und Medienanalyse*), 1999、《娱乐的政治》(*Politik des Vergnugens*, 2000)、《制造流行》(*Die Fabrikation des Populären*, 2001)、《文化研究工具》(*Die Werkzeugkiste der Cultural Studies*, 2001)等。

安德烈·S·马柯维特斯(Andrei S. Markovits),美国密歇根大学阿瑟·舍瑙(Arthur F. Thurnau)冠名教授、卡尔·多伊奇(Karl W. Deutsch)学院比较政治学与德国研究教授。在多所大学拥有政治学系、日耳曼语言文学系、社会学系教授席位。研究领域包括欧美运动文化比较、人类与动物之间的关系、欧洲的反美主义等。著有《逐鹿世界:运动如何重塑全球政治、文化》(*Gaming the World: How Sports Are Reshaping Global Politics and Culture*,普林斯顿,2010,合著)、《没有教养的国度:欧洲为什么不喜欢美国》(*Uncouth Nation: Why Europe Dislikes America*,普林斯顿,2007)、《越位:美国运动文化中的足球》(*Im Abseits: Fussball in der amerikanischen Sportkultur*,汉堡,2002,合著)、《越位:足球与美国例外论》(*Offside: Soccer and American Exceptionalism*,普林斯顿,2001,合著)、《德国的困境:新欧洲的记忆与权力》(*The German Predicament: Memory and Power in the New Europe*,伊萨卡,1997)等。

致 谢

我们希望能够阐明美国化与全球化文化后果研究的新视角。本书所收文章,源出于 2000 年 10 月德国施洛斯埃尔毛(Schloss Elmau)"全球的美国"会议。衷心感谢埃尔毛主管迪尔马特·米勒-埃尔毛(Dietmar Müller-Elmau)先生的慷慨之举,是他令此次会议的召开成为可能。

引　言

内森·施茨纳德（Nathan Sznaider）
雷纳·温特（Rainer Winter）

"小心：后视镜中之物，或许比看上去的距离更近。"这一警告见于让·鲍德里亚（Jean Baudrillard）《美国》(*America*, 1988:1) 一书的开端。用游记的形式，鲍德里亚将美国视作世界的中心。在他看来，美国代表了第一个真正的现代社会，激进（radicalness）与冷漠（indifference）使得美国成为世界上其他国家实际上是欧洲学习仿效的榜样。他分析了电影、电视对日常生活的形塑，分析了表层（surface）、速度的中心重要性，分析了美国景观那些激荡人心的体验，特别是其荒凉空旷的沙漠、都市生活的社会与文化面貌。这些分析促使他断言了"社会的死亡"。维姆·文德斯(Wim Wenders)①在旅美之后,也尖锐反思了美国的图像和迷思,反思了广告、好莱坞对体验和想象的威胁。这种反思亦见于他的公路电影如《得克萨斯的巴黎》(*Paris, Texas*,1984)等。然而,美国东南部的风景,洛杉矶、休斯顿等都市,还有美国通俗文化的各种符号,这些文德斯镜头下引人入胜的景观,也泄露了他自己的矛盾心态。因此,他看起来不像鲍德里亚那么悲观。在其理论性文字中,文德斯警告美国文化工业产品对幻想(fantasy)的殖民化(文德斯,2001),他的《得克萨斯的巴黎》以及别的一些电影,则将美国社会描绘得更为复杂、多面。面对好莱坞树立的美国形象,作为电影人的文德斯形成了自己的文化身份认同。此外,摇滚音乐也使他避开德国战后文化成为可能。音乐连同喜剧、约翰·福特(John Ford)②的电影、达希尔·哈米特(Dashiell Hammett)和雷蒙德·钱德勒(Raymond Chandler)的小说③,为文德斯提供了一个想象美国的视野,这无疑形塑了他

---

① 维姆·文德斯:1945-,德国著名导演,主要代表作有《得克萨斯的巴黎》(1984)、《柏林苍穹下》(1987)、《云上的日子》(1994)、《乐满哈瓦那》(1998)等。——译注

② 约翰·福特:1895-1973,美国电影导演,"西部片"之王。主要代表作有《铁骑》(1924)、《关山飞渡》(1939)、《愤怒的葡萄》(1940)、《青山翠谷》(1941)、《沉默的人》(1952)、《日落狂沙》(1956)、《平西志》(1962)等。——译注

③ 达希尔·哈米特:1894-1961,美国侦探小说家,作品多次被改编为电影,代表作有《血腥的收获》(1929)、《马耳他之鹰》(1930)、《瘦子》(1932)等。雷蒙德·钱德勒:1888-1959,美国侦探小说家,作品多次被改编为电影,代表作有《长眠不醒》(1939)、《再见吾爱》(1940)、《高窗》(1942)、《湖底女人》(1943)、《简单的谋杀艺术》(1950)、《重播》(1958)等。——译注

自己的幻想、希望和乌托邦梦想。而更早一点,还有 19 世纪造访美国的托克维尔(Alexis de Tocqueville),开启了借鉴美国这面棱镜以自我反思的欧洲传统。托克维尔强调,尽管存在奴隶制与事实上的不平等,平等却是美国基本的文化修辞。他还是最早讨论民主社会中个人主义潜在破坏力量的思想者之一,这使他成为所谓的"大众社会"批评家们的祖师。由于个人主义与自由成为一种信念,托克维尔还强调了现代社会的宗教虔信。他知道,专制政治不需要信仰,自由却比任何时候都更需要信仰。

"美国化"概念,或许是理解这些问题的关键。欧洲之内和欧洲之外(如以色列)的"老左派"、"老右派"(日薄西山的两种形态),过去、现在都常常将道德、文化、传统、公民身份的式微归咎于美国化。哎呀,这倒是真的,美国的确非常擅长于大众消费,但这种看法却将消费文化视作某种自外输入的传染病,而非社会繁荣昌盛的题中应有之意。

欧洲知识分子这些各各不同,但相互关联的视角,为思考本书所涉及的那些难题提供了一个良好开端。本书从"美国化"这一现象出发,讨论了全球化的文化后果。一般说来,迄今为止,各种讨论均发生在如下二者的紧张关系之中:一边是坚定的批评与悲观的断言,一边是模棱两可,有时甚至略显积极的评价。除了文德斯,别的人都可视作对美国化的肯定。这些相互冲突的视角,没有任何折中妥协的余地,并且在争论中一再重现。它们决定了各种公开的讨论,对社会发展和未来前景表达了希望与忧虑。不同于这种冲突的立场,本书旨在推动对"全球的美国"这一问题的深入讨论。理论分析和经验研究有助于避免各执一端,从而厘清思想、辨明事实。除了我们熟知的"美国化"这一现象之外,还有大量相互关联的问题和难点,值得我们分析理解,值得展开经验性的调查、批判性的讨论。本书收录的这些文章表明,我们有可能对全球化过程做出细致谨严、不偏不倚的界定,力求将全球化的文化后果清楚地呈现出来。

全球化这一观点在社会学的日益盛行,在于今日诸多问题无法在民族国家的层面得到充分解释,只能借助于对全球(跨国)过程的分析。因此,好莱坞的影像、麦当劳、汉堡王(Burger King)快餐、耐克运动鞋及其配饰品,指向的便是文化商品的生产、流通、接受过程,其中,美国产品无疑占据了支配地位。有的批判阐释分析了"消费主义的文化意识形态"(斯克莱尔[Sklair],1998),试图尽可能多地将世界各地的社会群体、文化认同囊括无遗。正如马克思·霍克海默(Max Horkheimer)、狄奥多·阿多诺(Theodor W Adorno)在其著名的文化工业理论中所认为的那样(1972),对消费的参与,并未出现在文化变得更为整齐划一、标准化的福特式(Fordistic)场景之中。(全球)市场事实上需要差异性,差异性正是市场推广策略发展的基础。批评家们认为,灵活、流动的组织方式为每一西方社会群体提供了他们在"身份政治"框架中发展、表达其身份认同所需的消费商品。(哈尔特[Hardt]、内格里[Negri],2000:152ff.)甚至反主流文化,也被深刻地整合进了渗入我们每个人日常生活的跨国消费的世界。弗雷德里克·詹姆逊(Fredric Jameson,1998:64)认为,在这种消费主义的演进中,存在着"发展变化中的各种力量,它们起源于北美,源自于今日美国无可匹敌的重要地位,因而是'美国生活方式'和美国的大众传媒文化"。詹姆逊的这一阐释,意味着"新的世界文化"是由美国所宰制的。

我们这个时代对于全球化的焦虑,在不同的观点中、在不同的行动者身上,重演了一个世纪之前对于美国化的焦虑。无论过去还是现在,全球文化的主题都是政治、意识形态、学术论争的对象。这些论争大多在二元术语的框架之下提出,将民族与后民族模式排列并置:前者认为全球化是民族价值观念的肤浅替代。后民族主义时期,这些所谓的"民族价值观念"往往美其名曰"本真性"(authenticity)。同样,早期的现代化学者和晚近的后民族主义者,也运用那些相互排斥的范畴。前者认为,地方/地区/种族之间的纽带不过是行将被大众的民族化过程(the nationalization of the masses)革除取消的原始残余。不过,普遍还是认为全球并未取代国家(地方),而是与之形成辩证关系。全球化关乎共时性(simultaneity),关乎通常所谓的全球与地方的相互渗透——或说得更抽象些,关乎普遍性与特殊性的相互渗透(如果愿意,您还尽可称之为"美国"与"地方"的相互渗透)。

如果不再从生产、市场的角度分析消费过程,极为明显的便是文化商品在接受、篡取(usurped)、臣服于语境化(contextualization)同时亦是地方化(localization)的过程中,可以获得自身的意义。(罗伯逊[Robertson],1995)民族学志的研究表明(米勒[Miller],1994),这也适用于可口可乐、麦当劳汉堡、芭比娃娃等全球产品。比起全球公正、人权、悲悯（compassion）等等"大"问题来，这些问题极易被嗤为平庸、琐碎。尽管如此，论及全球伦理，甚至全球记忆等问题时（李维［Levy］、施茨纳德［Sznaider］，2001），也可以越来越明显地看到语境化、地方化过程所起到的作用。

在多样化与相应的产品推广设法应对全球差异性的同时，各种创造性的挪用（appropriation）形式也在地方化的过程中应运而生。这些挪用形式，为流通全球的各种文化商品（观念上的、具体的）赋予了特殊意义。消费者有效地接管这些商品，使之成为创造、发展个人身份的资源。与此同时，还可以看到重新利用、创造性使用这些资源的各种"战术"（tactics，德·赛尔托［de Certeau］，1984），这是产品制造商所无法预见的。一些乐观的阐释，将"来自底层的多样化"（格罗斯伯格［Grossberg］，1997）视作一种"外置"（excorporation，费斯克［Fiske］，1996）、篡取（全球）产品而为己所用的过程。通过这种方式，人们可以利用全球流动所提供的资源来生成他们自己的文化。（温特［Winter］，2001）毕竟，内斯托尔·加西亚·坎西利尼（Néstor Garcia Canclini，1995）业已用拉丁美洲的事例表明，折中调和地、充满娱乐精神地、创造性地对待全球产品如何导致了以"不纯"（impurity）、融合、混杂性而著称的新文化的发展壮大。詹姆斯·罗尔（James Lull，2001:157）认为，混杂的力量实际上是当代文化活动的本质特征。我们是在一个全球信息的时代建设着"超文化"（superculture），这个时代以日新月异、"复杂的连通性"（汤姆林森[Tomlinson],1999)、无远弗届地轻松获取文化资源为明显特征。这种"超文化"使得身份与行动的新趋向、新构成成为可能。它表现为各种不同的形式,开诚布公地拥抱变化,并能形成新的交流模式,如使用电子网络。互联网就是一个绝佳的例子。罗尔(2001:144ff.)认为,这原本是典型的美国文化现象,如今却被世界各地不同文化、不同语言的人群所使用。其沟通能力明显激发了无限的文化可能性。(波斯特[Poster],2001)

对于这些乐观的判断,即便我们心存质疑,但显而易见的是,地方语境中各各不同的理论与经验分析也能为美国化过程提供更为深刻的洞见。因此,所谓全球文化乃均质文化的观点,不过是一种拟像(simulacrum)。我们必须同时面临全球化与地方化。这二者都是罗兰·罗伯逊(Roland Robertson,1992:100)所说的"特殊的普遍化、普遍的特殊化相互渗透"这一大规模急剧变动过程的组成部分。与此同时,我们不仅要看到资本、技术和影像的全球流动,而且如阿尔让·阿帕杜莱(Arjun Appadurai,1996)所言,对那些流动的移居者而言,美国形象也意味着一种世界主义的允诺。这一主要从美学上界定的世界主义,关注的是那些令人愉悦的接受与体验吗?(拉什[Lash]、厄瑞[Urry],1994:256)它是否也具备认知与伦理的向度呢?约翰·汤姆林森(John Tomlinson,1999:202)指出,符号能力的发展、阐释的自反性,并不能必然导向一种"全球整体的责任感"。尽管如此,也出现了"全球公民身份"(赫尔德,1995)的迹象,这种全球公民身份以对世界各地的群体、文化、社会问题所表现出的潜在的开放性与敏感性为主要特征。它反对全球风险投资的各种利益关系,反对无论是"去国家民族化"的,还是无限制性的利益关系。交换与互动的各种形式,产生了一种"文化与社会的相互连通性",与某些论者所勾勒的均质化场景并不吻合。其后果尚处于开放状态,对今天的"文化复合体"(汉纳斯[Hannerz],1992)也贡献良多。与此同时,全球公民社会亦明显开始成形。

在这一点上,阿帕杜莱强调的一个更为重要的方面,就是作为社会力量(卡斯托里亚迪斯[Castoriadis],1975)的想象和意义所扮演的(新)角色。一方面,想象受到政府、市场、媒体、消费的影响规训。然而,另一方面,想象也是提出反抗、异议,发展共同生活的新形式的基础。(阿帕杜莱,2000:6)这也是政治行动、构成社会活动新形式的必要条件。与此同时,阿帕杜莱还强调说,"这些社会生活创造性形式的流动性与可塑性,是公民、公民生活全球流动形式的局域性转接点"。(2000:6)阿帕杜莱清楚表明,美国化等等过程既不是整齐一律,也不是自上而下,可以有多样化的回应,可以强调不同的意义。甚至美国形象的个体生成能力、对美国想象的接管,也成为一种全球现象。藉助多元的建构手段,美国图景也成为自反性的图景。可以明显看到,甚至 USA 观念本身也是一种建构,可以在很多方面被亚裔美国人、西班牙裔美国人加以改变。

阿帕杜莱(2000:15)认为,社会学有必要审视与这些发展变化(跨国性的网络、组织、运动等等)联系在一起的新视点和社会形式。他提请我们审视"来自底层"的全球化,包括分析那些志在反全球化的"草根"(grassroots)组织。这一研究路径支持新的亚政治(subpolitics)(贝克[Beck],1994)领域,认为全球化、美国化并非只在一种方向上运转,而是存在各种背离偏差,存在各种"逃逸路线"(lines of flight)和反文化运动——这也是本书所要讨论的问题。毫无疑问,全球化、美国化过程,既受到日常生活步伐加快的新的时间结构的影响,也受到媒体影像和信息加速增长的影响。速度摧毁空间,消除时间距离。在19世纪的想象中,"速度"总是与退化堕落联系在一起,意味着传统的断裂;用20世纪初著名的社会学家维尔纳·桑巴特(Werner Sombart,1911)的话来说,大都会无异于荒漠的自然延伸。还是鲍德里亚(1988),在其对美国富有启发性的分析中,注意到美国是一个能够生产速度与特殊的记忆形式,亦即遗忘的荒漠。这种观点真的站得住脚吗?老派的现代主义者假定,身份认同建立在与美国背道而驰的连续性和缓慢性的原则基础之上。集体文化身份所认同的情感与价值观念,是在有着相同体验与文化属性的群体中能够永久保持一种连续性、共同记忆、共同命运的那些情感与价值观念。没有"历史"的美国,在反对它的那些人看来,也就没有身份认同。用鲍德里亚的话来说——他认为这是一种恭维,"美国是唯一真正的初民"。看不起美国,看不起美国文化生活的粗鄙,这种轻蔑态度盛行于19世纪中期"去政治化"的先锋派之中,他们认为美国化就是生活粗俗化的同义词。自然,这也是法兰克福学派的思想路径。尽管如此,先锋与通俗艺术、雅俗文化之间的区别,也延续了阳春白雪与下里巴人之间的传统划分。一个没有民族国家的社会,一个没有往昔文化遗产的社会,无论过去还是现在,通常都被认为是一个没有秩序原则的文化的社会。另一方面,美国因而又代表了大众的解放,他们挣脱精英的文化监护,这些文化精英规定什么是"好"的经典、什么是"坏"的品味。

不过,后殖民的研究也强调指出,西方列强的殖民战略,包括其试图从"本体论上"制定世界秩序,业已在很多方面受到削弱。各种实践带来差异性,对本质主义的身份认同、静态的文化概念、均质化的世界观提出了质疑。这一后殖民状态,促使我们提出质疑,重新思考,并从不同角度表达那些人所熟知的立场。正如伊恩·钱伯斯(Iain Chambers,2001)所说,后殖民理论也挑战了西方传统的科学形象和人道主义概念。从某种意义上说,这是第二次现代时期的象征,不证自明的真理消失了,因为现代化过程是一个自反性的过程。(贝克等,1994)在我们看来,这意味着分析全球化的文化后果时,文化乃"有机体"(organic bodies)这一观点不能成为我们研究的起点。相反,文化建立在历史链条及其局限性的(政治)勾连之上,建立在各个文化要素的联结与断开之上。文化可以理解为一个持续、开放、未完成的过程,这一过程在全球化进程中不断得到强化,并且是一个自反性日渐增加的过程。

"全球的美国?——全球化的文化后果"这一标题所设置的研究问题,在本书第一部分理论的概念化探讨中得到更为深入的审视。乌尔里希·贝克(Ulrich Beck)认为,"美国化"这一观点意味着对全球化的民族主义理解,并不适用于第二次现代时期的跨国世界。他进而提出了"有根的世界主义"(rooted cosmopolitanism),这种世界主义同样包括了地方。这样便可摒除后殖民主义研究中典型存在的二元思维。既认识到他者的"他者性",与此同时,又将社会想象从方法论上的民族主义中解放出来,接纳一种世界主义的视野,接纳它所蕴涵的全部后果。不仅仅是贝克,本书绝大多数作者都同样指出了这种方法论上的新的世界主义方向。

乔治·里泽(George Ritzer)、托德·斯蒂尔曼(Todd Stillman)也试图为美国化、全球化观念提供一个理论基础。他们将之与麦当劳化,亦即社会上与日俱增的合理化联系起来。全球快餐业都与美国的生活方式存在关联。与此相关的麦当劳化过程,则由高效率、预测能力、对生产过程的计算所定义。麦当劳化过程并非必然是美国化的组成部分,而是晚近现代时期典型的标准化形式,这也是消费领域的典型特征。里泽和斯蒂尔曼认为,美国化、麦当劳化都是全球化特定的,而非完全相同的表现形式,他们还强调了美国化的均质化后果。

约翰·汤姆林森关注的是文化、现代性与即时性之间的关联。为了对全球化的文化后果做出概念性的分析,他运用"即时性"(immediacy)这一关键术语,将文化现象与现代性的全球化肌理联系在一起,认为全球现代文化体验的突出特征是速度和即时获取。汤姆林森主张,文化上的批评想象能够从一个不偏不倚的角度检讨全球化过程的兴起。

本书第二部分,这些理论阐释在对国家的个案研究中得到检验。简·里德文·皮尔特斯(Jan Nederveen Pieterse)分析了"美国例外论"(American exceptionalism)及其在"美国霸权"中所扮演的角色,将之视为一种更好地把握全球化的途径。"美国例外论"不仅影响了消费、通俗文化领域,而且对经济、发展政治、国际政治与安全问题都产生了决定性的影响。里德文·皮尔特斯认为,欧洲、亚洲、美国的进步力量应该团结起来,对全球化的发展进程及其文化后果施加影响。

以法国为切入点,理查德·库索尔(Richard Kuisel)认为法国的美国化过程,部分在于非美国人对"美国的"产品、影像、技术与实践的引进。库索尔反对布尔迪厄(Pierre Bourdieu)、华康德(Loïc Wacquant)(1999)等人的持论,即视之为文化帝国主义的一种形式,像里泽、斯蒂尔曼一样,他也认为美国化明显代表着当今世界向均质化的转变。文中所举事例,说明了今日法国为何比起1930年代来无疑更像美国。

另一方面,杰拉德·德兰迪(Gerard Delanty)通过对日本这一个个案的分析,揭示了美国化的局限性。美国化在日本文化结构内的成功,却悖论地支持了日本文化本身。例如,"炫耀性消费"(conspicuous consumption)的引入,强化了群体的身份认同,促进了各个群体内部自我身份的建构。德兰迪认为,美国化推动了既有文化资源(如"通俗文化"领域)的扩张,成为在现存的认知、符号、规范的结构框架内创造意义的一种工具。

第三部分,"全球的美国"这一主题从跨国的视角得到讨论。翁爱华(Aihwa Ong)检视了亚洲技术移民在网络经济,尤其是加利福尼亚和温哥华的网络经济中所扮演的角色。对自由的向往、对美好生活的希冀,使得几代亚洲人移居北美。翁爱华揭示了今日新自由主义的"移民体制"(migratory regimes)如何规定了人员流动的方向。投资者、经管人才和"高科技"专家最受欢迎。她坚决反对某些论者对世界主义方案所持的民主幻想和乐观主义态度。

以大屠杀的美国化为例,内森·施茨纳德(Nathan Sznaider)表明了全球记忆——立足于超越版图、语言疆界的大众传媒的交流形式——如何形成出现。然而,这并不意味着全球记忆具有相同的结构。因为全球文化深受混杂化与个人化的影响,对时间的体验表现为均质、片断和多元。美国的少数族裔(如非洲裔美国人、犹太人等)各自发展出超越民族国家的记忆形式,表达其集体的身份认同。即便如此,这里也可窥见全球世界主义方案的轮廓。

伊娃·伊洛兹(Eva Illouz)论述了作为集体身份认同形式的苦难,正如阿帕杜莱所说,跨国文化不仅包含了各种乌托邦的可能性,也生成了公共/私密的痛苦的奇观。在对"奥普拉·温弗莉脱口秀"(Oprah Winfrey Show)的分析中,她阐释了美国的苦难形式如何成功输出到世界各地,并且创造出跨国的"命运共同体"(戴维·赫尔德[David Held])。伊洛兹将这一过程视作乌尔里希·贝克所谓的"自内而外的全球化"过程,但却怀疑藉助苦难的个人化、标准化,是否能够发展出一种世界主义的团结(solidarity)——即胸怀"全球",并成为"自下而上的全球化"的一种表达形式。

雷纳·温特(Rainer Winter)审视了接受、挪用美国流行媒体产品的"全球在地化"(glocalization,罗伯逊,1995)过程。他用众多事例,包括对德国嘻哈文化的民族志审视,指出了混杂形成如何发生。嘻哈跨国文化,也证明了全球文化身份与地方认同并非相互排斥,而是同一过程的两个方面。

莫蒂·芮杰夫(Motti Regev)分析了英美"摇滚美学"(rock aesthetic)对"世界流行音乐"的影响。折中性使得"摇滚美学"与各种音乐风格发生关联成为可能。芮杰夫认为,这一美国文化形式业已成为全球制作地方音乐、表达对传统与威权政体(authoritarian regimes)的反叛的主导性基本原则。它带来了双重的身份认同,既是地方的,也是世界主义的。

罗伯·克鲁斯(Rob Kroes)检视了传播美国文化价值观念和心理意向的互联网是否是美国化的工具这一问题。他认为,互联网逻辑与美国的价值观念之间存在着一种"选择性亲和"(elective affinity),个体消费者能够破坏整体的连贯性,并且创造性地将之合并而为新的东西。

在"后记"中,罗兰·罗伯逊深入研究了美国化与反美情绪的定义。他认为"反美情绪"反映了美国正在成为跨国社会的这一事实。他呼吁在处理美国化这一关键问题时需要分析上的慎重与缜密。

本书完成于美国及世界陷入深重危机之际,即2001年9月11日发生在纽约和华盛顿特区的恐怖袭击。袭击针对的是美国势力还是全球文化?抑或兼而有之?美国认为这是对其国家安全的攻击。2003年对伊拉克的战争，便是其重申主权的一种回应方式。然而，如果将"9·11"视作一次针对全球文化的袭击，视作一桩反人类的罪行，那么在这一思考框架内，它所引发的便是全球性的回应。但事实并非如此。国际法庭便是一个范例。

归根结底，美国化也将受到美国自身是否愿意服从于调整后的新的全球化过程的检验。"9·11"恐怖袭击，对伊拉克的战争，是对我们这个世界不确定性的回应，特别是对全球现代性转变过程中出现的不连贯性的回应。正是代表这一新的全球世界的抽象的"善与恶"，促进了超越疆界的世界主义的记忆和生活。本书所收论文（除了"后记"），大多完成于"9·11"袭击与美国决定诉诸武力之前。近年来，我们见证了从"全球的文化"向不那么全球的政治的转变，美国在这一转变过程中彰显了其霸权野心。这是全球的美国的局限吗？更重要的是，近年来的世界政治是否表明文化与政治毕竟不是一回事，文化全球化并未带来"历史的终结"？它所带来的是否是所谓的"文明的冲突"，尚需拭目以待。

参考文献

阿尔让·阿帕杜莱（Arjun Appadurai），1996，《整体的现代性：全球化的文化向度》（*Modernity at Large: Cultural Dimensions of Globalization*），明尼阿波利斯（Minneapolis）：明尼苏达大学出版社（University of Minnesota Press）

——2000，《草根全球化与研究想象》（Grassroots Globalization and the Research Imagination），《公共文化》

(*Public Culture*)12(1):1-19

让·鲍德里亚(Jean Baudrillard),1988,《美国》(*America*),伦敦:Verso

乌尔里希·贝克(Ulrich Beck),1996,《再造政治:朝向自反性现代化理论》(The Reinvention of Politics: Towards a Theory of Reflexive Modernization),收入贝克、吉登斯、拉什合著(1994):1-55

乌尔里希·贝克、安东尼·吉登斯(Anthony Giddens)、斯科特·拉什(Scott Lash)合著,1994,《自反性现代化:现代社会秩序中的政治、传统与美学》(*Reflexive Modernization: Politics, Tradition and Aesthetics in the Modern Social Order*),剑桥(Cambridge):Polity

皮埃尔·布尔迪厄(Pierre Bourdieu)、华康德(Loïc Wacquant),1999,《帝国主义的狡狯》(The Cunning of Imperialist Reason),《理论、文化与社会》(*Theory, Culture and Society*)16(1):41-58

科内利乌斯·卡斯托里亚迪斯(Cornelius Castoriadis),1975,《社会的想象性建构》(*L'Institution imaginaire de la société*),巴黎(Paris):Editions du Seuil

米歇尔·德·塞尔托(Michel de Certeau),1984,《日常生活的实践》(*The Practice of Everyday Life*),伯克利(Berkeley):加利福尼亚大学出版社(University of California Press)

伊恩·钱伯斯(Iain Chambers),2001,《人道主义之后的文化：历史、文化、主体性》(*Culture after Humanism: History, Culture, Subjectivity*)，伦敦与纽约：Routledge

约翰·费斯克(John Fiske)，1996，《杂交的活力：文化多元的后福特时代的通俗文化》(*Hybrid Vigor: Popular Culture in a Multicultural, Post-Fordist World*)，《拉美通俗文化研究》(*Studies in Latin American Popular Culture*)15：43-59

内斯托尔·加西亚·坎西利尼(Néstor Garcia Canclini)，1995，《混杂文化：出入现代性的策略》(*Hybrid Culture: Strategies for Entering and Leaving Modernity*)，明尼阿波利斯：明尼苏达大学出版社

劳伦斯·格罗斯伯格(Lawrence Grossberg)，《忘情摇摆：通俗文化论集》(*Dancing in Spite of Myself: Essays on Popular Culture*)，达勒姆，北卡罗来纳州(Durham, NC)，伦敦：杜克大学出版社(Duke University Press)

乌尔夫·汉纳斯(Ulf Hannerz)，1992，《文化复合体》(*Cultural Complexity*)，纽约：哥伦比亚大学出版社(Columbia University Press)

迈克尔·哈尔特(Michael Hardt)、安东尼奥·内格里(Antonio Negri)，2000，《帝国》(*Empire*)，坎布里奇，麻省(Cambridge, MA)，伦敦：哈佛大学出版社(Harvard University Press)

戴维·赫尔德(David Held)，1995，《民主制与全球秩序》(*Democracy and the Global Order*)，剑桥：Polity

马克思·霍克海默(Max Horkheimer)、阿多诺(Theodor W Adorno),1972,《启蒙辩证法》(*Dialectic of Enlightenment*),纽约:Herder and Herder

弗雷德里克·詹姆逊(Frederic Jameson),1998,《作为哲学问题思考全球化》(Notes on Globalization as a Philosophical Issue),收入弗雷德里克·詹姆逊、三好将夫(Masao Miyoshi)主编,《全球化的文化》(*The Cultures of Globalization*),达勒姆,北卡罗来纳州,伦敦:杜克大学出版社:54-77

斯科特·拉什、约翰·厄瑞(John Urry),1994,《符号与空间的经济分析》(*Economies of Signs and Space*),伦敦:Sage Publications

丹尼尔·李维(Daniel Levy)、内森·施茨纳德(Nathan Sznaider),2001《大屠杀:全球化时代的记忆》(*Erinnerung im globalen Zeitalter: Der Holocaust*),法兰克福(Frankfurt):Suhrkamp

詹姆斯·罗尔(James Lull),2001,《信息时代的超文化》(Superculture for the Communication Age),收入詹姆斯·罗尔主编,《信息时代的文化》(*Culture in the Communication Age*),伦敦与纽约:Routledge:132-163

丹尼尔·米勒(Daniel Miller),1994,《现代性:一种民族志学的方式——特里尼达岛的二元论与大众消费》(*Modernity: An Ethnographic Approach: Dualism and Mass Consumption in Trinidad*),牛津与纽约:Berg

马克·波斯特(Mark Poster),2001,《互联网怎么了?》(*What's the Matter with the Internet?*),明尼阿波利斯:明尼苏达大学出版社

罗兰·罗伯逊(Roland Robertson),1992,《全球化:社会理论和全球文化》(*Globalization: Social Theory and Global Culture*),伦敦:Sage

罗兰·罗伯逊,1995,《全球化:时间空间、同质异质》(*Globalization: Time－Space and Homogeneity-Heterogeneity*),收入迈克·费瑟斯通(Mike Featherstone)、斯科特·拉什、罗兰·罗伯逊主编,《全球现代性》(*Global Modernity*),伦敦:Sage:25-44

莱斯利·斯克莱尔(Leslie Sklair),2000,《社会运动与全球资本主义》(Social movements and global capitalism),收入弗雷德里克·詹姆逊、三好将夫主编,《全球化的文化》(*The Cultures of Globalization*),达勒姆,北卡罗来纳州,伦敦:杜克大学出版社:291-311

维尔纳·桑巴特(Werner Sombart),1911,《犹太人与经济生活》(*Die Juden und das Wirtschaftsleben*),莱比锡(Leipzig):Dunker und Humblot

约翰·汤姆林森(John Tomlinson),1999,《全球化与文化》(*Globalization and Culture*),剑桥:Polity Press

维姆·文德斯(Wim Wenders),2001,《论电影》(*On Film*),伦敦与波士顿:Faber & Faber

雷纳·温特(Rainer Winter),2001,《坚执的艺术:作为批评

与权力的文化研究》(*Die Kunst des Eigensinns: Cultural Studies als Kritik der Macht*),威尔斯卫特(Weilerswist): Velbrück Wissenschaft

第一部分

理论视角

第一部分

理论综合

第一章
有根的世界主义:从差异竞争中兴起

乌尔里希·贝克(Ulrich Beck)

美国总统,包括比尔·克林顿和乔治·W·布什在内,往往宣称美国是世界的引导者。自从亚伯拉罕·林肯第一次把美国描述为"地球最后、最好的希望"以来,他们一直都在利用这一悠久的传统。然而,即使在美国,也有许多人采取相反的立场。克林顿把美国视为在全球扩大自由市场和民主的引导者,其他人则把企业全球化看做用麦当劳点缀景观、用迪斯尼画面充斥电视广播。最近,隔上几个月就有抗议者上街游行,反对在他们看来由世界贸易组织、国际货币基金组织和世界银行所代表的体制。每次发生这样的事情,评论员就指出抗议者提出了一系列令人疑惑的要求。尽管如此,以某种方式将他们的所有要求简化为反对美国霸权的三个方面大概并不为过:军事力量,市场支配力,影响别国政治议程和文化理念的能力。

因此全球的美国确实是很有争议的。欧洲知识分子对此已经提出了深刻批评(参阅博赫尔[Bohere]、谢尔[Scheel],2000;或布尔迪厄[Bourdieu]、华康德[Wacquart],1999)。但是欧洲是一个有竞争眼光的统一体吗?或者,说得难听点,它究竟有没有眼光?例如,欧洲人真的希望将东欧和俄罗斯纳入旗下?还是想设一个界限将这些国家"拉美化"?欧洲人毫无忧患之感——担心国家主权丧失、生活质量下降、世界影响减弱?有理由认为欧洲缺少一种积极的眼光,听任美国的世界观独断专行,尽管这确实是一个极大的反讽,因为美国——一个共和国国家,它的公民相对而言没有那么排外与嚣张——表现得却像是传教士面对异教徒那样感觉舒服。

本文将澄清一些概念上的反对意见。我的观点是"美国化"(Americanization)概念建立在对"全球化"的民族理解基础之上。而相比之下,"世界化"(cosmopolitanization)概念则是一种明确的克服"方法论上的民族主义",并生成能反映新的跨国世界概念的尝试。事实上很难有一个界限将这些概念区分清楚,这使得情况更加复杂,而这也让我们的讨论变得如此棘手和令人兴奋。

为什么是"世界性"?

我从一个看起来不起眼的问题,即从追问"世界性"(cosmopolitan)这个术语的性质着手概述。从民族视角来看,"世界性"或"世界主义"(cosmopolitanism)被轻蔑地视为一种敌人形象。"世界性"指的是"全球参与者"、"帝国资本家"或"没有本土根基的中产阶级知识分子",以及诸如此类的概念。这个术语在社会科学中历史悠久,可以上溯到古希腊哲学(第欧根尼)以及启蒙运动(康德等人)。然而,自从这个概念在批评中被重新发现和改造,一个"新世界主义"便流传开来。从20世纪90年代末以来,学界有一种迅猛增长的倾向,试图将关于全球化的论述(用文化和政治术语)和全球化时代世界主义的重新定义联系起来。

出于这个原因,值得指出世界性(cosmopolitan)在语源上是"宇宙"(cosmos)和"城邦"(polis)的组合。因此,很有意思,"世界主义"就涉及实现双重身份和双重忠诚的前现代矛盾。每个人生下来就注定处在两个世界、两个社会之中:在宇宙中(即在自然中)和在城邦中(即某个城市/国家)。说得准确点,每个人都处于同一个宇宙,但同时属于不同的城市、疆域、种族、阶层、国家、宗教,等等。这不是一种排他性的关系,而是包括了多重从属关系(家乡、祖国)。作为宇宙自然的一部分,人人(甚至包括女人)平等,但是作为组织成地域单元(城邦)的不同国家的一部分,人与人又是不同的(要记住妇女与奴隶是排除在城邦之外的)。暂且把关于妇女和奴隶问题搁置一旁,从根本上说,"世界主义"涵盖了后来被排除性逻辑分开来的那些人。

"世界性"忽略了"或此或彼"原则,体现的是"既一又"思维和"彼此彼此"原则。这是一个古老的"混合"、"杂烩"、"图景"、"流动"等概念,与全球化话语的新分支比起来也更有条理。这样,世界主义生成了一种非排他性对立的逻辑,使得两个世界的"拥护者"既相互平等,又相互区别。

"第二等级"现代国家的社会理论对"世界主义"如此感兴趣的原因,在于它能以兼容并蓄的方式来思考和生活。自然和社会相连,客观是主观的一部分,他者的差异性(otherness of the other)包含在自我认同与自我界定之内,拒绝排他性的对立逻辑。无论是作为主观的自然还是作为客观的自然,都不再和国家和国际社会分离,"我们"和"他们"也不再对立。而在"第一等级"现代民族国家社会与社会学中,这种对立则是社会、政治理论化与政治行动的主要模式。

康德将世界主义定义为综合普遍与特殊、国家与世界公民(Nation und Weltbürger)的一种方式。关于"全球性"概念(参看罗伯逊[Robertson],1992;阿尔布劳[Albrow],1996),世界主义意味着"有根的"世界主义,同时拥有"根基"和"羽翼"。既然没有地方主义就没有世界主义,那么这个定义也就消除了世界性和地方性之间的主要对立。

在社会科学中,方法论上的世界主义和方法论上的民族主义是对立的,也就是说,它反对民族中心观点和社会学(缺乏)想象,试图克服早期西方社会学那种幼稚的普遍主义(尽管其在产生欧洲中心社会学框架结构方面卓有成效,这一框架结构至今仍能有力地解释全球现实)。方法论上的世界主义意味着对众多普遍主义——如后殖民经验、批评与想象的语境冲突的普遍主义——变得敏感与开放。方法论上的世界主义还意味着包括其他(本土的)社会学——非洲、亚洲与南美洲(以及关于非洲、亚洲与南美洲)体验的、在欧洲人看来是"纠缠不清的现代性"(Entangled modernities)的社会学。"纠缠不清的现代性"取代了现代和传统的二元论,指向并再造了在其经济、文化与政治领域冲突语境下现代性的"解域化"(deterritorialized)的混合形象。当然,这并没有回答基本的问题,即,"世界主义"对美国化和这个新的经济帝国主义来说是一个适合的词吗?

民族性、国际性和跨国性

任何关于美国化的讨论都应该包括这个问题:什么、谁或哪里是"美国"?世界的拉美化应该意味着完全不同的东西。至少可以这么说,这种不同被谴责美国化的同一批人所忽视是奇怪的。即使说得精确些,指的是世界的"美利坚合众国式的美国化"(US-Americanization),更麻烦的问题依然存在。我们真的牢牢把握住了什么是"美利坚合众国式的美国"(US-American)吗?或者美国也不过是从里到外被世界化的另一个国家?如果是这样,这对将美国当作样板的理论框架会产生怎样的影响?

人类学家路易莎·沙因(Louisa Schein)曾提供了一个貌似有理的答案(1998)。她调查了在明尼苏达州的圣保罗——一个位于美国北部、靠近加拿大的城市——举行的一个关于苗族的研讨会。大约有两千五百万苗族人散布在世界各地。这个研讨会的会场装饰着旗子。会桌的一边是中国、美国、越南、加拿大四个国家,另一边是阿根廷、澳大利亚、法国、泰国和老挝五个国家。

沙因的初衷是要看一看，形成跨国苗族身份的尝试如何受到中美竞争的影响。

要理解她的分析，我们一方面需要对民族性和国际性加以区分，另一方面则要区分跨国性和世界主义。一方面，民族性和国际性彼此并不对立，相反，它们互为前提。一个领土和主权不被别国承认的国家，就像一个全球民族国家一样不可思议。民族性与国际性在定义民族国家问题上并不一致。民族性只从内部进行定义，国际性则仅从外部进行定义。民族只能以复数形式存在。国际性使得民族性成为可能。它们是同一国家系统的两个方面。

另一方面，跨国性和世界主义暗中损害了这一系统，预示着在政治思想和社会理论方面都是一种哥白尼式的革命。让我用康德的术语对此稍作解释。康德认为随着贸易的普遍化和共和原则的传播，在十八世纪的欧洲会出现强烈的世界主义情绪。当世界主义情绪强烈到足以抵消国家作为利己的自治单位的行动倾向时，所有个体将被视为"好像"他们是一个单一道德共同体的共同立法者。康德假定，用哈贝马斯的话来说，未来几个世纪中决定性的政治动力都将来自于一个具有普遍联系的共同体的发展。欧洲中心主义玷污了康德的普遍主义，使得它从后现代与后殖民批评的角度看来有些过时。然而，康德的部分推论依然合乎时宜，即他对文化和政治共同体理论化的方式，有可能对文化差异获得更高层次的尊重产生影响。

因此从政治哲学和经验两个方面来说，民族性排除其他民族,而跨国性则将其包括在内。跨国性在忠诚方面来说是一种革命。从跨国角度看,民族社会沿着三轴进行排除(参看林克莱特[Linklater],1998)。第一轴是沃尔泽(Walzer,1983)所谓的"成员分布",即决定哪些人属于而哪些人不属于的原则。第二轴是翁爱华(Aihwa Ong,1999)所说的"灵活的公民权"(flexible citizenship)——居住在跨国环境中,谁来定义个人权力概念。第三轴涉及跨国者的责任分配和身份分类。那坦·兹耐德(Naton Sznaider)在《南德意志报》(*Süddeutsche Zeitung*,2001年10月)上提出这个问题,当时他问道:巴勒斯坦男孩穆罕默德·阿尔-杜拉(Muhammad al-Durrah)惨死在父亲怀中的电视画面,为什么在以色列民众中激不起政治同情?

概括来说,什么是跨国性?它是一个一般用语,表示用多民族的"彼此彼此"来取代民族的"或此或彼"的生活与责任方式。① 回到路易莎·沙因的分析,准确地说,这正是苗族提出的目标,他们想加强和提高自己的族群身份,超越因生活在不同民族国家而造成的差异性。沙因的问题是,在中美两国争霸中这种努力能够获得多大的发展空间。难道国家利益不会最终控制进程,就像在冷战时期他们在类似情况下做的一样?令人吃惊的发现是恰恰出现了相反的情况。中国和美国不是把研讨会当做促进国家利益的手段,而是都通过亚洲散居各地的族群来重新定义他们自己的民族身份。分开来讲,两个国家都认定跨国性符合自己的利

---

① 参见贝克,1997,我对"'或此或彼'时代"(the age of either/or)与"'彼此彼此'时代"(the age of and)之间的差异进行了详细区分。

益。对于中国来说,支持这个会议宗旨是展示其开放性的一种方式,而这可以进一步强化中国和西方在经济上相互依赖的目标。对于美国来说,这个会议既是对全球化——美国认为这是最大的成就之一——的一种庆祝,还强调了"美国梦"也是亚洲人的梦想。被多次提及的美国梦——在那里移民能够宾至如归的想法——可能更是一种理想,而不是一种现实。置身于现代的通讯和交通环境下,移民可以和他们在全世界的同胞时刻保持联系,美国梦变成了一种根本的跨国理想与实践。

如果亚洲和欧洲存在一种"美利坚合众国式的美国化",是不是也会出现美国的亚洲化?或者至少我们可以审视亚洲身份的解域化(deterritorialization)怎样改变了美国身份的内核?就此而言,欧洲的美国化难道不是从美国的欧洲化中生发出来的?当美国把欧洲从纳粹主义中解放出来的时候,它是将德国美国化了还是欧洲化了?美国难道不是到处都是?——因而哪里都没有特别之处?作为一种策略的美国化,难道不曾将其自身变为对世界的不协调和无意识的"自我同一化"?另一种遍及各处的可能性,即,与国家结构以及民族(种族)意识相抵触的民族和国家的世界化,难道不是一种非常危险的形势?

这类问题是从世界主义观点生发出来的。我们所有现存的政治范畴都假定国家是最终的政治现实,而且这种方法论的民族主义显然在发挥作用,让我们坚信澄清任何混合现象的方法就是分清哪些国家是影响者,哪些是被影响者。然而,像这种情况,这样的分析毫无意义。此种分析把各种影响区分开,而各种影响汇合在一起才更有意义。世界诸如此类的混合现象与日俱增,这使得根据民族性的"或此或彼"逻辑分析,不如跨国性的"彼此彼此"逻辑更有意义。我们的知识框架结构如此根深蒂固,以致在跨国思维方式方面相对落后。

沙因关于苗族会议研究的另外一个作用,就是弄清了这两种范式——一方面是民族性或国际性,另一方面是跨国性——相互并不排斥。当然我们已经知道,世界化在民族性的背后作用更为普遍。国家权力伸展到跨国领域已经导致进一步重新定义民族。这在欧洲尤为明显,这里许多政治家扮演着双重角色,组建跨国机构的同时,也借机展示其国家实力与凝聚力。

无论在民族国家层面还是在文化身份层面,民族性和国际性互不排斥都不能改变跨国削弱了种族的自然性这一事实。正是这一特征,为超越种族融合观念的移民政策提供了空间。尽管不失为高贵的观念,但种族融合依然显示着"或此或彼"逻辑。格劳乔·马克思有次开玩笑,说他拒绝属于任何愿意接收他为会员的俱乐部。世界主义的移民政策或许会将这句话颠倒过来,说"我们不需要那些想与我们一样的外国人"。

世 界 化

第二次现代化的标志,是打乱了曾经存在于语言、出生地、国籍、民族与外表中的面对面交流的生活方式。现在是多元的、多民族的合成体,综合了以前被民族和文化界限排除在外的一些因素。民族身份无差别地混合在一起,不再是一个民族主义者的恶梦或一个乌托邦梦想。它是日常生活的现实,并且有增强的趋势。这就是世界化的最初定义:内在全球化,从内开始全球化——通过移民、电信和交通,国家地位的基础变得模糊。导致这种情况的根源在于世界市场,尤其是世界劳动力市场的竞争。无从比较的世界观相互冲撞所引发的冲突,以及试图调和冲突所产生的创造力,已经成为人类状况的普遍特征。

全球化的概念化至少存在两种途径。一方面是戴维·赫尔德(David Held,1995)说的相互联结。这种观点强调相互依存的方式,网络和流动在现代社会正在增强。这种观点还认为互通的国家单位会是最终的现实,这也是我称为"方法上的民族主义"的中心原则。另一方面,则是我一贯主张的世界化,突出了社会结构与机构正变得跨国化的程度。这里的前提是国家不再是国家。一旦我们采纳了这个观点,我们需要在国家现象和全球流动的世界现实——信息、符号、金钱、教育、风险和人群的流动——之间做一个系统区分。

英国社会学家迈克尔·比利希(Michael Billig,1995)已经提出了"平实的民族主义"概念(banal nationalism)。他认为我们在从事现实活动的时候,不停地和不自觉地在定义和确定我们的国民身份。反过来也一样。我们也时常有可能被称为"平实的世界主义"的体验。看看大众音乐与流行时尚,尽管青年文化机智狡黠,看起来仍非常明显。就像约翰·汤姆林森(John Tomlinson, 1999)做过的那样,让我们看一看对于生存更为重要的方面——

食物。现在不是已经可以吃遍全球了吗？从酸奶到肉到水果——我们不要提那些全球大杂烩的香肠——我们的消费是对全球产业的消费。全世界的工人或许没能联合起来,但他们的食物确实已经联合起来了。过去天各一方的食物现在一起陈列在附近的超市里。简而言之,这就是平实的世界主义。日常生活中的烹饪折中主义就是这一世界主义的表现及手段——将烹调书中鼎鼎有名的做法和电视做饭节目中被视为世界上最普通的事情进行折中。这里世界社会走进了厨房,真正融为一体。任何人想要在厨房餐桌上打出民族旗号,将不得不在民族菜的现实面前驻足,民族菜不论何种情况都已经被不断改造过了。在平实世界主义宽广的河流中,显然这还只是一个个案,类似例子可以举出成千上万来。

通常对所有这些持反对意见的很多人定居不外出,因而似乎没有受到世界化进程的影响。就像约翰·汤姆林森(1999)和约翰·厄瑞(John Urry,2000)已经充分展示的,待在家中也已经成为外出的另一种方式。电视只是其中的一个例子。"电视"一词意味着远视千里之外:它消除了距离,直视墙外世界。电影明星、参议员、当地酒吧的民众、毒枭、色情女王和美国总统——只要打开电视,所有这些人就会来到我们眼前。这种电视不可或缺的日常生活——或许网络很快也将同样不可或缺——绝不是那种墙壁或物理距离就足以隔离一个人,即使是居家不出的人。从某种意义上来说,所有个体同时并存于一个不可分割的空间,共同消费着世界的信息。假以时日,那些新闻中的老相识开始成为我们生活的一部分，像幽灵一样出没家中。最后，即使是稳定不动的个体，由于处在共同的全球现象之中，都会变得像莱布尼茨的单子一样，反映着世界的复杂性。

　　平实的民族主义不断受到平实的世界主义洪流的冲蚀。内在全球化进程最令人吃惊的例子可能在军事组织方面。很难指责那些人，他们第一反应就是怀着不信任看待北大西洋公约组织目前所致力的世界性改革。毕竟，我们都知道每个国家都将国家安全装置看得神圣无比。但是北大西洋公约组织的领导确实推动了去国家化的进程。一个特别显著的例子是生产武器的跨国化，比如装甲车、新式战斗机和运输工具，新的通讯系统，等等。这意味着分享武器机密，尽管仅在十年前秘密武器还类似于保护边界安全的国家圣物。这种情况很快就走向了它们的反面，似乎已没有人认为这值得谈论。其结果就是国家安全和国家权力越来越有赖于国际合作。国家主权为了自身的保存也变得跨国化了。

　　从这些平实世界主义的例子中可以得出的主要结论，就是区别于第一次现代性的经验空间和视野①——藉此，国家社会各自为政，依靠各自的语言、身份和政治相互区分——已经迅速成为神话。正是过去那些被认为最能界定国家的组织机构，正日益变得跨国化与世界化。这意味着很多我们用以理解社会世界的最基本范畴，将不得不有所改变。

------

　　①　科塞勒克（RKoselleck）在其《过去的未来》（*Vergangene Zukunft*）一书中，对这两个概念做出了系统区分。

社会和政治正在逐渐摆脱他们的国家形式,即使世界性政策的新组织形式尚在艰难的孕育之中。这种本体论上的改变,必须伴之以认识论的改变。但是,我们一定不能从一个谬论走向它的反面,从想象中的民族国家的同质性走向想象中的世界主义的同质性。从经验上讲,内在世界化的过程看来会遭遇相当明显的限制。一方面,经验上的跨国空间与视野已经进入民族国家看似封闭的区域,并重新成为社会生活的中心。另一方面,国家机构依然通过诸如护照、劳动力市场、移民政策、党派之类常见的形式,对社会活动产生切实影响。在一定范围内百姓已经意识到了去国家化,许多人对这种陌生情况产生恐惧和排外心理反应(目前德国即是如此,但又不限于德国)。所以,其结果充满了矛盾。关键问题也许在于,这种暗中涌动的世界化是否最终为百姓知觉和赞同,抑或只能激起国家反应。不管怎样,让我们转到一个更为技术性的问题。为什么这一过程最好是理解成平实的世界化,而不是平实的美国化、平实的多元文化主义或平实的普遍主义呢?

普遍主义和世界主义

真正将普遍主义和世界主义区别开的问题是它们对待他者不同性的立场。答案看起来非常简单:世界主义肯定它,新自由主义、全球化和美国化否认它。事实上这种简单的回答需要花点时间来剖析。

关于现代化和发展的论述已经导致了大量批评,特别是来自第三世界思想家的批评。一些学者，包括上述所有后殖民主义者，已经显示普遍价值的学说充满着对欧洲人应如何调整自己对待那些文化术语称为他者的态度的阐释。"人性"作为经验上可救赎的社会存在，在历史上和"兽性"的发现几乎是同时的。比起人类开始根据"平等"意味着"价值平等"、"差异"意味着"低等"而进行的区分来，仅靠航海与贸易发展并不能带来一个世界社会——让·博丹(Jean Bodin)所谓的"世界国家"(res public mundana)——的希望。

我的观点，很大程度上归功于我读了很多后殖民主义者的著作，认为关于他者的知识生产对于殖民统治来说是一个必要的准备和不变的伴随物。从这个角度，欧洲的普适论，直到今天都是一种战略权力。每一个现代化概念都意味着有一种与之相互较量的传统主义，而每一种认为现代化更好的论断，都需要宣布它所取代的传统主义更糟糕。就此而言，认为现代科学与现代经济是获得普适性知识的价值中立(value-free)的方式，同时又将这些方式等同于现代社会，实际上是将认为传统社会是劣等的断言提升为无可争辩的教条。在这个意义上，现有的不着边际的策略只是在他们的诡辩中和五百年前的有所区别，尽管事实上制度景观已经发生了彻底的变化。

芬兰政治学家特伊沃·特伊瓦伊恩(Teivo Tievainen, 1999)详细讨论了1550年在西班牙巴利亚多利德(Valladolid)召开的一次会议，试图找出印第安人是否与欧洲人有所不同，以及是否因此低人一等这一问题的答案。他指出在立场问题上有两个有趣的并列观点,而且设想它们分别引导了国际货币基金组织和世界贸易组织。在巴利亚多利德会议上,这两种主要立场分别由多米尼加神父巴托洛梅·德·拉斯·卡萨斯(Bartolome de las Casas)和亚里士多德学派哲学家胡安·金思·德·塞普路达(Juan Gines de sepulvida)为代表,前者把自己大部分生命都献给了印第安人事业。茨维坦·托多洛夫(Tzvetan Todorov,1984)认为,在文明和他者之间的两级对立从那时起就已经决定了欧洲人的思想。哲学家从社会自然形成等级这个设定出发,神学家则从人人生而平等这个设定出发。前者强调的是西班牙人和印第安人之间的差异——例如,印第安人赤身裸体,用活人献祭,从未听说过金钱、基督或驮畜(beasts of burden)。哲学家由此推论,"联接"人类的主要链条处在不同的文化水平。在这一框架中,显然差异就意味着低等。这种立场得出两种结果。对于塞普路达(Sepúlvida)来说,野蛮人与欧洲人之间的差异,不仅像欧洲人与上帝之间的距离那样大,而且也是注定的。面对这种情况,教育的作用就是让这些土著人理解他们正是通过侍奉更高等的社会来侍奉上帝的意愿,换句话说,使他们顺从于剥削和镇压。

这位多米尼加神父在辩护印第安人问题上是很有口才的。他认为印第安人和欧洲人令人吃惊的相像。他们遵从基督教的理想,这使得他们之间没有了肤色和出生地的差别。他指出印第安人是友好的、谦和的,遵守社会中用来调节关系的各种准则。他们关心自己的家庭和传统。他最后总结说,就整体而言,印第安人似乎比世界上大多数社会更能聆听上帝的教诲,并将其付诸实践。对于这位神父来说,印第安人和欧洲人在本质上毫无差别,因此也就并非低人一等。

从那以后,哲学家的种族偏见和神父的进步主义都受到了很多批评。从世界性的观点来看,最有意思的是它们的共同之处。它们都没有包含这种可能性,即印第安人既是不同的,同时在地位上也是平等的。因此两种立场所预设的都是价值的通用尺度,必然把差异转变为优/劣。即使是好神父拉斯·卡萨斯认可印第安人的平等性,也只是因为他看到印第安人能够接受基督教的普遍真理。他相信在基督徒和异教徒之间的分裂可以解决,因为它可以被克服。这些野蛮人可以受洗礼,然后就可以拥有真正的信仰。但这离"不发达国家"和"传统社会"可以"现代化"的说法还差得很远,他们可以接受民主与市场经济之真理的洗礼,从而通过西方的普遍主义而得到救赎。

这里有两种权力在发挥作用。首先,普遍主义将差异等同于价值低等,相似等同于价值平等,历史表明,这种区分最终要被用来为武力辩护。其次,传教士的观点依然通过诸如"现代化"和"发展策略"之类的概念来体现,在证明其权威时达到教化的目的。当葛兰西(Gramsci)写到霸权总是部分通过教育过程为自身辩护,不仅国内权威如此,国家与世界文化之间的权威亦是如此时,他心中所想的正是教化这一方面。米歇尔·福柯(Michel Foucault,1982)称之为"真理的仪式"(ritual of truth)。它出于将真理标准化的责任感:否认他者的他者性,把后者转化为普遍真理——而这正是欧洲和美国所拥有的。

值得指出的是,巴利亚多利德会议的两种立场——即或认为人类被分为具有不同价值的不同种族的等级序列,或认为人人生而平等——都是形而上实在论(metaphysical realism)的典型例子。二者的基本假设都是认为其对人类社会的特性描述与历史无关(ahistorical),所以适用于过去、未来的所有社会。

这部分我从指出世界主义的核心是对他者的他者性的认可开始论述。现在我可以把这个命题阐述得更准确些。它肯定了巴利亚多利德会议两种立场所排除掉的东西:他者既是不同的又是平等的。世界主义因而使自身和种族主义、普遍主义对立起来。世界主义竭力使似乎可以无限存在的种族主义不会影响到未来。这包括弄清楚西方种族中心的普遍主义在多大程度上是一个可以克服的时代错误。世界主义对种族中心主义和民族主义来说是一味解药。不应将世界主义误认为多元文化的幸福极乐。相反,世界主义始于对种族中心主义和排外情绪之间这种固定联系的来之不易的洞察,并试图发展超越这种"常识"。出于类似的原因,世界主义对于"混杂化"(hybridization)概念也是一种发展,因为它避免了用生物学上的隐喻来描绘人类差异的内在危险。

国际性和跨国性

概括来说,通过相互竞争的国际性和跨国性概念体系,存在于世界主义基础上的二元论被通过不同方式构想出来。在两种思考方式之间,一种新的存在方式正在形成。第一次现代化的世界是民族国家的世界。国内和国外、本国和外国之间都有明显区别。在那个世界,民族国家就是秩序原则。政治是民族国家的政治,文化是民族国家的文化,劳动力、阶级形成和阶级冲突全都是民族国家的主要特征。国际政治是民族国家政治的放大,相互界定对方的边界,镜照彼此的基本类别。国家性和国际性是相互依赖的整体的两面。就像无法想象一个事物只有内部而没有外部一样,一个国家对外隔绝也是无法想象的。这种社会本体论定义了国家的领土、身份,很大程度上还将历史定义为国家工程的冲突,很多都过于血腥。

跨国性的现实正在悄悄地将这种意义整个结构完全显现出来。当我们用跨国视野审视世界,国家和国际显然正变得越来越难以区分。国家的定义正在变得去国家化。"国家"正变成"活死人范畴"(zombie-category),一个活死人的样板。直到现在,我们的政治坐标将所有一切映射到国家的时空之中。而这种坐标的瓦解,说明了这是一个新时代的开始。第一次现代性是国家的现代性。第二次现代性是跨国的或者是世界的现代性。第二次现代性意味着社会不再是民族国家的同义词,经济、文化、政治和科技等所有社会发展变得首先且在根本上是跨国的。当更多过程中更少考虑国家疆界时——人们跨国买卖,跨国恋爱,跨国接受教育(双语的),跨国居住(兼有多种忠诚和身份)——组织进国家框架的社会范式就和现实失去了联系。

在这一点上,应警惕一种可能的世界性谬论。个人的经验空间不再与国家空间相一致这一基本事实,带来一种我们都将成为世界人的印象。然而,世界化不会自动产生世界性感情。它只会自然地产生出对立面,导致种族国家主义的复兴,丑陋公民的兴起。在文化视野扩展、对不同生活方式的敏感与日俱增的同时——它们也都不会必然提高世界性的责任感,上述现象就会出现。研究世界化,就是去研究世界化及其对立面之间冲突的辩证性。

因此在跨国和国际之间的对立无论是理论上还是现实中都不能排除掉。相反在两种现实和两种思考方式之间存在一种令人忧虑的共存性。此外,它们的联合也不是一种零和游戏(Zero-sum game)。二者同时增强也是有可能的。正是在这一过渡时期,兴起了有根的世界主义。

有根的世界主义被定义为反对两种极端情况,一种是四海为家,一种是无家可归。正如罗兰·罗伯逊(1992)和约翰·汤姆林森(1999)所说,它涉及一种"伦理的球域主义"(ethical glocalism);也就是说,既是本土的,又同时是全球的。无论是从左翼还是右翼看,它既反对民族优越感,也反对普遍主义。见惯了因相互排斥的确定性而产生的暴力现实,它对虚假的幸福感和多元文化主义隐蔽的本质主义持怀疑态度。当谈到对帝国主义的批评,有根的世界主义指出在后殖民世界不存在纯粹的、前殖民的国家可以追溯。唯一的前进之路就是超越国家主义和帝国主义进入大同世界。

这种情况类似于阶级、性别、种族与性取向(sexual

preference)方面的抗争。所有这些抗争,一开始都是国内抗争,但最后都超越了民族国家的疆界。社会运动的世界化是近年最为显著的一个发展。同样明显的是,这些体现为声明与冲突的社会运动,如果从跨国角度来理解的话,更富意义——特别是因为只有世界性视角,才可以避免这些社会运动退回到后现代的种族中心主义和民族国家主义之中。

这就是挑战现代思想的现实。社会科学——社会学、政治学、史学、人类学和地理学——如何超越民族观点提升自身,克服它们方法上的民族主义,发展成一种世界性的观点?世界性的社会科学看起来是怎样的?它会意味着对我们比较的所有基本概念和体系去世界化吗?我们又怎么在这个新的基础上进行社会的、历史的和政治的分析?①

参考文献

马丁·阿尔布劳(Martin Albrow),1996,《全球时代:现代性之后的国家与社会》(*Global Age: State and Society beyond Modernity*),剑桥(Cambridge):Polity Press

乌尔里希·贝克(Ulrich Beck),1997,《再造政治:在全球社会秩序中反思现代性》(*The Reinvention of Politics: Rethinking Modernity in the Global Social Order*),剑桥:Polity Press

---

① 参见贝克,2000a、2000b、2000c、2000d;贝克与威尔姆斯(Willms),2000。

——2000a,《什么是全球化》(*What is Globalization?*),剑桥:Polity Press

——2000b,《世界主义的视角:第二次现代性时代的社会学》(The Cosmopolitan Perspective:Sociology in the Second Age of Modernity),《英国社会学》(*British Journal of Sociology*)51(1):79-106

——2000c,《世界风险社会》(*World Risk Society*),剑桥:Polity Press

——2000d,《世界主义社会及其敌人》(The Cosmopolitan Society and its Enemies),《政治讲演》(*Public Lecture*),伦敦政治经济学院(LSE)(2月)

乌尔里希·贝克(与J·威廉姆斯[J Willms]的谈话),2000,《自由与资本主义》(*Freiheit oder Kapitalismus:Gesellschaft neu Denken*),富兰克福(Frankfurt):Suhrkamp

迈克尔·比利希(Michael Billig),1995,《平实的民族主义》(*Banal Nationalism*),伦敦:Sage Publications

博赫尔(K H Bohere)、谢尔(K Scheel)主编,2000,Europa oder Amerika? Zur Zukunft des Westens,《墨丘利》(*MERKUR*)特刊9-10

皮埃及·布尔迪厄(Pierre Bourdieu)、华康德(Loïc Wacquant),1999,《帝国主义的狡狯》(The Cunning of Imperialist Reason),《理论、文化与社会》(*Theory,Culture and Society*)16(1):41-58

米歇尔·福柯(Michel Foucault),1982,《知识考古学》(*The Archaeology of Knowledge*),纽约(New York):Pantheon

戴维·赫尔德(David Held),1995,《民主与全球秩序》(*Democracy and the Global Order*),剑桥:Polity Press

莱因哈特·科塞勒克(Reinhardt Kosselleck),1989,《过去的未来:历史时间的语义学》(*Futures Past:On the Semantics of Historical Time*),坎布里奇(Cambridge),麻省(MA):麻省理工大学出版社(MIT Press)

安德鲁·林克莱特(Andrew Linklater),1998,《政治共同体的变迁》(*The Transformation of Political Community*),剑桥:Polity Press

翁爱华(Aihwa Ong),1999,《灵活的公民身份:跨国性的文化逻辑》(*Flexible Citizenship:The Cultural Logics of Transnationality*),达勒姆(Durham),北卡罗莱纳(NG)与伦敦:杜克大学出版社(Duke University Press)

沙利尼·兰德里亚(Shalini Randeria),2002,《不平坦现代性的缠绕历史:后殖民印度的市民社会、种姓团结与法律多元》(Entangled Histories of Uneven Modernities:Civil Society,Caste Solidarities and Legal Pluralism in Post-colonial India),收入耶胡达·艾尔卡南(Yehuda Elkanan)、伊凡·克拉斯蒂夫(Ivan Krastev)、埃利希奥·马卡莫(Elísio Macamo)、沙利尼·兰德里亚主编,《解结:从社会凝聚力到连通性的新实践》(*Unravelling Ties:From Social Cohesion to New Practices of*

Connectedness),法兰克福/纽约:Campus

路易莎·沙因(Louisa Schein),1998,《苗族同胞对美国Hmong族的意义:并非无国籍的跨民族主义》(Importing Miao Brethren to Hmong America: A Not-So-Stateless Transnationalism),收入谢平(Pheng Cheah)、B·罗宾斯(B Robbins)主编,《世界政治:超越民族而思》(*Cosmopolitics: Thinking and Feeling Beyond the Nation*),明尼阿波利斯(Minneapolis):明尼苏达大学出版社(University of Minnesota Press):169-191

特伊沃·特伊瓦伊恩(Teivo Tievainen),1999,《经济监督的全球化》(Globalization of Economic Surveillance, Passages),《跨国与跨文化研究杂志》(*Journal of Transnational and Transcultural Studies*)1(1):84-116

茨维坦·托多洛夫(Tzvetan Todorov),1984,《征服美国》(*The Conquest of America*),纽约:Harper & Row

约翰·汤姆林森(John Tomlinson),1999,《全球化与文化》(*Globalization and Culture*),剑桥:Polity Press

约翰·厄瑞(John Urry),2000,《社会之外的社会学》(*Sociology Beyond Societies*),伦敦:Routledge

迈克尔·沃尔泽(Michael Walzer),1983,《正义诸领域》(*Spheres of Justice: A Defense of Pluralism and Equality*),纽约:Basic Books

第二章
评估麦当劳化、美国化、全球化

乔治·里泽(George Ritzer)
托德·斯蒂尔曼(Todd Stillman)

全球化论争

新的、变革中的文化现象,引发了社会理论各种传统的论争。这些论争,常常表现为界定当代现象之特征时的众说纷纭。就在最近,全球化论争中的百家争鸣已经浮现,且看似无法解决。全球化的宏观现象学(macro-phenomenology)已经在当代产生了极大共鸣。① 全球化(Globalization)作为一个成熟的时髦话语,常

---

① 抵消此种倾向的,则是明显的现实政治、经济方面的分析(参见蔡斯·邓恩[Chase-Dunn],1989)。

用来指称全球市场及跨国传媒的文化融合。① 麦当劳化（McDonaldization）也存在深广的文化共鸣。学者、社会活动家、普通大众（社会思想家自不待言，见斯马特[Smart]，1999；阿尔费诺[Alfino]等，1998），都发现"麦当劳化"在描述从宗教（德雷恩[Drane]，2000）到大学（帕克[Parker]、贾里[Jary]，1995）到博物馆（基希伯格[Kirchberg]，2000）的所有一切时十分有用。最后，美国化（Americanization）的观点已经在欧洲、亚洲及南美洲引起了争论和对抗。（库索尔[Kuisel]，1993）本章，我们将讨论这三种视角之间的相互联系，细察其能被整合的程度。

在某种程度上，麦当劳化、美国化的观点，并不符合对今天全球化的典型特征的描述。有人认为全球资本主义的后果是世界逐渐被美国化、合理化，有人则愿意将当代社会形容为多元、不确定，认为合理化、美国化不过是其中的两种趋势而已——这二者之间存在分歧。冒着简化之嫌，我们认为这种分歧相当于两种世界观的不同：要么将世界看成是一个日益美国化、合理化、系统化、受限定的世界，要么是一个更多元、更活跃、更自由的世界。

这三个概念均深植于现代性的竞争背景之中。尤其是麦当劳化，让人想起现代社会理论中组织管理严密的"铁笼子"的观点。它起源于韦伯传统（Weberian tradition），主张合理化结构强制的进步力量凌驾在行动者（agents）之上，消费领域尤其如此。

---

① "全球化"也指受新自由主义经济政策支持的资本主义力量在世界舞台上的与日俱增，还可指跨国治理（transnationalgovernance）的增长。不过，本章关注的是文化的全球化。

美国化则是新马克思主义经济帝国主义与文化霸权概念的近亲。这一视角认为,美国媒体与商品的扩张性输出,相当于针对民族国家主权的秘密的帝国主义攻击。最后,大多数全球化理论都同意后现代对多样性(diversity)、混杂性(hybridity)、速度(velocity)、行动(agency)的强调。相对于个体从商品、媒介的随手拼凑(bricolage)中再造自我的能力而言,公民身份、传统、地位等级的重要性都有所降低。

进行理论整合之初,为了理解麦当劳化、美国化,我们吸取了全球化研究的一些经验教训。乔治·里泽(George Ritzer)认为,若能正确估量麦当劳化的程度,就能拓宽我们对全球化的理解。(里泽,1998;里泽、马龙[Malone],2000)本章将表明,全球化之洞见,如何为麦当劳化的传播扩散提供了新的卓见。本章的第二个目的,则是将麦当劳化从美国化中析离出来——通过强调前者的韦伯主义根源以及后者的马克思主义遗产。但这项工作只能取得部分成效:因为此时此刻,麦当劳化与美国化正携手并进。第三,我们将比较全球化、美国化这两种视角。最后,我们会提出一个麦当劳化、美国化与全球化三者关系的层级结构模式(hierarchical model)。

全　球　化

全球化通常指的是跨国政治活动的增长、世界经济的一体化,以及继之而来的全球范围的文化融合。也许仍有偏远地区未受自由贸易、电视或移民的改变,但全球化影响的范围,就其定义而言是全球性的。世界上只有很少几个地区能够抽身于投资、观光客、污染、人群、犯罪等等的全球流动之外。全球化理论之核心,乃是认为全球力量将最终影响地球上哪怕是最偏远的"角落"。举一个看似不太可能的例子,南美洲的热带雨林已俨然成了游览胜地,成了木材、制药工业等自然资源的来源地,成了容纳来自人口稠密地区的移民的中心,还是毒品制造的核心地区。随着土地需求的压力增加,热带雨林地区无疑将进一步受到全球影响而改变。

作为全球化的主要引擎,资本主义驱使人来人往、开发资源、开放市场、推广技术。资本主义在全球搜寻最廉价的劳动力、最好的技术、最便宜的原材料、最大的市场,以拓展自己的商品链。(麦克迈克尔[McMichael],1996)不过,好几个世纪以来,资本主义就一直是一股全球力量。(冈德·弗兰克[Gunder Frank],1978;沃勒斯坦[Wallerstein],1974)当下全球化经验的新奇之处,在于媒介和传输工具的技术进步产生出了一种这个世界是由国际传媒、商品文化过滤过的强烈意识。(格雷[Gray],1998)更多地区的更多人,看到更多朱莉亚·罗伯茨(Julia Roberts)的电影、更多的世界杯足球赛、更多的罗马宗教访问活动,还有比过去多得多的游击战争。国际传媒直接关注撒哈拉沙漠以南非洲地区的艾滋病、大英帝国的疯牛病、中国的人权滥用、南极上空的臭氧、棕榈海滩的选举计票。世界上很多地方的人们都穿跑鞋,喝可口可乐,吃比萨饼、鸡蛋卷,开丰田汽车。

世界上很多地方——不是全部,即便不使用全球化的产品,也都呼吸着全球化的空气。曼纽尔·卡斯特(Manuel Castells,1996)提醒我们,全球化经验可分为参与全球化进程的世界公民,以及被忽略、被剥削的地方居民。最有可能在全球化果实中获益的,是那些居住在中心城市、在新经济体系中工作的人们,不过,劳工、军职人员、学生等等,也都直接经验着全球化。

对亲历者而言,全球化究竟意味着什么?有论者认为,全球化能够创造出国家与经济、文化、民众结合得较为紧密的现代时期所无法创造出的文化可能性。全球化的后果在于,它能为行动者提供更多选择,"(建立)多重身份、拆解社会主体(social subject),乃是基于个人能够同时获得好几个组织选项(organizational options)的能力"(里德文·皮尔特斯[Nederveen Pieterse],1995:52)。换句话说,全球化创造出新的组织形式,丰富了地方行动者的选项,而不是破坏或取代传统形式。沿着这一思路,一些人得出结论说,全球文化是地方文化的添加物。所以,全世界的行动者实际上都是二元或多元文化的行动者。

全球化观念还孕育出超出其理论范围的内容。托马斯·弗雷德曼(Thomas Friedman,1999)将全球化视为全世界"落后"地区人民获得经济发展、政治解放的梦寐以求的机会。后殖民主义学者则在特定劳动力市场与自然资源的开发利用中嗅出了秘密的帝国主义动机。(安东尼奥[Antonio]、博南诺[Bonanno],2000)阿尔让·阿帕杜莱(Arjun Appadurai,1996)则将全球化视作民族国家建构这一典型现代方案的解体(unravelling),该方案遭到了身份、文化大量混杂化的削弱。

问题于是乎变成了"哪一种全球化?"。罗兰·罗伯逊(Roland Robertson,1992)认为,答案在于应从知与行的角度思考全球化,行动者在知与行中体认全球化,因而也敞开了全球化之多元形象的可能性。我们认为,罗伯逊意识到当代社会中世界秩序的多元形象是正确的。不过,尽管全球化有很多不同的理论,抽取几个当代全球文化的关键命题也尚属可能:

(1)比起现代社会理论此前所持的霸权世界观来,当今世界更为多元化。全球化理论在其分析范畴中,对差异性格外敏感。

(2)比起现代社会理论此前所主张的严密组织管理来,全球化世界中的个体更有适应力、创新性、机动性。全球化理论将个体视为自我创造的主体。

(3)社会过程是相辅相成的。文化全球化激起了各种反应——从固守民族主义(nationalist entrenchment)到拥抱世界主义(cosmopolitan embrace)——反哺并改变全球化的形态。

(4)20世纪晚期重要的文化变迁,包括社会生活与日俱增的商品化(commodification)、速度的提高、媒体的中心性。商品与媒体不仅是社会科学研究的合法对象,也是自我创造的材料。

普遍的麦当劳化

麦当劳化也是一个崭新的过程,尽管韦伯告诉我们,它深深扎根于合理化的历史过程之中。麦当劳化对个体体验世界的方式产生了深刻的影响。该术语以快餐店为范式,描述了社会——人们生活、工作、消费的地点和场所——的合理化。这一过程是四个相互关联的优势环节的直接后果:受到更为高效、可预测性、可计量性、无人技术取代人力等要求的推动。(里泽,2000a)因此,在麦当劳化场所中,对标准化产品和数量的强调胜过对质量的强调。这些实践和价值观使得麦当劳化比起其他组织模式而言更具竞争优势;麦当劳化令高效率管理数量庞大的人群(雇员或主顾)成为可能。麦当劳化的第五个后果就是理性的无理性(irrationality of rationality),也就是说,其基本原则势必导致对消费者和雇员的贬低。

由于根植于(快速)食品工业,麦当劳化远远不止烹饪风格的变化。例如,富有地方特色的旅馆/汽车旅馆逐渐销声匿迹,被假日酒店(Holiday Inn)这样的麦当劳化连锁店所取代。在高等教育体系中,学院、综合性大学全都对麦式大学(McUniversities)模式趋之若鹜,往往失掉其独有的地方特色。政治竞选也是如此,到处都受到民意调查、媒体广告、电视插播竞选讲演片段(sound bites)的控制支配。因此,麦当劳化不仅出现在消费领域,而且也见于更为广泛的社会环境。

麦当劳化理论宣称,合理化体系渗透了整个社会生活,因此在更为广泛的环境中从根本上改变了人们工作、消费、社会交往的方式。尽管合理化在相当长的时期内是现代生活压倒性的事实,其最新化身——麦当劳化——自1960年代以来,则极大地侵袭了美国国内外的消费文化。在国际上,今天麦当劳在130个国家有30000家分店,这是从1990年的3000家发展而来的。更不用说麦当劳化模式的成功,这一模式通过美国其他成功的快餐连锁店(肯德基、必胜客),还有仿效麦当劳化消费方式的当地版本(如俄罗斯的Russkoye Bistro,印度的Nirulas)而得以广泛传播。这一世界范围的增长对传统生活方式产生了无可否认的影响,常常损害地方实践,随着人们越来越习惯于高效率、可预测性的环境,其影响还会持续扩大。不过,世界上也还有很多地区并没有麦当劳化。那里仍然保留着更为传统,或曰更少合理化的消费方式、生产模式和交往方式。想要预测麦当劳化在这些地区增长的长期趋势,也许需要很长时间才能看到这一过程的萌生迹象。

尽管如此,有一点很清楚,麦当劳化在任何深入的全球化思考中都应占一席之地。毋庸置疑,麦当劳化逻辑所带来的一系列价值观念与实践,比别的消费方式更具竞争优势。相对于其他消费方式,麦当劳化模式不仅更有效率,它的再生产也更为容易。过去半个世纪麦当劳化在美国的成功,加上麦当劳及其同类公司的国际抱负、各地的克隆,都明显意味着麦当劳化不仅会通过现存公司的努力,还会经由其经营范式的传播,进一步侵占全球市场。快速、廉价、清洁是成功秘诀,而这一秘诀正在、将会被广泛模仿。

不过,需要注意的是,高效率的生产、服务所产生的竞争优势并不等于不可超越的竞争优势。建立在消费者欲望和期待之上的麦当劳化也有其局限性。一方面,麦当劳化坚持低价策略,允许麦当劳化行业从更多的消费者身上获取利润。在快餐店享用三美元午餐的,仅限于那些在好一点的餐馆里吃不起牛排的人。而另一方面,在这一消费群体中,仍有一些消费者只是偶尔光临快餐店,甚或根本不去快餐店。他们也许是觉得有效率地进餐并不能满足饮食的全部理由,或者仅仅只是觉得快餐不合口味而已。所以,快餐的增长并未减少传统风格、服务周到的餐厅在美国的流行。(纳尔逊[Nelson],2001)

美 国 化

美国化可以定义为一个强有力的单向度过程,往往能压制别的竞争过程(如日本化);同时,地方力量也有可能反抗、修正并将美国模式改造为一种混杂模式。而且,美国化的观点与一个特定国家——美国——绑在一起,但它对许多不同的国家产生了不同的影响。

美国化在某种程度上将麦当劳化包含在内,但也包含有美国文化、政治、经济帝国主义的其他形式。在美国化的标题之下,我们可以看到后二战时期美国工业模式在世界范围的蔓延扩散;可以看到1990年代以来美国消费模式在世界范围的扩散蔓延;还有美国媒介如好莱坞电影、流行音乐、NBA篮球赛事在海外的推广营销;美国商品如可乐、牛仔裤、电脑操作系统在海外的推广营销;美国在欧洲、亚洲、南美洲广泛的外交和军事行动,包括致力于支持民主化;在美国大学培养军界、政界、科学界精英;美国公司开发、利用国际劳工市场和自然资源。

美国化的触角是广泛的。好莱坞电影的全球推广,即可见其一斑。美国电影工业业已支配了欧洲及其他地区的民族电影工业,损害了民族艺术家的表达。朱莉亚·罗伯茨、哈里森·福特(Harrison Ford)的热门电影,不仅通过官方的电影发行系统播映,且在第三世界城市的大街上被盗卖。甚至印度、中国这些继续生产大批商业电影的国家中,美国电影也常常占据其银幕。同样,许多电影虽在美国本土并不成功,却发现了全球市场,艺术电影、动作电影均是如此(凯尔[Kael],1985)。结果是,人们不仅普遍熟悉美国的文化产品(里德文·皮尔特斯称之为"第二身份"[secondary identity]),美国电影也扼杀了其他国家的电影。

然而,这还只是当今电影界问题的一个侧面而已。与此同时,其他国家的电影语法也被改造得适宜于发行到美国。例如,中国人哀叹他们的著名导演(包括张艺谋、陈凯歌)为取悦西方观众,在影片中将中国文化历史"异域化"(exoticize,或赛义德[Said,1978]所谓的"东方化"[orientalize])。最近的一例则是李安的《卧虎藏龙》,该片斩获诸多国际性大奖,但据报载在中国大陆却不太成功。简言之,中国电影乃为美国人的感官而量身订制,以期获得声望和票房。结果,美国电影文化在某种程度上变成了世界电影文化。当然,这并不是说美国电影不受放映地文化语境不同阐释的影响,只不过说明了美国文化产品日益成为全球文化的中心要素。

麦当劳化与全球化理论的经验教训

在某种意义上,麦当劳化命题是全球文化视野的一个反题。全球化理论,正如我们看到的那样,往往抱持日益多元化的世界观。如上所述,全球化视野还特别展望了日渐多样的组织选项。但是,麦当劳化主要是一个均质化的过程。如果不能与高效、可预测性、可计量性、无人技术取代人力相互兼容,麦当劳化便倾向于减少消费模式的多样性。因此,一个麦当劳化的社会,往往容易出现"组织同构"(organizational isomorphism)。(迪马乔[Dimaggio]、鲍威尔[Powell],1983)迪马乔、鲍威尔认为,三个相互关联的过程使得竞争的组织结构看起来越来越相似:首先,组织模式受到文化期待(cultural expectations)的制约;其次,在"符号不确定"(symbolic uncertainty)的环境中,组织模式易于仿效别的组织模式;再次,专业化过程发展出刻板的资格认证体系,在管理人员中产生了严格的准则规范。这里,迪马乔、鲍威尔将另一过程排除在他们的考虑之外,实则该过程在麦当劳化中起到了重要作用,这就是组织化体系与其他组织的竞争模式相比所具有的竞争优势。

在当今的跨国背景中,所有这四个过程都促进了组织结构围绕麦当劳模式而普遍趋同(convergence)。文化期待、仿效、管理规范、竞争优势,都跨越国界而发挥作用。而且,看一看麦当劳化传播扩散过程中那些长长的商品链(commodity chains),即可见一斑。事实上,麦当劳也要求它的供货商将操作管理合理化。(施洛瑟[Schlosser],2001)对于效仿者而言,很可能由于各种不同的消费品与文化资源的汇合,产生了"符号的不确定性",使得消费者更忠于他们熟悉的模式。这或许会强化麦当劳化体系已有的竞争优势。越来越多的跨国 MBA 毕业生学习相同的课程,为同构性添砖加瓦。最后,也是最重要的,麦当劳化体系仅仅通过降低劳动力和培训成本,就超越了传统的组织模式。

在对行动的相关强调方面,全球化与麦当劳化的理论冲突是明显可见的。麦当劳化理论往往认为个体受到消费方式形式合理性的控制,也就是说,消费者往往遵从模式的意愿而一举一动:在快餐店,人们井井有条地排队,迅速进餐,清理自己的餐桌。①全球化理论则强调消费者面临消费方式时的消费行为。

不过,全球化的文化视野提出了有关麦当劳化的局限性的一些重要问题,而麦当劳化命题自身无法充分回答这些问题。麦当劳化的意识形态,对于麦当劳化结构内外的人们的生活、价值观念的渗透究竟有多广泛?麦当劳化触及文化时,对文化的改变到底有多深远?麦当劳化过程是决定性的、不可逆转的,还是有效的(或正在出现的)可供选择的消费模式?无论麦当劳化是作为

---

① 对麦当劳化场所中消费者行为的详细辨析,见里泽、奥瓦迪亚(Ovadia),2001。

一种视野,还是一个过程,这些问题对于理解它的局限性而言,都至关重要。

的确,如果将全球化理论的经验应用于麦当劳化,我们也会面临这些局限。麦当劳化视角只肯定行动者的有限作用,对过分提倡多元化表示怀疑,认为消费方式等领域的合理化有可能持续,甚至加速发展——这些观点都招致了全球化理论的质疑。但麦当劳化视角的中心主张——即由高效、可计量性、可预测性、无人技术取代人力所定义的这一新型消费方式的结构——并未受到质疑。这一结构对消费的影响,这一模式在全球的扩张,这种合理化理论的技术内涵,都是次要问题。即便这些问题是理解麦当劳化如何在全球运转的关键,很明显,这些问题也超出了我们勾勒这一新型消费方式(及其他领域)合理化轮廓的计划。

麦当劳化并不是全球化的严格对应物。全球化理论比麦当劳化范围更大。全球化的概念被用来形容全球文化在各个国家、地区、领域的日益渗透。全球化可以指麦当劳化消费方式的影响,或美国商品遍布世界;同样,全球化还可以用来概括日本文化对当代亚洲的影响,或是德国哲学对俄罗斯政治的影响。

尽管有上述区别,麦当劳化命题仍可在全球化理论中得到说明。麦当劳化至少在三个方面受到多元力量的影响:首先,麦当劳化模式输出时,总是受制于适应本地的程度;(华琛[Watson],1997)其次,麦当劳化模式能够在趋于同构的效仿过程中就地发展;再次,麦当劳化模式能够海纳百川。只需想想各种不同的环境都遭遇麦当劳化,就可见一斑。所以,只要结构的多样性愈受限制,无论真正的还是表面的多样性就都能得以存留。

麦当劳化模式被用来控制行动者(消费者)时,模式对行为的控制也存在局限。个体仍有能力与麦当劳化环境进行交涉,从麦当劳化过程中制造意义,并且从麦当劳化组织要素中打造自己的身份。

因此,麦当劳化的均质化力量是有限的。对麦当劳化的种种反应,以及那些意料之外的后果,都促使任何麦当劳化组织不断进行调整、适应。在基本原则保持不变的同时,麦当劳化组织总是不停地改造、演进。

麦当劳化与美国化

尽管本章指出了诸多分析差异,麦当劳首先还是一个美国图标。所以,欧洲、中国以及世界上其他国家的抗议者抨击麦当劳是美国、美国文化帝国主义的符号。(戴利[Daley],2000;华琛,2000)简言之,麦当劳同时承载了作为过程与符号的美国含义。就前者而言,它关乎组织、服务、消费这一特殊的美国方式的输出。就后者而言,它是美国经济富足(与政治实力)在全世界的符号。

快餐是美国生活方式的标志。其与美国化的密切联系,表现为既促使又抑制了麦当劳化的扩张。麦当劳化的消费方式被认为是外国进口,是新鲜事物,被暴发户、年轻人认为是一种确立都市身份或较高社会地位的方式。在这一点上,麦当劳与美国的紧密联系,通过将合理化模式最小化以破除(disenchant)消费者的幻想,或许有助于这种模式的扩张。(里泽,1999)但是,一旦新奇感褪色,世界范围内的麦当劳消费模式将需要重新美化(re-enchant)其合理化内核,以吸引回头客。如果说美国经验对于这一过程的发展演变有什么启示的话,我们可以想见全球麦当劳化的消费方式将利用消费者对已被取代之物的怀旧心理,创造出地方传统的仿制品。这是令人伤感的反讽,将来某日,巴黎或北京麦当劳化的消费环境重新创造出已经被麦当劳化取代了的饮食起居方式。

麦当劳化、美国化之间的密切联系,在某些情况下或许会阻碍麦当劳化消费模式的接受。这时,消费者避开麦当劳化体系,不是因为他们对速度、效率、可预测性不再着迷或心怀不满,而是因为麦当劳化代表了文化帝国主义。欧洲、印度及许多其他国家的麦当劳餐厅成为激进分子的靶子便是如此。只要麦当劳化与美国化的联系依然紧密,我们就可想见,在那些反美情绪强烈的地区,麦当劳化适应地方文化的努力将收效甚微。不过,随着地方消费模式开始效仿麦当劳化体系,麦当劳化与美国化的密切程度就会降低。在与美国的联系被切割之后很长一段时间内,高效、可预测性、可计量性以及无人技术取代人力,比起别的组织模式来将继续享有竞争优势。

麦当劳化体系在美国本土的竞争优势,并非完全适合于将这种模式在世界范围进行推广。例如价格,比起国内来,某些国际化的环境就不如国内更有竞争优势,因为地方产品常常比进口货更便宜。而且,口味仍然是快餐食品国际需求的一个重要制约,明显的如麦当劳及其他快餐店对地方特色口味的妥协(如新德里的咖喱汉堡、东京的红烧汉堡)。所以,麦当劳使消费均质化的潜力,受制于美国国内外消费者面临合理化消费模式时的能力(价格)与意愿(口味)。

还应注意的是,美国化意味着美国对世界的影响程度愈演愈烈,但是麦当劳化的影响并不简单地存在于美国之外。想想美国日益增加的麦当劳化吧,包括地区差异的消失导致整个国家更大程度的均质化。我们不能将这种现象描述为美国化;至少,美国的美国化,这种想法听起来让人觉得怪异。然而,很明显,我们这里说的就是美国的麦当劳化。

美国的麦当劳化或许可以看成是"美国的去美国化"(de-Americanization of America)。长期以来,美国便与文化杂烩(mélange)、地区传统联系在一起,是著名的大熔炉,麦当劳化则摈弃文化、地区传统,用一个单一的、均质的体系取而代之。所以,地方熟食、意大利比萨、虾室、墨西哥煎玉米饼小摊等等,要么在被麦当劳与其他快餐店淹没的过程中逐渐消失不见,要么这些文化与地区传统自身被麦当劳化,摇身变成内森热狗店(Nathan's Hotdogs)、必胜客、龙虾红(Red Lobster)、塔可钟(Taco Bell)等连锁店。原有的地方特色几乎无迹可循,食物则被"稀释"以满足大量不同消费者的口味。

所以,美国化、麦当劳化既互相联系,又不能彼此替代。这或许就是为什么麦当劳化只是美国化一个临时的子概念。到今天,麦当劳化体系遍布于世界各地,有的还重新输回美国(如英国的"美体小铺"[Body Shop])。至此已很清楚,麦当劳化不仅仅是美国化的一个过程。随着更多的国家发展、输出他们自己的麦当劳化体系,我们可以更多地将麦当劳化与全球化联系在一起(更少地将之与美国化联系在一起),在这个意义上,麦当劳化将日益多向度,以最佳的适应性、最新颖的形式成功地在世界舞台上参与竞争。麦当劳化也有可能变得无处不在、变得规范化(codified),甚至可以视作脱离某个特定国家而独立存在的一种过程。的确,我们可以认为,麦当劳化正迅速成为一种独立的力量,其高效、合理化的消费模式不断扩散到新的地区。这一情形,促使我们重新思考麦当劳化是一个全球化过程还是美国化过程。①

美国化与全球化

美国化与全球化视角的区别跨越了世界经济、全球文化、国际政治。所有持全球化立场的人,都不否认美国是世界上占支配地位的力量。所以,问题首先变成了相对而言谁更重要,其次才是效果为何。全球化理论的核心观点认为,美国化只是诸多全球力量的其中一种。而且,即便美国在跨国活动中占据较大份额,

---

① 诚然,麦当劳化是合理化占主导地位的当代模式,但过去其他国家的模式也曾发生过影响。例如,清朝的官僚制度吸引了18世纪欧洲政府创建者的想象力。马克斯·韦伯(Max Weber)无疑也清楚知道的另一个例子,便是军事合理化的普鲁士模式后来成为了现代军事组织的模式。

它对地方及民族文化的威胁依然不像人们想象的那么严重。按照这种观点,美国化图景的一个根本缺陷在于,它忽略了地方主体在谋求文化、政治与经济自治时有选择地挪用(appropriate)美国影响的力量。

在经济领域,全球化问题似乎是一个经验主义的问题。如果相当数量的民族经济被美国公司掠夺的程度超过了其他国家的公司,那么经济的美国化就只是一个简单的事实而已。但是,过去所谓的美国公司现今多为外国投资者所拥有、管理(如克莱斯勒[Chrysler]、施格兰金[Seagram's]、汉堡王[Burger King])。而且,国际力量对美国市场也有很大的影响(汽车、手机及家电行业,均可见美国本土之外的强有力竞争者)。尽管如此,今天的美国仍然是世界上最大的经济体,其覆盖范围及影响力依然强大。

在消费文化领域,美国化视角似乎较少模棱两可之处。美国的产品、品牌淹没世界,形成了一种文化帝国主义。(克莱因[Klein],2000;汤姆林森[Tomlinson],1991)耐克、李维斯(Levi's)、可口可乐、麦当劳,都是世界各地醒目的符号。理查·方塔西亚(Rich Fantasia,1995)、理查德·库索尔(Richard Kuisel,1993)很快就指出,许多国家——他们以法国为例——对美国产品既爱又恨。当产品被认为是美国所造时,就会受到不同对待,不同于那些仅仅是随处可见的东西。可口可乐成为全球软饮料的首选后,虽失掉了美国造的特征,但还是常常被看成是一种舶来品。把可口可乐理解成异国风味,还可以缓和其霸权形象——为了独霸市场,必须既亲切又自然。可口可乐在某些地区已臻此境界，但很多美国产品依然咄咄逼人，未至更富渗透性的程度。

在政治领域，美国化视角是对美国越来越显著的国际影响的批评，而全球化则认为跨国治理的兴盛、民族国家的衰亡是主要发展方向。这里似乎很明显，全球化也许瞥见了未来，却也夸大了目前的形势。民族国家绝非即将消亡，事实上，世界上约有50个地区的分裂主义群体正想方设法建立新的国家。最具影响力的国际组织——包括世界贸易组织、联合国——都是国家间的组织，其目的是为了促进彼此间的紧密合作，而不是要取代领土权力(territorial power)结构。

另一方面，美国化是一种政治现实。军事上，美国活跃在欧洲、中东、拉丁美洲、东南亚。在一些辽远地区，有美国军队插足其间的事件无月无之。外交上，美国在爱尔兰与英国、以色列与巴勒斯坦、中国与台湾、南韩与北朝鲜的地区冲突中扮演着核心调停人(或利益体)的角色。就发展而言，美国提供经济援助、技术支持、与别国交换学生。不过，其他国家也在政治问题上从美国手中夺权。某些重要问题如矿藏、环境，美国的地位则被排除在国际圈外。尽管如此，美国仍然是世界舞台上一支明显具有影响力的政治力量。

所以，我们可以说，美国化是全球化的一个重要形式。这两种视野的分歧，主要在于美国的影响究竟是支配性的，抑或相反，即美国的影响不过乃其中之一。这一方面，麦当劳化模式别有意味。越来越多的国家在外交、经济、文化上与美国推手交道，或许会深感迫切地发展出兼容性(麦当劳化)的组织模式。而且,这些模式具有霸权特征;也就是说,它们往往被看成是组织消费、生产、社会生活的自然形式,而不是特殊的美国舶来品。

关系的模型化:全球过程的层级结构?

将全球化、美国化、麦当劳化的"地理"绘制成表(见表1),可以立即清楚看到,全球化涵盖范围最广,因为它包含了更为广泛的跨国与国际交换。尽管如此,麦当劳化、美国化也是对西方世界产生极大影响的现象,其在全世界的影响也与日俱增。本章不仅仅是要将这三个术语并置以探索它们之间的张力。整合其观点时,第一步就是要评估不同概念之间的"一致性"。所以,我们把这一部分作为尝试重新评估全球化、美国化、麦当劳化之间关系的起点。我们将试着表明它们如何彼此相符、互为补充,而不是互为竞争。

表1 全球化、美国化、麦当劳化的特点

	全球化	美国化	麦当劳化
定 义	"世界变小了,世界乃一个整体的意识得到强化"(罗伯逊,1992:8)	美国观念、风俗、社会模式、工业、资本在世界各地繁殖	"快餐业的基本原则逐渐支配美国社会及世界各地越来越多领域的过程"(里泽,2000a:1)

续前表

对世界的看法	人员、资讯、资源、商品的多向度流通	美国开发利用世界市场和资源	强调高效、可预测性、可计量性、无人技术取代人工
经济	世界贸易扩大并加剧	美国工业模式占据支配地位。美国公司利益独霸世界	服务、生产的合理化模式传播扩展。对雇员、消费者的控制和非人化与日俱增
政治	跨国治理、社会运动增多	美国及其盟国的单边政治活动与日俱增	政府活动以成本—效益分析为基础。越来越程式化的"麦式公民"(McCitizens)参与政治活动（特纳[Turner],1999)
文化	改造与拼凑自我的机会日渐增多	美国消费与媒介文化在世界舞台占主导地位	宗教、教育、司法、卫生保健,尤其是消费文化,臣服于标准化

首先是全球化、美国化、麦当劳化组成全球过程的层级结构(hierarchy)的观点,全球化至少在某种意义上包含了其他两个概念。如果全球化囊括了影响世界的所有过程,那么美国化、麦当劳化则可视作全球化的特殊案例。据此而言,全球化是最广泛的过程,美国化是一种特殊的、强有力的全球性力量,麦当劳化则首先是美国化的一个组成部分。

认为全球化、美国化、麦当劳化可以纳入一个层级结构之中，这是很有吸引力的命题，因为该命题避免了社会学理论中诸如现代性/后现代性、宏观/微观等论争中常见的范式冲突（paradigm conflicts）。（里泽，2000b）这一层级结构相信全球化既是经济、文化与人的混合，而且就隐秘帝国主义和均质化的具体事例而言，全球化似乎也挑战了混杂性的理想。这一层级结构承认，美国化、麦当劳化尽管强劲有力，却不是总体化（totalizing）的过程；也就是说，并未穷尽全球化过程。相反，这一层级结构表明，美国化、麦当劳化都是全球化具有重要意义的子目，对全球景观具有强烈影响；其对世界其他地区的影响，或许会大于这些地区文化力量的回应。

但是，全球过程层级化，这一观点也是成问题的。首先，全球化至少部分拒斥美国化、麦当劳化视角。美国文化产品泛滥于国际市场，全球化理论却认为它们更多是对本地产品的补充而非取代。全球化一般被看成是一个多向度的过程，有多种源头，其后果对整个世界产生影响。换句话说，全球化涉及的不仅仅有美国化，还有日本化、巴西化，诸如此类。

也有可能，全球化、美国化是互相排斥的世界秩序图景。而且，一种比较成熟的全球化观点也承认，除了全球化力量之外，地方输入也导致了混杂文化，或罗兰·罗伯逊（1992）所谓的"全球在地化"（glocalization）。这一图景或许与美国化的观念不相兼容：问题归根到底是一种主观判断，即混杂性是否是现有模式、文化、某些新东西的改造。例如，美国的生产技术与日本式的劳工关系混杂出日本的汽车工业,应被视为美国化,还是最好将这种混杂理解成新的生产模式?若将美国化强行纳入此种框架,将彻底改变该概念的帝国主义成分。

如果认为麦当劳化是美国化的组成部分,这种观点也存在问题。麦当劳化的某些方面具有挥之不去的美国因素(强调速度、效率),但其核心过程超越了民族根源。的确,麦当劳化是典型美国式的,因为它产生于美国,其主要形式也源自美国。美国化通常增进的都是美国的利益,麦当劳化却不尽如此。事实上,很有可能,其他国家将很快从美国手中夺取麦当劳化的主导权(就像美国在装配线生产上的领导地位早已消失一样)。在某一时刻,美国社会进一步麦当劳化的最大力量,也许是其后继者如俄罗斯的 Russkoye Bistro、印度的 Nirulas 等场所的输入。即便是现在,"汉堡王"在美国的扩张也令其英国业主获利甚丰。

所以,全球过程层级结构的设想,需要克服全球化、麦当劳化、美国化在某种意义上仍然是相互排斥的这一事实。

结　论

首先,我们指出尽管存在概念上的差异,但全球化、麦当劳化与美国化的同时共振值得深入研究。进而,我们绘制出这三种视角的"地形"(见表1),指出它们之间的差异与重叠之处。最后,我们指出这三种观点可以相互兼容,虽不尽如此,但其相互关系可以想象成一种较少冲突、更为层级化的关系。所以,或许不宜将麦当劳化与全球化等量齐观,视为世界性的历史过程,但麦当劳化将继续产生广泛的影响。麦当劳化所负载的那一套形式合理化原则不仅超越了其他的竞争者,而且也在这个过程中损害了对实体价值(substantive values)的尊重,令它成为一种追求均质化的腐蚀性力量:任何事物都能变得更有效率、可计量、可预测,不过需付出牺牲个体的创造活力、传统的生活艺术的代价。我们生活的方方面面越来越受到麦当劳化的影响。

美国化的危险之处与此类似。毫无疑问,美国文化产品覆盖面如此广泛,全球化对其他全球流动的多样性、对主体操控美国产品意义的能力的洞察,就是一种很有用的结论。美国化对世界文化带来了全面均质化的影响,它或是强行排挤地方产品,或是鼓励效法竞争。这样,或许会暂时增加地方个体寻觅新身份的选项,但从长远看,围绕美国品味、行事方式的文化同构和融合,将对文化传统带来负面冲击。

我们的结论并非别的,不过是在麦当劳化风光无限、美国享受全球霸主地位这一特殊历史时刻做出的这些判断。随着时间流逝,组织社会生活、处理新形势的其他模式将会发展出来,尽管也极有可能面临过度合理化的问题。世界各国也许会焦虑于美国的控制,从而将注意力返回自身之传统,或是从全球大杂烩的可选因素中锻造出新的模式与品味。

参考文献

马克·阿尔费诺(Mark Alfino)、约翰·卡普托(John Caputo)、罗宾·温亚德(Robin Wynyard),1998,《重温麦当劳

化:消费文化批评文集》(*McDonaldization Revisited: Critical Essays on Consumer Culture*),西港,康涅狄格州(Westport, CT):Greenwood Press

罗伯特·J·安东尼奥(Robert J Antonio),2000,《新的全球资本主义?——从"美国精神、福特主义"到"美国化、全球化"》(A New Global Capitalism? From "Americanism and Fordism" to "Americanization-Globlization"),《美国研究》(*American Studies*)41(214):33-77

阿尔让·阿帕杜莱(Arjun Appadurai),1996,《普遍的现代性》(*Modernity at Large*),明尼阿波利斯(Minneapolis):明尼苏达大学出版社(University of Minnesota Press)

曼纽尔·卡斯特(Manuel Castells),1996,《网络社会的崛起》(*The Rise of the Network Society*),牛津(Oxford):Blackwell

克里斯多佛·蔡斯-邓恩(Christopher Chase-Dunn),1989,《全球构成:世界经济的结构》(*Global Formation: Structures of the World Economy*),牛津:Blackwell

苏姗·戴利(Suzanne Daley),2000,《法国让野蛮人成为反美英雄》(*French Turn Vandal into Hero Against US*),《纽约时报》(6月1日):A1

保罗·J·迪马乔(Paul J DiMaggio)、沃尔特·W·鲍威尔(Walter W Powell),1983,《铁笼再探:组织领域的制度同构和集体理性》(The Iron Cage Revisited: Institutional Isomorphism and Collection Rationality in Organization Fields),《美国社会学评论》(*American Sociological Review*)48(4月):147-160

约翰·德雷恩(John Drane),2000,《教堂的麦当劳化》(*The McDonaldization of the Church*),伦敦:Darton, Longman and Giroux

瑞克·方塔西亚(Rick Fantasia),1995,《法国的快餐业》(Fast Food in France),《理论与社会》(*Theory and Society*)24:201-243

托马斯·弗雷德曼(Thomas Friedman),1999,《凌志和橄榄油树》(*The Lexus and the Olive Tree*),纽约:Farrar, Strauss and Giroux

约翰·格雷(John Gray),1998,《伪黎明:全球资本主义的幻象》(*False Dawn: The Delusions of Global Capitalism*),伦敦:Granta Books

安德烈·贡德-弗兰克(Andre Gunder-Frank),1978,《世界积累:1492-1789》(*World Accumulation, 1492-1789*),纽约:Monthly Review Press

保林·凯尔(Pauline Kael),1985,《为何电影如此糟糕?或,关于票房》(Why Are Movies so Bad? Or, the Numbers),收入保林·凯尔著《艺术现状》(*State of the Arts*),纽约:Duntton:8-20

沃尔克·基希伯格(Volker Kirchberg),2000, Die McDonaldisierung deutscher Museen, Tourismus Journal 4:117-144

纳奥米·克莱因(Naomi Klein),2000,《不要标识:瞄准品牌恶霸》(*No Logo*: *Taking Aim at the Brand Bullies*),纽约:Picador

理查德·F·库索尔(Richard F Kuisel),1993,《诱惑法国人:进退两难的美国化》(*Seducing the French*: *The Dilemma of Americanization*),伯克利(Berkley):加利福尼亚大学出版社(University of California Press)

菲利浦·麦克迈克尔(Philip McMichael),1996,《发展与社会变迁:全球视角》(*Development and Social Change*: *A Global Perspective*),千橡树,加利福尼亚(Thousand Oaks, CA):Pine Forge

简·里德文·皮尔特斯(Jan Nederveen Pieterse),1995,《作为混杂化的全球化》(*Globalization as Hybridization*),收入迈克·费瑟斯通(Mike Featherstone)等人编《全球现代性》(*Global Modernities*),伦敦:Sage:45-68

约耳·纳尔逊(Joel Nelson),2001,《质量分布:餐饮业连锁店的案例研究》(*On Mass Distribution*: *A Case Study of Chain Stores in the Restaurant Industry*),《消费文化杂志》(*Journal of Consumer Culture*)1:141-160

马丁·帕克(Martin Parker)、戴维·贾里(David Jary),1995,《麦式大学:组织、管理与学术主体性》(*The McUniversity*: *Organization, Management and Academic Subjectivity*),《组织》(*Organization*)2:1-20

乔治·里泽(George Ritzer),1998,《麦当劳化命题:范围与探究》(*The McDonaldization Thesis: Extensions and Explorations*),伦敦:Sage

——1999,《沉醉于去魅化的世界:消费手段的革命》(*Enchanting a Disenchanting World: Revolutionizing the Means of Consumption*),千橡树,加利福尼亚:Pine Forge

——2000a,《社会的麦当劳化》(*The McDonaldization of Society*),《新世纪》(*New Century*)编,千橡树,加利福尼亚:Pine Forge

——2000b,《社会学理论》(*Sociological Theory*),纽约:Mcgraw Hill

乔治·里泽、伊丽莎白·马龙(Elizabeth Malone),2000,《全球化理论:麦当劳化与新型消费手段输出的教训》(*Globalization Theory: Lessons from the Exportation of McDonaldization and the New Means of Consumption*),《美国研究》(*American Studies*)41(213):97-109

乔治·里泽、赛思·奥瓦迪亚(Seth Ovadia),2001,《麦当劳化过程既不是制服统一,也不是场所、消费者、消费食品和服务》(*The Process of McDonaldization is not Uniform nor are Its Settings, Consumers, or the Consumption of Its Goods and Services*),收入马克·戈特德伊纳(Mark Gottdiener)主编,《消费新形式:消费者、文化与商品化》(*New Forms of Consumption:Consumers, Culture and Commodification*),纳汉

姆,马里兰州(Lanham, MD):Rowman and Littlefield:33-49

罗兰·罗伯逊(Roland Robertson),1992,《全球化:社会理论和全球文化》(*Globalization: Social Theory and Global Culture*),伦敦:Sage

爱德华·赛义德(Edward Said),1978,《东方主义》(*Orientalism*),纽约:Pantheon

埃里克·施洛瑟(Eric Schlosser),2001,《速食共和国》(*Fast Food Nation*),纽约:Houghton Mifflin

巴里·斯马特(Barry Smart),1999,《抵制麦当劳化》(*Resisting McDonaldization*),伦敦:Sage

约翰·汤姆林森(John Tomlinson),1991,《文化帝国主义》(*Culture Imperialism*),巴尔的摩(Baltimore):约翰霍普金斯大学出版社(Johns Hopkins University Press)

布赖恩·S·特纳(Bryan S Turner),1999,《公民:当代政治的冒险、酷与反讽》(Citizens: Risk, Coolness, and Irony in Contemporary politics),收入巴里·斯马特编,《抵制麦当劳化》,伦敦:Sage:83-100

伊曼纽尔·沃勒斯坦(Immanuel Wallerstein),1974,《现代世界体系》(*The Modern World System*),纽约:Academic Press

华琛(James L Watson),1997,《金拱向东:麦当劳在东亚》(*Golden Arches East: McDonald's in East Asia*),斯坦福,加利福尼亚(Stanford, CA):斯坦福大学出版社(Stanford University Press)

——2000,《麦当劳侵袭中国》(China's Big Mac Attack),《外交事务》(Foreign Affairs),79(3)(5月/6月):120-134

弗朗西斯·威廉(Francis William),1962,《美国入侵》(The American Invasion),纽约:Crown

第三章
文化、现代性与即时性

约翰·汤姆林森(John Tomlinson)

文化全球化的重新概念化

下面,我会比较彻底地背离一套话语形式,我认为这套话语对谈论、思考全球化的文化内涵已经形成了束缚。坦言之,这套话语围绕如下假定而展开,即认为文化全球化不可避免地采取了文化实践——还有习惯、价值观念、产品、经验、生活方式——从某些特定的主要地区向其他地区扩展蔓延的形式。这一普遍的思辨模式,或可称之为"文化影响的地缘政治概念(geopolitical conception)"。它表现为美国化或西方化的特殊形式,后者又常常合二为一,因为它们都认为全球资本主义的扩张是文化帝国主义的一种形式。

这里，不是说这种思路在任何情况下都必然引起误导，或纯属误判，也不是说它所推置前台的问题无关紧要。① 不过，它的确使得我们的思考围绕一系列相当常见的重要问题而展开，而且，还将我们的思考置于一个概念框架之内，或许限制了我们对新兴文化现象的理解。因为，即便在批评或大力肯定文化帝国主义命题的那些比较稳健的关节点时，我们也发现自己可以从引人注目的空间力量的隐喻角度——如版图与边界的隐喻、流动与管制流动的隐喻、入侵与保护（或保护主义）的隐喻——再造出一种思考文化的方式。甚至目前那些随着混杂性（hybridity）、文化转移（transculturation）等观念而出现的更为成熟的文化批评话语，尽管挑战了文化与国家之间严格的一一对应关系，却依然未能改变对文化版图（cultural territories）、阈限（liminality）、跨国流动、融合等等的基本想象。

因此，近年来文化理论探索的结果，已使文化免于附庸或工具的地位——即将文化置入传统的政治经济考量之中（不得不承认，到目前为止，这仍然是描述全球化的一种最常见方式），并使文化从系缚于种族融合的、有边界的、主权至上的民族国家的概念化过程中（经验上日益不能使人信服）剥离开来，却尚不足以将文化从最基本的版图想象中分离出来。如果我们认真思考全球

---

① 这里，关键问题并不在于文化帝国主义、麦当劳化、西方化、美国化或全球化等等命题的是非对错，而是藉助这些透镜来解读文化全球化之广泛过程的倾向。对此倾向的批评，尤见于贝克（Beck），2000a；罗伯逊（Robertson），1992；汤普森（Thompson），1995；汤姆林森（Tomlinson），1999。

化乃是关乎"去版图化"(deterritorialization)这一观点——即内斯托尔·加西亚·坎西利尼(Néstor Garcia Canclini)所谓的"文化与地理、社会版图之间'自然'联系的丧失"(1995:229)——便有一个很好的理由试着去重新界定文化过程,从而在全球现代社会中对文化经验做出更为充分的解释。

乌尔里希·贝克(Ulrich Beck)曾生造了"活死人范畴"(zombie categories)这一引人遐想的绝妙好词,用来形容常规社会科学概念把握全球现代性急速变化的经验状况时的日益捉襟见肘。贝克引用康德的名言"直观无概念则盲,概念无直观则空",然后写道:"常规社会科学范畴已然是'活死人'范畴,此即康德所谓的'空'。'活死人范畴'指的是那些名存实亡的概念,它们令社会科学对民族国家内外迅速变迁的社会现实置若罔闻。"(贝克,2000b:5)

沿着贝克的思考,这里我想要探究的是思考全球化文化含义的另一途径,该途径将文化现象较少与版图影响,较多与已然全球化的"现代性肌理"(texture of modernity)中的各种转变联系在一起。是不是最好将新兴文化现象理解为普遍全球现代性的必然结果——特别是借助新兴通信技术的中介的结果,而不是某些大国文化的霸权方案,或掠夺成性的商业资本主义的均质化后果呢?

我想要指出的是,在全球现代体制/技术背景下日益增长的"连通性"(connectivity)与新兴文化方式、想象、感受力、实践活动及价值观念之间的关联中,我们能够看到这些新兴文化现象。

不过,我不会试图提出一个大致观点以阐释全球连通性何以导致此种现象,而是更为谨慎地举例说明我认为的新兴文化现象之样式,用以表明探究文化全球化的另一可能途径。我将要探究的例子便是"即时性"(immediacy)原则,我视之为广泛全球现代文化经验一个日益显著的普遍特征——西方发达国家已然如此,可以推想,其在非西方社会亦将日渐显著。但是,我将谨慎地不去涉及这些现象的起源与扩散,而是试着从下面几个方面予以概述:

（1）即时性作为一种文化原则,与我们这个以技术,特别是通信技术为基础的特殊的全球现代性时代存在着密切联系,犹如"机器速度"与过去时代的关系。

（2）在这个意义上,即时性可被视为传统速度在很多方面的"终结",技术革新尤其是新的全球化媒介与通信技术,与一种截然不同的、广泛分布的、新兴的文化想象联系在了一起。

（3）为领会其文化想象意义,即时性需要被看成是一个切断了与速度、机动性等往昔"早期现代"观念之间存在的直观联系的字眼。不能用严格的时间概念来把握"即时"事件——如即时发生、毫无迁延,而应将之视为其宽泛含义的一个方面,它与中介(mediation)这一核心观念相联系,我称之为"中项"(middle term)的废止或冗余。这一宽泛含义把握到了某些文化经验,把握到了当今现代性时代的感受,尽管不可简化为"去版图化"技术的迅速扩散,却与之紧密联系在一起。

（4）研究即时性的文化想象原则,或许有助于我们理解文化价值观念与社会—技术迅捷发展变化之间的关联,这种关联时常被认为是一种文化病理学(cultural pathology)模式,且或隐或显地与文化保守主义联系在一起。反过来,抵制保守主义倾向,或许有助于我们从一个新颖的角度来理解全球化的文化过程,打破文化影响的地缘政治概念。

即时性、通信与速度

就我所理解的即时性,这里先从一个例子谈起,这个例子或许略显极端。隶属西门子技术部"若曼罗研究中心"(Roke Manor Research)的科研人员,曾经预测将微传感器植入电视新闻记者的视神经这项技术在十年内的商业发展——记者的所见所闻可以现场"传输"至电视荧屏。他们声称,这项技术已经成熟可行。(拉福德[Radford],2000)

考虑到其中的"生化人"(cyborg)意味,这类研究无疑颇具挑衅性:身体改造是为了工具的用途,更糟糕的是用作商业目的,其中的意义相当令人忧虑。说起来像是过时的人文主义者,我个人对此类技术有销路始终觉得不太可能——说它不太可能,是因为任何激进外科手术的即时普及,不太可能成为"全国新闻工作者协会"(the National Union of Journalists)工会考虑的职业发展选项。

不过,就本文的目的而言,这一方面的问题并非最有意义之处。从某种意义上说,穿透肌肤表层的"植入"(implant),尽管突破了人文主义文化的阈限而使人辗转难安,但仍可视为不过是继耳机、领夹式麦克风之后辅助通信的另一种更为复杂的形式而已：在马歇尔·麦克卢汉（Marshall Mcluhan）那著名，但现在已不幸被性别化（gendered）的短语中，媒介技术被称为"人的延伸"。（1964：41）

于是，更深层次的问题变成了驱动此类技术发展的"文化原则"：文化原则能够帮助我们回答为什么想要生产、推广此类产品这些明显的问题——毕竟应该先看到需求。乍看起来，这一原则似乎也是老生常谈：它基于即时传送新闻的传统，这一传统显而易见，所以习焉不察。"新闻"——亦即各种信息——应尽可能快地传输，这一现代文化的典型假设，显然深知媒介技术日益加速发展的轨迹：电报、电话、通信卫星、互联网，还有现在的 CMC 融合技术（如 WAP 技术，通过网络将移动电话与新闻服务联系起来）①。近年来媒介技术最集中的发展，乃是传输速度变得无处不在：即时地、脱离语境地（context-independent）获取信息。

新闻传播脱离语境，尤其是从民族文化的权威话语立场中分离出来，最有代表性的就是"安娜诺娃"（Ananova）的发展，她是一位酷似电子游戏《古墓丽影》（Tomb Raider）女主角劳拉·克罗夫特（Lara Croft）的电脑虚拟人物，号称"世界首位虚拟网络女主持人"。2000 年 6 月，安娜诺娃被报业协会的新媒体公司以

---

① CMC：即计算机辅助通讯（Computer-Mediated Communication）。WAP：一种无线应用通讯协议（Wireless Application Protocol），是一个全球性的开放协议，这项技术让使用者可以用手机之类的无线装置上网，透过小型屏幕访问各个网站。——译注

9500万英镑的价格卖给了移动电信运营商"奥林奇"（Orange，原属英国，现归法国人所有），用作其门户网站。①（海兰[hyland]，2000）

除了这些技术发展，近来的革新多见于媒介机构自身，例如，24小时电视新闻服务、在线新闻服务——如每分钟更新网页、"互动"点击投票等。我们可以把即时性理解为一种速度与瞬时获取的原则；也就是说，获取信息、开展商务活动、消费（如网上商铺）、娱乐，抑或仅仅是接近他人（手机聊天已是当代青年文化的典型特征）。把所有这些现象放在一起，我们或许就能看出21世纪初期的西方文化，主要受到技术的驱动，沉迷于速度、随时随地获取、即时愉悦，以及注意力递减（所谓的"三分钟文化"）等等。即时性从而与詹姆斯·葛雷克（James Gleich，1999）所谓的"全面加速的时代"联系在了一起。

我认为，即时性与速度之间的这一关联是众人皆知的典型现代派故事的一个部分。这个故事始于乐观，大约在18世纪末期，速度与进步、秩序、提高效率、世界主义等等启蒙主义价值观联系在一起；19世纪末则是一个转折点，其时的未来主义礼赞速度，

---

① 不过，顺利推行通过宽带提速以促进网络链接、视频等的所谓"3G"（第三代数字通信）技术的业内预测，最近已遭到质疑。既然欧洲市场对"常规"语音及文字移动电话的需求已至饱和，消费者对各种通信"需求"的辨析力便引发了颇有意味的问题。其相应的经济后果，亦见于一系列亏损报告，预期财政收入减少二分之一或四分之三、就业减少、工厂关闭、仓促应对解雇与替补等问题，在2001年年初几个月中已经影响了许多行业巨头（思科系统、摩托罗拉、飞利浦、雅虎、西门子、阿尔卡特）。

视之为对传统、偶像的创造性破除（马里内蒂[Marinetti],1973）；此后，便逐渐丧失自信。于是乎，速度的解放与喜悦伴随着控制的焦虑（它似乎想要脱缰而去：现代性，在安东尼·吉登斯[Anthony Giddens]的对应措辞中，写作"难以驾驭的力量"[juggernaut]），甚或伴随着道德的焦虑，焦虑于它对文化、价值观念所产生的病理学影响。所以，这是一种伴随着更为广泛的现代性文化批评的常见叙事。不过，问题的关键却在于，这又是"一个"单一的故事，现代性不断地与速度相联接，不断地与即时性相联接，或曰与保罗·维希留（Paul Virilio,1997）所谓的赛博空间（cyberspace）的"绝对速度"（absolute velocity）相联接。

实际上，我对这个单一持续的故事相当怀疑，眼下我想做的便是探究如下观点：在今天的即时性与早期的现代派速度之间，或许存在着断裂（discontinuity）。

牢固的与流动的现代性

为了顺利进行此种比较，我想借用齐格蒙特·鲍曼（Zygmunt Bauman）最近在他称之为"厚重"（heavy）、"牢固"（solid）、"以硬件为中心"的现代性与新的"轻盈"（light）、"流动"（liquid）、"以软件为中心"的现代性之间所作的富有启发的区分。概括说来，鲍曼认为，我们眼下正在亲历厚重的现代性时代的终结，在这一现代性时代中，"体积便是力量，容积便是成功：是一个重型乃至笨重机械的时代，一个产业工人数量更为密集的时代，一个笨重火车头与巨型越洋班轮、班机的时代"。(鲍曼,2000:114)除了重工业与劳动密集型生产的显著特征之外,鲍曼还将"厚重的现代性"与相对固定的时空定位联系起来,或至少是硬件上的"移动迟缓、笨重、携带不便"。结果,"厚重的现代性"是一个力量汇聚于物理地点的时期:"有形,固定,与钢筋水泥相结合。"扩张力量,意味着扩张对这些地理上固定地点的所有权及控制力,所以,鲍曼将厚重的现代性与单纯的领土扩张联系在一起:不断占有空间与控制时间。这是一个领土征服的时期,一个殖民化的时期,一个管制时间(控制时间,所以步调一致)的时期,一个协调时间与空间的时期:一个通盘考虑,制定一览表、时间表、控制计划的时期。

相比而言,我们现在进入的"轻盈"、"流动"的现代性,则是进入一个稳固、固定、急遽扩张占地不再自动具有优势的世界。在这个世界中,资本是流动的,企业家的旅行是轻装的,生产方式是灵活可塑的,原料来源是多渠道的,雇员是临时性的,计划是灵活、可随时调整的;这个世界的逻辑性也是模糊的。这些商业文化领域的对比——如微软与雅虎、福特与雷诺之间的对比——也影响到更为广泛的文化领域。在日常生活方式、态度与价值观上,对固定性、持久性与地点位置的重视,让位于面对变化时对机动性、流动性与开放性的重视。构想、计划与管制,让位于"随波逐流",应对不确定性,耐久性屈从于暂时性,长期臣服于短期。一言以蔽之,在流动的现代性中,距离不在话下:"在以光速运行的软件世界中,穿越空间或可依照字面理解为'不花时间'(notime)……空间不再为行动及其后果设置藩篱。"(鲍曼,2000:117)

如同所有那些极具启发性的区分一样——鲍曼乃其中之佼佼者,这种区分各方面都易招致批评。毫无疑问,对于社会、文化变迁的划时代观点①,的确存在不少问题;二元论思维也有常见的困境。但是,如果吹毛求疵于鲍曼区分的细枝末节将获益甚浅,会因小失大,因为这种区分不是为了提供精准的描述,而是帮助我们创造性地思考周围正在发生的过程。所以很大程度上,我认为在牢固的与流动的、厚重的与轻盈的现代性之间所作的对比切实可行、颇富启发性。

运用这种对比来理解速度,相当直接明了。尽管鲍曼强调"笨重",强调厚重的现代性的巨无霸性,但他懂得速度的重要性,如同今天征服空间的重要性一样(套用马克思的名言,即"用时间去消灭空间")。"现代性",他写道:"生来就是加速度与领土征服。"(鲍曼,2000:112)在厚重的现代性中,我所谓的机械速度(mechanical velocity),对克服物理空间的"自然"阻碍以实现愿望是至关重要的:它与科学—技术进步的早期现代叙事密切相

---

① 见阿尔布劳(Albrow)1996 年对全球化的重要的精密分析,以及汤姆林森 1999:32ff. 对此的讨论。不过,我的确认为鲍曼的区分,必须被置于与贝克划分第一、第二次现代性时代相同的语境中进行解读。(贝克,1997:2000a)也就是说,"当所有一切同时遭到颠覆,所有往昔的联系彻底消失不见、完全被新事物所取代时",应该重视他们这些颇具启发的批评的价值,而不是视之为"建立在某一或重要'阶段'基础之上的、新的成问题的历史分期演进形式"。(贝克,2000b:5)

关。

为了说明与机械速度相关联的文化想象,我们可以看一看厚重现代性时期的一个文化产品,即1936年为英国邮政总局电影部(British GPO Film Unit)拍摄的纪录片《夜邮》(Night Mail)。① 约翰·格里尔逊(John Grierson)担任制片人,巴锡尔·赖特(Basil Wright)、哈莱·瓦特(Harry Watt)联合执导,奥登(W·H·Auden)以诗歌形式为影片撰写解说词,本杰明·布里顿(Benjamin Britten)为影片配乐;该短片是英国纪录片运动的经典之作,无疑也是现代前期重要的文化文本。在某种意义上,该片既是对现代通讯传输过程中机械速度的记录与礼赞,也是对通过通讯技术手段将民族国家在版图上"结合"为一个文化体的记录与礼赞。它所表现的是伦敦尤斯顿(Euston)至格拉斯

---

① 1930年代,英国邮政总局电影部由约翰·格里尔逊经管,成为左翼艺术家与知识分子的中心,它聘任的艺术家中,最可注意的有奥登、本杰明·布里顿、画家威廉·寇德斯利姆(William Coldstream),以及导演巴锡尔·赖特、阿尔贝托·卡瓦尔康蒂(Alberto Cavalcanti)、汉弗莱·詹宁斯(Humphrey Jennings,"大众观察"运动的联合创始人之一)。

哥(Glasgow)夜间邮递专列的行程,该专列被称为"下行 TPO 专列"①,它在一路向北飞驰的同时,不断从途经站点收集、分拣邮件。

　　随着邮政快车飞奔前行,影片呈现了机械速度文化想象的最主要特征。首先,机械力克服或曰"吞食"距离,显然是关注的焦点:铁路机车,用奥登的诗行来说,"肩头喷吐着白色蒸汽",通过反复再现的活塞与车轮影像、呼呼风声,以及布里顿配乐所表现的律动与加速节奏而得到强调。这是一种努力克服障碍的速度,如旅程后半部分火车翻越陡峭的奔宁山脉(Pennines)。它是伯特兰·罗素(Bertrand Russell)的名言"沿着地面或贴近地面的移动物"的准确写照。但是,这里所展示的力量,内在于其他典型的早期现代(厚重的现代性)的主题之中。例如,影片随后所表现的夜邮快车的精确时间表,与接续列车的相互协调,拣选信件的程序,还有那些高速机械地从轨道旁收集、输送邮包的著名场景,都不断强调了目标定向、组织及时空调度。这些场景也展示了为

---

　　① TPO 即"旅行邮局"(Travelling Post Office)。第一家"旅行邮局"——火车运行时,利用改装的运马机车以分拣邮件——于 1838 年运行于大路口铁路线(the Grand Junction Railway)。1852 年,邮包的机械交换系统引介并应用于英国铁路系统,其后几乎没有什么改变,直到 1971 年才完全退役。尽管现代机车提高了速度、增强了制动性能,还有邮递业的其他发展,淘汰了机械交换装置,但 TPO 仍然作为移动的拣信部门而继续发挥作用。见布莱克莫(Blakemore),1990。"上行 TPO 专列",与"夜邮"的运行方向相反,1963 年因因为"火车大劫案"的受害者而名声大噪;对于这一事件,人们大多津津乐道于传奇般亡命天涯的罪犯罗纳德·毕格斯(Ronald Biggs)。

了实现共同的目标,机器与人力协同作业、步调一致的意识形态。与此相关的,则是工人的英雄形象,还有对速度的热烈欢呼,尽管速度在这里表现为一种无声的恪守纪律的关键要素,但至少也是未来主义者心醉神迷于机械速度的豪情的遥远回声。

但是,如果想要确定《夜邮》的主题,我们可以说,它首先是一部关于起点与终点之间距离消除的影片。这里所讴歌的目标、努力、技术,对机械速度的热烈礼赞,都围绕着现代想象的一个关键要素,即消灭距离、带来新闻、连通各个地区。"夜邮"的行程,浓墨重彩地记录并证实了它值得信赖、组织规整,既是民族国家的区域联通,也是文化统一;不仅跨越了距离,而且跨越了城乡、阶级、宗教,乃至"民族国家"的藩篱:

> 黎明神清气爽。她攀升已毕,
> 下行驶向格拉斯哥,
> 蒸汽牵引,轰鸣着驶向吊车林立之地,
> 驶向仪表装置的世界,高炉
> 耸立在黑夜的原野上,像巨大的棋子
> 全苏格兰等着她:
> 在漆黑的山谷中,在淡绿的湖畔旁,
> 人们渴望新闻。
> (奥登,1966)

在这里,速度的关联性(relevance)由空间、距离、区隔这些鲜明具体的现实所界定:这些都是速度的技术允诺要克服的障碍,而速度的价值正在于起点与终点、欲望及其实现的距离之中。

我想要指出的问题关键,乃是这种速度迥异于即时性。机械速度依然与我们如影随形;的确,"夜邮"仍在运行。正如全球化并没有真的使世界变得更小,所以距离以及克服它的物理努力依然会顽固存在。但是,现在我们有了别的。现在,我们有了即时性现象,而根据即时性的原则,轻而易举、无处不在,或多或少都取代了早期速度中任劳任怨与英雄主义的文化属性。与这一取代相伴随的,则是文化假定(cultural assumptions)、期待、态度与价值观念的转变。

突出这种差别的办法之一,便是想一想作为 21 世纪初文化象征之一的文化产品:移动电话。无须给出具体实例,这一技术的大多数市场营销意象,明显利用了一整套迥异于"夜邮"的文化假定。通常是针对于年轻观众,移动电话广告强调与埋头苦干相反的休闲和愉悦,强调消费而不是生产,强调散漫不经而非工作纪律。但是,如果细察体现在此类文化产品中的即时性的核心内涵,我们就会再一次看到这里存在着一个相关的文化原则,它汇聚了其他印象主义式的所有特点。这种原则,相对于机械速度而言,我愿意称之为某种意义上的距离已然消除。即时性使得速度成为冗余(redundant)。

消除距离:中项的冗余
(The Redundancy of the Middle Term)

为什么这么说呢? 这是一个文化想象与文化感受的问题,而不是一个确切的技术功能的问题。新的通信技术的运用——当其运转正常之时——带给我们的是一种毫不费力、无所不在的普遍印象。万事万物,尤其是人,似乎真的唾手可及。交流不费吹灰之力,也不再有什么大的障碍需要克服。无声无形的"软"技术似乎替我们包办了一切:它已经消除了此处彼处、现在未来之间的距离。如果将通信技术的应用视为消费的一个侧面,我们会忍不住想说,它已经为资本主义现代性、市场经济的原动力消除了所有那些最重要的距离,消除了人类欲望及其实现之间的距离。不过,事实上却不完全如此,它仅仅是降低了消费循环的周期(也就是说,提高了它的频率)——自然是为了确保当下的高消费体系。但长远看来,或许更为复杂的是,提出了通信技术的应用究竟是威胁还是允诺(就看您从哪一个角度去看)了最广泛的市场饱和状态的问题:其不仅仅是一种"后匮乏"(post-scarcity)经济,也是供需之间的技术上达致平衡——在高消费社会中,即时满足普遍化的文化,逐渐缩小了应当取之无竭的需求仓储。所以,应该追问的是,何以争取达致此种平衡竟然会影响到资本主义的动力学呢?[1]

尽管即时性并没有完全消除这一最根本的差距,但似乎已经消除了早期现代文化想象构成要素中的其他那些差距。保罗·

---

[1] 鉴于资本主义的广泛扩张,如涉足卫生保健体系市场,逐渐涉及人类生活的广泛领域,所以担忧(或预言)这种普遍的经济平稳状态,或许是言之过早。尽管如此,某些市场领域如生活消费品领域的任何平衡措施,都会对全球经济的信心结构产生深远影响。

维希留注意到19世纪运输工具革新的结果是将旅程的意义简化为两个点,即起点(Departure)与终点(Arrival),这是旅行之文化意义最根本的转变,这一点在我们今天铁路站点的建筑中依然保存下来①,并且机场的空间设计还特别予以强调。但是,维希留说道,新的通信技术的来临,意味着"起点被彻底废除,'终点'的意义得到提升,是数据的普遍到达(generalized arrival of data)":"(无线电、影像、数字)信号输入输出的主要观念,已经压倒了过去与通过空间延伸而配送人与物相联系的那些观念。"(维希留,1997:56)早期现代的速度之所以是英雄主义式的,正在于它展示了克服空间之延展的力量与成就。它的终点站(terminals)——即成功战胜距离的固定标记——相应也就引人注目、意义非凡。

相反,新的"软"、"即时"技术,诸如移动电话、个人电脑这些"普遍到达"(generalized arrival)的技术,则利用了一种与此相反的美学与价值体系:费劲努力成为多余,"在场"(presence)无处

---

① 在空间的重新概念化过程中,铁路终点站(railway terminals)是其中的一个重要方面,也在19世纪引发过文化论争。如英国文化批评家约翰·罗斯金(John Ruskin),铁路的著名反对派,称乘客是"用铁路把自己派送到目的地的人体包裹,抵达时就像启程时一样,在空间传送中毫发无损"。见施菲尔布施(Schivelbusch,1980:45)。

不在,由"终端"裁定,以及"终端"的小型化。①

所有这些现象综合起来表明,围绕文化想象,一边是牢固的现代性与机械速度,一边是流动的现代性与即时性,的确可以在这二者之间做出区分。这种区分基于一种与不同时空组织技术相互关联的普遍的文化假定、倾向与美学判断。它们之间的因果关系并不明朗,而是印象主义式的。尽管如此,这种区分颇富启发,足以保证我们对即时性概念进行更为深入的探究。我们可以将即时性视作一种文化原则,更彻底地将它从与速度的历史缠绕中分离出来。

实际上,就定义而言,即时性与速度之间的联系只是第二位的。在《牛津英语大词典》(Oxford English Dictionary)中,即时性一词最基本的含义是"直接、没有插入中介或介质"。这一含义在"立即发生或刻不容缓"(所以没有"时间"这一中介插入)的意义上,明显适用于速度。不过,在即时性作为接近(proximity)、"最近、临近、未被他物隔离"的意义上,这一含义也适用于距离之跨接(所以也适用于描述全球化的诸多文化影响)。但是,即时性一词的概念或语源学中心——它源自于拉丁语 immediatus——

---

① 至于新兴通信技术小型化的重要性问题之所以饶有趣味,乃是因为这里仍有一些暧昧不明的地方,如它是否可以从纯功能如便利性、机动性的角度加以解释,又如相关的美学价值观是否应与"人机界面"(body-machine interface)这一变化中的文化概念联系起来。不过,在我看来,具体的身体改造(如视神经植入),无论如何都不是维希留(1997)所谓的"接近法则"不可避免的延伸,因为占有技术产品——独立存在、"客观现实"(thingness)的审美乐趣——会迷失在现实的融合之中。

则在于不存在中介状态这一基本含义。所以,即时性——消除距离——最基本的意思是逻辑中项成为冗余或废弃不用。

即时性这一更为抽象与普遍的文化原则,貌似可以运用于当代文化实践、经验、价值观与态度等等领域。空间的冗余体现了全球化的鲜活经验:接近、去版图化、远方势力渗入当地。通信传输(虚拟地)废止中介的承诺,支持巩固了这一主导性的文化风格:作为媒介产业价值尺度的"电视直播"、透明度、现场及不断更新的新闻报道等等。也正是在这个意义上(不受羁绊地直扑事实本身),我们才能理解诸如"植入"视觉神经等事件背后的文化原理——维希留相当悲观地视之为最后一块领土的被殖民化——是"'生物'与'技术'混合的悲剧"(1997:57)。更为明显的是,消灭时间,或者更准确些,取消等待,令我们想到今日所有那些耳熟能详的对文化加速度、普遍缺乏耐心的批评:如快餐、博彩中的"即时愉悦"或"三分钟文化"观念,与职场成功有关的"时间不够用"(time poverty)概念,甚至还包括"路怒症"(road rage)。

但是,请注意,这些批评不应理解成对速度——如文化加速度——的批评,而应视之为对废止中间状态的回应("路怒症"并非真的关乎速度,而是将其他驾驶者看成是直达目的地的"障碍",亦即插入之物)。我认为,认识到即时性这一更广泛、更普遍的意义,对于避免社会学家或文化分析学者急于贸然评断的常见倾向是相当重要的。

阐释先于批评

如果即时性是全球化的电子媒介文化的全新特征,我们发现目前尚未有能够描述它的恰当的分析批评术语,则非咄咄怪事。鲍曼说"瞬时性(instantaneity)的来临,将人类的文化与道德引入了一个未知的、不曾勘探过的领域"(鲍曼,2000:128),他丝毫没有夸大其词。尽管如此,人们还是常常忍不住按旧图而觅新途:在与往昔常见的经验及价值观的比较中,寻找我们所需要的新的经验及价值观。

所以,可以理解的是,围绕即时性而出现的批评术语,即便不是将之视为一种文化病理学形式,也常常视之为一种弊坏之象。这是一种便利的文化批评方式,它以相当朴素的方式,含蓄地借用了"耐心是美德"的观念。因为,消除欲望与满足之间的现实距离(即便不是实存的距离),也就意味着丧失了一种传统所珍视的文化生活维度。此一维度包括期望、延宕、"面向未来"等等复杂的文化—美学—心理学特质,这些都是早期现代性的典型特征。此种维度或许还会提醒我们关注克制(restraint)的社会伦理观:或如根据环保议程,抑制持续、冲动的消费欲望;又或者,它还可以联系到我们在鲍曼、卡斯托里亚迪斯(Castoriadis)等批评家那里见到的更为尖锐的批评,即认为 long durée(即持久、耐久性与永恒)之价值高于即时性的文化感受力正岌岌可危。①

当然,这些担忧都相当诚恳,而且意义重大,但也易于言过其

---

① 特别是请参阅卡斯托里亚迪斯《反思"合理化"与"发展"》(Reflections on Rationality and Development,1991)一文的结尾部分。我的即时性"文化想象"的重要性这一概念,便归功于卡氏的核心概念"社会想象的重要性"(social imaginary signification,卡斯托里亚迪斯,1987)。

实。例如,鲍曼接下来声称"瞬时性意味着……美梦即刻成真,但也意味着即时耗尽、兴味索然……流动的现代性是一个如野马脱缰、难以捕捉、易于逃逸、无益追逐徒劳的时代"(鲍曼,2000:120)时,他传达的是某些常见的文化焦虑。若想避免这种"每况愈下"的批评做派①,需将针对这些"弊象"的含蓄批评所持的价值假设合理地历史化与语境化。这样一来,就有必要重新检视"耐心"本身的价值。无疑,"耐心是美德"依赖一定的语境,只能相对而言,并非是一种绝对化的价值。耐心,意指"平静地忍受困难、痛苦、延迟"或"不屈不挠",起源于对受难的文化应对(源于拉丁语patiens)。在这一基本意义上而言,耐心乃不可或缺的美德。所谓"尽人事,听天命","耐心"强调了有尊严地忍受痛苦、疾病与困境。不难看到,随着现代性生活的小康富足,这一文化价值观已失却其吸引力,对于技术能为苦乐人生提供解决办法的期望,正持续增长。

是否这就意味着即时性文化原则令耐心这一美德变得陈腐过时了呢?呃,也许不完全如此。但即时性的确取代了耐心,使它边缘化。除了找来可质疑的禁欲主义(asceticism)外,很难再为延宕满足、忍受苦难与贫困等等观念进行辩护。而且,诉诸"耐心",亦不能彻底消除思想上的疑虑:这不过是宗教信仰劝人尽量听天由命的忠告。当然,问题的关键在于,随着"耐心"在意识形态意义上的边缘化,诸如容忍、节制、持久性以及对长时段的尊重

---

① 当然,我并不是说鲍曼粗疏至此。我不过是注意到了这种批评态度是文化趋势批评中常见的潜在危险。

等等其他相关的更为普遍的价值观,也许都会招致边缘化。价值观念,与其说是斩截、明晰的道德—文化工具,还不如说是围绕更广泛的文化原则的一系列道德配置(有时还模棱两可、自相矛盾)。

即时性文化原则使我们面临了新的文化—伦理问题。然而,对这些问题的回应,不能与往昔的价值观割裂开来,我们期望将那些价值观质朴完整地从一个语境中传承到另一个完全不同的语境之中去。所以,一方面,我们的批评应避免滑向虚无的文化保守主义的危险。而另一方面,这并不是说,我们因而就要面临价值相对论的阴郁前景。认识到深植于语境中的价值观在技术变革与文化经验之间历史地建立起来的不同联系,是一个相当重要的问题。这说明,人们对新技术融入自己日常生活所具有的意义的认识,需要予以更为彻底深入的理解与阐释。

这种阐释也许揭示了某些潜在的意义,迥异于鲍曼所描述的对于幸福极乐的受驱策的、西西弗斯式(Sysphean)的追逐。例如,这些意义也许包括了对存在欲望的模糊表达,它淹没在占有性个人主义(possessive individualism)的文化之中,渴望社会经验更多的连通性、完备性与充实感。这种渴望或许可以解读成手机等"即时性"技术的用户所屡屡提及的与他人经常"保持联系"的需要。我们既可以用这种方式解读这些切身体验,也可以悲观地将之读成不由自主、难以抑制地追求无穷无尽的社会刺激。所以,重要的是在建构批评之前做出正确的阐释。我们所缺乏的价值观,我们所要培植的道德品质,也许因而需要在文化阐释学

(cultural hermeneutics)的感性实践中去找寻。

结　　论

对即时性及其某些文化—美学与道德意义的讨论,明显只是一个相当粗略的草稿;所有问题并未解决,甚至尚未展开。但是,本文的目的仅限于将即时性概念作为文化原则之一例而呈现出来,即时性原则产生于后期现代性的熔炉之中,源自于技术—通信变革与商业资本主义的方方面面、社会组织方式在时空上的根本转变之间的复杂融合。

尽管这是一个(潜在的)全球现象,诸如即时性这样广泛的文化—想象原则,在霸权、文化帝国主义、文化均质化等等传统话语中显然无法获得正确理解。将它视为任何一个国家文化的固有特性,甚或是特殊的"西方"现象,对于批判地理解这一问题无济于事。的确,即时性似乎是普遍的全球现代性的特征。显而易见,即时性是富足的、资讯丰富的社会的一个常见特征;但问题的关键在于,这些背景因素对理解即时性原则甚少助益。

同样,即时性亦不会屈服于简单明了的政治经济还原论那些富有成效的分析。认为即时性文化仅仅是资本主义加速时代(流通速度的与日俱增,体现为持续不断、即时发生的全球市场交易技术)的附带现象,这种观点虽然颇具吸引力,却终究似是而非。资本主义动力学与文化经验各方面普遍加速发展之间的重要关联清晰可见,新闻采集中 CMC 技术发展的原动力来自于搜集市场情报（market intelligence），而非普通的新闻信息，就是一个明显的例子。然而，如果继续囿于简化论的思路，无疑就会错失文化经验中某些极为重要的方面，这些文化经验与技术变革密切相关，既不能简单地归因于消费主义文化，也不会在其他任何相关情况下因整个资本主义经济语境而断然改变。随时随地伸手可及，插入项与过程的重要性逐渐降低，随之而来的是耐心与延宕之价值观的式微——这些方面的文化经验我曾竭力予以强调，正是为了避免轻率破解即时性之谜。正如俗语所云，时间，也许就是金钱，但金钱，决不是理解时间的关键。

本章始于对运用既有概念框架和驾轻就熟的批评思路来解读全球化的一种不安，或曰缺乏耐心。当然，表达这种不安很容易，就像承认全球化现象对传统的破坏一样容易。困难得多的是，在无须返身求助于那些我们已知难当其任的现存理论框架的前提下，提出发人深省、切中肯綮的文化分析。而尤为困难的，则是拓展我们的文化—批评想象：部分就在于我们对诸如何为重要、需要建立何种联系、经验之意义应（或不应）如何呈现、全球化现代性过程势必持续生成的信息（data，或许 capta 一词更好①）大潮中将浮现何种新的道德与政治议题等等问题的最初直觉。

窃认为回答上述问题，需要回到阐释的起点。社会与文化分析学家首先应该是心无成见的好读者：与成见搏击，是为了至少

---

① data 与 capta 之间的区分，出自罗纳德·D·莱因（Ronald D Laing, 1967）。这一区分强调了社会分析不可避免的选择性，即何者取自于经验流，而非何者添加进经验流。

在初始阶段不受理论的约束,专注于眼下展现在我们面前的新过程。如果首先做到这一点,我们就能正确地运用概念、理论,以及已有的政治、道德资源,不让它们成为排斥性的话语,或是错误地为我们眼前这些越来越多的错综复杂、令人困惑的变化分类、命名。

参考文献

马丁·阿尔布劳(Martin Albrow),1996,《全球时代:现代性之后的国家与社会》(*Global Age: State and Society beyond Modernity*),剑桥(Cambridge):Polity Press

W·H·奥登(W H Auden),1966,《夜邮》(Night Mail),收入《短诗选》(*Collected Shorter Poems, 1927-1957*),伦敦:Faber & Faber

齐格蒙特·鲍曼(Zygmunt Bauman),2000,《流动的现代性》(*liquid Modernity*),剑桥:Polity Press

乌尔里希·贝克(Ulrich Beck),1997,《再造政治:在全球社会秩序中反思现代性》(*The Reinvention of Politics: Rethinking Modernity in the Global Social Order*),剑桥:Polity Press

——2000a,《全球化是什么?》(*What is Globalization?*),剑桥:Polity Press

——2000b,《世界主义社会及其敌人:理论、文化与社会大会讲演》(*The Cosmopolitan Society and its Enemies, Keynote Address to theory, Culture and Society Conference*),赫尔辛基大

学,《大都会》(Cosmopolis,六月号)

M·布莱克莫(M Blackmore),1990,《铁路展》(*The Great railway Show*),纽约:国家铁路博物馆

科内利乌斯·卡斯托里亚迪斯(Cornelius Castoriadis),1987,《社会的想象性建构》(*The Imaginary Constitution of Society*),剑桥:Polity Press

——1991,《哲学、政治与自治》(*Philosophy, Politics, Autonomy*),牛津(Oxford):牛津大学出版社(Oxford University Press)

内斯托尔·加西亚·坎西利尼(Néstor Garcia Canclini),1995,《混杂文化:出入现代性的策略》(*Hybrid Cultures: Strategies for Entering and Leaving Modernity*),明尼阿波利斯(Minneapolis):明尼苏达大学出版社(University of Minnesota Press)

安东尼·吉登斯(Anthony Giddens),1990,《现代性的后果》(*The Consequences of Modernity*),剑桥:Polity Press

詹姆斯·葛雷克(James Gleich),1999,《更快》(*Faster*),伦敦:Little Brown

A·海兰(A Hyland),2000,《半数英国人成为移动电话用户》(Half of Britain on the Mobile),《卫报》(*The Guardian*)6月28日

罗纳德·D·莱因(Ronald D Laing),1967,《经验政治学》(*The Politics of Experience*),哈芒斯沃斯(Harmondsworth):

Penguin

马歇尔·麦克卢汉(Marshall Mcluhan),1964,《理解媒介:人的延伸》(*Understanding Media: The Extensions of Mans*),伦敦:Routledge and Kegan Paul

F·T·马里内蒂(F T Marinetti),1973,《未来主义宣言》(The Founding and Manifesto of Futurism,1909),收入阿波罗尼奥(Apollonio)主编,《未来派宣言》(*Futurist Manifesto*),伦敦:Thames and Hudson

T·拉福德(T Radford),2000,《机器人时代即将来临》(Robotic Future Rushes Towards Us),《卫报》1月5日

罗兰·罗伯逊(Roland Robertson),1992,《全球化:社会理论和全球文化》(*Globalization: Social Theory and Global Culture*),伦敦:Sage

沃尔夫冈·施菲尔布施(Wolfgang Schivelbusch),1980,《铁路旅程:19世纪的火车与旅行》(*The Railway Journey: Trains and Travel in the Nineteenth Century*),牛津:Basil Blackwell

约翰·B·汤普森(John B Thompson),1995,《媒介与现代性》(*The Media and Modernity*),剑桥:Polity Press

约翰·汤姆林森(John Tomlinson),1999,《全球化与文化》(*Globalization and Culture*),剑桥:Polity Press

保罗·维希留(Paul Virilio),1997,《开放的天空》(*Open Sky*),伦敦:Verso

第四章
帝国主义、普遍主义与霸权主义
——国际社会中政治与经济之间的关系[①]

丹·戴纳(Dan Diner)

作为政治修辞术语,"帝国主义"概念被众多极其负面的含义包围——说得更确切些,被用为贬义词;但尽管如此,它想要批评、谴责国际政治的哪些内容,依然说不清、道不明。而且,历史、政治学家对这一概念的具体所指,亦少有共识。它是否只是被用来描述某个帝国的领土扩张?那么,归根结底,它是不是一种超历史的(superhistorical),或曰永久性的现象呢?又或者,作为政治经济批判的概念范畴,"帝国主义"观念是不是一种对社会关系——例如,在资本主义交换过程中,由于两个社会之间的生产差异率而导致的价值观念的输出——的描述呢?

比较复杂的是,作为形容词的"帝国主义的",同时也渗入到

---

① 原载《法律与国家》(*Law and State*),科学合作会(Institute for Scientific Co-operation)主编,图宾根(Tübingen),1989:pp.7-39。

日常生活语言之中,几乎可用来表示各种支配与服从关系,甚至用于两性之间的亲密关系。正如约瑟夫·熊彼特(Joseph Schumpeter)将帝国主义比喻为"一个国家借助武力无限制扩张的盲目倾向"①一样,就其使用的宽泛程度而言,人们有理由怀疑这个概念本身不过是政治谴责的某种空洞隐喻,并无任何实质所指。即便如此,这一长期的社会现象仍然引人深思,既是因为政治语言的魔力,也是因为与之相联系的复杂社会语境,都需要做出解释。② 因此,人们认为,"帝国主义"这一术语,由于涉及渊深莫测的国际社会(world community),它需要阐释的模式,这些以意识形态与理论为导向的阐释,游走于对立的两极之间:即政治上的阴谋与概念上的专制。

如果复杂抽象的社会现象能够还原为具体、有形的东西,"帝国主义"则往往可以成为最终的解释手段。不过,在用这一概念来表示国际关系的方方面面时,也不宜怀疑其背后存在什么意识形态动机。政治事件包罗万象的国际语境,国家、社会与经济之间的等级层次,这些实乃具体可见的现象,也是相当明显的现实。所以,不足为奇,尽管问题重重,在政治与学术的贬义性分析中,"帝国主义"这一术语,依然是国际关系领域的一个关键概念。

一、帝国主义:政治口号及其历史背景

政治口号的产生,总是伴随着社会条件的重大变化。一个新

---

① 熊彼特,1919,p.3。
② 克伯纳(Koebner)、施密德特(Schmidt),1952。

词的诞生,就其本身而言,并不足以证明新的社会现象已经粉墨登场。尽管如此,诸如此类的新术语,都是可觉察的社会变迁的地震仪。"帝国主义"一词的社会起源,大致可以确定在19世纪中期,例如,英国支配经济的自由贸易时期。它指的是人们刚刚意识到的政治、全球扩张与世界经济体系之间的关联。它所指涉的,是一种新的、彼时尚未被人们所清楚意识到的政治与经济之间的相互关系。政治学家康斯坦丁·弗朗兹(Constantin Frantz)被认为是最早的评论者之一,早在1878年,他就在政治权力的领土扩张与自由资本主义的生产方式之间建立了一种关联。①

彼时,此种联系绝非不证自明。"帝国主义"这一概念,尽管已用作贬义,但主要还是用来指国内的政治事务,用于外交政策或外交手段方面尚属罕见。特别是英国,"帝国主义"这一术语被用来形容拿破仑三世(Louis Napoleon)的统治,他被贬斥为暴虐的君王。波拿巴主义(Bonapartism)、军事统治,与征服世界(systeme imperial)、政治经济扩张等大陆观念密切相关。直到1877-1888年,这一概念才越过海峡进入英国——一个历史上与"帝国主义"联系最为紧密的国家。

起初,1872年迪斯雷利(Disraeli)在水晶宫的讲演中指责自由主义者意图摧毁"帝国"时,该词的意义与其后起意义之间还没有任何关系。尽管存在着"帝国"向"帝国主义"的发展变化,但也

---

① 《帝国主义》,p.176。

还没有在外交或殖民政策的意义上使用该词的迹象。与迪斯雷利相反，一位英国作者，自由主义者罗伯特·洛维(Robert Lowe)使用该词时，则指的是在外交政策中使用野蛮武力。① 尽管如此，作为一个明显中立的政治名称，英国从"帝国"到"帝国主义"的转变，不止是一个偶发事件；它有着更为深刻的、潜在的国际政治原因。

"帝国"一词用于英国，可以追溯到亨利八世脱离罗马教廷的斗争。当时，"帝国"是国家主权的同义词，绝无"支配世界"的意味。其主要目的在于，与天主教会所坚持的普遍概念划清界限、有所区别。但是，值得注意的是，约从 1760 年开始，英国以"大英帝国"作为政治称号，代表了与王权的海外领土密切相关的意义转变。签署爱尔兰《宣言法》(*Declaratory Act*, 1720)，即英国与爱尔兰的统一法案后，威斯敏斯特(Westminster)议会更名为"帝国国会"(Imperial Parliament)。② 这表明，在"支配"意义上使用这一术语，具有了可能的结构性的历史语境。奥利弗·克伦威尔(Oliver Cromwell)——天主教爱尔兰的征服者、天主教西班牙的敌人——在宗教上还反对罗马教皇，为大英帝国奠定了基础：《航海条例》(*Navigation Acts*, 1651)就是这些冲突的产物，代表着进驻政治经济领域，保护英国的商业兴隆与贸易垄断。

与新教国家荷兰的战争(1652-1674)，有重商主义与安全等方面的考虑，所以被合法化为一场贸易战。1848 年《航海条例》

---

① 克伯纳，1952，p.738。
② 克伯纳，1952，p.730。

的废止,或更准确些,1846 年《谷物法》(*Corn Laws*)的制定,标志着英国优势时代的结束、另一个自由贸易时代的开端,其生命线不再是商业,而是工业生产。19 世纪最后三十多年间,从"帝国"到"帝国主义"的转变,更多标志着英国在全球的优势地位,以其对工业生产力的支配为基础。从征服埃及(1882),或 1885 年的"柏林会议"(Berlin Conference),到第一次世界大战,这一时期被称为"帝国主义"的古典时期,即所谓的"高级帝国主义"(advanced imperialism)。① 在此期间,英国经济优势的无可置疑的支配地位,被政治争霸所取代。历史学家往往依其本义,将此一时期视为"帝国主义时期"。②

"帝国主义"一词曾经是"大英帝国"的专指。比较而言,威廉二世时期的德国(Wilhelmine Germany),在大陆的行事方式上也是"帝国主义的",推行所谓的"世界政治"(Weltpolitik)。19 世纪的工人运动,并不知道"帝国主义"的概念,他们用的是"殖民政策"、"殖民问题"等表述方式。卡尔·马克思也不熟悉,或至少是没有使用过这一术语,他用"世界政治"(世界市场)一词,来指称那些后来被称为"帝国主义"的内容。

20 世纪初,英国自由主义者霍布森(Hobson)首次将"帝国主义"概念用来分析描述引发政治行动的经济关系。借用自列宁,一方面,"帝国主义"扩展为普遍的政治口号,另一方面又成为马克思主义、后马克思主义政治经济批判的一个范畴。霍布森的帝

---

① 莫姆森(Mommsen),1980。
② 弗里德永(Friedjung)、莫姆森,1969。

国主义概念,具有明显的阴谋论,甚至是反犹主义的特征。① 一位研究帝国主义概念的历史学家指出,"帝国主义"有着一副犹太面孔,它依凭的是欧洲大陆传统,讲的是英语。② 直到今天,帝国主义还保持了与西方文明,或曰盎格鲁-撒克逊文明的关联。

如果我们暂时不将帝国主义的"古典时期"(1822-1914)视为一个历史时期(或至少不是历史学所定义的那种时期),而是试着将帝国主义理解为某种政治现象,最初,让人震惊的就是它所兴起的那一社会环境,即与上个世纪中期(英国支配自由贸易的伟大时期)相伴随的悖论式发展。一方面,这是民族国家作为最终的主权国家地位兴起的时期,同时,这又是单个国家的重要性削减为世界市场的一个因素的时期。有人试图用政治术语将这种现象概念化为"帝国主义",以与政治和经济、国家和社会之间的传统划分相对立。帝国主义,作为一种全球现象,既避免了传统的政治范畴,同时又不仅仅是一个经济范畴。这一难以界定的现象,似乎与国家、世界资本主义市场之间的特殊关系密不可分。③

正是上个世纪中期,帝国主义成为一种自觉意识——这种意识在 20 世纪变成了国际政治与论争的中心概念,这一事实指向了全球关系中持续不断的、自我延续(self-perpetuating)的危机的起源:即一方面是以全球为基础的经济,另一方面是以地区性

---

① 哥尔维策尔(Gollwitzer),vol. 2,pp. 112;72。
② 克伯纳、施密德特,1964,p. xxiii。
③ 参阅格拉博夫斯基(Grabowsky),1923,p. 23 的类似论述。

的民族国家为基础的政治,这二者之间的矛盾统一现象。① 特别是当新建立起来的以领土国家为形式的国家主权,其自身无法(在世界市场的抽象支配的背景中)实现实质上的全面民族自决时——cuius regio,eius oeconomia(谁掌握权力,谁就决定经济),"帝国主义"这一术语的光鲜意义,就变成了毒素。立足于世界市场联系之上的抽象的全球支配,在现有霸权保护政治条件运作于世界市场的伪装之下,成为具体的现实。指称这种权力时,加上了定语"帝国主义的"。在政治经济范畴中,"世界市场"的客观体现,在"帝国主义"这一口号中发现了它的贬义反映。然而,"世界市场"与"帝国主义",绝不是这些相同现象的同义词。它恰恰是反帝国主义的修辞,揭示了对全球社会体化(societalization)之本性的深刻的不理解。"帝国主义"的概念化过程,几乎总是遭到政治、国家将无法理解的经济关系体系进行神秘化的困扰,这些经济关系就是世界市场。

二、世界市场与国家体系

世界市场:起源与功能

马克思认为,"世界政治"关乎"资产阶级社会在国家之外的侵占"。② 全球社会体化的基本倾向,可见于历史术语与概念术

---

① 同样的立场可见于格姆培特(Gumpert),1954,p.348。
② 马克思,1953,p.175。

语。从历史上看,大贸易公司是殖民帝国的先驱。他们不单在本质上属于政府官办,而且也从未将自己的形式仅限于经济功能。通过贸易资本,他们影响了政治、经济这两个方面的融合;这与领土国家政治与经济之间的传统划分形成了冲突:他们宣称既有发动战争的政治权利,也有缔结经贸协议的权利。① 然而,从概念上看,"世界市场"不仅仅意味着零星的,乃至有组织的世界贸易——不管它是否采取了掠夺、抢劫、欺骗,甚或交换的形式;世界市场这一范畴,更以广泛的全球互相依存为其前提条件,这种相互依存建立在存在着"同一个世界"的基础之上:国际社会的每个组成部分,都通过劳动分工而相互连接为一个整体。因此,只有当国际工业分工开始发展时,作为中介(medium)的世界市场,才具有范畴上的重要性。

因此,"世界市场"这一概念,不仅仅是世界市场内各个特定分支的经验总和,也不仅仅是货物流通的中介:它更包含了整个生产关系。② 如果世界经由运输与通讯的横向贸易而打开("发现"),纵向连锁的资本主义世界市场,则成为最为多样化的政治实体的宿命。就此而言,抽象的"世界市场"(Weltmarkt),实乃国际社会的真正主体。政治建构的领土国家,尽管也许孔武有力,但也只能从属于社会体化的这一更高秩序。

关税与汇率政策,并没有对作为全球社会互动之中介的世界市场构成无法逾越的壁垒。关税与汇率政策本身,就是世界市场

---

① 哥尔维策尔,vol.1,p.224。
② 诺特蒙德(Rotermund)等,1977,pp.26f。

的组成部分,是世界市场整体的一种表现。所以,汇率关系不是相关国家实力的表现,而是特定的、各自的平均条件的具体体现,整个国家有关的资本积累都要服从于这些条件。货币也没有为国家经济划出政治分界线,而是生产力水平高低的体现。就此而言,货币可被视为一种抽象的分界线,因而也是国际社会唯一真实的分界线。①

从历史上讲,直至18世纪中叶,资本主义世界市场才初露端倪,那是自由贸易的时期,是英国生产力占支配地位的时期。也正是这一时期,民族国家的相对性(relativity)开始变得明显起来,领土国家被以自由贸易为中介的世界市场的政治支配所削弱。作为海上帝国,英国在地理上的"脱位",却与世界市场的本性保持一致:从历史上看,它是欧洲的一部分,但地理上并不属于欧洲大陆。②

欧洲的海外扩张导致了世界贸易市场的发展,但世界市场只是全球交流的媒介,而非世界一体化的媒介;后者只有藉由国际劳动分工,才有可能产生。这种扩张——被认为是罗马教皇授权的宗教战争的合法进程,如"十字军东征"(Cruciata)与"收复失地运动"(Reconquista)等社会思潮的延展——瓦解了昔日对天主教"超级联邦"(civitas maxima)的神圣、热烈的凝聚力,并在新教反对古老的普遍主义遗产的刺激下,促进了欧洲国家秩序的生成。

---

① 纽苏姆(Neusüß),1972,pp. 125ff;巴什(Busch),p. 42。
② 雷因(Rein),1961,p. 110。

这里，我们面临了新的全球政治的悖论：它不过是特殊主义（particularist）国家的多元论，赶上了社会体化的进程，而这一进程却产生了世界乃一个真实的统一体的意识与现实。这些国家从想象的、普遍的"基督教共和体"(res publica christiana)的崩溃中兴起，因争夺殖民权力而在全球扩张其领域。① 以领土为基础的国家的形成、世界贸易市场的发展演变，这二者之间的关系，政治理论家博丹(Bodin)早就注意到了，他主张商品与金钱的无限制流动。②

世界贸易市场采取了掠夺的形式。只有基于工业生产的劳工分工，世界贸易才能以互相交换的形式进行。③"双重地带"这一概念，是国家间竞争的典型特征，随着欧洲的扩张，实施抢劫成为合法的占有形式，世界分化为一种双重地带：一个存在于法律之外，可以滥用武力；另一个则是商品交换的合法、契约的地带。为此，沿着大西洋，各种界限延伸到世界各地，标志了政治区划的垄断分界线。运用这些区划，一个天主教的伊比利亚人有权宣布他对"新世界"的权利。④ 后来，这些分界线才以西方人子午线的地理界限形式而去政治化。新教国家并不承认这种垄断区划，而是提出公海自由的要求相对抗，如海上运输、世界贸易、海外属地殖民化等自由。"海上自由"这一法律原则的实践意义，开始变得

---

① 哥尔维策尔,vol.1,p.82。
② 同上,pp.82、66。
③ 施米特-艾格纳(Schmitt-Egner),1975,p.20。
④ 雷因,1961,p.70。

明显起来;当时有人意识到,胡果·格劳修斯(Hugo Grotius) 1609年匿名出版的著作《海洋自由论》(*Mare Liberum*),实乃荷兰东印度公司授意其撰写的论战利品权利的长篇著作《战利品法》(*De Jure Praedae*)中的一章。① 问题在于,对这些掠夺者自身来说,其他人亦有掠夺的自由,轮流登场的便是新世界的西班牙、葡萄牙掠夺者。

宗主国与边缘:通过权力与交换而相互作用

17世纪,世界在空间上分为两个领域,一是直接使用武力的领域,一是权力关系服从法律原则的领域;这种区分,典型表现为后来在消除殖民地分界线时出现的并列、交织的二元互动形式。武力作为直接占有的手段,仍然受到空间的制约,在跨越大西洋用于"新世界"时有所改变。

卡尔·施米特(Carl Schmitt)注意到,霍布斯(Hobbes),一位主张国家宗教中立从而使内战中立化的理论家,在《利维坦》(*Leviathan*)中描述了一种"自然状态"(state of nature)。霍布斯认为"自然状态"是无人之地,但并非不存在的乌托邦,它位于新世界的"边界之外"的某个地方②,例如,在黎赛留(Richelieu) 1634年为欧洲国家与法律体系所设定的最西边界之外的某个地方。③ 这番没有任何过错的言论,却促使赤道另一端的埃德蒙·

---

① 富尔顿(Fulton),1911;赖特(Knight),1925。
② 德雷克(Drake),转引自雷因,1961,p.105。
③ 同上。

柏克(Edmund Burke)谈起了彼时流行的"地理道德"。① 政治理论家们认为,缺乏法律的社会秩序与政治结构,乃是一种朴素的政治状态。1690年,约翰·洛克(John Locke)如是说:"一开始,全世界都是美国的。"②在黑格尔看来,美国则是没有任何政府观念的公民社会。③

尽管如此,欧洲的政治法律形式扩展到这一无人之地,主要还是欧洲自身政治均衡概念的产物。自1648年《威斯特伐利亚和约》(Peace of Westphalia)后,欧洲法律开始应用于殖民地区;这也符合和约中承认殖民地的相关条款。④ 然而,在这些殖民地中,法律法规只适用于欧洲人之间,并没有制定殖民地本身用于所有土著人口的法律。因此,在内部的殖民事务中,存在一种并列的二元关系:(a)使用武力的管理;(b)依照法律、交换原则的管理。这种一分为二的法律秩序相当盛行;在此体系中,"紧急状态"(state of emergency)法可以重复使用。英国16、17世纪政治理论的发展,与殖民地、宗主国之间的二元关系保持一致,区分为"武力的领域"与"法律的领域"。彼时,它们明显表现为空间上的区分:"王权称霸公海;不受限制的权力在殖民地发挥作用;帝国的心脏处于习惯法与财产法的原则指导下。"⑤

---

① 德雷克(Drake),转引自雷因,1961,p.105。
② 1690,II,chap.V,sec.49。
③ 同上,p.65。
④ 雷因,1961,p.106。
⑤ 弗罗因德(Freund),1930,p.255。

藉由劳工分工以及日益频繁的国际联系，欧洲各国的商业竞争形成了一个全球商品市场，并导致了世界市场的形成。没有什么可以与 20 世纪新国家的形成发展过程相提并论。随着资本主义生产方式与欧洲权力中心领土国家的发展演变并肩携手，自视为具有独立与主权的新政治实体，在很大程度上不过是对世界市场的一种反应，世界市场的形成早于民族国家的起源。① 这些政治实体的国家主权作为遵守国际法而参与国际事务的实体，是与日俱增的商品关系普遍化的结果。在形式独立的意义上，这些归入殖民地的政治实体，至此享有了主权，因为其政府形式具体体现为对国际法律社会的参与。国家以改良形式，将世界市场的条件转移到国内领域；反过来，其自身也被承认为法律主体，可在以交换关系为基础的全球社会中参与各种合约。最初，宗主国与殖民地之间的权力关系建立在贸易特权、直接统治基础之上，如今则让位于更为抽象的仲裁形式。在国家关系中，随着交换的日渐频繁，武力标准日渐减少，这意味着"削减武力"法案的出现。②但是，仍须谨记的是，"交换关系"这一概念，并不必然意味着国家间直接的、可凭经验证实的交换。它往往还在性质上包括诸如国际法一类的各种主体，这些主体由身处世界市场之政治经济体系中的各个国家组成，表现了其与国际社会的国际组织或超国家组织之间的相互牵连。

交换关系在国际语境中的实现，并不必然意味着可以实现自

---

① 艾维斯（Evers），1977，p. 19。
② 特里佩尔（Triepel），1974，p. 146。

由平等,可以使国家内部"没有任何压力"。① 交换关系主要被限制在对外关系的领域内。由于国内经济生产力的梯度发展,最初的政治、殖民权力关系持续产生影响。令人吃惊的是,与传统的宗主国相比,那些从发展角度看起来属于边缘的国家,并不代表任何抽象普遍的政治领域。从其社会结构的分裂破碎、参差多样,便可推知此点。这些国家中,不同的生产方式并列共存;它们也只借流通这一中介领域而联系在一起。② 没有社会的同质性,就没有以自由平等为基础的政治机构的发展。交换关系与权力携手共存。

今天第三世界所面临的"结构同质"这一现象,是全球社会纵向结构的体现。"纵向"一词说明了领土国家的形式;政治实体参与国际互动的传统的横向形式,正招致削弱;今天,国家处于等级关系之中,乃世界市场无形的、由经济决定的关系的结果。在此种关系中,国家似乎是不合时宜的组织形式,从政治主权概念的角度看,它不过是世界市场的行政空壳而已。

按照 cuius regio, eius oeconomia(谁掌握权力,谁就决定经济)这一首要的政治原则,丧失了形塑政策能力的国家的无意义性,呼应了最近几十年来的另一现象:大量新的国家(就政治力量而言,其本身亦无足轻重)持续涌现,还有国家间平等的法律原则的继续维持——尽管就其实力与重要性来说,并无平等可言。国际社会这一纵向的、非领土交错的状态——被一些观察家称为

---

① 马克思,1953,p.156。
② 艾维斯,1977,p.29。

"跨国政治"①——使得"帝国主义"一词的常见意义显得陈旧过时。关键还在于国际社会的中心问题,即政治与经济之间的关系问题。

三、国家间的形式平等与实质平等

国家领土权

建立在地区体系基础之上的"欧洲公法"(jus publicum europaeum)的国际法秩序,将领土国家的地位提高到了国际社会合法的真正实体的关键位置上。此一国际体系,维系于两个"承认":(a)承认其他国家亦是有领地的合法实体,因而具有同等的法律地位,其领地不能被认为是"无主的";(b)认为一旦处于战争状态,其他国家就是敌国——这排除了将国家作为法律实体进行摧毁的可能性。② 领地的要素,如国家、宪法秩序赖以立足的土地的物质性,在文化从最初的农业生产方式演进到工业生产方式的发展过程中,日渐丧失其重要性。土地、土壤的空间物质性,被相对独立于空间的工业生产方式所取代。财富往往表现为抽象的形式。就此而言,我们将暂时搁置在工业生产扩张过程中,土地与海床作为原材料来源的重要性与日俱增的问题。③ 财富的这种具体形式,以对自然资源的开发利用为基础,使得军事手

---

① 凯泽尔(Kaiser),1969,p.103。
② 戴纳,1980,p.447。
③ 马萨莱特(Massarrat),1980,pp.338f。

段与使用武力再次成为解决冲突的可能方式。然而,世界社会向经济抽象的更高层次的发展趋势,不太可能被这些附着于领土特征之上的因素所逆转。我们极有可能继续观察到,领土形式的国家变成一种次要形式,被世界经济纵向一体化的强行推进所取代。"自由贸易"(liberum commercium)的普遍主义,资本与劳动力的自由流动,对私有财产及相关利益转让的保护——总之,国际自由贸易的这些基本状况——成为参与国际社会及作为其媒介的世界市场的内部法律标准。

所以,普遍参与的政治原则,乃是既有国家结构自动分化为政治与经济领域,如公、私领域。这有助于深化市场关系的发展演进。在这一点上,作为资产阶级政治核心的构成要素,公、私法的两重性也是参与国际社会组织机构的相关条件。通过"自由主义宪政"(liberal constitutionalism)①,凭借世界市场"非政治性"经济活动的自由,国际社会在国际法律秩序中通过国家的主要政纲而得到纵向的而非横向的整合。

继洛伦茨·冯·施泰因(Lorenz von Stein)在横向的国家间法律(Völkerrecht)与纵向的国际间法律做出区分后,卡尔·施米特认为,领土主权已经转移到了一个空无的空间之中,无法再用政治术语来理解经济过程、经济事件。② 这样一来,对领土主权的保护,一般依照国际法标准的规定,则转变而为其最初的(商业主义的)发展力量的对立面。领土主权,为所有个体提供了一

---

① 施米特,1950,p. 209。
② 同上,p. 253。

个自由经济活动的基本框架,甚至提供了由国家保护的准入资格的大门,这些个体因而能凭其经济优势从自由中获取好处。然而,大量个体资本的聚集过程,却总是要求一种国家间的法律关联,其经济活动总是与别的权力,通常是霸权的出现有关。于是,这种权力开始以挣脱国家限制的经济为中介,主宰特定的领土国家。

正是由于这一现象的复杂性,我们可以从权力的角度出发进行研究,这种权力不再表现为国家,而是表现为一种对外的、领土扩张的政治。这种权力很快就建立了一种与国家疆界相交叠的政治语境,建立了一种无法从地理角度进行定义的"非正式帝国"(Informal Empire)。① 其利益领域由抽象的、经济的、非政治的原则所决定。这一体系,还有"非政治的"政治秩序对该体系的保障,直接指向了通常被贴上"帝国主义"标签的那类现象。"对外开放"与"最惠国待遇"原则就是其典型例子。

请想一想由起源于欧洲国家体系的"均衡"原则对国际政治的概念化吧。② 从传统上看,"均衡"原则主要反对的是单一强权的霸权主义,反对一个国家或多国体系自说自话地为全世界划定政治等级。③ 均衡原则没有对既有权力进行分配的责任,而是禁止攫取凌驾于他国之上的霸权。"天平并非在个体之间摇摆,而是在多数人之间摇摆;另一方面,也是在(彼时权力的)最强者之

---

① 加拉格尔(Gallagher)、罗宾逊(Robinson),1970,pp. 183ff。
② 德约(Dehio),1960。
③ 特里佩尔,1974,p. 213。

间摇摆。"①就此而言,均衡原则正与霸权原则相互对立。②

均衡概念,以权力的内在两端概念为基础。从渊源于梅特涅(Metternich)、俾斯麦(Bismarck)时代的"五国同盟"(pentarchy)的观念来看,权力差异最终向"两极"集中,已是见惯不惊。当时,对欧洲与全球权力集中的盘算,最终只意味着设想如何通过三足鼎立,而非两极对峙而获取优势地位。③ 就此而言,现今国际政治中超级大国所体现的两国对峙,在其权力对抗的意义上,与前人的差异并不十分明显。当然,经济财富的因素——早期扩张过程中的驱动力、被欧洲国家视为政治力量平衡的组成成分——其重要性已极大地被相对化;由于核武器、核僵局,国际政治在性质上已发生重大变化。政治权力不再与经济财富成正比。

从历史上看,均衡概念成为政治思想的惯用语,出现在16、17世纪法国与哈勃斯堡帝国(Hapsburg Empire)争夺大陆支配权。为了中和这两个大陆强权的斗争,英国在两极权力之间表现为一种制衡力量(check-force);当时的英国,已经从海外扩张,而不是从大陆竞争获取了权力与财富。与此同时,由于大陆的权力均衡,英国的海外活动刺激了其他欧洲国家,尤其是法国的海外殖民政策。甚至在当时,来自海外的财富积累已经开始成为欧洲权力与日俱增的指示器,取代了领地形式的权力膨胀与扩张。通过抢劫、掠夺而攫取的海外权力,成为欧洲国家权力分配的不可

---

① 特里佩尔,1974,p. 212。
② 哥尔维策尔,vol. 1,p. 324。
③ 雷因,1961,p. 116。

分割的组成部分。就此而言,此乃"全球政治—经济维度与欧洲均衡"的相互啮合。① 这不能简单归因于土地所有权的重要性正在削弱——相对于拥有海外贵重金属,即所谓商业主义的"物质精华"(Nervus Rerum)而言。②

这一方面,颇有意味的是商业主义时代对权力与经济之间关系的意识形态夸饰。所以,人们推测,政治均衡的概念源自于通行的贸易平衡理论。实际上,权力平衡与贸易平衡之间是否存在概念上的联系,也还是存在争议的。海因茨·哥尔维策尔(Heinz Gollwitzer)注意到政治与经济平衡概念的一些共同特征,交汇在通行于17世纪的一些自然隐喻之中。"此前,平衡学说从未被视为一种理论或是体系。"③

传统盎格鲁—法国竞争背后的刺激因素,是英国与日俱增的海外权力。为了抵消大陆的权力失衡,法国不断设法将新世界纳入权力平衡之中,这是1761年《波本家庭公约》(Bourbon Family Pact)的潜在动机,即通过长期支持西班牙,意欲避免法国的北美属地落入英国之手。这一利益,也明显表现在法国支持十三个北美英属殖民地的独立主张。法国人认为,这是在其权力领域尽量削弱英国的一个组成部分。由于拿破仑攫取大陆霸权的企图落空,英国最终获得了海上支配地位,结果是欧洲腹地的重要地位在世界政治舞台上走向衰落。欧洲边缘的两个国家占据了统治

---

① 哥尔维策尔,vol.1,p.245。
② 雷因,1961,p.107。
③ 哥尔维策尔,vol.1,p.243、244。

地位——英国与俄罗斯,它们之间的竞争成为国际体系中的决定性因素,直到德意志帝国的兴起,后者从 19 世纪末到第一次世界大战结束,既姗姗来迟又是极富侵略性地参与进国际政治之中。

然而,英国与俄罗斯之间的竞争,长期间接围绕所谓的"东方问题"(奥斯曼帝国与印度周边)而展开。两者之间实际冲突的间接性,大概在很大程度上应归因于其权力特点的本质不同:英国,在海上具有突出优势;俄罗斯,则属于传统的土地扩张。鉴于二者特殊的军事能力,双方仅仅是都不适合卷入直接的战争。① 今天美苏两国的对峙,其陆地与海洋之间的宰制能力差异,则被武器系统的技术革新与相关的空间物理媒介所超越。空间导致了军事重要性的降低,转化为时间上的竞争。

经济利益与权力政治动机

随着欧洲权力均衡的恢复、拿破仑的失败,英国的政治地位——业已登上世界舞台,同时也在物理意义上缺席于欧洲——通过其自由贸易政策,转变为一种抽象的经济支配。因此,"商业去政治化"获得了资本主义世界市场的支配地位,是英国所领导的工业化过程的同义词。既通过攫取版图,也通过攫取海外殖民地,权力的扩张强化最终被资本贸易的形式所取代。国际支配地位表现为高度明显的经济形式。

只有在 19 世纪末即所谓的"高级帝国主义"阶段,殖民与海

---

① 雷因,1961,p. 109。

外扩张才再次成为一个重要因素。其重要性不是建立在任何狭义的经济利益的基础之上,而是由权力政治方面的考虑所驱动。当然,这表明抽象的国际治理体系——建立在英国自由贸易支配地位的基础之上,其在很多重要部门具有生产力优势——彼时正步入危急关头。重获活力的领土殖民政策,不是经济向殖民地扩张的表现,而是权力平衡事先算计的结果,也是贸易保护主义所推动的政治概念化的结果。尽管所有的修辞都指向其反面,毫无疑问,它并不简单地建立在经济理性(Zweckrationalität)的基础之上。

马克思主义,或更准确些,后马克思主义的帝国主义理论,将宗主国视为研究的起点,而不是(如发展理论一样)注意边缘地区的变化现象,这在很大程度上忽视了权力的政治维度的独立逻辑,忽视了国际关系中的权力平衡。之所以忽视这一逻辑,乃是因为他们没有注意到世界市场的资本运动,忽略了政治方面的因素。相反,他们试图解释直接的政治现象,如战争与和平、领土扩张与霸权主义、以资本主义生产方式为基础的国家的形成与衰落,等等。

它并不支持对经济动态过程之本质意义的修正。它只是注意到,尽管经济为政治行动划定了可能的界限,却并不必然对具体决定产生影响。政治行动本身,是由权力的现实状况所决定的。例如,应该着重强调相关差异:一方面是维持资本主义世界市场基本框架的明显政策,另一方面是政府决策者只在经济因素指导下的行动模式。例如,前者乃美苏之间潜在的系统对抗的极为重要的因素——美国所主导的世界市场，与以苏联为首的社会主义国家阵营相对抗。但是，这两个超级大国之间冲突的具体形式，在更大程度上受制于全球权力冲突的逻辑——对平衡与势均力敌、平等与安全的思考，都充塞着权力政治因素。

对国家或大国之间的冲突，极易从经济主义的世界观做出经济上的解读或辩护；这种经济主义的世界观既见于西方世界，也见于以苏联为首的、以马克思主义为国家意识形态的社会主义国家阵营。美国与外交或全球政策相关的决定，总是需要辅助性的功利主义的理由，以便于社会接受。然而，经济主义的修辞与实际上不可避免的经济限制之间，几乎很难协调一致。所以，1949年"失去"中国后，美国在传统的"门户开放"（open door）政策中出现了相当自然的经济主义论调。但实际上，这一论调涉及的是权力平衡的政治转向，损害了华盛顿在处于发展变化中的（至今也依然相当初期的）中西冲突上的利益。[1] 正是为了历史地重建美国政策，鉴于当事人经济主义的自我阐释，引发了看待资源利用的方法论上的实质问题。[2]

在文献研究中，第一次世界大战之前的德、英关系，往往与真

---

[1] 利希特海姆（Lichtheim），1971，p. 141。
[2] 参阅威廉斯（Williams），1962；方法论的批评，见约克尔（Junker），1975，pp. 12f。

正的利益分歧、单纯的权力对抗之间的关系问题联系在一起。①研究表明,德、英竞争虽然并没有掩盖利益冲突所导致的战争的危险,但更是因为两个国家之间缺乏具体的,因而也是可以协商解决的互相联络,唯有赤裸裸的权力斗争。这场对抗中的政治因素——表现为德国不经济的海军政策与渴求世界霸权的明显意图——就是如此地不遵守协议。英国与法国、俄罗斯的关系,则完全不同。正因为牵涉到具体的利益冲突,才有可能通过相互妥协解决这些问题,并以各方的利益为基础,而不像单纯争夺权力那样,为了威望等等含糊的问题而大打出手。

国家间平等的功能

第一次世界大战前,权力平衡体系就瘫痪了。由"欧洲协调"(Concert of Europe)赋予形式与实质的均衡原则,丧失了其权力政治内容。在"欧洲协调"的全盛期间,列强根据一致决议,调节彼此的相互关系。成为这一权力平衡体系的成员,就可获得平等。② 尤其是第一次世界大战后,以及随后因罗曼诺夫王朝(Romanoff)、哈勃斯堡王朝、奥斯曼帝国的衰落而出现的国家形成过程,国家间平等的原则,不再处于主要大国之间权力平衡的

---

① 哥尔维策尔,vol. 2,pp. 119f;他参考了列维斯·爱普斯泰因(Lewis Epstein),《美、德竞争》(The United States and Anglo-German Rivalry),载《国家评论》(The National Review),60/II,1912/13,pp. 736—745,这里是 p. 740;另参阅甘茨尔(Gantzel)等编,1972。

② 施米特,1950,p. 139。

任何控制之下。国家平等,如今意味着以国家的形式参与国际社会的平等。从此以往,平等只意味着每个国家不得不在平等的基础上尊重其他国家的法人身份,即便那是最小的国家。"这也意味着国家间的相互关系应该依照国际法的普遍原则展开,而与相关的政治权力无关。特别是,它意味着强国不再能命令弱国,或是向力量对等的国家做出让步;只有从权力的国家平等的角度出发,强国才能提出类似要求,或是向更强国做出让步。"①

然而,平等的基本权利,只适用于所谓的尊重原则。在实践中,它仅限于对主权的形式尊重。例如,包括有权参与国际会议。不过,形式平等也体现为国际会议中达成共识或全体一致的突出原则。这使得一些次要国家的重要性,远大于其实际所允许的权力。作为对形式平等的保护措施,个体投票表决的重要性,因难于批准、不太可能达成多数决议而有所增强。多数决议只在某些情况下有效,如国家自愿服从这些决议的要求——如联合国中大会的成员投票,或是那些技术重要性胜过政治性的组织中的投票。② 所以,承认国家间形式上的"主权平等",就是在真实的权力不平等与包括所有成员国在内的国际体系的必要功能之间达成了妥协。这的确是形式化为国际法(Völkerrecht)的合理化的目的之所在。③

然而,国家间的实际差距在平等原则中并未受到忽视。"一

---

① 特里佩尔,1974,p. 215。
② 参阅斯考曼(Schaumann),1957。
③ 参阅卢曼(Luhmann),1971,p. 3。

国一票,责权平等"(《联合国决议》,2625,XXV)的原则,不应解读为一种普遍"在国际组织法律中有权平等参与的规则,而不顾实际对象与相关国际组织的功能"。① 尽管平等先于法律,国际法亦不是简单地依照法律上的完全平等。② 在这一点上,作为正式章程的国家间平等,并非不同于保护其公民平等的国家宪法。这里,平等也在加权公正(weighted justice)的意义上得到保证,例如,只能"在相对平等而非绝对平等的意义上"③,只有当平等条约实乃"应得"之时,才能期望达成平等条约。这与国际组织中的加权投票体系相一致。④ 所以,国际货币基金组织(IMF)与国际复兴开发银行(IBRD)的章程,都有一个依据金融贡献多少的加权投票体系,这些金融贡献表现为成员国的生产力或储备金等。

　　发展中国家为了争取更为平等的世界经济秩序,关心从制度上确保他们视之为平等参与的国际决策过程,以在面临工业国家经济上的合法支配时能够保护自己的利益。另一方面,资本主义工业国家,则依据其在世界贸易中所占的更大比重,认为自己有资格享有特殊的成员地位。政治因素的中立化,以及经济因素在国际社会的绝对有效性,之所以能够长期延续下去,乃是因为平等参与联合国体系的原则,在那些基本上只有建议或意见权的机

---

① 雷因哈德(Reinhard),1980,p.103。
② 特里佩尔,1974,p.216。
③ 斯考曼,1957,p.144;另见塔克(Tucker),1977,pp.13ff。
④ 沃赫伦道夫(Wahlendorf),1953。

构中才能生效,"而那些具有实际功能的机构或组织,有着不同的规程"①。

国家间法律平等的声明,就其形式而言,是维持变动不居的实质不平等的前提条件,国家的形式也是参与现有的以国际社会体化为中介的政治的前提条件,如世界市场,需要一定的条件限制。很明显,并不是所有国家都由世界市场整合为一体。就此而言,国家的重要性在国际社会中的进一步相对化(relativization),就成为必要。所以,国家可以看成是一个排他的"土生土长的"(autochthonous)身体,作为主权政体,可以达到"主体的最高权威"的程度。在这一点上,国家是否实际上完全独立并不重要。无论是自愿的条约义务,或是作为被其他国家支配的对象,毫无疑问可以对国家实施外交政策的自由加以限制。即便在这种情况下,无论如何,国家还是保有主权,"只要它具有要求其主体地位的最后决定权"②。相应的,在政治意义上,甚至那些所谓的主权国家,如果违背了自由决策的准绳或通行的国际道德,则不能视作独立国家。因此,在地区特性之外,国际法忽略不计国家实际的行动自由,而是给予国家以政治上主权实体的地位。那些不以世界市场为中介的国家,也被包含在国家的此种概念之内。整合进世界市场,需要由政治与经济领域的分离而产生的内部建构。只有其功能分散到政治与经济领域,分散到横向形式、纵向物质的领域,才能经由参与世界市场这一跨国整合的中介,而实

---

① 雷因哈德,1980,p.105。
② 特里佩尔,1974,p.143。

现彻底的国际社会体化。①

社会主义国家的"核调停"

上述事实,与那些横向地联接为一个共同体、其内部结构由一种政治上的"主义"所支配、该"主义"恰恰又致力于避免被整合进世界市场的国家之间,如何联系在一起?这种联系又具有何种性质?——经济联系排除在外。计划经济国家与那些纳入世界市场的国家之间的交换,可以在很大程度上忽略不计。这不仅仅是因为与整个世界贸易总量相比,它无关紧要,更是因为其贸易并不借助抽象的世界市场的交换形式。而且,它还处处以避免这种交换形式或实物交易为主要特征。这些国家外在于世界市场而存在,其最重要的标志就是其货币的非兑换性,以及存在一个分开的计划与交换系统(经济互助会[COMECON]),与世界市场相隔绝。毫无疑问,世界市场的影响亦屡屡可以察觉,如该阵营中原材料价格的变化。但是,诸如此类的与资本主义价值体系的联系,并未成为计划经济结构的整体组成部分。他们并没有经由世界市场这一中介,而真正纳入内部的劳动分工。那些在世界市场上以国家形式结合在一起的政治实体,与那些没有纳入世界市场的国家,这二者之间的关系并不表现在经济领域,而是形成了以两极为本的全球政治。

无论是东方还是西方,由于这一首要的权力冲突,混合在一

---

① 约尼(Junne)等,1973,pp. 124ff。

起的各种社会因素至少在西方分化为政治与经济两个领域。由此而出现的融合,正好避开了政治与经济的区分。它表现为权力。反过来,权力关系又制造出明显的不经济的竞争对手,彻底脱离了经济理性。权力还直接争取失去的大国平等身份的政治平等的起点——如均衡、权力平等。因此,就权力政治而言,它是势均力敌的;尤其是经济上较为薄弱的苏联所提倡的超级大国之间的"平等与同等安全"原则,导致了特定的交易形式。这些交易形式类似于经济交换,但并非由经济交换所产生。超级大国(势均力敌者)之间的平等,产生了作为全球权力之量化形式的政治"货币"。它体现为相互认可对方所拥有的武器体系。

在运用权力的手段方面,核体系的绝对破坏力量为国际关系带来了新的性质。彻底摧毁对方的可能性,使得这些量化的终极武器在本质上具有政治意义。对这一武器体系的相互承认与契约式承认,往往将这些破坏手段区分为全球平衡的度量标准、区分为政治货币,而非真实的军事武器。就此而言,军备与军备竞赛代表了超级大国全球权力积聚的最突出形式。当然,在竞赛中步调一致的能力——例如确保维持全球权力平衡——具有经济方面的维度,只要这些武器体系的生产与发展能够决定或改变超级大国的相关经济。例如,权力是维持权力的必要手段,权力因而也可以看成是经济的总体状态。这是一种将源自均衡概念的政治转变为经济的形式——因此,归根结底,尽管得通过中介,转变为一种可以纳入政治性的国际社会的形式。

政治与经济之间(或权力与经济之间)的近似关系,业已被终极武器即核弹的根本性后果所摧毁。这种不相容性,可见于两个超级大国以核平等地位而相互对峙,尽管二者之间存在实质上的经济不平等。同等的摧毁能力几乎取代了所有其他的对等标准。正是这一逻辑,决定了两个超级大国的行为模式。就此而言,"真正的社会主义"国家不是通过经济交换,而是通过可与抽象交换相类比的政治形式,而连接成一种国际体系。在这个国际体系中,不是通过无声的经济制约保护 pacta sunt servanda("有约必守")的一方,而是以均衡原则作为形式上平等的理由。

如果政治与经济之间的分离被视为参与国际跨国事务的内在结构性前提,如果脱离了国家的全球公民社会概念成为整个国际社会结构性语境的基础,那么,这些在政治与经济之间不存在任何结构性分离的政治实体,也许就不会有足够的能力加入与交换社会之原则相符合的协议关系。

这种形势,在近来的美国外交政策措辞中表现得十分明显。通过在不情愿地接受独裁政权、与那些不惜一切代价都要反对的极权政权之间做出区分,分界线划在了两种社会之间:那些遵从普遍接受的"行为模式"——以国内政治与经济领域的分离为基础——的国家,那些不遵从此种行为模式(或不再像过去那样遵从)的国家。

四、帝国主义的两种形式：以交换渗透，以武力扩张

普遍主义的政治矛盾

尽管国内政治可以明确划分为政治、经济两大领域，但只要我们还希望免于屈服于任何虚构性的"世界国家"的观念，国际社会领域的这一划分就是难以想象的。政治、经济领域的分离，在世界政治中看似处于混合状态，它主要体现在世界权力的支配之中，或是通过全球联合及其影响，实现文化与商业的适当形式。这种普遍主义在支持民主政治的普遍主义、允许每个政治实体均参与其中时——因而也是直接反对任何形式如殖民主义等的支配——是一种充满矛盾的普遍主义。与此同时，平等与政治不干涉主义这些所谓的民主形式，实际上对那些利用这些民主形式以获取真正的优越地位——如经济优势——的政治实体有利。很明显，这些民主形式听命于国际社会中的强国。

弗里德里希·李斯特（Friedrich List）曾经警告说，自由贸易的普遍原则不过是英国的输出品，[①] 卡尔·施米特则将普遍主义直接归结为远在天边的大英帝国的领土非毗邻性[②]。建立在西方资本主义价值概念基础之上的、作为法律与事务处理形式之国际标准的全球普遍主义，它是否就是考茨基（Kautsky）所谓的"超

---

① 利希特海姆，1971。
② 施米特，1941，p.24。

帝国主义"(ultra-imperialism)呢？这种普遍主义看似脱离了某个国家的特殊支配,但是,另一方面,它又最符合那些事实上从政治角度支配市场的国家的生命形态(life-form)。无可争议的是,世界体系在19世纪被大英帝国及其文明形式所形塑,也打上了英国霸权的政治烙印。我们也可以同样评价美国在20世纪的支配地位。尽管通过以全球为中介的资本主义世界市场,出现了两极政治与地区平衡,但当今的世界体系仍由美国所主导。其控制形式是抽象的、形式上的等价交换,或是劳动力在世界市场的不平等交换。① 武力,作为外在于市场的强制形式②,也是帝国主义主流概念的典型特征,在这里则只是一种非常规手段。

英国的帝国主义,以贸易与霸权③、自由贸易与海洋的战略控制④为基础,建立起了非正式的控制⑤。另一方面,作为一个时期(1882-1914)的历史帝国主义,则是试图将世界划分为利益区域。相对于国际支配的非正式性而言,贸易保护主义、新商业主义与殖民帝国政治("瓜分非洲")并未提出真正的理论问题。直接的殖民统治,可以被一次又一次的国家独立所取代。然而,唯有国家在直接政策方面的无力感,才是帝国主义现象的标志。美国世界体系的一个典型特征,就是其基本原则反对殖民国家的

---

① 纽苏姆,1972,pp.137ff。
② 维勒(Wehler),1970,pp.11ff。
③ 加拉格尔、罗宾逊,1970,pp.183ff。
④ "英国称霸海上",见布朗(Brown),1963,p.63。
⑤ 莫姆森,1980,p.77。

直接统治。就此而言,美国既反对殖民,在普遍主义的意义上又反对帝国主义。这并不矛盾。亚当·斯密斯在其《国富论》中就已经注意到,与殖民体系相关的直接统治与使用武力并不合理。相反,他主张契约的形式足以保障交换。当国家政治从属于那些被认为普遍有效的原则时,使用武力似乎在以交换为基础的价值体系中也是合法的。

自由、平等这些普遍原则的最纯粹表现,可见于美国作为"市场社会"(marketplace society)①的自我形象之中,其"帝制共和"(Imperial Republic)②的政治,将自己的文明概念在全世界广泛传播。与此同时,美国扩张的经济原则,也可理解为一种道德宣言。在评价美国的对外行动时,美国意识——移民与流亡者的国家的意识——中的道德力量,也不容小觑。1853年,德国移民的民主呼声("新罗马,或世界的美国"),要求美国干涉欧洲,以建立世界共和国、实现普选权、全民动员,并与所有形式的暴政作斗争;这在欧洲人看来是不可思议的,或只能从方位上的非领土性的意识中进行想象。③

这同样适用于1823年门罗主义(Monroe Doctrine)的双重性。其道德政治含义直接针对的是"神圣同盟"(holy alliance)的复还论(restorationist)政策。"门罗主义"具有反帝、共和的特

---

① 威廉斯,1962。
② 雷蒙·阿隆(Raymond Aron)。
③ 《帝国主义》,p.190。

点,自视为反对专制、民主与支持自由贸易。① 在这里,欧洲的保守主义思想,与世界自由公民的观念相抵触。② "门罗主义"也包含了资产阶级社会无限制的、跨国扩张的基本原则。正是在将殖民的(这里的"殖民",意指资产阶级活力的蔓延伸展,它挣脱了所有封建统治的束缚)政治实体称为"美利坚合众国"这一点上,包含了无限制的大陆扩张。③ 直到1893年,华盛顿才将外交代表改称为大使④,这一事实对于理解该政治共同体的自我形象意味深长,它逐渐采取了与欧洲古国的领土形式相一致的国家形态。

只有假设美国发展了一种脱离了政治体制的公民社会,才有可能理解为何其全球扩张的形式是抽象的与普遍主义的,因而在本质上与领土国家的原则形成了对比。这并不是说,华盛顿在全球范围内反对主权国家的形成。恰恰相反。这不是任何权力政治的盘算:小国只有获得政治独立,才能更换主子。⑤ 相反,美国促进了新国家的形成,因为独立的政治实体,其内在结构使得经济领域的外在渗透成为可能,美国只有借助于这样的独立,才有可能进入这些政治实体。不应忘记的是,殖民权力正是通过排他性的贸易保护主义手段,而保有了自己的殖民地。华盛顿促进了这些民族国家的形成,因为其存在原则——尽管在领土、法律上

---

① 克劳科(Krakau),1967,p. 181。
② 哥尔维策尔,vol. 2,p. 349。
③ 同上,p. 465。
④ 克劳科,1967,p. 178。
⑤ 弗里德里希·瑙曼(Friedrich Naumann),转引自德约,1974,p. 316。

被视为国家,却不是过去的那种领土国家。其原则是世界市场上不受束缚的公民社会。犹如"政治引力法"①,各个国家被纳入了美国所主导的文明的纵向组织体系之中。

由"主义"促进的非正式帝国的构成

领土上无限制的美国公民社会的政治抽象形式是某种"主义"。"主义"或原则的有效领域决定了非正式帝国真实的、非领土的政治边界。这些"主义"被认为是在外交政策领域中采取行动的基础,乃至于与"基本法"的重要性相一致。② 因为从根本上说,这些"主义"的目标在于形成一个完整的"世界",美国外交政策具有国内政治行于世界范围的特点。它往往将国际冲突视为长期的全球内战的一个组成部分。那些经济结构不符合市场原则的政治实体,将其政治边界扩张到了如不允许自由企业的程度。直到1947年的"杜鲁门主义"(Truman Doctrine),美国政策才开始反对各种利益领域。③ 由于其物理划分的特点,势力范围(spheres of influence)被认为是大陆欧洲权力政治的传统手段。"杜鲁门主义"成为华盛顿基于空间考虑的第一条权益保留政策,乃是因为它具体体现了发展中的全球东西对峙。由于其潜在的军事特征,它采取了地理上的具体形式。

尽管最初是对"旧世界"的地区性防御,"门罗主义"(Monroe

---

① 威廉斯,1974,p.415。
② 克劳科,1967,p.274。
③ 同上,p.180。

Doctrine),作为美国首次直接的对外原则声明,很快就获得了一种抽象意义。早在1848年,它就包括了夏威夷,因而也适用于太平洋地区。"门罗主义"是一种突出的"动态主义"①,因为其最初的政治内容逐渐"经济化"自身,转变而为一个立足于市场的扩张概念,将注意力朝向西方、朝向中国、朝向一个美国得偿所愿的神奇时代。事实上,远东对于美国的经济意义,如同地中海东部地区(Levant)之于欧洲。因此,美国定位于太平洋,总是以对中国的贸易为基础而进行调整。所以,很明显,这一外交政策的中心原则,行之有效了数十年,一开始是直接指向中国的——后来才切断了地理界限,变成了普遍化的"门户开放"政策。

"门户开放"原则与美国外交政策的新扩张主义阶段联系在一起。它导致了1898年的美西战争,战争主要发生在加勒比海地区(古巴),但也燃及太平洋地区。如果考虑到西班牙殖民的范围与美国的两大洋特征,这就不是地理上的悖论了。西班牙殖民地菲律宾被转让给美国,而且直到1945年,菲律宾也是唯一的美国殖民地。对美国而言,菲律宾具有重要性,它是通往中国的海上地缘战略的桥梁。同时,中国本身也是俄罗斯与日本试图纳入其势力范围的对象。看起来这个国家有可能在经济上被孤立起来,而从盎格鲁-撒克逊的角度看,这种状况正是要加以避免的。在中国实行"门户开放"政策的努力,最初由大英帝国所推动,它从1896年开始就试图抢在华盛顿之前赢得这一主动权。② 另一

---

① 克劳科,p. 280。
② 哥尔维策尔,vol. 2,p. 175。

方面,"门户开放"又起源于美国。1899-1900年,美国国务卿约翰·海依(John Hay)曾在与列强的三份外交照会中提到"门户开放"原则是美国的官方"主义"。

"门户开放"政策一个引人注目的特征就是其双重性。从政治上看,这一原则志在保护中国的独立与领土完整,使中国免受殖民干涉与瓜分。其实质,是支持主权国家反对其他国家干涉的反殖民原则。然而,这一原则的经济意图却是帝国主义的。正是由于中国的政治独立,美国与其他国家才获得了在平等、机会均等基础之上的经济活动的无限制自由。而且,在中国或因中国而起的冲突中,美国的"门户开放"原则很快脱离其最初的具体基础,而变得普遍化与激进化——如同华盛顿宣称世界范围的经济机会均等一样。[①] 或者,正如沃尔特·李普曼(Walter Lippmann)所说:"门户开放,实际上是美国生活方式在海外传播的简称。"[②]

美国的"主义"主要反对国家主权原则扩张至经济领域,反对 cuius regio, eius oeconomia(谁掌握权力,谁就决定经济)。不足为奇,从起源来看,这些"主义"的地理诞生地,均位于美国传统的、非正式的势力范围,即拉丁美洲与远东。所以,不承认通过武力占有领土的"史汀生主义"(Stimson Doctrine),最初是为了反对日本在满洲的扩张政策,但很快也脱离其具体的特殊起源,变成了普遍的道德原则。1907年的"泰博主义"(Tabor Doctrine)

---

① 哥尔维策尔,p. 175。
② 转引自克劳科,1967,p. 294。

亦是如此，它处理的是承认拉美政府的问题，是国际法的革新。"泰博主义"规定，美国只将那些建立在自由选举国会基础上的政府视为合法政府。"这样一来，合法与正当的民主形式被宣布为国际法的标准。"① 所以，不难理解，以其他方式（或被认为是以此种方式）获得的合法性，如果美国不愿予以承认，则可导致干涉主义。或是通过承认反对派的叛乱活动而进行干涉，或是以别的方式。无论如何，合法性主要是基于特定的政治模式——或是基于其国内政治、经济领域的分离，这种对合法性的承认政策，具有潜在的国际内战的特征。相应的，不是保持现状（亦即和平），也不是传统的、以欧洲为中心的国际法（Völkerrecht）——被认为是政治至善——所规定的国家形式的合法性，而是纵向国际法的合法性削弱了国家间的横向秩序。领土国家原则的废止（Aufhebung）、其居于国家形式之中的合法性的废止，不管人们对此如何深感遗憾，无论如何，由于世界市场劳动的纵向分工，它还是作为一种横向体系而成为过去时。

　　实际上，美国"门户开放"政策在全球范围的实践，远远没有达到其普遍主义修辞所意指的程度。所谓的"门户开放"政策，还有对最惠国待遇的相关要求，都伴随着贸易保护主义与双边主义。就此而言，美国的普遍主义或全球主义，尤其是从具有世界历史意义的1930年代直到美国参战的1941年，与其说是一种具体的政策，还不如说是一种规划——立足于自由国际经济的未来

---

① 施米特,1950,p.282。

世界秩序的蓝图。"要求门户开放,不求任何回报。"①

华盛顿向世界贸易敞开大门,也只是很晚的事情。虽然曾多次放宽限制,但美国很大程度上是在高关税的贸易保护壁垒背后,致力于促进自身经济力量的强盛。第一次世界大战(1922-1923)后,美国发现自己突然由债务国变成了债权国,自1778年来执行的最惠国待遇的双边政策,就被最惠国待遇的多边外交政策所取代。大萧条与金本位的崩溃,导致了"门户开放"政策与最惠国待遇的修正。只有"新政"(New Deal),使得对外经济政策成为国内经济措施的必要的强力支持②,是向绝对的最惠国待遇政策的彻底转向。还有农业贸易过剩的问题,意味着必须采取积极的贸易政策。然而,实际上,最惠国待遇是在双边关系中实行的。大约90%的协议都是双边协议,与第三国区别对待。③ 美国大概并不完全相信自己的理论,即通过统一、完整的世界市场获得最有利的世界收益。就外交政策而言,开放、完整的市场原则仍然占统治地位。这是影响美国对德宣战的因素之一,而这些因素已经导致了美日之间的激烈冲突。

日本的"大东亚共荣圈"

直到1937年,除了满洲与中国,日本的贸易还是多边贸易,

---

① 约克尔,1975,p.24。
② 史汀生:"美国必须加强对外贸易,以保护其国民性与财富。"转引自同上,p.72。
③ 同上,p.85。

且无进口限制。日本后来致力于"经济独立"(autarkic),体现为战争经济的系列计划。到了1938年,很明显,日本已决定反对"门户开放"原则,试图在它所占领的中国-满洲领土上建立一个封闭的政治、经济圈。相反,罗斯福当局则坚决主张经济按照自由原则运行,防止亚、欧形成封闭的经济圈,走向"经济独立"。cuius regio, eius oeconomia(谁掌握权力,谁就决定经济)与 cuius oeconomia, eius regio(谁掌握经济,谁就决定权力)这两种管制原则,势同水火。

尽管苏联谈不上有任何"自由企业",鉴于其计划经济体制,注意到其间并无经济冲突,倒颇有意味。这大概与这一事实密切相关,即尽管苏联"经济独立",作为社会主义国家,它却并未参与资本主义世界市场。因此,它没有经济上的竞争者,无须像轴心国那样,基于经济考虑而实施领土扩张的政策。不是简单的cuius oeconomia, eius regio(经济决定权力)原则成为引发冲突的单独原因,而是掠夺资源的资本主义"经济独立"圈的原则,倾向于地理扩张。总之,美国则致力于防止世界市场的地理瓦解。

这种区别在美国对待纳粹德国的态度上也是显而易见的。不单是德国的"经济独立"政策促使美国参战,还有德意志帝国(Reich)在其疆界之外进行扩张等其他因素。1937年乃至于1939年的边界问题,美国都没有想过对德意志帝国采取任何行动;即便是1934年,沙赫特(Schacht)的"新计划"这一纳粹对外贸易政策,类似于向美国"门户开放","新计划"主要是与拉丁美洲国家进行实物交易与交换事务。通过双边支付协议,支付活动得到妥善解决。所以,这是一种无法获得这些国家货币的对外贸易政策;反过来,也对德国支付所欠美国债务产生了影响。

如果从经济利益概念的角度考虑,美国参战反对纳粹德国、意大利法西斯与日本帝国,并不是情非得已。除了那些招致军事冲突的因素外(如偷袭珍珠港),导致华盛顿参战的,主要还是美国对贸易与和平所持的价值体系,这一价值体系以"门户开放"、机会均等的原则为导向。恐怕无法排除这种可能性,即美国体系,因此也是美国本身,或许会受到欧洲与东亚的严重威胁,结果就是全球市场被分割为大块的、封闭的经济势力范围。1938年日本宣布"新东亚秩序",就是指向这一方向。1943年,日本声称"大东亚共荣圈"处于其霸权之下。但是,这已经是开战很久以后的事了。华盛顿决定参战,大概是希望保护自由资本主义世界市场的普遍原则,免受以使用武力为基本原则的帝国资本主义的破坏。危在旦夕的是经济全球性潜在的秩序原则——该原则已被政治化、军事化到了关涉"无形的自由与安全"的程度。①

大陆帝国主义:经济独立与大空间

纳粹德国对外经济政策的目标是获得"经济独立"②,这不仅仅是从国内市场的角度考虑,也是有意识地站到了世界市场的普遍主义的对立面。③ 起初,"经济独立"被拔高到适宜于民族国家

---

① 克劳科,1967,p.274。
② 参阅佩齐纳(Petzina),1968。
③ 哥尔维策尔,vol.2,p.568。

的唯一的经济形式的地位,这个民族国家认为自己具有绝对的主权。然而,"经济独立"方案本身,有着领土扩张的内在倾向。缺乏原材料的德国,打算进行此种扩张,因为它有大规模重整军备的抱负——还姑且不提纳粹的扩张与征服政策,后来演变成种族意识形态的产物。可以说,纳粹的扩张主义观念,有一整套哲学的、政治的、意识形态的资源为其煽风点火。其中的主要因素,尽管比较分散,包括由种族意识形态所驱动的对世界市场充满敌意、反对普遍主义、大陆帝国主义(continental imperialism)的地缘政治、争夺世界支配权等。①

毅然决然反普遍主义的杰出理论家是卡尔·施米特。② 在其新的、反普遍主义国际法的概念中,一个中心要素就是"大空间"(Grossraum)原则,即大势力范围,意欲用"全球原则"(planetary principle)取代从前大陆的国家定位,取代以小空间(Kleinräume)为导向的国际法概念。在这一原则中,财富被认为具有最终的主权,是"新的大体系与领土主权的真正创造者"③。在各个分散的大势力范围之间,可以奉行反对干涉的原则。施米特认为,这些新的全球秩序的概念,符合美国的门罗主义;他将"门罗主义"概括为"大空间国际法概念的先行者"。④ 即便将包含在"门罗主义"中的原则翻译为诸如帝国这样的大范围,也还是

---

① 参阅米夏卡(Michalka),1978。
② 参阅格鲁切曼(Gruchmann),1962。
③ 施米特,1941,p.49。
④ 同上,pp.12f。

存在意识形态方面的误解：归根结底，"门罗主义"是一种世界市场霸权的抽象原则，不限于特定的物理区域乃其内在特征。而另一方面，施米特将"大空间"视为势力范围，则代表了将一个特殊的德国以及大陆帝国主义的支配概念普遍化的必然尝试——例如，"大空间"是与特定的物理区域联系在一起的，因而也内在地具有具体的方位。换句话说，它是一个"关于秩序的具体想法"（施米特）的变体，而非美国原则的变体；后者就方位而言，是无特定性的。这些统治概念，这些源自大陆帝国主义的概念，归根结底，以直接使用武力为基础，伴随着地缘政治的蓝图与规划。

德国的地缘政治，由卡尔·豪斯霍费尔（Karl Haushofer）发展成了一种反西方的国际政治理论的替代品，试图将反自由主义与反抽象主义的传统具体化。豪斯霍费尔的地缘政治理论，也要求一种政治统治与封闭经济圈之间的地理—经济独立的重合。① 尽管他的地缘政治理论框架中存在着一种反普遍主义的"地理法学"（geojurisprudence）②，其地缘政治的政治意图，主要还是建立一个"大空间"，其宗旨是将欧洲、俄罗斯（甚或苏联）、日本连结为一个"大陆集团"，以针对海洋的盎格鲁-撒克逊及其文明。豪斯霍费尔是一个泛德帝国主义者，但不是国家社会主义者。国家社会主义一个无法消除的组成部分，就是其种族意识形态。然而，泛德帝国主义的概念，明显在很多共同点上与国家社会主义存在联系；特别是，它们取径相同、目标一致。在本性上，这二者都主

---

① 戴纳，1984。
② 参阅朗汉斯-里茨伯格（Langhans-Ratzeburg），1928，pp. 77ff。

张一个以大陆为导向的地缘政治的区域单元——中东欧——置于德国的霸权主义之下。豪斯霍费尔（还有里宾特洛甫[Ribbentrop]）认为这一区域单元可以由如斯大林-希特勒协议而达成，纳粹则认为该协议不过是其种族意识形态的"东方空间计划"（Ostraumprogramm）的垫脚石而已。

纯正纳粹理论"圣杯"守护者的种族（Völkisch）帝国主义，如阿尔弗雷德·罗森堡（Alfred Rosenberg），则远远超出了单纯的空间意识形态概念。毫无疑问，他同意地缘政治理论家所主张的"空间与土地概念的复兴"必须被提倡为一种针对"高级融资的国际的、非领土世界"的反向运动。① 不过，与此同时，重要的是在东方实施反布尔什维克的种族方案。这一政策与地缘政治理论家相抵触，后者的理论只是建立在地缘政治的空间概念之上，而不是建立在种族意识形态之上。卡尔·豪斯霍费尔认为，苏联的入侵不仅是一场军事灾难的开始，也是其欧亚建构的"大陆集团"的坍塌。

中欧的观念也用于地缘政治的"大空间"概念，构想了一个由德国支配的大陆帝国。这需要提出"经济独立"的概念，按照德意志帝国观点而发展，其在空间上倾向于东南巴尔干半岛，经济上则倾向于东方诸国。置于德国霸权之下的超国家的中欧观念，已由弗里德里希·瑙曼（Friedrich Naumann）提出。除了德意志帝国与奥地利，中欧还包括土耳其、罗马尼亚、希腊与荷兰。尽管被

---

① 转引自哥尔维策尔，vol. 2, p. 545。

概念化在封建主义的术语中,"中欧"可通过一个强大的中央集权的权力而扭结在一起,并按照"国家社会主义"(state socialism)①的原则组织起来。这里,也可见对由盎格鲁-撒克逊所控制的世界市场的普遍主义的潜在反对。

鲁道夫·契伦(Rudolf Kjellén),豪斯霍费尔地缘政治理论的先驱,甚至主张更极端的"经济独立"结构。契伦倾心迷恋于国家、社会有机理论的农耕价值体系传统,其视角是反抽象主义的。他认为"经济独立",还有"经济独立"所必需的经济空间,是对 19 世纪工业模式的反动:"其内在特征是世界主义。在自由贸易的名义下,它将国家事务移送至普遍的世界市场上参与竞争,而那里,总是弱肉强食。"②

契伦根据世界市场的现实而得出的结论,预示了由卡尔·施米特发展完善的将世界划分为"大空间"的观念。所以,与看不见的世界市场这一中介的抽象相比较,"大空间"观念将全球划分为具体的/帝国主义的领域,明显是从地缘政治的角度进行划分的。英国"已经以其大帝国的形式获得了自己的势力范围……然而,德国,也必须谋求这一范围",德国的势力范围则被设想为一种大陆扩张方案:"柏林-巴尔干与中欧,以成员国之间的自由联合为基础——换句话说,一个封闭的势力范围,其中,近东的主要经济可视为德国工业的补充。"这里,契伦指的是费希特(Fichte)所谓

---

① 瑙曼,1915。
② 瑙曼,1924,p.143。

的"封闭的商业国家"①。费希特的概念要求废除世界贸易,要求"自然疆界与禁止以任何形式直接接触他国"②。汇入地缘政治的其他思想支脉,是历史学派的传统;它要求在帝国列强中瓜分全球。③

豪斯霍费尔的地缘政治,作为一种为德国帝国主义扩张进行辩护的变体,必然否定国际社会的普遍特征。它以明确的分离主义利益为基础,从假定的现世自然权利的角度出发,认为政治空间就是对地理上合法化的世界权力的控制——实际上,是一个"全球的土地注册处"④。在其自我概念中,豪斯霍费尔的地缘政治,作为一种为行动提供指导方针的"外交政策的基本原理"⑤,反对的是发达西方资本主义国家、领土的抽象与形式化观念,因而也是对由盎格鲁-撒克逊文明所形塑的国际社会的反对。地缘政治蓝图中的世界秩序,是帝国主义的一种形式:这种帝国主义不认可经济合法化须通过交换的抽象与生产力的高下而确立,而是试图凭借政治手段瓜分全球。这样的一种瓜分,也可保障由德意志帝国支配的"大空间"在统治权中分得一杯羹。这是只有诉诸武力才能实现的要求,因而也激起了全世界的联合反抗。⑥

---

① 瑙曼,p.144。
② 哥尔维策尔,vol.1,p.241。
③ 利希特海姆,1971,p.67。
④ 豪斯霍费尔,转引自雅各布森(Jacobsen),1979,vol.1,pp.489-490。
⑤ 同上,pp.537ff。
⑥ 戴纳,1984,pp.271。

冲突的根本原因在于：(a)西方扩张，以世界市场的普遍主义为基础，扩张形式主要是以抽象/交换为导向的、非正式形式；(b)德国帝国的扩张，由诉诸武力的大陆性所决定、形塑，不在于生产方式。两者都是按照资本主义原则而构造的社会。然而，与此同时，却涉及两种相当不同的"公民文化"——两种不同的资本主义政治构造形式。① 就道德与政治意义而言，这种差异就是全部。相应的，大西洋联邦共和国的整合，就不仅仅是一种联合政策。它是一种以世界市场为导向的整合，纳入进了另一种政治文化：即公民社会的文化。

参考文献

雷蒙·阿隆（Raymond Aron），1963，《和平与战争》（*Frieden und Krieg: eine Theorie der Staatenwelt*），法兰克福（Frankfurt）、美因（Main）

迈克尔·布朗（Michael B Brown），1963，《帝国主义之后》（*After Imperialism*），伦敦

克劳斯·巴什（Klaus Busch），1974，《跨国公司：浅析资本的世界市场流动》（*Die multinationalen Konzerne: zur Analyse der Weltmarktbewegung des Kapitals*），法兰克福、美因

路德维格·德约（Ludwig Dehio），1960，《均衡还是霸权：对新时期政治史的基本问题的思考》（*Gleichgewicht oder*

---

① 李普曼（Lippmann），转引自哥尔维策尔，vol. 2, p. 357。

Hegemonie: *Betrachtungen über ein Grundproblem der neueren Staatengeschichte*),克雷费尔德(Krefeld)

提尔曼·艾维斯(Tilman Evers),1977,《第三世界的资产阶级支配:论经济不发达社会结构中的政府》(*Bürgerliche Herrschaft in der Dritten Welt: Zur Theorie des Staates in ökonomisch unterentwickelten Gesellschaftsformationen*),科隆(Cologne)、法兰克福

迈克尔·弗罗因德(Michael Freund),1930,《托马斯·莫尔〈乌托邦〉述评》(Zur Deutung der Utopia des Thomas Morus: ein Beitrag zur Geschichte der Staatsräson in England),《历史杂志》(*Historische Zeitschrift*)142: pp. 254-278

海因里希·弗里德永(Heinrich Friedjung),1919-1922,《帝国主义的时代:1884-1914》(*Das Zeitalter des Imperialismus, 1884-1914*),柏林,3vols

富尔顿(T W Fulton),1911,《海洋的主权归属》(*Sovereignty of the Sea*),伦敦

约翰·加拉格尔(John Gallagher)、罗纳德·罗宾逊(Ronald Robinson),1970,《对外自由贸易的帝国主义》(Der Imperialismus des Freihandels),收入汉斯-乌尔里希·维勒(Hans Ulrich Wehler)主编,《帝国主义》(*Imperialismus*),p. 183ff,科隆

克劳斯·甘茨尔(Klaus J Gantzel)、吉泽拉·克莱斯(Gisela Kress)、沃尔克·瑞特伯格(Volker Rittberger),1972,《冲突、升

级、危机：第一次世界大战的社会科学研究》(*Konflikt-Eskalation-Krise, Sozialwissenschaftliche Untersuchung zum Ausbruch des Ersten Weltkrieges*)，杜塞尔多夫(Düsseldorf)

海因茨·哥尔维策尔(Heinz Gollwitzer)，1972/1982，《世界政治思想史》(*Geschichte des weltpolitischen Denkens*)，哥廷根(Göttingen)，2vols

阿道夫·格拉博夫斯基(Adolf Grabowsky)，1923，《帝国主义时代的实质》(Das Wesen der imperialistischen Epoche)，收入《政治杂志》(*Zeitschrift für Politik*)12：pp. 30-66

洛塔尔·格鲁切曼(Lothar Gruchmann)，1962，《纳粹大空间："德国门罗主义"的设计》(*Nationalsozialistische Großraumordnung, Die Konstruktion einer "deutschen Monroe-Doktrin"*)，斯图加特(Stuttgart)

朱利斯·格姆培特(Julius Gumpert)，1954，《帝国主义的表象与实质》(Erscheinungsformen und Wesen des Imperialismus)，施莫勒(*Schmollers*)，《法律年鉴》(*Jahrbuch für Gesetzgebung*)，《管理与国民经济》(*Verwaltung und Volkswirtschaft*)74，pp. 305-349

《帝国主义》(*Imperialismus*)，1984，见《历史基本概念：德国政治社会语言历史辞典》(*Geschichtliche Grundbegriffe：Historisches Lexikon Zur Politisch-Sozialen Sprache in Deutschland*)，vol. 3，耶格尔·费希(Jörg Fisch)、迪特尔·哥若(Dieter Groh)、鲁道夫·克里普恩多尔夫(Rudolf Krippendorff)

撰写,斯图加特,pp.305-349

格尔德·约尼(Gerd Junne)、萨鲁阿·诺尔(Salua Nour),弗里德·斯库拉普(Frieder Schlupp),1973,《国际体系的主要结构》(Zur Grobstruktur des internationalen Systems),埃克哈特·克里普恩多尔夫(Ekkehart Krippendorff)主编,《国际关系》(Internationale Beziehungen),科隆

德特尔弗·约克尔(Detlef Junker),1975,《不可分割的世界市场:美国外交政策的经济利益》(Der unteilbare Weltmarkt:das ökonomische Interesse in der Außenpolitik der USA)1933-1941,斯图加特

卡尔·凯泽尔(Karl Kaiser),1969,《跨国政治:一种多国政治理论》(Transnationale Politik:Zu einer Theorie der multinationalen Politik),载《政治学季刊》(Politische Vierteljahresschrift)10,特刊(Sonderheft)1,pp.80-109

鲁道夫·契伦(Rudolf Kjellén),1924,《国家作为生活方式》(Der Staat Als Lebensform),柏林

威廉·赖特(William S M Knight),1925,《胡果·格劳修斯的生平与著作》(The Life and Works of Hugo Grotius),伦敦

理查德·克伯纳(Richard Koebner),1952,《帝国主义概念的兴起》(The Emergence of the Concept of Imperialism),《剑桥杂志》(Cambridge Journal):726-741

丹·赫尔穆特·施密德特(Dan Helmut Schmidt),1964,《帝国主义:政治术语的发展与含义,1840-1960》(Imperialism:The

Story and Significance of a Political Word,1840-1960),剑桥

克鲁德·克劳科(Knud Krakau),1967,《美利坚合众国的使命意识和国际法学说》(*Missionsbewußtsein und Völkerrechtsdoktrin in den Vereinigten Staaten von Amerika*),法兰克福、柏林

埃克哈特·克里普恩多尔夫(Ekkehart Krippendorff)主编,1973,《国际关系》,科隆

大卫·兰德斯(David S Landes),1970,《经济帝国主义的本质》(*über das Wesen des ökonomischen Imperialismus*),收入汉斯-乌尔里希·维勒主编,《帝国主义》,科隆,p.66ff

曼弗雷德·朗汉斯-里茨伯格(Manfred Langhans-Ratzeburg),1928,《地缘政治法学的概念与目的》(Begriff und Aufgaben der geographischen Rechtswissenschaft),《地缘政治期刊》(*Zeitschrift für Geopolitik*),特刊(Beiheft)II,p.77ff

乔治·利希特海姆(George Lichtheim),1971,《帝国主义》(*Imperialism*),伦敦

约翰·洛克(John Locke),1966,《政府论》(*Two Treatises of Civil Government*),伦敦,1690

尼古拉斯·卢曼(Niklas Luhmann),1971,《世界社会》(Die Weltgesellschaft),《法-社会哲学档案》(*Archiv für Rechts- und Sozialphilosophie*)57,p.1ff.

卡尔·马克思,1953,《政治经济学批判大纲》(*Grundrisse der Kritik der politischen ökonomie*),柏林

莫森·马萨莱特(Mohssen Massarrat),1980,《世界经济的能源生产与重组》(*Weltenergieproduktion und Neuordnung der Weltwirtschaft*),法兰克福、纽约

沃尔夫冈·莫姆森(Wolfgang J Mommsen),1969,《帝国主义的时代》(Das Zeitalter des Imperialismus),见费舍尔(Fischer)《世界史大纲》(*Weltgeschichte*)vol.28,法兰克福、美因

——1980,《帝国主义理论》(*Imperialismustheorien*),哥廷根(Göttingen)

弗里德里希·瑙曼(Friedrich Naumann),1915,《中欧》(*Mitteleuropa*),柏林

克里斯特尔·纽苏姆(Christel Neusüß),1972,《帝国主义与资本的世界市场流动》(*Imperialismus und Weltmarktbewegung des Kapitals*),埃尔兰根(Erlangen)

古斯塔夫·阿道夫·雷因(Gustav Adolf Rein),1961,《欧洲与海外:论文集》(*Europa und übersee: Gesammelte Aufsätze*),哥廷根、柏林、法兰克福

汉斯·雷因哈德(Hans Reinhard),1980,《经济视域下的各国平等与自决》(*Rechtsgleichheit und Selbstbestimmung der Völker in wirtschaftlicher Hinsicht*),柏林、海德堡(Heidelberg)、纽约

赖讷·诺特蒙德(Rainer Rotermund)、乌尔苏拉·施米德瑞(Ursula Schmiederer)、赫尔穆特·贝克尔-潘里兹(Helmut Becker-Panitz),1977,《减压、制度竞争与"真正的社会主义"》

(*Entspannung, Systemkonkurrenz und "Realer Sozialismus"*),纽伦堡(Nürnberg)、奥斯纳布吕克(Osnabrück)

卡尔·施米特(Carl Schmitt),1941,《禁止外部空间权力干涉的国际法大空间秩序》(*Völkerrechtliche Großraumordnung mit Interventionsverbot für raumfremde Mächte, Ein Beitrag zum Reichsbegriff im Völkerrecht*),柏林、莱比锡(Leipzig)、维也纳(Vienna)

——1950,《欧洲公法中之国际法的大地之法》(*Der Nomos der Erde im Völkerrecht des Jus Publicum Europaeum*),柏林

彼得·施米特-艾格纳(Peter Schmitt-Egner),1975,《殖民主义与法西斯主义》(*Kolonialismus und Faschismus*),劳勒(Lollar)

约瑟夫·熊彼特(Joseph Schumpeter),1919,《帝国主义的社会学》(*Zur Soziologie der Imperialismen*),图宾根(Tübingen)

海因希里·特里佩尔(Heinrich Triepel),1974,《霸权》(*Die Hegemonie:Ein Buch von fuhrenden Staaten*),阿伦(Aalen),斯图加特1943年版的再版

罗伯特·塔克(Robert W Tucker),1977,《国家间的不平等》(*The Inequality of Nations*),纽约

施瓦茨-利伯斯坦·沃赫伦道夫(Schwarz-Lieberstein von Wahlendorf H A) 1953,《多数表决与意见平衡》(*Mehrheitsentscheid und Stimmenwägung*),图宾根

汉斯-乌尔里希·维勒主编,1970,《帝国主义》,科隆

——1974,《美国帝国主义的崛起：1865-1900》(*Der Aufstieg des amerikanischen Imperialismus: Studien zur Entwicklung des Imperium Americanum 1865-1900*),哥廷根

威廉斯(W A Williams),1962,《美国外交的悲剧》(*The Tragedy of American Diplomacy*),纽约

——1970,《美国"空想的"帝国主义》(*Amerikas "idealistischer" Imperialismus*),收入汉斯-乌尔里希·维勒主编,《帝国主义》,科隆

第二部分
国家个案研究

第二部分

国家个案研究

第五章
超级大国例外论:美国方式的全球化[①]

简·里德文·皮尔特斯(Jan Nederveen Pieterse)

> 我们的地位独一无二,因为我们独特的资产,因为我们的国民性,因为我们理想的力量,因为我们军事的威力,还有作为支柱的巨大经济体。(美国副总统迪克·切尼2002年2月在美国对外关系委员会上的发言;见戈登[Gordon],2002)

> 今天这个时代,是美国势力、美国文化、美元以及美国海军称霸的时代。(弗雷德曼[Friedman],2000:xix)

[①] 感谢杰夫·鲍威尔(Jeff Powell)、约斯特·塞缪尔(Joost Smiers)对本文的建议与意见。

国际事务中,美国表现出与日俱增的单边主义。国际发展政治受制于华盛顿共识(Washington consensus)①。美国未能签署主要的绿色保护协定。美国至今还拖欠联合国会费。在好几个地区(如尼加拉瓜与巴拿马),美国并不遵循国际法准则,如果判决对其不利,便会无视国际法庭。美国政策应为中东地区的持久僵局负责。很多全球问题,美国既是主要参与者,也是主要障碍。我们有理由要问,这仅仅是现任美国当局的问题,抑或是某种更为深刻的动力学在起作用。

如果认真对待全球问题,进而认真考虑全球改革(诸如全球公共产品②条约与国际财政金融监管)的必要性、考虑政治实施(political implementation)的问题,自然而然就将我们带到了美国的门前。③ 世界进步的社会力量与国际组织呼吁全球变革,这些诉求都相当重要且与日俱增,但如果没有美国的合作,却很难付诸实施。所以,世界领袖竟成了全球发展的瓶颈,美国的景况

---

① 华盛顿共识:产生于冷战结束前后,以华盛顿为组织总部的国际货币基金组织、世界银行等国际金融机构向许多发展中国家及经济转轨国家硬性推出的一套经济改革政策,主要包括三大内容:财政紧缩、私有化、自由市场和自由贸易。——译注

② 全球公共产品(global public goods):指一种原则上能使不同地区的许多国家的人口乃至世界所有人口受益的公共品,是公共产品概念在国际范围内的引申和拓展,具有公共品的基本特性,即受益的非排他性和消费上的非竞争性。全球公共产品从项目上看,可分为环境、健康、知识、安全和管理等。——译注

③ 这正是我通过对全球未来之研究而触及美国政治问题的原因之所在。(里德文·皮尔特斯,2000)

及其问题因而也成为世界性的问题。

美国社会科学界所持的"美国例外论"(American exceptionalism),意谓美国是一个特殊的个案。如果认真对待此论,它是否意指美国的领导地位?一个从自身利益出发为世界设定游戏规则的国家,却是一个历史例外,这究竟意味着什么?还是让我们重新回顾美国例外论的要点,然后再探询其如何扩散至国际舞台。

这么做,并不意味着新一轮的反美主义;那会倒退至几十年前,陷入保守主义。我们也许会钦慕美国社会的许多积极方面,诸如移民社会的文化融合、通俗文化的活力、它的技术与经济成就等等,并且还会关注它与世界其他地区互动的方式。但本文的目的乃是冷静客观地看待美国社会及其对全球的影响。美国例外论及其后果对于理解当下的全球化政治十分重要,相应的,还有美国的政治变革对全球变革之契机所具有的意义,都是需要审视的问题。

第一个问题比较容易处理,至少从文献角度看,美国例外论的资料相当丰富,大多来自美国,其核心主题也是众所周知。难就难在要避免将美国意识形态误读为现实,避免落入轻率无知的印象主义陷阱:由于美国文化的广泛覆盖,人人都自以为"了解"美国;大量信息也需作简明扼要的处理。有关"美国"这个最大、最重要的发达国家的论述,不仅车载斗量,而且内涵复杂多义。对这一部分的处理比较简略,体现为简单的图表摘要。第二个部分探究美国例外论的国际影响。这个问题目前讨论得不够深入,且夹杂在国际关系与国际政治经济(包括跨国公司、华盛顿共识与军队事务)的专题研究之中。将美国例外论及其全球影响相提并论,目前还是相关研究中的前沿问题。这一领域范围广、资料多,所以主要集中于美国例外论及其全球影响。结尾部分则指出美国例外论是一种自嘲(self-caricature),并思考其可能的对应物(counterpoints)。

美国例外论

美国例外论的轮廓,大家都相当熟悉。它起源于"共和政体与千年传统相结合,形成了一种在美国历史书写中突出的美国例外论之意识形态"。(泰瑞尔[Tyrell],1991:1031)另一常见思路,则源出于维尔纳·桑巴特(Werner Sombart)于1906年所提出的问题:"为何美国没有社会主义?"美国例外论在美国也是一个备受争议的命题。有人质疑说:"美国参差多样(heterogeneity),我们并未有一种单一的模式、或曰例外论的模式。"(坎曼[Kammen],1993:3;参阅阿普尔比[Appleby],1992)尽管如此,众多领域著名的美国思想家依然力挺此论:如政治学(李普塞特[Lipset],1996)、历史学(泰瑞尔,1991)、劳工研究(如戴维斯[Davis],1986)、种族关系(弗雷德里克森[Frederickson],2001;琼斯[Jones],1998)等等。美国例外论还得到广泛传播,从托克维尔(de Tocqueville)到葛兰西(Gramsci),从达伦多夫(Dahrendorf)到鲍德里亚(Baudrillard),其景仰之情溢于言表。

美国例外论究竟是现实一种,还是意识形态,也许很难做出明确区分;不过,在社会构成论(social constructivism)的前提下,我们有理由假定这二者都扩散到了国际领域。作为意识形态的美国例外论,或许与它对历史模式的实际偏离具有同等重要的意义。

比起美国例外论自身内容的驳杂来,对美国例外论的接受或反对,也存在更多的差异,这在美国历史学家中表现得尤为明显。美国例外论的主要观点,诸如经济不干预主义(laissez-faire)与商业的相对力量,一直延续至今,某些方面则有所强化。"战后的持久繁荣,令反对国家经济统制论的美国传统、以市场为导向的价值观念再一次熠熠生辉"(李普塞特,1996:98),克林顿政府进一步强化了此种观点。至于工人阶级组织,工会会员人数则持续减少,公司对加入工会组织的工人的敌意持续上升,还有对抗工会工人的非法的公司策略。(坎曼,1993;克莱恩[Klein],2000)

本文并不是要批评美国例外论,或是将之问题化:重点不在美国例外论本身,而是其国际影响。在一定程度上,与美国基本国情相联系的美国例外论是可以理解的:幅员辽阔、资源丰富的大陆,版图上没有发生过对外战争;移民者殖民主义(settler colonialism)的历史、根基浅薄的现代性;移民国家、巨大的国内市场;世界第四大人口国,人口最多的发达国家。同样,这也起到了一种警示作用,美国的"特殊道路"(Sonderweg)反映了美国的基本国情,这恰恰是其他国家所难以效仿的。正如波士顿人对托克维尔说:"那些想要追随我们的人必须牢记,我们的历史没有先例可循。"(转引自坎曼,1993:7)

美国长期而持续的霸权在全世界留下了烙印；当下的全球化则是最近的例子。与今天的全球化联系在一起的这些新变，部分是结构性的变革，如技术变化、信息社会、弹性化（flexibilization）、个人化等等，部分则主要是美国影响所致。因此，随着美国"特殊道路"对全球形态的形塑，全球形态也会受到那些其他国家所无法效仿的因素的影响。探究美国这一超级大国所带来的究竟是哪一种的全球化，意味着重新审视美国社会。

其他国家的例外论，也有丰富的参考资料，如德国的"特殊道路"、日本的独特性（Nihonjiron），还有英国、法国、斯堪的纳维亚、欧洲、东亚、中国、澳大利亚等等国家的例外论。不过，对于其中大多数国家而言，例外论是一个单一的问题（如英国的劳工与法国的经济统制主义），而非多维度问题；也不是一种广泛的意识形态（除了日本与近年来的德国）；并且最重要的，这些国家都不是超级大国。任何国家的历史特质，如果放大到世界舞台看都是古怪异常的。正是在此种语境之下，美国例外论成了问题，而非例外论本身。

美国例外论的主要观点，包括自由企业制、经济不干预主义、商业的相对力量、政府的有限职能，以及"美国精神"、社会不平等。在这些大家熟悉的内容之外，我还要加上对美国的现代性与军事地位的观察。

自由企业制资本主义

经济不干预主义与小政府、劳工组织的弱化，也许可视为美国例外论的基石。不过,这三者除了劳工组织的弱化外,尚未真正成为问题。

美国联邦政府具有最低限度政府的性质,但在制定规章制度及国家安全防卫方面依然十分强势。美国是"唯一一个没有重要的社会主义运动及劳动党的工业化国度"。(李普塞特,1996:33)与其他工业化国家相比,美国税赋较低,且只有为数甚少的国有企业。(李普塞特,1996:38-39)混合型经济(mixed economy),或约翰·鲁杰(John Ruggie)所谓的"镶嵌式经济自由主义"(embedded liberalism),比经济不干预主义一词更为恰当。一直以来,经济不干预主义植入社会,同时也受到政府的多方干预,如福特制、政党制、新政、军事凯恩斯主义、出口信贷、本地投资刺激、"反贫困之战"(war on poverty)与平权行动等。不同于欧洲的社会民主政治,美国的福特制更多是基于工人的生产效率与工资率、而非工人权利,更多基于公司计划、而非政府政策。约翰逊的"大政府"因越南战争的重负无疾而终。(西格尔[Siegel],1998)美国是剩余福利制国家与渐增的工作福利制国家(派克[Peck],1998),但仍然还是一个福利制国家。

经济不干预主义在美国的贯彻实施是不连续的,其间有许多曲折、许多起伏,并且是局部性的:某些经济部门,特别是军事工业,一直面临着政府的干预。同时还是机会主义的:为了政治权宜,随时皆可背离。1980年代以来,对商业的放松管制现象大幅度增加。里根时代的货币主义、供给学派经济学、减税与缩减政府职能,都有助于揭开世界范围经济自由主义与放松管制的序幕。

"安然"(Enron)事件或许是一个转折点。它在放松管制末期浮出水面;"赌场资本主义"(casino capitalism)之后的篇章,则是"诈骗资本主义"(swindle capitalism)。一旦放松管制与务实型资本主义(non-nonsense capitalism)拖垮了美国经济,转折点便显露出来。务实型资本主义逐渐取消了所有的保护措施,如问责制、透明度、针对企业、会计师事务所与市场分析师违法行为的法律援助等等,使得投资人易受伤害,而股票市场本身亦终将恶化。

尽管实际举措不均衡乃局部现象,自由企业制的意识形态却一直不可撼动。美国资本主义的关键特征——自由企业制度、小政府、高度的占有式个人主义——从国际与西方标准来看都是非常态的,就像米歇尔·阿尔贝尔(Michel Albert)在《资本主义反对资本主义》(Capitalism against Capitalism,1993)一书中所指出的那样;不过,比美国的实践更为反常的乃是美国经济不干预主义的意识形态。它不断被拥戴为一种国际态势:"几乎很少有人意识到或是曾经指出过,在国内推行一种混合经济制度、而在全球推广不干预主义这二者之间的矛盾。"(库特纳[Kuttner],1991:10-11)保罗·克鲁格曼(Paul Krugman,2001)也注意到"华盛顿的政策制定者与纽约的银行家们常常为其他国家开出根治经济的处方,但这些处方在美国却根本行不通……我的建议是不要听从那些身穿西装的人。做我们正在做的事,而不是那些嘴上说的事"。

政治保守主义

> 最好的政府是管得最少的政府。(托马斯·杰斐逊)

> 政府管得越少越好。(罗纳德·里根)
> 大政府的时代已经结束。(比尔·克林顿,1996)

按照西摩尔·马丁·李普塞特(Seymour Martin Lipset)的观点,美国例外论的恒久价值观念,特别是自由主义、平均主义、个人主义、民粹主义与经济不干预主义,使美国成为"最反对经济统制、尊重法律、以权利为导向的国家"。美国是"最古典的自由政治"与"相当保守主义的社会"。(李普塞特,1996:35)如果"守夜人政府"(night watchman state)是对它的一般性描述,奈特(Nettl)则更进一步,将美国的"相对无政府状态"视作一个唯法律是瞻的社会。(李普塞特,1996:40)结果,许多国家的右翼在美国则成了政治中心。

美国政治体系的一般特征,包括立宪政体、权力制衡及总统制。立宪政体产生了以法律为中心的政治,并且一直以来都是这个好讼成风社会的基础。① 美国或许可被形容为"法理型文化"（legal-rational culture）："没有哪一个工业社会的法律法规，像美国这么具有广泛性与强制性。"（李普塞特，1996：228）80万美国律师占了世界执业律师总数的三分之一强。（李普塞特，1996：227）

美国共和政体被设计成治权分离的小政府，"与政府的长期对抗，起源于美国革命"（李普塞特，1996：39）；其源头即美国人反抗集权（帝王）政府。根据李普塞特的观点，接踵而至的则是一个不服从政府或法律的传统。例证之一便是美国政府强制推行度量衡公制的失败，尽管法律上做出了正式规定，却未能实施。（李普塞特，1996：93）

美国的分权制，允许、甚至鼓励国会成员代表选民投票反对总统或党内主流政见。美国的立法委员，包括国会议员，为了响应地方选民的小团体，也会投票反对或促使否决那些代表重要国际共识的议案。正如前白宫发言人托马斯·奥尼尔（Thomas P O'Neill）所说："所有的政治都是地方政治。"（李普塞特，1996：42）

这个国家的超大型号、联邦政治与权力制衡，有助于在国会中形成互利互惠的分肥制（spoil system）：联邦层面上的合作，是

---

① "立宪制，以及成文宪法清楚阐明'国家最高法律'并为执政权设限——包括民选立法机构的观念，应被视为……美国现代性最重要的因素之一。……在美国，宪法成了'公意'（generalwill）的场所与象征。"见赫德金（Heideking），2000：225。

通过地区与特殊利益集团的交易和再分配而实现的。这些因素使得国会很难通过进步性的议案,反过来,这又对美国的世界霸权地位产生了深远影响。

需要进一步考虑的事项,则是第三方在美国政治辩论的框架中被排除在外。威廉姆·格雷德(William Greider)认为:"美国民主的窳败难以捕捉,不是因为实情难见天日,而是因为实情随处可见。"(格雷德,1992:11)这些实情包括极高的弃投率(voter absenteeism)、竞选经费问题以及电视插播(sound-bite)政治辩论等。① (路易斯[Lewis]等,1996;库特纳,1998)

社会不平等:赢家通吃(Winner-Takes-All)

"作为最纯粹的中产阶级国家,美国遵循市场、资方及其他相关领域的竞争原则。"(李普塞特,1996:225)劳资双方的关系是对抗性的。由此产生的收入差距在工业化国家中也是最大的。摩根(J P Morgan)严守规则,其公司主管的总收入不超过蓝领工人收入的20倍。1998年,一些主要公司CEO的收入是蓝领工人平均薪酬的419倍,差距还有拉大的趋势。大公司主管的平均收入在1998年上涨了36%,而蓝领工人的平均工资仅仅上涨2.7%。(欧维霍瑟[Overholser],1999;古德曼[Goodman],1999)

---

① 2000年总统大选期间,其他一些事实也开始显而易见:"几乎在整个工业民主进程中,美国没有一个全国选举委员会对投票准则做出规定。"见霍格兰德[Hoagland],2000。

底层五分之一的美国家庭,收入不到国民收入的 4%;顶端的五分之一人口,却占有国民收入的一半。(亨伍德[Henwood],1999;参阅亨德森[Henderson]等人,2000)而且,将 CEO 的薪酬与股票表现挂钩,CEO 的收入增加,相应的便是全职工作的大幅度削减,以及股东价值增长的缩水。(克莱恩,2000)弗兰克与库克(Frank、Cook,1995)提出"赢家通吃"原则,并将之归因于与通信技术变化相联系的竞争体系,这一竞争体系对公司、财经、娱乐、体育与教育等领域的赢家青睐有加。

与别的发达国家相比,美国以更多的机遇均等与结果不平等而著称。罗伯特·默顿(Robert Merton,1957)的经典论述曾指出,机遇与结果之间的差距,正是美国社会犯罪率居高不下的原因,人人都有梦想,却未能同等享有梦想成真的手段。美国通俗文化的活力,反映了机遇均等与结果不平等之间的张力。

比起别的发达国家来,美国更能容忍物质或社会地位上的不平等,从政治文化与发展哲学等角度看,美国都是发达国家中最不平等的国家。米什拉(Mishra,1996:403)注意到,"里根当局用对贫惰宣战(war on poor)来取代对贫困宣战(war on poverty)……不是贫困,而是贫民化如穷人中的不良、反常行为,被认为是 1980 年代的主要问题,这代表了政府日程从关注贫困到关注贫惰的转变"。"所以,这么一来,贫困不再是问题。美国所面临的社会问题是底层的救济依赖、未婚生育、犯罪以及其他不良行为。"(米什拉,1996:404)主流政治话语责怪受害人,救济依赖是问题,缩减政府职能与削减福利才是主要的补救措施。不平等乃势所必然,贫困则是大敌,因为它在一个追逐成功的文化中显露了失败。这种深植于社会内部的张力近年来愈演愈烈。① 自1970年代以来,美国的社会不平等已明显加剧。3000万美国人生活在贫困线下,4000万人没有健康保险。纽约哈莱姆区非裔美国男子的预期寿命,低于孟加拉国男子。基金会与慈善组织,包括所谓的"群星灿烂"(thousand points of light)②与宗教组织,亦未能弥补美国政府的失败,这些都斑斑可考。

美国精神

像别的大国一样,由于美国乃超大型号的大国,文化视野往往比较狭隘,也更关心自身。在很多方面,美国都是一个自私的国家,它专注于集体的自我陶醉。其标志之一就是罕有对国外事务的报道。国外新闻报道越来越少、驻外记者人数遭到削减,而与此同时,冷战之后美国的重要性却在世界事务中与日俱增,这是一个怪异的景象:对国外所知甚少的国家,却对世界施加了最强有力的影响。

迈克尔·哈林顿(Michael Harrington)认为,美国"不是依靠共同的文化凝为一体,而是依靠意识形态,美国信条(the

---

① 美国及全球不平等的更多数据与资料,见里德文·皮尔特斯(即出,本文即其节选)。

② 布什在1989年竞选演说中曾用"群星灿烂"表彰美国社区组织对慈善事业的贡献。——译注

American Creed)、美国精神都起到了替代社会主义的作用"。(转引自李普塞特,1996:84,88)作为意识形态的美国精神与例外论相结合,便产生了现代社会中应属例外的狂热的民族主义,与宪法、总统制、对国旗的顶礼膜拜以及"美国第一"的通俗文化混杂在一起。

美国较早将电子大众传媒用于全国通讯,首先是收音机、电影,然后是电视。美国在传媒与广告领域的技术成就为全球制定了标准。在引领大众消费文化时,就像战后的"美国梦"一样,美国也设定了商品拜物教的标准。巨大的国际市场,使得美国更少依赖其他国家,对其他国家也更不敏感,自然少有商业动力去报道国外事务。

肤浅的现代性

数个世纪以来,欧洲经历了部落制、农耕文化、帝制、封建制与专制主义,真正是一个"旧大陆"。这一历史语境中的现代性乃层累而成,它起源并叠加、散缀于其他的历史层级之中。欧洲大陆的现代性产生自这种历史深度,所以其结果也是一种复杂的现代性。政府的主要职能源自于帝国历史、封建制与专制主义、对封建制与专制主义的革命性修正等多重混合遗产,所以需要一个中央集权的政府。"莱茵模式"(Rhineland Capitalism,阿尔贝尔,

1993)①以及欧洲福利制都烙上了道德经济与封建时代权利关系的印记,其时的领主通过为农奴提供经济与军事保护而换取统治权。

相反,美国的现代性则完全建立在商品生产、南部的奴隶生产,以及随后的产业主义与泰勒制的基础之上。所以,美国"没有往昔进步的传统",美国社会是一个"后革命(postrevolutionary)的新社会"。(李普塞特,1996:37,228)由于美国的独立战争与启蒙运动碰巧同时发生,所以国家得以奠基在理性进步主义(rational progressivism)之上。科学至上论、宗教异议与新教理想主义的混合,产生了"天定命运"(Manifest Destiny)与"进步天使"(Angel of Progress)等思想。(左侬[Drinnon],1980)安东尼奥·葛兰西认为美国是"纯粹的理性主义"。(李普塞特,1996:87)拉尔夫·达伦多夫则认为美国是一个实用教化(applied enlightenment)的国家。缺乏深厚古典传统的美国文化,其特色乃"雅俗一体,贵贱无二",它要求的是"社会等级的去激进化"(deradicalization of class)。(尊芝[Zunz],1999)缺乏与古老历史层级(新石器时代、封建制与专制主义)的辩证联系,有助于推动毫无历史包袱的彻底革新:此乃美国的不可承受之轻。这种"断

---

① 莱茵模式:由法国经济学家、曾任法国保险公司总裁的米歇尔·阿尔贝尔提出来的一种资本主义模式。他在《资本主义反对资本主义》一书中,将莱茵河流域的西欧国家,主要是德国(还有瑞士、挪威、瑞典等国)所奉行的市场经济模式,称为"莱茵模式"。与英美模式相比,莱茵模式具有深厚的社会基础和悠久的历史与文化传统,强调建立社会保障体系,利用税收和福利政策来实现社会的和谐、公正。——译注

裂"亦见于宗教。移民也带来了集体经验的历史断裂。美国资本主义的关键特征也许可视为美国稀薄的现代性的派生物。反过来,这也塑造了美国在现代性全球互动中的身份角色。

军事力量

安全机构在美国政治、经济与社会生活中扮演了相当重要的角色。美国是一个最低限度的政府,但这要除去法律与秩序、军队与情报机构。里根当局唯一长期实施的计划便是国防与太空导弹防御体系。①(阿尔贝尔,1993:29)

> 美国的军事支出比起巅峰时期的1986年下跌了25%,略低于全球平均下跌35%的水平(很大程度上是因为苏联解体)。美国军人数量减少(减少80万人,或曰减少了36%),甚至少于美国的国防预算,所以五角大楼用在每位士兵身上的经费能够超过冷战时期。美国一国的军费支出约占世界平均水平的三分之一。……今天没有哪一个国家,无论敌友,其军费支出能够达到美国在1998-1999财政年度用

---

① "克林顿政府2000年的年度财政弹性预算,首先是3000亿美元的军费预算,教育与健康分列二、三位,预算分别为3500亿、3100亿美元!自然资源与环境保护以2400亿美元位列第十五。"见帕里·克路斯(ParryCroose),2000:13。布什政府2002年谋求的军事预算扩张,将总计为3790亿美元。

于国防的 2650 亿美元……更重要的是,美国的国防支出再度增长。(海斯博格[Heisbourg],1999/2000:5-6)

公民持枪的宪法权利、美国步枪协会(National Rifle Association)、街头及传媒"枪支文化"的影响,与筚路蓝缕的农夫在一个移民者殖民征服社会中充任边防士兵的美国历史渊源遥相呼应。这在将武力与威压用作政治手段的文化中找到了表达形式。(杜卡洛斯[Duclos],1998)美国监狱的数量在世界上排名第一,第二则是中国。(戴尔[Dyer],1999)囚犯数量可称为美国"国内的古拉格集中营"。(伊根[Egan],1999)在福利国家中,美国使用死刑的程度可谓无与伦比。

军队的突出作用,受到大众的普遍欢迎以及两党政治的支持。社会认可军队,因为它为低阶层民众提供了社会流动的渠道,既是军事凯恩斯主义的转轮之一,也是对薄弱的、饱含等级偏见的教育体制的补充。① 每每在政党大会之后,总统候选人总是首先向退伍军人联合会致辞,然后一成不变地倡议扩充军备,以确保"美军拥有世界最好的装备与最好的训练"。美国军队的道德形象藉由媒体得到普及与颂扬,对其在二战中的作用津津乐道(略过越南战争、伊朗门事件)。军事隐喻以及对暴力的迟钝,充斥于娱乐行业。(格罗斯曼[Grossman],1996)好莱坞相当数量

---

① 教育方面,"我们在经合组织 29 个成员国中位列第 19。280 万美国人不能在世界地图上指出美国的确切位置!……美国教师的工资收入比例为国民收入的世界最低"。见帕里·克路斯,2000:13。

的作品都是军事主题,且与美国国力的突显交相辉映。(夏普[Sharp],1998)而百老汇音乐剧的舞蹈编排,则建立在军事训练之上,它可以追溯到一位在第一次世界大战期间声名鹊起的军事教官,可为此种影响的普遍性作一注脚。(沃顿[Voeten],2000)

军事工业复合体(military-industrial complex)在美国工业化过程中的作用,并非史无前例;发展军事力量乃工业化的驱动力,世界上所有发达国家概莫能外,尤其是19世纪末期。(森[Sen],1995;里德文·皮尔特斯,1989)例外的是军事工业的发展与美国作为超级大国的地位自始至终如影随形。现在,美国的战争经济(梅尔曼[Melman],1974)这一常见命题也许难以为继了。拥有庞大的安全力量的经济原理,如今比起政治原理、包括瓜分政府合同与军事设施在内的地区性政党分肥制而言,也许会相形见绌。(详见克勒[Killer],2002)尽管如此,美国也倾向于以使用武力的政治文化与利益驱动相互作用。全美的新监狱是对地方经济复苏的响应(哈里南[Hallinan],2000),私有化的监狱则组成了"教化工业复合体"(correctional-industrial complex)(里斯[Reiss],1998;戴尔,1999)。"门禁社区"(Gated community)与视频监视系统是保安私有化的一部分:"从守夜人、保安员到真正的私人武装,保安服务工业正在迅速发展,枪械成交量刷新了纪录。"(阿尔贝尔,1993:47)

鉴于美国军事力量的令人生畏,到了冷战末期,"军转民"(conversion)与和平的好处尚不明朗。这里总有政治经济需要,或无论如何出于确保军事设施运转、升级武器装备、提供测试与服役机会等等目的,而屡屡扩充财政预算,并实施诸如"哥伦比亚计划"(Plan Colombia)这样的大项目。不过,比起布什当局为"反恐战争"而提议追加4800亿美元的军事预算来,这些扩张都微不足道。有利于富人的大幅度减税政策,如今与削减基础设施建设、社会服务及教育经费步调一致了。

为了扼要重述美国例外论的上述特征,并将之置于一个更广泛的背景之中,表1列出了美国例外论几个重要方面的简要概括。

表1 美国例外论的几个方面

美国例外论	要　　点
自由企业资本主义	"美国的商业历来具有不同寻常的政治力量"(坎曼,1993:5);意识形态上信赖市场力量
政治保守主义	制　度　上:小政府;立宪制;权力极度分散 政治发展:民粹主义;志愿团体;政党作用弱化(中央与地方,而非全国) 价　值　观:个人主义;利己伦理、透明度、社会工程 意识形态:美国精神、爱国主义
最低限度的政府	"最反对经济统制、尊重法律、以权利为导向的国家"(李普塞特,1996)
劳工组织弱化	"非法雇工反对工会的程度与日俱增"(坎曼,1993)
种族关系	种族取代工人阶级的团结。白人意味着特权。(罗伊迪杰[Roediger],1992)少数族群聚居区的长期贫困,监狱,处以死刑

(续前表)

志愿团体	从托克维尔到普特南（Putnam）；慈善组织；封闭型社区
肤浅的现代性	应用教化的国家
美国精神	美国精神是对毫无历史包袱的颂扬（豪[Howe]，1979），"美国意义"起到了代替历史的作用（坎曼，1993）
文化	"美国没有一个建设欧洲模式文化的古老传统"（米尔斯[Mills],1963)

美国化的全球化？

全世界都应该采用美国体制。美国体制唯有成为世界体制时,才能在美国继续存在。(哈里·杜鲁门总统,1947)

那些想要把民主政治、资本主义与长治久安的福音带给每一个人的美国人,意味着他所说的一切,都应该代表美国。(安布罗斯[Ambrose],1983:19)

这里并非要否认美国例外论某些方面的特征形塑了当今的全球化；但深究此论,则会面临好几道关卡。首先,"美国化"概念本身,生来就有方法上的民粹主义成分。分析对象适用于何种美国？谁的美国？美国是世界第四大人口国,其构成相当多元,地区差异起到了重要作用。在各地分设总部、申报离岸税的美国公司,也不能简单与美国等量齐观。此外,跨国流动并非单向而是多元;美国在经济、文化上(如外资所有权、管理方式、消费模式)也有欧洲化、亚洲化与拉丁化的趋势。跨国侨居(transnational diasporas)一直改变着"美国"的性质,这种大杂烩也是美国之所以为美国的原因之一。所以,问题的实质在于我们的分析对象究竟是什么? 是李普塞特所主张的有一整套"组织化原则"贯穿首尾的美国,还是从另一个极端看,美国是一个场所、一个跨国综合与拼盘杂凑的场所? 既然从爱尔兰人到拉丁美洲人,跨国侨居的潮流与层累塑造了"美国",则难以简单重新求助于美国的开国元勋们以辨明美国的基本原则。重提"美国挑战"论(défi Américain,如赛尔旺-舒海伯[Servan-Schreiber],1967)亦收获不大,只会以迈克尔·波特(Michael Porte)①的方式,将问题置放于国家间角力较量的框架内。这种以一个国家为中心的视角,已经部分地被加速发展的全球化动力学所超越,也不适合于分析美国例外论与全球化之间的关系。

  第二个问题在于如何调停美国政治的历史变化,或曰如何调停其结构与政治之间的关系。美国例外论与美国政府的实际形象并不相符,对于美国政治而言亦非不可或缺的固有特征,否则,

---

  ① 迈克尔·波特(1947-):美国哈佛大学商学院教授,世界公认的竞争战略和竞争力思想权威。最有影响的代表作包括《品牌间选择、战略及双边市场力量》(1976)、《竞争战略》(1980)、《竞争优势》(1985)、《国家竞争力》(1990)等。——译注

美国例外论将会浓缩美国政治的基本特征。威尔逊国际主义(Wilsonian Internationalism)也是美国外交政策的一部分，美国对世界秩序的贡献包括建立联合国、布雷顿森林体系(Bretton Woods system)①、马歇尔计划、支持欧洲一体化与支持人权与民主制的政策。尽管美国的这些贡献存在争议，但也表明了美国外交政策的多面性，不是过去几十年的概略所能囊括得了的。不过，这里的重点在于与当今全球化相联系的美国政策的警示意义。克林顿当政后期，一方面情形有所变化（如缓和对古巴的禁运令，结算拖欠的联合国会费)②，但某些方面，诸如美国对永久性国际刑事法院的支持，却招致继任政府的废止。

近年来，美国化的大多数讨论都集中在文化动力学方面，或是奈(Nye)所谓的"软实力"：文化研究关注的是传媒、大众文化与跨国消费主义的角色。也还存在另一种形式的民粹主义，很少充分注意到美国化与美国在经济、财政、国际、军事等方面的影响之间的关联。③ 软、硬实力之间缺乏关联，相当成问题。美国例

---

① 布雷顿森林体系：1944 年 7 月，44 个国家的代表在美国新罕布什尔州"布雷顿森林"召开联合国和盟国货币金融会议，会议建立了旨在稳定国际货币与金融体系的"布雷顿森林体系"。1973 年，由于美元贬值，世界各主要货币由于受投机商冲击被迫实行浮动汇率制，导致布雷顿森林体系在完全崩溃，但"布雷顿森林体系"所建立的国际货币基金组织与世界银行保存至今。——译注

② 此次结算，使美国拖欠的联合国会费从 25％降低至 20％（与此同时，美国的国内生产总值却占到了世界的 22％），见海斯博格，1999:5。

③ 美国的冷战政策与文化政策之间的协调即其一例，见桑德斯(Saunders)，1999。

外论与全球化的问题不同于传统的文化帝国主义命题。美国的整体影响,已经广泛到了加尔通(Galtung,1971)所谓的"结构帝国主义"的程度:美国对其他社会的影响通过结构层面发挥作用,而不是仅仅依靠直接的政治干涉。其范围远远超过了大众文化、文化工业,以及可口可乐殖民、麦当劳化、迪斯尼化(Disneyfication)、芭比文化(Barbie cultural)、美国传媒集团这些老生常谈。上述现象因为明显可见,获得了最广泛的关注,但美国例外论更为重要的影响也许是在于经济政策、国际政治与安全防卫。这也是"文化",但隐而不显,很少显现在日常生活之中。其不仅仅涉及发达国家之间的关系,也涉及影响世界大多数国家的梯度发展(development gradients)关系。这也许有助于厘清研究的几个层面:

(1) 结构动力学。包括美国所引领、输出的科学技术变化。不过,这些变化最终都成为国际文化遗产。(见戴蒙[Diamond,1999]等人的论述)

(2) 工业化国家普遍的基础动力学。提供发展前沿模式的国家,引领影响其他国家的潮流;不过,这一动力学并非必然为该国所特有。这就将我们带到了现代化理论的"趋同论"(convergence thesis),端视最终趋同的是哪一种工业社会。(布热津斯基[Brzezinski],1970)大众产品、大众消费、大众传媒、汽车文化、市郊化与通信技术等等趋势,均属此一范畴;也就是说,这些趋势并非"美国"本身,但美国乃先行者,所以都打上了美国烙印。

(3) 美国公司与文化工业靠"不择手段"等暂时性举措寻求获取垄断地租。这是常见的商业行为,历史上不乏先例。英国摧毁了印度的纺织工业及其贸易,将埃及、波斯、奥特曼帝国的工业化扼杀在摇篮之中。(斯塔夫里亚诺斯[Stavrianos],1981)

(4) 借助国际调停(国际财政金融机构与WTO)以及地区协调,美国政府试图巩固其领导地位,并使跨国公司的优势制度化。

由此可知,全球美国化的核心问题至少包括两个方面:攫取垄断地租,以及借助超级大国的影响力将之制度化。

国内国际政治的模糊界限是国际关系研究中的一个常见问题。重点常常落在国际对国内的影响上。(基欧汉[Keohane]、米尔勒[Milner],1996)如今的问题则是要问国内如何影响国际领域:美国政治如何影响国际政治及别国政治?表2勾勒了美国例外论与当今加速发展的全球化之间关系的"概貌"。实际上表中涉及的每一方面,都有相当丰富的研究资料。本文集中处理的是美国例外论在世界地图上所呈现的三个主题:经济不干预主义与美国在形塑资本主义方面的作用、(后)华盛顿共识与国际发展政治、世界政治。

表2　美国例外论及其国际影响

美国例外论	当代国际影响
自由企业制资本主义	美国资本主义乃资本主义的典范 华盛顿共识,结构调整,国际货币基金组织(IMF)与世界银行的制约性 全球模式的两极分化增强;不平等增长 促进离岸经济 国际财政的放松管制 美元成为国际货币;美元化 美国跨国公司的作用 美国商业准则、法律与MBA的蔓延
自由贸易	贸易政策乃外交政策的工具;301条款① WTO与新自由主义全球贸易准则 北美自由贸易协议(NAFTA)、亚太经合组织(APEC)的自由贸易政策
最低限度的国家与政治保守主义	长期拖欠联合国会费 发展政策中缩减政府职能 不签署国际条约 不与国际法庭合作 地区事务的双重标准(中东地区) 推广狭隘形式的民主制

---

① 301条款:美国《1974年贸易法》第301条的俗称。一般指美国贸易法中有关对外国立法或行政上违反协定、损害美国利益的行为采取单边行动的立法授权条款。——译注

(续前表)

工会组织弱化	美国全国总工会(AFL-CIO)的保守主义倾向(在国际自由工联[ICFTU]中) 较少支持国际劳工组织(ILO)(如劳动标准方面)
剩余福利制/福利制国家	削减社会发展领域(健康、教育、社会服务)的经费
志愿团体	"强化公民社会以支持民主制" 提倡非政府组织(NGO)(美国国际开发署[USAID]的新政策议程)
个人主义	提倡非政府组织,还有专业化、去政治化与零碎政治(political fragmentation)
肤浅的现代性	调整会计制度以适应美国标准 单向透明度(美国财政部、IMF 与世界银行) "像个超级大国一样冷眼看世界",全景式监狱(panopticism)
军事霸权	冷战后果(地区干涉后遗症) 政治封锁,制裁 单边主义,不执行联合国安理会决议 国际事务军事化 国际关系与经济关系中的战争隐喻 宣传假想敌(流氓国家等) 军事工业复合体的庞大计划 "人道主义的军国主义":强行介入地区冲突 拒绝服从联合国指令 军事基地与情报监听网

(续前表)

	部署情报监控（Echelon 电子监测网）
	秘密行动
	核扩散（不批准 1997 年核禁试条约[NTBT]）
	军事行动的健康与环境危害（海湾战争、巴尔干岛、阿富汗及美国国内）
	边界军事化（美国-墨西哥模式输至以色列、南非）
美国精神	推广"美国方式"
美国文化	汽车文化,依赖矿物燃料
	市场乃主要的文化风格
	明星名流制
	麦当劳化、迪斯尼化、芭比现象
	美国有线电视新闻网（CNN）效应与电视插播辩论文化
	互联网、微软、网址（dotcom）
	非洲裔美国人文化（爵士、嘻哈）
	抽象表现主义,波普艺术（pop art）

经济不干预主义

美国最主要的输出乃其资本主义模式,如泰勒制、福特制、高度发达的大众消费、自由贸易,还有美国公司与商业活动。自1980 年代以来,通过华盛顿共识,货币主义、私有化、自由化与放松管制等,都加进了输出清单。

美国霸权是历史序列的一部分:继英国称霸之后,美国的影响悄然而至。自1870年代以来的曼彻斯特自由主义,新古典主义经济学,1970年代后期以来新自由主义的复兴,组成了这一历史序列。这一国际进程不能与近170年间的英美霸权分离开来(大约自1830年开始,亦曾受到霸权争夺战的阻断)。①

从世界上看,英美自由企业制资本主义是一种非常态。混合型经济与社会市场资本主义(social market capitalism)在整个欧洲、亚洲以及发展中国家都是最主要的实践形式,中央计划体制则在社会主义国家占主要地位。而且,就英美经验而言,自由企业制部分是一种姿态和规划,且只是局部实现:自我调节的市场出现较晚,部分、断断续续以及综合实现的是镶嵌式经济自由主义。欧洲大陆与英美各种镶嵌式经济自由主义的不同,是一个程度的问题,几个关键之处则成为基本原则;涉及工业政策、劳动法、管理、银行、风险投资与股票的地位与作用。就美国而言,尽管差异不像自由企业制之意识形态所声称的那样大,却也值得重视。在欧洲看来,美国的影响包括正在发生的从利益相关者模式(stakeholder model)到股东权益模式(Shareholder model)资本主义的转化;或曰公司的社会契约式政治经济,变而为公司、金融市场与证券交易的政治经济,以及从社会契约论到法理型契约主义(legal-rational contractualism)的全面转向。"安然"事件则暴

---

① 参阅里德文·皮尔特斯1989年关于"帝国连续性"的论述(第12章)。

露了该体系所能提供的安全系数低到了何种程度。

华盛顿共识

美国在国际发展中的角色,可以追溯到杜鲁门1948年关于"发展的时代"的宣言。(萨斯[Sachs],1992)战后美国的南方政策喜欢"赌强者赢",社区发展与美国志愿机构、民族国家建设、灌输成就取向(achievement orientation)相配套——这些现代化理论的各个方面中,现代化等于西方化,也就等于美国化。(里德文·皮尔特斯,2001),美国人在第三世界中寻找中产阶级,如同寻找自己的镜像。(巴兰[Baran],1973)"进步联盟"(The Alliance for Progress)①则是进一步的计划。这些政策与冷战及"华盛顿共识"交相作用。

华盛顿共识成型于1980年代,与美国例外论的核心要点保持一致:自由市场与民主政治携手共进。华盛顿共识的主要原则是货币主义、削减政府经费和政府管制、私有化、贸易与财政金融市场的自由化、提倡"出口带动经济增长"。华盛顿共识是战后美国发展态势的一种继续:自由企业制与自由世界,自由贸易与民主政治。二者的区别在于,战后的现代化是一种竞争方案、是冷战的角逐者,而华盛顿共识却不再关注于国家安全以抵抗共产主

---

① 进步联盟:1961年由美国总统约翰·肯尼迪倡议发起,旨在推动北美与南美经济合作,反对从古巴到美国日益膨胀的共产主义威胁。——译注

义的压力或叛乱:"历史终结"了,也就毋须顾虑国家安全。所以,如果说现代化理论是以国家为中心,而且是凯恩斯主义者关于发展思考共识的一部分,华盛顿共识则掀开了新的一页,它主张放松管制、削减政府职能,如今还将国内政治提升为国际方案。在这个意义上,里根时代的美国,赢得了冷战的全面胜利,它无敌于天下,不可与争锋。这一变化轨迹,亦可见于国际财政金融机构的政策之中:"冷战的终结,与美国操控的国际货币基金组织(IMF)持续增强的政治化密切相关。有证据表明,只有到了1990年代,美国才开始奖掖朋友、惩治敌人。"(撒克[Thacker],1999)

笃信自由市场与民主政治,带来了一些较为普遍的问题:不受约束的市场力量常常滋生孕育不平等,而民主政治却想当然地推定平等;自由市场也不是真正在美国得到贯彻实施;美国的民主政治深陷困境之中。此外,还有一些比较特殊的问题:美国推行的民主政治是一种低强度(low-intensity)的民主(罗宾逊[Robinson],1996);拆解政府意味着去机构化,但发展却需要一个能干的政府。所以,关于"东亚奇迹"的论争(韦德,1996)与世界银行的最终转型,将这个国家带回到"好政府"这一含糊其辞的名目之下。

经由国际货币基金组织的稳定借贷、世界银行的结构调整方案,华盛顿共识得以贯彻。"国际货币基金组织与世界银行在布雷顿森林体系中和睦相处,大部分是美国财政部努力的结果;形式上虽然是国际性的,实则听命于一个国家"。(金德尔伯格

[Kindleberger],1986:10)华盛顿共识导致了政府职能与开支的缩减、非政府组织(NGO)的增长以及信息化。最终结果则是健康、教育、社会服务这些部门不以盈利为目的,所以在美国都比较薄弱;受结构调整的影响,这些部门在发展中国家也变得薄弱,总是首先受到政府缩减开支的冲击。尽管很多非政府组织是推动社会变革的平台,但是,由美国促进、资助的非政府组织日渐增多的负面影响,则表现为南半球民间力量的去政治化、或招致解散。

新自由派的所有批评("发展的反革命")都很少注意到,华盛顿共识的背景实乃美国例外论的翻烙饼,是美国例外论的面孔朝外。(参阅曼佐[Manzo],1999)视英美资本主义为资本主义的"典范",华盛顿共识代表了"华尔街-财政部-IMF复合体"的观点与利益之所在。(韦德、范尼罗素[Veneroso],1998)华盛顿共识如今面临越来越多的问题:世界范围的不平等与日俱增、财政金融稳定与危机管理,其反效果与错误药方招致世界范围的批评,甚至包括来自华盛顿的批评。然而,"后华盛顿共识"这一新术语①,却掩盖了政策的不连贯性与那些即兴之举。

国际事务中的措辞,易拘泥于术语,要么动人视听,足令各方齐心协力、共襄其事;要么含糊其辞,足令各方各从己意、自行其是。国际发展合作领域是霸权妥协的典型地带:谁又能质疑"结

---

① 后华盛顿共识:由前世界银行副行长兼首席经济学家斯蒂格利茨(Joseph Stiglitz)率先提出,核心要点是针对全球不平等,反对市场原教旨主义(market fundamentalism),主张一种"负责任的市场经济(全球化)"。——译注

构改革"、"稳定性"、"公民社会"、"民主政治"这些美好诉求呢?
(里德文·皮尔特斯,2001)

1990年代被称为美国与亚洲资本主义的论战期,结果美国资本主义胜出。(赫顿[Hutton]、吉登斯[Giddens],2000)美国欢呼"亚洲危机",认为这是亚洲经济进一步美国化的机会。(贝洛[Bello]等,1998:52)由美国推行的出口导向型增长模式,使得新兴市场依赖美国市场渠道,自主调节空间缩小,从而极易受到美国贸易政策的危害。华盛顿共识声称,自由贸易是一种出口导向型增长,但自由贸易旗帜下的实际政策却相当复杂,包括从将贸易作为外交手段(例如,给予最惠国待遇,或是提高、强征关税),到通过WTO将法律至上主义引入世界贸易规则,还包括支配别国汇率(如1985年的广场协议[Plaza Accord]与日元升值①)。

如果从世界范围的角度来谈美国国内的不平等、"反贫惰之战",无疑需要这个世界上最吝啬的对外援助国(美国每年大约为发展中国家提供其GNP的0.1%,国际通行的联合国标准则是GNP的0.7%),在其国会大多数成员的支持下,实施大幅度削减对外援助的政策。作为公司放松管制的必然趋势之一,保守的智囊团抱怨"对外福利",因为福利制同样也在美国国内招致责难:

---

① 广场协议:1985年9月,美国、日本、联邦德国、英国和法国(即G5集团)财长以及中央银行行长,在美国纽约广场饭店举行会议,达成一揽子协议,史称"广场协议"。内容包括抑制通货膨胀、扩大内需、减少贸易干预、协作干预外汇市场,使美元对主要货币有序地下调。广场协议自开始实施,日元汇率一路上扬,到1986年5月,美元对日元汇率突破160日元大关,1987年达120日元,美元贬值约50%。——译注

"经济援助妨碍经济增长。"他们认为国际救济不起作用,国会应取消援助,实施那些取消发展援助的长期政策,同时实施那些促进发展中国家"经济自由"(此处应解读为:放松管制、自由贸易)的政策。(约翰逊[Johnson]、谢弗[Schaefer],1998)基于同样的理由(套用美国财政部的措辞是"改革不充分"),国际货币基金组织受到阻挠,未能帮助阿根廷摆脱困境。

40%的世界人口,每天用于生活的不到2美元。而该荧屏的另一个画面上,占世界人口4%的美国却消耗了世界能源的27%,以及数量巨大的自然资源。不均衡程度如此惊人,大约可以想见美国的民意舆论会视之为首要问题,最不济,社会科学界亦会严词以待;然而,除了边缘出版物,或是借着"能源危机"的噱头,这一问题却甚少被人提及。

美国的世界领袖地位

美国在许多领域都未能行使世界领导权,美国也不允许其他机构扮演这种角色。美国在环境、财政与经济管制等方面亦未能行使领导权,因为美国的政治机构不允许它这么做(由于制度僵局、特殊利益与国会中的地区政治),很可能是因为那些出入于领导层的利益集团,不能从管制中获利。可以想见,归根到底,美国的利益集团是缺乏规制或混乱状态的纯粹受益人。

美国未能行使世界领导权,既是一个缺乏能力的问题(政治机构),也是一个缺乏意愿的问题(政治与经济利益)。例如,美国是唯一一个不批准联合国《消除对妇女一切形式歧视公约》（CEDAW）的发达国家,因为这会使国家法律的权威凌驾于家庭法之上。① 同样的限制也适用于其他一些条约,美国都是发达国家中唯一的局外人。

美国将联合国视为世界领导权的有力争夺者。如果承认并推尊联合国,意味着美国走下世界霸主与超级大国地位的神坛。1980年代,联合国实权从"会员大会"(一个国家一票)转移到安全理事会,包括美国在内的五个永久性成员国具有领导权的力量:简言之,即世界新秩序。美国长期拖欠会费,削弱重要的联合国机构如联合国教科文组织(UNESO)与联合国体制,不批准国际劳工组织(ILO),向联合国开发计划署(UNDP)等机构施加政治压力,动辄绕过联合国安理会,就像北约(NATO)在科索沃所采取的行动一样。与承认联合国相比,美国更愿意通过国际货币基金组织与世界银行的"金融投票规则"而行动。这些是美国所能控制的国际组织,其结果就是华盛顿共识。

美国对待联合国及其他多国组织的态度是多层次、多向度的。反讽的是,美国又是创设多国组织的急先锋:国际法庭可以追溯到美国1899年的首倡;国联、联合国与国际劳工组织都由美国倡设或推动。(赖斯曼[Reisman],1999-2000:65)赖斯曼曾区分美国在多国国际机构关系上的多重角色(先知先觉的改革者、组织者、守护人、国内压力的反应器),这些角色屡屡相互抵触。

---

① 参阅 http://www.cwfa.org/library/nation/2000-09 以及海尔森(Hirsen),1999。

这"使得美国既是多国组织最热心的支持者,但在某些情况下,又使得美国与这些组织的成员国及管理机构进行竞争"。(63)美国的改良主义反映了"参与主要国际社会工程的愿望"。(65)"法律符号相当重要。法律在国际政治中所扮演的角色,一如美国相信其在国内进程中所起到的作用那样,司法制度……被视为是决定性的"。(65)相应的,"美国帮助植入的组织形态"便是法律至上。(75)国际社会工程重视法律的倾向,说明美国稀薄的现代性与启蒙情结的彻底显露。

对于美国孤立主义的潜流,美国的国际主义者声称他们想要的是国际性参与,而不是接受联合国统领。联合国被认为是非美国的组织,因为它坚持的是另一概念的世界秩序;或曰是反美的组织,因为"会员大会"大多数都是第三世界国家,都对美国霸权提出批评。南方国家是美国媒体与政治精英攻击的老靶子,他们将世界上大多数国家及其现实关怀视作政治的底层。基辛格说巴黎与波恩的南方世界在政治上不值一哂,不能发挥全球多极化的作用。这显示了美国外交政策的另一种趋势:杰克逊主义者(Jacksonian)或"半打啤酒乔"(Joe Six Pack)①就足以处理国际事务。(米德[Mead],2001)

自恋的结果,就是美国主流媒体往往将美国之外的所有国家"问题化"。在这种满不在乎的霸权视角下,其他国家被贴上了

---

① 杰克逊主义者:美国第七任总统杰克逊(1829-1837在位)思想的追随、信奉者。半打啤酒乔:无所事事、抱着6瓶装啤酒喝酒的人。特指下班后与朋友喝酒玩乐的美国典型中下阶级人群。——译注

"疯子"(loony tunes)、"流氓国家"(rogue states)的标签,民族主义领袖是"狂人",发达国家由好转坏,欧盟正蒙受"劳动力市场僵化"(rigidities of labour market)之苦,日本应该因其经济国家主义而受到谴责。而与此同时,当面临中国的商机、从欧洲或其他国家进口钢铁时,美国又成了机会主义者。

美国参议院不批准《全面禁止核试验条约》,布什当局计划实施太空导弹防御体系。而不批准核不扩散条约的深意,则是"为了使政治军事留有回旋余地,并且,这样做的确游刃有余"。(安德雷阿尼[Andréani],1999-2000:59)太空防御计划与多年来苦心经营的军备竞赛控制体系背道而驰;2002年的《国会核态势评估报告》与利用核威慑反对总计约40个国家,就表明了"留有回旋余地"的真实含义。

值得注意的不是美国例外论,而是其他国家追随美国领导却几乎从未怀疑。经合组织(OECD)国家中,法国是一个重要例外(马美尔[Mameère]、沃仁[Warin],1999);其他旗鼓相当的国家当是俄罗斯与中国。俄罗斯被华盛顿共识打着国际货币基金组织的旗号而严重削弱;中国则在努力成为WTO成员国的过程中保持中立。美国实力乃是其他政治集团削弱或缺乏政治协调的结果。总之,欧洲、亚洲与美国的机会主义者在国际事务中惺惺相惜:所以造成了全球僵局。对于美国退出《京都议定书》①(Kyoto Protocol)的国际义愤是其中一段插曲,从日本到欧盟的许多国家都对此齐声挞伐;另一相仿的重要事件,则是世界各国联合创设国际刑事法院——美国却不预其事。

由金德尔伯格(Kindleberger)率先提出,克拉斯勒(Krassner)、基欧汉与鲁杰等人加以发展完善的霸权稳定理论(hegemonic stability theory),具有好几种稳定世界的功能,它主张"在一个没有世界政府的时代中,扮演调速轮角色的强国能够促进全球经济的稳定"。(库特纳,1991:12)这是一种胡萝卜政策而非大棒政策。根据霸权妥协原则,欧盟国家与日本大体上在七国集团、经合组织、WTO、IMF与世界银行的背景下,接受了美国政策,因为他们瓜分了所有的利益,如欧盟在贸易及农业政策上的让步,以及在美国军事保护伞下寻求庇护。尽管未能平息争端,但政治差异也没有大到足以破坏全盘计划的程度。亨廷顿(Huntington,1999)倡议一种混合的国际体系,即整合了单极与多极的"单、多极化体系"(uni-multipolar system)。同样,格鲁伯(Gruber,2000)探索"单干权力"(go-it-alone power)以及板块联盟的形成,这一理论公式符合海湾战争与北约在科索沃的行

---

① 《京都议定书》:1997年12月,在日本京都召开的《联合国气候变化框架公约》缔约方第三次会议通过的国际公约,旨在限制发达国家温室气体排放量以抑制全球变暖。美国曾于1998年签署了《京都议定书》。但2001年3月,布什政府以"减少温室气体排放将会影响美国经济发展"和"发展中国家也应该承担减排和限排温室气体的义务"为借口,宣布拒绝批准《京都议定书》。——译注

动。

国际关系理论的问题在于,它容易将谬论与政治上的即兴之举合理化。"霸权稳定"对于周期性的经济危机(墨西哥、亚洲、俄罗斯、拉丁美洲危机、阿根廷)、中东地区持久的政治僵局有什么作用?国际关系理论总是认为政治大于经济、显性政治大于隐性政治,常常低估安全与地缘政治问题,其对这些政策的系统解释,或许最好称之为荒谬。

尾 声

反美主义是如此乏味、过时,于是乎,对它的回应要么是将美国保守主义视为理所当然——像天气一样稀松平常,要么就欣赏美国的特殊性与韧性十足。从美国有限电视新闻网(CNN)到《华尔街日报》,美国媒体喇喇刺耳的保守主义积重难返,大家都见惯不惊。沿着保守主义思想一脉,存在两个对应物:将美国例外论的全球效应视为理所当然;其次,如果反美主义陈腐过时,美国精神也同样陈腐过时。

李普塞特(1996:267)认为"美国例外论的阴暗面","如同其他众多的积极面一样,源自于国家的组织原则。它包括犯罪率居高不下、毒品泛滥、美国家庭的解体、性关系混乱、过分好讼"。这一判断是用醒目的道德术语予以表达的;它忽视了不平等持续上升、美国民主政治的窳败以及联邦政府的结构缺陷等等结构性的、更为麻烦的趋势。然而,更重要的是,这是一种相当内向型

(inward-looking)的判断,并没有考虑到美国例外论的外在后果。从国际上看,美国例外论的阴暗面在于,美国方式是一种不可复制与难以为继的发展模式。美国造的自由贸易与民主政治不是一个光辉榜样。美国的消费模式不可复制——即便在美国国内也难以复制。世界上并不是每一个人都可以家中购买两辆汽车、置备一幢郊区住所,或是达到大学教育程度。当然,也不是每个美国人都做到了这一点,但是该标准本身未能得到严肃讨论。美国对生态环境的影响,它对能源及其他自然资源的过度使用,也是不可复制的。

第二个基本问题则是社会的不平等。美国方式的全球化,还有华盛顿共识或其残留与该模式的相互配合,产生了赢家通吃的全球化,也日益照见了美国令人瞠目结舌的不平等、伪市场文化,还有在世界范围内强行介入别国对该模式的背离。过去几十年来浮现出的这一全球化的真实模式,自美国应对9·11袭击之际,便迈入了一个超速运转时期。

美国机构与美国国内力量的均衡是世界政治的变量。对这一形势的审视,不仅要考虑发生何事,还要考虑到何事没有发生。所以,全球公共产品供应不足的问题,如今已引发越来越多的讨论与关注(考尔[Kaul]等,1999);事实上,"全球公共产品"本身是"美国强制"(US-enforced)的委婉说辞,因为"全球政府"绝无可能被保守的美国领导层所接受。

哪些是美国方式的全球化进程中可能的对应物呢?"安然"事件或许动摇了股票市场;或许致使美国公司及海外公司重新规

范化,从而偏离美国的会计标准与商业活动。美国的股东资本主义模式本身处于风险之中,从利益相关者模式到股东权益模式的资本主义或英美资本主义的全球转变,看起来颇具风险。另一可能的对应物,则是"另一种美国"的重新兴起。与别国"国民性"的老套模式不同,美国例外论毕竟是一种讽刺、一种自嘲。它相当古老,出现在美国多元文化主义这一现实之前,并且掩盖抹杀了"另一种美国":民权运动、1968年、从反对对越战争动员到西雅图的社会运动①,民意也总是大多站在支持劳工权利、妇女权利、环境等许多其他问题的立场上,比起主流媒体与政界精英们所持态度要进步许多;这"另一种美国",还是一个摩尔(Moore)的《愚蠢的白人》(Stupid White Men, 2002)能在一个星期内重印九次、荣登畅销书榜首的国家。美国例外论谈论的是一个从未存在过的迷人国度,它不同于迪斯尼乐园,而是受到斯特福德式(Stepford)②公司媒体的误导,经由那些只图自肥的富有的政界精英们的统治。绿党等新政治运动的兴起是可能的,但也受制于前述种种美国政治体制的机构特点。

---

① 西雅图:1999年11月30日,WTO第三次部长级会议在西雅图(美国西北沿海城市)召开,成千上万的人走上街头抗议,封锁通往世贸会议的道路,与警方爆发严重冲突。这场反世贸群众抗议行动,掀开了反对资本主义全球化抗争的序幕。"反全球化"一词,自西雅图之后开始盛行。——译注

② Stepford:指顺从、缺乏独立性、遵守社会既定准则。源出美国作家埃拉·雷文(Ira Levin)1972年的小说《机器人妻子》(The Stepford Wives),描写居住在Stepford地区的男人们,都已用机器人取代了妻子。——译注

美国例外论其他可能的对应物,或许是美国缺席的《京都议定书》签署之后海外政治的变化。一个更有凝聚力的欧盟,尤其是亚欧国家之间(包括日本)更具实质性与政治上的友好关系,将是这方面具有重要意义的一步。南方、东南亚、拉丁美洲的新兴工业化国家,转型期与发展中国家或许会在国际财金多国规则的联合方案中找到共同兴趣,并且重新定位于社会与民主资本主义。谋求全球变革的国际劳工组织与社会运动——从西雅图到巴西的阿雷格里港(Porto Alegre)①——具有形塑跨国改革联盟的巨大潜力,也会改变全球议事日程。这种聚合了欧洲、亚洲、美国与拉丁美洲进步力量的联盟,将会改变、重塑全球化的进程。

参考文献

M·阿尔贝尔(M Albert),1993,《资本主义反对资本主义》(*Capitalism against Capitalism*),伦敦:Whurr

S·E·安布罗斯(S E Ambrose),1983,《应对全球政治:1938年来的美国外交政策》(*Rise to Globalism：American Foreign Policy Since 1938*),哈芒斯沃斯(Harmondsworth):Pelican,第三次修订版

G·安德雷阿尼(G Andréani),1999-2000,《美国核不扩散政

---

① 阿雷格里港:"世界社会论坛"第一、二、三、五届会议的召开地。自2001年1月起,"世界社会论坛"每年举行一次,它对抗"世界经济论坛",旨在反对由自由市场控制的全球化以及"新自由主义的过分做法导致的灾难、不平等和不公正现象",被称为"全球性批评者聚会"。——译注

策的混乱》(*The Disarray of US Non-Proliferation Policy*)，《幸存者》(*Survival*)41:42-61

乔伊斯·阿普尔比(Joyce Appleby)，1992，《找回美国的历史多样性：超越例外论》(*Recovering America's History Diversity:Beyond Exceptionalism*)，《美国历史杂志》(*Journal of American History*)79:419-431

P·巴兰(P Baran)，1973，《增长的政治经济学》(*The Political Economy of Growth*)，哈芒斯沃斯:Penguin

R·A·鲍尔(R A Bauer)主编，1975，《世界事务中的美国：领导、伙伴还是离散力量?》(*The United States in World Affairs:Leadership,Partnership or Disengagement?*)，夏洛茨维尔，弗吉尼亚州(Charlottesville, VA):弗吉尼亚大学出版社(University Press of Virginia)

W·贝洛(W Bello)、S·坎宁安(S Cunningham)、Li kheng Po，1998，《暹罗悲剧：现代泰国的发展与分裂》(*A Siamese Tragedy: Development and Disintegration in Modern Thailand*)，伦敦与曼谷:Zed Books 与"关注南半球"(Focus on the Global South)

Z·布热津斯基(Z Brzezinski)，1970，《两个时代之间：美国在电子技术时代的地位》(*Between Two Ages:America's Role in the Technetronic Era*)，Harmondsworth:Penguin

D·坎贝尔(D Campbell)，2000，《毒品最前线》(*Drugs in the Firing Line*)，《卫报周刊》(*Guardian Weekly*)(6月27日-8月2

日)

帕里·克路斯(Parry Croose)、蕾妮-玛丽(Renee-Marie),2000,《我们的世界处于新千年的起点之上》(Our World on the Threshold of the New Millennium),世界未来学研究联盟(WFSF),《未来通报》(Futures Bulletin)26(1):12-15

迈克·戴维斯(Mike Davis),1986,《美国梦的囚徒》(Prisoners of the American Dream),伦敦:Verso

贾德·戴蒙(Jared Diamond),1999,《枪炮、病菌与钢铁:人类社会的命运》(Guns, Germsand Steel: The Fates of Human Societies),纽约:Norton

R·左侬(R Drinnon),1980,《向西而行:仇视印第安人与帝国建立的形而上学》(Facing West: The Metaphysics of Indian-Hating and Empire-Building),纽约:New American Library

D·杜卡洛斯(D Duclos),1998,《狼人复合体:美国对暴力的沉迷》(The Werewolf Complex: America's fascination with Violence),牛津:Berg

约耳·戴尔(Joel Dyer),1999,《永远的囚犯机制:美国如何从罪行中渔利》(The Perpetual Prisoner Machine: How America Profits from Crime),波尔得,哥伦比亚(Boulder, CO):Westview Press

T·伊根(T Egan),1999,《艰难时世:更少的罪行,更多的罪犯》(Hard Time: Less Crime, More Criminals),《纽约时报》(3月7日)

哈罗德·埃文斯(Harold Evans),1998,《美国世纪》(*The American Century*),伦敦:Jonathan Cape

R·H·弗兰克(R H Frank)、P·J·库克(P J Cook),1995,《赢家通吃的社会》(*The Winner-Take-All Society*),纽约:Free Press

卡莉·弗雷德里克森(Kari Frederickson),2001,《南方民主党员起义与坚固南方的终结》(*The Dixiecrat revolt and the end of the solid South*,1932-1968),教堂山,北卡罗来纳州(Chapel Hill,NC):北卡罗来纳大学出版社(University of North Carolina Press)

T·L·弗雷德曼(T L Friedman),2000,《凌志和橄榄油树:理解全球化》(*The Lexus and the Olive Tree: Understanding Globalization*),纽约:Anchor Books,再版

J·加尔通(J Galtung),1971,《帝国主义的结构理论》(*A Structural Theory of Imperialism*),《和平研究杂志》(*Journal of Peace Research*)8:81-117

E·古德曼(E Goodman),1999,《头重脚轻的摇钱树》(*Top Heavy on the Money Tree*),《卫报周刊》(4月25日)

M·R·戈登(M R Gordon),2002,《切尼驳斥盟国在伊拉克问题上的指责》(*Cheney Rejects Criticism By Allies Over Stand on Iraq*),《纽约时报》(2月16日)

W·格雷德(W Greider),1992,《谁来告诉人民:美国民主政治的背叛》(*Who Will Tell the People: The Betrayal of*

American Democracy》,纽约:Simon and Schuster

B·格罗斯(B Gross),1980,《友好的法西斯主义:美国势力的新面孔》(Friendly Fascism: The New Face of Power in America),纽约:Evans

D·格罗斯曼(D Grossman),1996,《论杀人:在战争与社会中学习杀人的心理代价》(On Killing: The Psychological Cost of Learning to Kill in War and Society),纽约:Little Brown

L·格鲁伯(L Gruber),2000,《统治世界:强权政治与超国家组织的兴起》(Ruling the World: Power Politics and the Rise of Supranational Institutions),普林斯顿,新泽西州(Princeton, NJ):普林斯顿大学出版社(Princeton University Press)

尼古拉斯·盖耶特(Nicholas Guyatt),2000,《又一个美国世纪?——2000年后的美国与世界》(Another American Century? The United States and the World after 2000),伦敦:Zed Books

J·T·哈里南(J T Hallinan),2001,《逆流而上:监狱国家之旅》(Going Up the River: Travels in a Prison Nation),纽约:Random House

J·赫德金(J Heideking),2000,《从革命到内战的美国现代性模式》(The Pattern of American Modernity from the Revolution to the Civil War),《代达洛斯》(Daedalus)129(1):219-248

弗朗西斯·海斯博格(Francois Heisbourg),1999/2000,《美国霸权?——美国国外的认知》(American Hegemony?

Perceptions of the U. S. Abroad),《幸存者》41:5-19

H·亨德森(H Henderson)、J·里克尔曼(J Lickerman)、P·弗林(P Flynn)等主编,2000,《卡尔弗特-亨德森生活质量指数》(Calvert-Henderson quality of Life Indicators),贝塞斯达,马里兰州(Bethesda,MD):Calvert Group

道格·亨伍德(Doug Henwood),1999,《繁荣、举债与消费:1999年的美国经济》(Booming,Borrowing and Consuming:The U S Economy in 1999),《月报》(Monthly Review)51(3):120-133

J·L·海尔森(J L Hirsen),1999,《冲突即将来临:全球法律vs美国自由》(The Coming Collision:Global Law vs US Liberties),洛杉矶:Huntington House

吉姆·霍格兰(Jim Hoagland),2000,《美国与世界范围的公民课程》(A Civics Lesson for American and the Wide World),《国际先驱论坛报》(International Herald Tribune)(11月17日)

I·豪(I Howe)主编,1979,《25年不服从:一种美国传统》(25 Years of Dissent:an American Tradition),纽约:Methuen

S·P·亨廷顿(S P Huntington),1999,《孤独的超级大国》(The Lonely Superpower),《外交季刊》(Foreign Affairs)78(2):35-49

W·赫顿(W Hutton)、A·吉登斯(A Giddens)主编,2000,《全球资本主义》(Global Capitalism),纽约:New Press

A·J·艾泽奎厄多(A J Lzquierdo),1999,《科技文化与国际财政金融市场的美国化》(Techno-scientific Culture and the Americanization of International Financial Markets),该文提交于欧洲社会学学会(European Sociological Association)"第四届社会学欧洲会议",阿姆斯特丹

B·T·约翰逊(B T Johnson)、B·D·谢弗(B D Schaefer),1998,《国际货币基金组织改革?——确保实录》(*IMF Reform? Setting the Record Straight*),美国传统基金会(The Heritage Foundation),www. new. heritage. org/research/

杰奎琳·琼斯(Jacqueline Jones),1998,《美国的工作:四个世纪的黑人与白人劳工》(*American Work: Four Centuries of Black and White Labor*),纽约:Norton

M·坎曼(M Kammen)1993,《美国例外论问题:再思考》(The Problem of American Exceptionalism: A Reconsideration),《美国季刊》(*American Quarterly*)45(1):1-43

I·考尔(I Kaul)、I·格伦伯格(I Grunberg)、M·A·斯特恩(M A Stern),1999,《国际公共品:21世纪的国际合作》(*Global Public Goods: International Cooperation in the 21st Century*),纽约:牛津大学出版社(Oxford University Press)

比尔·凯勒(Bill Keller),2002,《下一次战役》(The Fighting Next Time),《纽约时报杂志》(*New York Times Magazine*)(3月10日):32ff.

R·O·基欧汉(R O Keohane)、H·V·米尔勒(H V

Milner)主编,1996,《国际国内政治》(*International and Domestic Politics*),剑桥(Cambridge):剑桥大学出版社(Cambridge University Press)

C·P·金德尔伯格(C P Kindleberger),1986,《没有国际政府的国际公共产品》(International Public Goods without International Government),《美国经济评论》(*American. Economic Review*)76(1):1-13

R·S·柯肯达尔(R S Kirkendall),1980,《全球势力:罗斯福时代以来的美国》(*A Global Power: America Since the Age of Roosevelt*),纽约:Knopf

H·基辛格(H Kissinger),1985,《观察》(*Observations*),伦敦:Michael Joseph/ Weidenfeld and Nicolson

N·克莱恩(N Klein),2000,《不要标识》(*No Logo*),伦敦:Flamingo

G·科尔柯(G Kolko),1969,《美国外交政策的根源》(*The Roots of American Foreign Policy*),波士顿:Beacon

P·克鲁格曼(P Krugman),2000,《怜悯大富者的痛苦》(Pity the Pain of the Very Richest),《国际先驱论坛报》(6月15日)

——2001,《做我们所做的事,而不是嘴上所说的事》(*Do As We Do, and Not As We Say*),《纽约时报》(6月20日)

罗伯特·库特纳(Robert Kuttner),1991,《不干预主义的终结:冷战后的国家目的与全球经济》(*The End of Laissez-Faire: National Purpose and the Global Economy After the Cold*

War),纽约:Alfred Knopf

——1998,《一切可售》(*Everything For Sale*),纽约:Alfred Knopf

G·路易斯(G Lewis)、阿尔顿·毕尼思(Alton Benes)、M·奥尔布雷恩(M O'Brien),1996,《买总统》(*The Buying of the President*),纽约:Avon Books

S·M·李普塞特(S M Lipset),1996,《美国例外论:一把双刃剑》(*American Exceptionalism: A Double-edged Sword*),纽约:Norton

诺尔·马美尔(Noël Mamère)、O·沃仁(O Warin),1999,《不用啦,山姆大叔》(*Non merci, Oncle Sam*),巴黎:Editions Ramsay

杰弗里·曼札(Jeff Manza),2000,《种族与不发达的美国福利制》(*Race and the Underdevelopment of the American Welfare State*),《理论与社会》(*Theory and Society*)29(6):819-832

K·曼佐(K Manzo),1999,《"新"发展主义:政治自由主义与华盛顿共识》(*The "New" Developmentalism: Political Liberalism and the Washington Consensus*),收入斯莱特(Slater)与泰勒(Taylor)主编:98-114

W·R·米德(W R Mead),2001,《特殊的普罗维登斯:美国外交政策如何改变世界》(*Special Providence: American Foreign Policy and How It Changed the World*),纽约:Knopf

S·梅尔曼(S Melman),1974,《永远的战争经济:美国资本主义日薄西山》(The Permanent War Economy: American Capitalism in Decline),纽约:Simon and Schuster

R·K·默顿(R K Merton),1957,《社会理论与社会结构》(Social Theory and Social Structure),格兰科,伊利诺斯州(Glencoe,IL):Free Press

C·赖特·米尔斯(C Wright Mills),1963,《社会学的想象》(The Sociological Imagination),纽约:牛津大学出版社

R·雷蒙斯·米什拉(Ramesh Mishra),1996,《北美:富足中的贫困》(North America: Poverty Amidst Plenty),收入 E·易(E Yen)、S·M·米尔勒(S M Miller)、S·A·沙曼(S A Samad)等主编,《贫困:全球视野,国际贫困研究手册》(Poverty: a global review, Handbook on International Poverty Research),奥斯陆(Oslo):斯堪的纳维亚大学出版社(Scandinavian University Press):453-493

迈克尔·摩尔(Michael Moore),2002,《愚蠢的白人》(Stupid White Men),纽约:Harper and Collins

J·里德文·皮尔特斯(J Nederveen Pieterse),1989,《帝国与解放:世界范围的权力与解放》(Empire and Emancipation: Power and Liberation on a World Scale),纽约:Praeger

——2000,《全球化的南方和北方:不均衡发展的表现与现代性的互动》(Globalization North and South: Representations of Uneven Development and the Interaction of Modernities),《理论、文化与社会》(Theory, Culture and Society)17 (1):129-137

——2001,《发展理论:解构与重建》(*Development Theory: Deconstruction/Reconstruction*),伦敦:Sage

——2002,《全球化、媚俗与冲突:工作、战争及政治的技术》(Globalization, Kitsch and Conflict: Technologies of Work, War and Politics),《国际政治经济学评论》9(1):1-36

——即出,《全球不平等:重回政治学》(Global Inequality: Bringing Politics Back In),收入 C·卡尔霍恩(C Calhoun)、C·罗杰克(C Rojek)、B·S·特勒(B S Turner)主编,《社会学手册》(*Handbook of Sociology*),伦敦:Sage

里德文·皮尔特斯主编,2000,《全球未来:形塑全球化》(*Global Futures: Shaping Globalization*),伦敦:Zed Books

J·P·奈特(J P Nettl),1968,《作为概念变量的国家》(The State as a Conceptual Variable),《世界政治》(*World Politics*) 20:559-592

G·欧维霍瑟(G Overholser),1999,《商业旗舰的薪酬膨胀》(More on the Inflated Pay of Business Titans),《国际先驱论坛报》(11月5日)

吉米·派克(Jamie Peck),1998,《阳光下的福利制:美国以工代赈的政纲、表现形式与方式》(Workfare in the Sun: Politics, Representation and Method in US Welfare-to-Work Strategies),《政治地理学》(*Political Geography*)17(5):535-566

W·M·赖斯曼(W M Reisman),1999-2000,《美国与国际组织》(The United State and International Institutions),《幸存

者》41(4):62-80

M·里斯(M Reiss),1998,《教化工业复合体》(The Correctional-Industrial Complex),《纽约时报》(8月2日)

威廉·罗宾逊(William I Robinson),1996,《推销多头政治:全球化、美国干涉与霸权》(*Promoting Polyarchy: Globalization, US Intervention, and Hegemony*),剑桥:剑桥大学出版社

戴维·R·罗伊迪杰(David R Roediger),1992,《白人的工资:种族与美国工人阶级的形成》(*The Wages of Whiteness: Race and the Making of American Working Class*),伦敦:Verso

玛丽·F·罗杰斯(Mary F Rogers),1999,《芭比文化》(*Barbie Culture*),伦敦:Sage

马克·鲁珀特(Mark Rupert),1995,《生产霸权:规模化生产与美国全球实力的政治学》(*Producing Hegemony: The Politics of Mass Production and American Global Power*),剑桥:剑桥大学出版社

沃尔夫冈·萨斯(Wolfgang Sachs),1992,《行星辩正法:环境与发展研究》(*Planet Dialectics: Explorations in Environment and Development*),伦敦:Zed Books

F·S·桑德斯(F S Saunders),1999,《谁来买单?——中央情报局与文化冷战》(*Who Paid the Piper? The CIA and the Cultural Cold War*),伦敦:Granta Books

W·E·舒尔曼(W E Scheuerman),2000,《合法性的黎

明?——全球化与美国民主》(The Twilight of Legality?: Globalisation and American Democracy),《全球社会》(Global Society)14(1):53-78

G·森(G Sen),1995,《工业化的军事起源与国际贸易战》(*The Military Origins of Industrialisation and International Trade Rivalry*),伦敦:Pinter(初版 1984)

J·J·塞尔旺-舒海伯(J J Servan-Schreiber),1967,《美国的挑战》(*Le défi Américain*),巴黎:de Noël

J·P·夏普(J P Sharp),1998,《新世界秩序的地理学卷轴:后冷战时代美国电影的爱国主义、阳刚气质与地缘政治观》(Reel geographies of the new world order: patriotism, masculinity and geopolitics in post-Cold War American movies),收入 G·O·奥图泰尔(G O Tuathail)、S·达尔比(S Dalby)主编,《地缘政治观再认识》(*Rethinking Geopolitics*),伦敦:Routledge

F·F·西格尔(F F Siegel),1984,《多难的旅程:四十年代至八十年代初美国政治生活史》(*Troubled journey: from Pearl Harbor to Ronald Reagan*),纽约:Hill and Wang

戴维·施莱特(David Slater)、P·泰勒(P Taylor)主编,1999,《美国世纪:美国国力方案中的共识与强制》(*The American Century: Consensus and Coercion in the Projection of American Power*),牛津:Blackwell

L·S·斯塔夫里亚诺斯(L S Stavrianos),1981,《全球分裂:第三世界的历史进程》(*Global Rift: The Third World Comes of*

Age),纽约:Morrow

S·C·撒克(S C Thacker),1999,《国际货币基金组织借贷的高阶政治》(The High Politics of IMF Lending),《世界政治》(World Politics)52:38-75

I·泰瑞尔(I Tyrell),1991,《国际历史时代的美国例外论》(American Exceptionalism in an Age of International History),《美国历史评论》(American Historical Review)96:1031-1055

J·沃顿(J Voeten),2000,《四十二街音乐剧编舞的军事教官》(De militaire musical-choreografie van"42nd Street"),《荷兰NRC商报》(NRC Handelsblad)(8月25日):CS4

R·韦德(R Wade),1996,《日本、世界银行与维护范式的艺术》(Japan, the World Bank and the art of Paradigm Maintenance),《新左派评论》(New Left Review)217:3-36

——2002,《美国与世界银行:反对人民与理想》(The United States and the World Bank: The Fight over People and Ideas),《国际政治经济学评论》(Review of International Political Economy)9(2):215-243

韦德、F·范尼罗素(F Veneroso),1998,《世界经济萧条与反对资本管制》(The Gathering World Slump and the Battle Over Capital Controls),《新左派评论》I(231):13-42

安妮·威廉姆森(Anne Williamson),即出,《美国如何扶植俄罗斯寡头政治》(How America Built the New Russian Oligarchy)

R·B·佐利克(R B Zoellick),1999-2000,《国会与美国外交政策的制定》(Congress and the Making of US Foreign Policy),《幸存者》41(4):20-41

O·尊芝(O Zunz),1999,《为何是美国世纪?》(*Why the American Century?*),芝加哥(Chicago):芝加哥大学出版社(Chicago University Press)

第六章
"美国化"论争:以法国为例

理查德·库索尔(Richard Kuisel)

"全球的美国"这一观念提出了适用性方面的问题。需要在国家的层面上进行检验。例如,"全球的美国"如何应用于法国?这一问题或许可以此种方式提出:法国已经美国化了吗?有相当多的证据表明——某些还可以量化,这个泱泱古国已然臣服于美国化。

从语言开始。英语,或更确切些,美国英语,是法国最为通行的第二大语言。最近的一次调查显示,三分之二的法国人认同"人人都应学讲英语"这种说法。① 在流行音乐、电影、电视、收音机、互联网和广告中,美国英语无处不在,乃至于政府试图立法予以限制。既然法语是法国国家身份的要素之一,这一盎格鲁-撒

---

① 《经济学人》(The Economist),2001年2月24日。

克逊舶来品的广泛流行就是美国化的有力标志。快餐与软饮料则是对该故事的丰富与扩充。法国如今已经有近800家麦当劳,而且还是这个大本营位于芝加哥的跨国公司的第三大海外市场。同样,可口可乐占有了大部分的可乐市场,以及法国软饮料市场的半壁江山。1998年,好莱坞电影赢得了70%的法国票房收入。排名前20位的电影中,只有三部产自法国,其余都是美国电影。① 一些电视频道专营美国节目。到1990年代末,巴黎迪斯尼乐园吸引的游客多于圣母院或卢浮宫。体育运动,作为另一种娱乐形式,也提供了更多的证据。1992年,美国全明星队夺得奥运会篮球冠军,法国青少年将迈克尔·乔丹(Michael Jordan)票选为法国最受欢迎的运动员。② 1998年,法国足球队在世界杯赛上夺魁,冠军颁奖典礼上,激动的球迷们听到扩音器里播放的不是《马赛曲》,而是《星球大战》(Star Wars)的主题歌。③

商业领域的数据更多。几乎漫步在任何法国城市,都会途经盖普(Gap)、玩具反斗城(Toys"Я"Us)、31种风味冰淇淋(Baskin Robbins)、拉夫·劳伦(Ralph Lauren)这些美国零售商的商店橱窗。美式购物中心、住宅、园艺中心,甚至坐落在小市镇外高速公路的两侧。据商界报道,法国跨国公司的经营管理,实际上已经难以与美国公司区分开来。这些公司的管理层讲英语,

---

① 《纽约时报》,1999年12月14日。
② 《纽约时报》,1997年10月16日。
③ 《华盛顿邮报》,1998年7月14日。

有 MBA 学位,已学会如何在美国市场中成功参与竞争。①

民意调查显示出对美国文化入驻法国的焦虑与日俱增。②电影与电视则被视为特别让人头痛的领域。青少年看起来与美国同龄人没有两样。谈到孩子们的衣着、音乐、语言与饮食习惯时,法国父母们在文化意义上抱怨说他们不再认识自己的孩子。法国重要的政治家们也随声附和对美国大众文化泛滥的抗议声浪。外交部长贝尔·韦德里纳(Hubert Védrine)批评美国是"超级大国"(hyperpower),还警告"世界文化一统"的危险。③ 从这些令人印象深刻的"事实"中,是不是可以得出结论说全球的美国已经征服了法国呢?而在得出这样的结论之前,这一现象是不是毋须详加审视了呢?"法国(或曰法国人)是不是已经美国化"这一问题本身,需要予以澄清。我们所说的"美国化"与"法国人"这两个关键词,究竟是什么意思呢?在首肯这一结论之前,先得弄清其确切含义。

美国化的定义

"美国化"现象的论争相当激烈,本章将加入论战。在检视美国化这一概念所带来的复杂性之前,作为起点,我愿意给出一个直截了当的定义:美国化指的是非美国人引进与美国、美国人密

---

① 《经济学人》,1999 年 6 月 5 日。
② 《世界报》(LeMonde),1996 年 10 月 31 日。
③ 转引自《纽约时报》,1999 年 11 月 7 日。

切相关的产品、影像、技术、实践与行为方式。或更笼统地说,美国化现象可以定义为对大众消费、市场资本主义与大众文化的采纳。这一现象与现代化或全球化不同,尽管也有相当多的交叠。一方面,美国化的定义既然可以转化为产品、技术等可量化单位,所以它是可以进行测量的(如电影银幕放映好莱坞电影的数量)。不过,另一方面,美国化既然被定义为行为方式与价值观念,又提出了某些群体如何"美国化"的问题,其大小数值却极难估量。身为一个历史学家,我认为美国化是一个历史过程,自有其年表、地理学与动力学。美国化始于1890年后的一个十年,首先发生在西欧,然后扩展至全球舞台。就法国而言,这一过程直至二战时期尚不明朗,1950年代开始全速运转,到2000年则已获得长足进展。

"法国人"这一范畴也需要概念上的谨严精准。研究美国化,必须弄清楚是"谁"卷入了这一过程,以免以偏概全地谈论所有人。甚至时至今日,这一过程也并未遍及整个法国。单从外部现象判断,一些边远村庄依然未受影响。而那些涉足此一过程的人们所受到的影响,其方式不同,程度亦复有别。例如,从历史上看,比起小企业和大部分农业来,大企业更易接受美国的实践。在可能的情况下,概论美国化需要切合于小于"法国人"的社会团体。

为了判断法国或其他社会是否已经"美国化",需要根据近年来的学术研究进行检视。过去20年来研究的总体倾向,已经使得这一表现为均质化力量的过程显得复杂有余,但说服力不足。

新词汇表中的关键术语,则是"同化"(assimilation)或"多样性"。有时候,美国化又被全球化取而代之。这一研究的结果,就是动摇了美国化这一概念本身。我的任务则是回顾这些研究成果,并重新将美国化作为一种思考近年来历史的有效途径。

近年来学术研究的起点是拒绝"文化帝国主义"论。① 1980年代之前的主流思路认为,美国化最好是理解为美国只手遮天,最终将其道路强加于被动的接受者身上——将欧洲削弱等同于"被殖民者",造就出一种全球均质化,以服务于美国的利益——美国化因而是一种"文化帝国主义"。这一简单化的、极富偏见的视角遭到了一些学者的反唇相讥,他们认为美国化的过程比起"文化帝国主义"论者所假定的要复杂得多,也较少是单向作用的过程。遗憾的是,一些著名的法国知识分子如皮埃尔·布尔迪厄(Pierre Bourdieu)等,罔顾这一方面的研究成果,而是坚持传播文化帝国主义的观念。②

---

① 对美国化论争发展过程的回顾,始于文化帝国主义理论,见赫克特([Hecht]),2000。该文及随后的评论包含了本章研究的基本的参考资料。关键的研究成果,是汤姆林森(Tomlinson),1991。美国化之概念化的另一卓见,则是费伦巴赫(Fehrenbach)与鲍伊格(Poiger),2000。概念上的问题也见于科洛斯(Kroes)等,1993;凡·吉尔特勒(VanEltern),1996;佛格斯(Forgacs),1996。

② 见《世界外交论衡》(2000 年 5 月)中"美丽的专制"(Un délicieux despotisme)专题之下的系列文章,该专题反对美国将分析范畴与立场全球化,为政治、经济与社会中的论争设置议题。布尔迪厄与华康德(Loïc Wacquant)亦为该专题投稿,于《基于帝国主义的狡狯》(On the Cunning of Imperialist Reason)一文中进一步发展了他们的攻讦。

过去20年来,新的批评分析已经抛弃了文化帝国主义的观念,并在许多方面深化了我们对美国化的理解。不过,其也有扭曲自身的倾向,即贬抑(deflate)美国化的倾向。其最极端的表述,就是在书写中将美国化的意义及其均质化影响降至最低。本章所主张的是,通过保留对美国化的破坏性与均质性的理解,从而综合这些对该过程新近的、更为成熟的看法。抛弃文化帝国主义论,不应使我们的推论在相反方向上走得太远。对同化或全球化等过程的强调程度,不应竟至于使我们忘记我们所研究的主题的意义。美国化研究有四种视角值得审视。每一视角都充实了我们的理解。不过,如果夸大其词,每一视角又都会导致宏大叙事的误读。

同 化

有一种阐释流派,实际上主宰了如今对美国化这一主题的书写,或许可以称之为同化派。同化派认为,那些进口美国方式与物品的本地或本土人们,同化或曰驯服(domesticate)了他们所接受的东西。横跨大西洋的交换是平起平坐的谈判磋商,而不是遵照某些美国模式的传输与变革。据此看来,欧洲人从美国库房挑选那些自己想要的东西,并化为己有。驯服论的最近宣言,可见于理查德·佩尔斯(Richard Pells)所撰的《不同于我们》(*Not Like Us*,1997)一书。书名谈到了欧洲人同化美国舶来品的能力与决心,许多论据则取自荷兰。佩尔斯讲述的著名故事,是荷兰人对电视剧《豪门恩怨》(Dallas)的反响。与其说荷兰人受到得克萨斯富豪生活方式的影响,还不如说他们按照自己的体验重新解读了节目内容,"将之从一个光鲜的美国舶来品转化为照亮个人生活的戏剧"。(佩尔斯,1997:261)另一同化派支持者的研究指出荷兰音乐人如何巧妙处理美国流行音乐,从而创造出不再属于美国的混合风格。(凡·吉尔特勒[Van Eltern],1996:74-75)音乐变成了"荷兰的"音乐。在极端的情况下,非美国人能够同化美国舶来品,乃至于使之不再被视为美国之物。例如,日本许多年轻人认为麦当劳是一家日本公司。(华琛[Watson],1997:37)

驯服论也可应用于法国企业。为了竞争,许多法国公司学习效仿美国。管理方式借自于麦当劳等公司传入的实践。例如,法国快餐业复制了麦当劳传入的技术,包括产品标准化、计算机管理,将之应用于传统民族食物如奶油餐包(brioches)等的销售之中。奢侈品行业,顶级的LVMH集团采纳了美国式的并购方式①,创造出一个以法国为总部的庞大的跨国集团,成功在美国市场上参与竞争。还有法国电影,一定程度上也紧步好莱坞后尘。最近以来,一些法国电影制作人已经试图按照好莱坞的生产方式制作英文电影,在全球市场上叫卖。

同化派阐释的一个重要不同,也许可以认为是从符号学的角

---

① LVMH:当今世界最大的精品集团,1987年由全球著名皮件公司路易威登(Louis Vuitton)与酒业家族酩悦轩尼诗(Moët Hennessy)合并而成,旗下拥有50多个品牌。集团主要业务包括以下五个领域:葡萄酒、烈酒、时装、皮革制品、香水、化妆品、钟表珠宝、精品零售。——译注

度探讨文化传播。这些专家,通常是美国大众文化研究领域的专家,认为美国化本质上是接受一种文化语言,而欧洲人已经逐渐掌握这套符号体系。如今他们像美国人一样运用它,因为别的欧洲人轻易就能理解。① 所以,牛仔与美国西部已经成为自由与独立的全球符号。意大利厂商用它们来向其他欧洲人兜售牛仔裤。美国西部不再是美国的专属财产。

简言之,驯服论颂扬非美国人改造其所接受之物的能力。旧大陆本地"欧洲化"那些越洋而来的东西,改造产品与技术以满足自己的消费和使用,于是欧洲方式得以幸存,多样性也得以保留。驯服论彻底埋葬了早期的文化帝国主义理论,后者假定欧洲人在美国入侵者面前唯有懦弱与消极而已。然而,驯服论也有可能言过其实。强调欧洲人如何将美国舶来品化为己有,会导致错认次要情节为主要叙事。

可口可乐、迪斯尼与麦当劳在法国的经历启人深思。这三家美国公司抵埠之初,实际上不曾为当地消费而修改他们的产品、经营方式或技术。(库索尔,2000)它们坚持要法国人适应自己的产品。彼时并没有驯服。可口可乐公司在1980年代末期开始大幅度扩张时,拒不同意对其软饮料、促销宣传或经营方式进行任何改造。事实上,公司还采用了盛气凌人的美国营销方式来扩大销路。1980年代末,迪斯尼公司在巴黎郊外建立主题公园,实际上亦未向欧洲人妥协。面临究竟是建立一个美国风格的主题公

---

① 最好的符号学阐释者是克鲁斯(Kroes),见克鲁斯 1996;1999。

园还是屈从于欧洲品位的选择时,以迈克尔·艾斯纳(Michael Eisner)为首的管理团队还是选择了复制佛罗里达的迪斯尼乐园。艾斯纳说,他想让巴黎的公园"每一点都像是美国人呆在自己国内的公园——这意味着快餐店而非炊烟袅袅的小饭馆、可口可乐与柠檬水先于红酒、动画片而非黑色电影(film noir)"。(艾斯纳,1998:270)一位游客证实了艾斯纳的描述,的确是梦幻美国版。(皮尔[peer],1992)打个比方说,这些美国企业都不想讲法语。

麦当劳的举措也像极了可口可乐与迪斯尼,它假定其他人,包括欧洲人,想要的是美国人所想要的东西。公司在欧洲拓荒事业时,德国成为了一块试验田。1970年代,麦当劳曾试图让其新开的德国餐厅变脸为"德国样貌"——加上许多木质壁板,调暗灯光,提供啤酒——但铩羽而归。麦当劳改变策略,重新改造德国店铺,令它们看起来像是美国网点。此举获得成功,早在德国获得专营权之前就开始赢利。麦当劳国际分部主管吃一堑长一智:"麦当劳是美国的食品体系。如果进入一个新的国家,将其食物纳入我们的菜单,就会丧失我们自己的身份特征。"(转引自拉佛[Love],1986:437)最好是对美国方式坚持不懈,静候外国消费者的接受,若有必要,则不惮花费数年时间。法国麦当劳或许在菜单上略有调整,如在"巨无霸"中加入芥末、辣椒沙司而不是番茄酱;或者是环境上的变化,如设置活动座椅,顾客在饮宴时可以随时调整座位;又或者是在市场营销中推出适合法国人欣赏品位的广告;但是,所有这些并不等于就是同化。食物、环境氛围、吸引力或经营方式,这些基本的东西未有丝毫改变。

这些公司声称自己是法国企业,因为,例如巨无霸与可口可乐的配料全部都来自法国,但它们的这些努力不过是惺惺作态。当这些公司试图发掘其"美国性"时,或是从位于芝加、亚特兰大或伯班克(Burbank)郊外的公司总部警惕地监管其运作方式时,它们就的的确确不是法国的。应该切记的是,无论是西雅图、巴黎还是慕尼黑的麦当劳,我们吃到的炸薯条,其尺寸一律都是9/32英寸。麦当劳、可口可乐与迪斯尼的吸引力,不在于它们被同化,而在于它们与"美国"的联系。法国人,至少是大多数法国人,在迪斯尼乐园参观游览或是在麦当劳吃东西时所向往的,乃是一种"美国的"体验。1980年代末期,麦当劳有支付能力的消费群体中年轻人的比例超过了80%,对这些年轻人的访谈显示,他们之所以惠顾餐厅是因为像是在美国用餐。(方塔西亚[Fantasia],1995:217)他们所指的是灯光明亮、人声鼎沸、鲜丽的工作制服、没有诸如侍应生一类的成年人充当中保、自助服务、坐椅开放。某位头回客说,这像是"游览美国,青少年觉得这里很'放松'、'酷'、'不是法国'"。这些公司弹冠相庆于内在的市场优势——为他人提供美国人的享乐,并从中渔利。似乎许多高卢消费者所向往的,就是像美国人一样消费同样的产品、享受同样的娱乐。而且,"花钱买美国"并不仅限于麦当劳、可乐与迪斯尼。自然,好莱坞也并未因法国消费者而稍作更改。同样,法国电视网转播美国节目。一句话,很多来自大洋彼岸的东西并没有被同化。

同化论还有第二个缺点。认为同化,至少是通过效仿形式的同化,是一种保存多样性的途径的观点具有逻辑上的缺陷。也就是说,法国人通过采纳美国方式成功与美国人竞争的同时,也就牺牲了一定程度的"法国性"(Frenchness),从而变得更为美国化。例如,在法国的主题公园中,阿斯特里克斯公园(Parc Astérix)是最"法国的",它以法国历史上的卡通漫画故事为主题。为了与新的迪斯尼乐园竞争,阿斯特里克斯公园革新了自己的经营方式,如所谓的"急流勇溅"(Le Grand Splatch)这一水上漂流娱乐项目,就弄得与迪斯尼十分相似。同样,法国快餐工业,在学习如何与"金色双拱"竞争的过程中,已经美国化为法国的麦当劳(à la McDonald's)。① 正如一些电影专家已经指出的那样,人们想知道近年来法国电影制作人的努力,如吕克·贝松(Luc Besson)制作亦步亦趋的英文电影与好莱坞竞争,是否会消弭法国电影的国族特色,从而成为好莱坞的二流复制品呢?从符号学的观点看,如果法国人,像别的欧洲人一样,采用同样的符号语言,就会变得更像美国人。以模仿效法的形式消化吸收,有加深美国化而非抗拒美国化的危险。模仿美国人已经让法国人更像他们的新大陆表亲了。

---

① 法国快餐行业对麦当劳经营方式的复制十分普遍。汉堡网点如"法国快客(Quick)"、"维也纳甜点"(Viennoiserie)如"金面包"(La Brioche Dorée)这些法国连锁店,直接继承美国人衣钵。复制内容包括餐厅布局、标准化的食物制作、电算化会计(但不包括特许经营体系)。麦当劳也带动了食品加工与餐厅设备制造方面的变化。欧洲食品供应商不习惯高流量、标准化的产品,也没有为麦当劳的菜单生产所需之物。芝加哥公司也在快餐行业的劳动实践方面有所改变,如雇佣年轻人特别是学生担任兼职。

简言之,同化论,其价值在于指出了美国化的复杂性,突出了进口型社会(importing society)的重要性,但不应贬抑美国化这一过程的意义。

动态中的文化

思考美国化的第二条途径,也将文化帝国主义论/均质论作为自己的陪衬,认为把文化视为稳定统一体是错误的。并没有所谓"美国文化"出口、"法国文化"接受这回事。不这么想,就是违背了实在论(essentialism);也即是说,天真地(naïvely)忽略了文化的差异性、可渗透性与流动性。依照这种对"民族国家的"文化的批评解读,则美国从未传播过任何单一的、连贯一致的信息。"美国文化"对欧洲人而言意味着很多,尽管偏见以为美国所输出的全是鄙俗的大众文化。学者们强调美国的文化输出不是铁板一块。美国从大都会歌剧院、说唱乐、诸《美国丽人》(American Beauty)、《阿呆与阿瓜》(Dumb and Dumber)等电影中输出明星。同样,对法国人而言,建筑艺术上的"美国文化"也许意味着贝聿铭为卢浮宫入口设计的"金字塔",或是因为它让人想起了麦当劳金色双拱的平庸标志。美国文化或许还意味着好的加利福尼亚红酒或可口可乐。文化处于动态之中。那些曾经被视为美国的东西也会发生改变。1960年代,身穿牛仔裤在法国青年人中意味着穿得像个美国人,但如今情况不复如此。牛仔裤已经如此普及,乃至于失去了它的符号指涉。同样,接受的文化也是多种多样,且不断演变。法国的保守人士沾沾自喜于"法国的纯正性"、"真正的法国"、"法国传统",却未能意识到法国文化现在是、历史上也曾经是扩散性的,它不断变动,没有边界,并且不断经受移民等力量的重新塑造。更重要的是,至少今时今日,变化如此迅疾,有时已很难区分出什么是(或曾经是)美国的。最近,一位研究东亚麦当劳的专家指出,烹饪风格急剧发展变化,根本不可能在本地与异国之间做出区分。麦当劳不是"外国的"或"美国的",它只不过是餐厅/菜单迅速发展融合的一部分而已。(华琛,1997)如果文化流变不居,甚至连何为"美国的"、何为"法国的"都将很难鉴别。换句话说,文化没有必要贴上国族标签。

从这个角度出发,法国民众的不同组成部分,如依据阶层、性别、年龄、区域或种族而划分的不同群体,也具有不同的"文化",有些群体比别的群体更多与美国化发生牵连。例如,我们知道,战后西欧青少年比起上一代人而言,更易接受美国的音乐与时尚。(如见瓦恩莱特纳[Wagnleitner],1994)同样,法国的城市居民率先购买家用电器,通常与现代美国厨具有关,而十多年后西北部布列塔尼(Brittany)等地的村民们才开始接受这些便利设施。美国化因而在人口中的分布是不均衡的。就像驯服论的出发点一样,这种观点也有力地提醒我们美国化是一个复杂的、变动的过程。

但是,文化动态论,就像驯服论一样,也可以推至极端,以为美国化似乎会烟消云散。这将是阐释错误。我们赞同文化难以界定,因为文化具有多样性与可渗透性,所以将国族指派给某种产品、某种影像是成问题的，美国也从未传播过任何单一、连贯的信息，但这并不意味着我们所讨论的乃是一种幻象。这一文化交流过程中，依然有实存之物。

产品与影像、技术与实践，过去曾经、有的现在依然被认为是"美国的"。只要回顾历史发展就一目了然。1920年代，爵士与好莱坞默片对法国人而言，确切无疑是"美国的"。三十年后，如果问一个法国人什么是美国的，他／她也许轻易就能举出厨房电器、大型轿车、T恤与口香糖等等事物。有的时候，如果产品的出身变得模糊不清，如汽车与器具，但也并不意味着可以抹掉它们的历史身份。越洋而来之初，它们被视为是"美国的"。今天，带有美国标签的舶来品，有技术如微软、通信平台如CNN（美国有线新闻电视网）、企业实践如小型化、节假日如万圣节，还有电视剧如《甜心俏佳人》（Ally Mcbeal）。某些产品似乎永久地与"美国性"联系在了一起，如可乐、迪斯尼、NBA，当然还有美国英语。同样，这里也可以列出通常被视为是"法国的"物品清单，包括红酒炖牛肉与长棍面包、红酒之乡波尔多（Bordeaux）与贝雷帽。最后，很多产品不仅仅被看成是"美国的"，追捧它、消费它，还因为它贴上了美国的标签。过去的李维斯（Levi's）牛仔裤是如此，今天的麦当劳与巴黎迪斯尼乐园亦复如此。无论如何，至少法国的许多政治阶层与文化看门人都声称自己知道何为"美国的"、知道如何保护自己免受侵袭。大洋彼岸的某些输出品，过去曾经、将来也还会被认为是"美国的"。国族标签并没有随着当代文化的发展变化而销声匿迹。

动态文化论也提醒我们民族国家社会内部如社会阶层的多样性,可以解释对美国不同的开放与接受程度。不过,一旦夸大其词,就会与美国化所造成的渐次均质化失之交臂。许多法国人,无论他们的地点、收入、年龄、性别或种族,并非完全可以置身事外。如果说1960年代末期只有少数人口与美国化有关联,如听说英语、看好莱坞电影、听摇滚乐、在麦当劳用餐(第一家法国店铺出现于1972年),今天则只有少数人口能够完全"逃离"美国。如果美国化继续不同程度地将各种成分的法国人卷入其中,美国就无处不在。例如,几乎无人能够避开大众传媒。电视带来了CNN、《X档案》(X-Files)与《海岸救护队》(Bay watch),地方电影院也放映《角斗士》(Gladiator)一类的好莱坞电影。同时,与日俱增的互联网用户依赖微软与英语。美国风格的郊区、电影城、购物中心如今已稀松平常。甚至偏远如普罗旺斯(Provence)的小乡村似乎也未能幸免。劳伦斯·威利(Laurence Wylie)曾生动地详述了红村(Roussillon)如何从一个以农业为主的闭塞的、"传统"的普罗旺斯山村小镇,发展而为一个游客纷至沓来的城市中心与巴黎富豪名流的隐居地。(威利,1989)如今,美国也以观光客、电视节目、地方咖啡馆中的食品等方式进驻红村。当然,今天也还有很多地区试图超然世外,反美情绪亦复普遍。但美国化所触及的人口数量,大大超越从前,文化一致性也有一定程度的提高。

总之,我想指出的是,美国化经得起动态文化观的审视,因为历史上看,大多数美国输出品曾被认为是"美国的",甚至今天越洋而来的大多数产品也都携带着国族标签。更重要的是,美国化这一过程已如此普遍,几乎影响了法国人口种群的每一个成员。

全　球　化

还有对美国化进行理论说明的另一途径,即以全球化替代美国化。循此之途者设问说:难道我们不是应该讨论全球化而非美国化吗?(如见罗伯逊[Robertson],1992;阿帕杜莱[Appadurai],1996;费瑟斯通[Featherstone],1990)此处不宜铺陈区分此二者的概念方面的所有问题。不过,检视全球化论点中与美国化相抵触的两个向度却是有可能的。

首先,全球化的倡导者们问难道:比起紧盯住美国不放来,谈论产品与技术的全球流动难道不是更准确些吗?法国人,像其他欧洲人一样,难道不是淹没在来自世界各地而不仅仅是大洋彼岸的输入品之中吗?从这个角度出发,美国化也就缩减为一个促进了多样性的广泛得多的过程的特点之一。美国输入品只不过增加了可选范围,可以说丰富了消费者的菜单。所以,巴黎的supermarché(超级市场)如今在其货架上提供了各式各样的广泛选择——既有美国的玉米片,也有希腊的菲达奶酪(feta cheese)、墨西哥的胡椒(Jalapeno Peppers)、德国的啤酒、印度的咖哩酱、中国的茶叶、哥伦比亚的咖啡、以色列的柑橘。如果说我们正在经历的是全球化,那为什么要优先考虑美国呢?

喜欢全球化甚于美国化者所持的第二个论点,乃是让我们注意到众多引进的产品、实践、行为方式中的跨国特征、而非"美国的"特征。例如,可口可乐难道不是全球品牌吗?好莱坞难道不是在全世界挑选演员与导演、寻找电影资金与拍摄地吗?好莱坞电影难道不是为没有国族身份的全球观众而制作的吗?例如,法国批评家就指出,美国电影的危害比起某一种类型的电影独步天下来要小得多,即那些大成本、充斥着暴力、思想平庸的好莱坞电影。迪斯尼的行政主管坚持认为其主题公园及其他娱乐形式都不是美国的,它们是"迪斯尼",貌似超越了国族。将这些传播活动概括为全球化不是更好吗?

全球化与美国化之间长期而复杂的关系,至今未能得到检视。不过,这两个现象之间能够、也应该进行区分。从历史与理论的角度看,美国化可以被概念化为全球化的舞台或阶段。20世纪的全球化曾经(在相当程度上仍然)具有一副美国脸孔。(见里泽[Ritzer],2000;艾尔伍德[Ellwood],1996-1997;弗雷德曼[Friedman],1999;巴伯[Barber],1995)从历史上看,美国是大众消费社会的样板、大众文化的老家。这一过程于1890年后始于美国,发展相当迅速。甚至在1914年以前,美国就已开始传播这一过程。例如,早在第一次世界大战期间,好莱坞即已控制了绝大多数的欧洲电影市场。美国化过程的最初阶段,大约在1900年至1930年间,越洋而来的东西,毫无疑问都是美国货。无论是"野牛比尔西部荒野秀"(Buffalo Bill's Wild West Show)还是"胜家"牌(Singer)缝纫机,都为欧洲人贴上了"美国制造"的标签。第二次世界大战后的好几十年间,美国成为向全世界兜售消费社会与大众文化的急先锋。马歇尔计划的主要目的,乃是在西欧推广"美国生活方式"。到了1967年,赛尔旺-舒海伯(Jean-Jacques Servan-Schreiber)所著的《美国的挑战》(Le défi Américain),成为法国的畅销书,该书警告说美国企业取得了对欧洲经济的控制权。可以肯定的是,随着时间流逝,至少就某些产品而言,对其原产国的辨识会变得模糊不清。机器设备如奥的斯电梯(Otis Elevator)、公司企业如标准石油(Standard Oil),乃至于文化产品如好莱坞电影已经开始丧失其"异国性"。就这个世纪的大多数时间而言,尽管产品、技术、影像或价值会有所不同,但物流总是来自美利坚合众国,它们也都插着国旗。

有人认为,美国的突出地位在20世纪的最后几年已经式微,全球化物流开始变得至关重要。在其他人的眼中,耐克等品牌已经有越来越多的跨国特征,而非纯粹的美国货;非美国人已经将牛仔形象用作自由与冒险的普遍符号;新的非美国人的文化生产中心如今已在全球销售他们的产品,如香港制造的空手道电影、巴西出产的肥皂剧、法国录制的"世界音乐"(World Music)。不过,美国仍然是标识性的大众文化与某些特定实践的主要生产商与经销商。巨无霸、可口可乐、巴黎迪斯尼乐园、说唱乐、电影《泰坦尼克号》(Titanic),尽管具有跨国色彩,但在世界多数人眼中还是美国的。英语成为全球用语的同时,也就负载了与美国的联系。至少,全球化还没有将美国这个众多大众文化与消费主义的主要生产商与经销商推至一旁。

全球化也通过弱化美国化而向美国化命题进行挑战。主张全球化的人认为,美国只不过为日益丰富的选择菜单添加了一碟小菜而已。不过,沿用这个比喻,我们也可以进而质疑说,尽管全球化为我们提供了一顿相当丰富的自助餐,美国菜式依然是其中最大的部分,并且轻易就能排挤掉别的菜式。在法国,美国的产品与服务常常取代法国,占据巨大的市场份额。美国食品也许只是法国超市中众多外国进口产品的一种,它却霸占了绝大多数的空间。可口可乐已经控制了法国碳酸饮料市场的 60%,以及可乐销售的 80%。在欧洲,可口可乐是最大的软饮料公司,占了碳酸饮料市场的约 50%。① 娱乐休闲业与快餐业的情况与此类似。1998 年,巴黎迪斯尼乐园吸引了 1250 万游客,而传统的法国主题公园如阿斯特里克斯公园只售出了不到 200 万张门票,好几家小型法国主题公园则不得不关门大吉。② 麦当劳已经征服了法国快餐市场的 60%,金色双拱是最大的汉堡包连锁店,规模几乎两倍于其最大的竞争对手快客(Quick)。③ 麦当劳的经营方式,从如何组织供应商到员工政策的所有一切,已经改变了法国的快餐业。电影的状况亦复如此。至少在巴黎,人们也许可以在大量不同的外国影片中挑挑选选,也即是说,是一份全球菜单。但实际上,1998 年美国电影占到了票房收入的 63%,法国电影却只有

---

① 《欧洲食品》(Eurofood),1992 年 3 月。
② 不过,这 1250 万人中,只有 38% 是法国人。1998 年的数据见《世界报》,1999 年 1 月 29 日。
③ 《欧洲食品》,1996 年 2 月 28 日、1997 年 8 月 14 日。

27%的票房；唯有剩下部分的票房收入才算是"全球的"。① 好莱坞的绝对优势在欧洲其他各国的影响甚至更为深刻。这些美国产品不仅占有了巨大的市场份额，而且在某种程度上说，它们是以牺牲法国这一竞争对手才做到这一点的。我相信，在电视节目、流行音乐这些特定形式的美国产品中，也可看到同样的故事。美国的产品常常占有最大的市场份额，并且将法国取而代之。这个过程，应该贴上的是"美国化"而非"全球化"的标签。

无论如何，美国化是我们称之为全球化这一更为久远、更为广泛的系列流动与变化过程的一个阶段。对那些企图用"全球化"来取代"美国化"的人的回答是我们必须懂得美国在这一过程中的历史地位。在 20 世纪的绝大多数时间里，这一现象最好还是称之为"美国主导的全球化"(American-led globalization)。

行为举止、价值判断与身份认同

第四种、也即最后一种研究途径，则试图透过表象与数量来探究美国化是否改变了行为举止、价值判断与身份认同。例如，美国化是否让法国人更不像"法国人"了呢？对此持怀疑态度的答案倾向于贬抑美国化的重要性。消费美国舶来品，可以说并不是行为方式实质性改变的证据。例如，即便法国青少年的穿衣打扮的确类似其美国同龄人，观看同样的电影，收听内容大致相同

---

① 《纽约时报》,1999 年 12 月 14 日。

音乐,但这并不意味着他们像美国人一样思考、行动。从这种比较温和的观点出发,他们并没有真正"美国化"。

与此形成对比的是,另一种比较强硬的观点论证说,美国化这一过程不仅关乎欧洲人消费美国产品与影像,还延伸到观点态度等更多的领域,如行为方式、价值判断与身份认同。从这种观点出发,美国化改变的就不单是法国人如何饮食、穿衣打扮、言谈、娱乐,还包括他们如何进行价值评判。也就是说,美国化深入到了精神领域,而且改变了价值判断,亦即改变了法国人如何评判某些特定行为如购物、休闲、更"现代"等的价值或意义,或更为重要的如定义何为"成功"、何为"优质生活"。与温和派的观点相比,这一视角赋予了美国化过程以更多的历史内涵,认为美国化改变了身份认同,即改变了某些特殊人口群体的自我形象,甚或改变了对国家民族身份——"法国性"本身的认同。

要在美国化问题的温和派与强硬派之间做一选择,至少就目前而言还很不容易。之所以不容易,是因为少有研究直接围绕这些问题展开;因为回答这些问题会涉及不同的人口群体;因为这些问题触及了私密与个人的领域——而在这一领域中,问题很难得到确切的答案,也更不容易测量。我们并不知道美国化如何改变了价值判断。不过,在研究的起步阶段,也有证据趋于将美国化解读为一场影响深远而非微不足道的变革。美国化不仅仅是表象与数量的问题。它似乎改变了行为方式、身份认同与价值判断。

欧洲对美国的接受并不是一个完全未知的领域。例如,学者对战后德国与奥地利的研究表明,美国,尤其是美国的占领政策与美国文化入驻,如何影响了代际与性别问题。例如,我们知道,年轻人通过收听美军电台与"美国之声"的音乐广播来建构自己的独立身份;而这些音乐所包含的种族犯罪内容,却在年长的德国人中间引起了反感,在代际之间制造了裂痕。(鲍伊格[Poiger],2000)同样,好莱坞明星如詹姆斯·迪恩(James Dean)为1950年代的德国年轻人树立了叛逆的榜样。(费伦巴赫[Fehrenbach],2000)1960年代的大多数西欧年轻人穿牛仔裤、听鲍勃·迪伦(Bob Dylan),部分原因在于他们想与"中产阶级"的长辈们划清界限,要表达对社会现状的不满。而在东欧,同样的穿着则代表了对共产党政权的反抗。

在法国,有好几个故事证实了这种比较强硬的阐释。1990年代,年轻人更喜欢用可口可乐这样的甜饮料佐餐。与此同时,红酒消费则在同一群体中大幅度下滑。① 极有可能的是,美国饮料改变了人们以饮用红酒为"法国性"之精华的态度。同样,午餐快餐化或外卖食品取代了传统的家庭午餐,后者也是"真正的法国"的另一要素。(《经济学人信息部》[*Economist Intelligence Unit*],1987:38)快餐店铺迅速增长的同时,咖啡馆的数量却从1960年的22万家减少到1994年的不足65000家,而且还在以每

---

① 14-24岁的青少年中,1996年约有70%的人说他们没有喝过红酒,而1980年的比例为48%。不喝红酒的主要理由是他们不喜欢红酒的味道。《纽约时报》,1996年3月3日)

年4000家的速度继续消失。① 个中原因极为复杂,诸如职业妇女人数的增长、急剧的城镇化、交通拥堵、更多的休闲活动、年轻人收入更高、午间休息时间缩短等等,都是导致这些现象的原因。不过,麦当劳之类的快餐店无疑对此推波助澜,而且也是这些变化的主要受益人。②

同样,法国人着装中新近的非正式化现象,也可推导出类似看法。比起1960年来,着装在今天更为随意。可以想见的是,"盖普"等商店销售的运动衫、棒球帽等美国服装,利用了这些美国舶来品所贩来的身份象征,与这种新近的着装非正式化现象存在一定关系。很有可能,着装非正式化意味着传统法国人对待遗产与准则态度的某些更深层次的变化。

这一方面,法国企业或许是以美国公司为样板而厉行改变的另一接受者。例如,法国公司已经学会了恶意收购,保守人士对此种行为嗤之以鼻。企业家在法国历史上不曾享有较高的社会地位,如今却倍受赞誉。从代际方面看,年轻、有抱负、教育背景良好的专业人士倾倒于美国同仁的行事风格与事业成就,后者在世界高科技领域中风光无限。这些现象也许透露了如何看待商业社会中竞争与成功的新观念。

---

① 《纽约时报》,1994年12月22日。
② 1970年代以来,快餐食品的消费增长显著,传统快餐如"维也纳甜点"已经失守汉堡包销售的市场份额。"维也纳甜点"的市场销售份额,已从1988年的29%下降到1992年的8%;而同一时期,汉堡包在快餐食品销售中的份额从48%上升到81%。

最后要说的是意义的载体,即语言本身。法国人比过去更懂英语。至少这能使他们更易享用美国货,但同时也带来了更为深刻的影响。当然,法兰西学院(Académie Française)与法国政府对此深信不疑,被迫采取相关行动来限制英语的使用。

说美国向法国兜售消费文化,有些言过其实。毕竟,第一家百货公司由法国人创办;消费社会的根源可以追溯到20世纪之前很久,欧洲人与美国人平分其秋色。但是,美国推动了消费社会的发展。早在1920年代,美国就向欧洲人展示了什么是消费主义,并向欧洲鼓吹其好处。诸如雪铁龙(Citroen)这样的法国汽车制造商从美国制造商那里学会了营销手段,广告工业也蹈袭美国同行。第二次世界大战之后,作为马歇尔计划的目的之一,美国热烈倡导高消费的优点,1950年代则在法国某些企业界与劳工组织中找到了愿意接受的听众。随后的几个十年间,新的零售方式,如从超级市场到贴现公司、购物中心,其传播蔓延在某种程度上都应归功于美国原型。例如,"国立现金出纳机公司"(National Cash Register Company),位于美国俄亥俄州(Ohio)代顿市(Dayton),将大型、自助、快速周转库存的理念教给了数以千计的法国经理人,促使超级市场(supermarché)在1960年代被引进法国。(阿尔达[Ardagh],1982:40)当然,法国从超级市场跃进至特大型超级市场(Hypermarché)的同时,也反过来将特大型超市出口到了美国。美国风格的零售业被广泛采纳,已经变得"理所当然",所以很多法国游客在纽约观光时,不是奔向帝国大厦(Empire State Building),而是奔向新泽西的购物中心。

总而言之,美国在如何改变法国人言语、饮食、服饰与娱乐方式方面等起到了重要作用;美国也改变了法国人购物与做生意的方式。美国似乎还改变了法国人的思想观念与价值判断,如将消费视为现代性与优质生活的评判标准。我们的确不知道该如何解释这些变化,也不清楚美国过去(与现在)应该在多大程度上为此负责。那会是下一个研究任务。有鉴于上述种种,我们该得出什么样的结论呢?——法国已经变成了全球的美国的一部分了吗?

结　束　语

经过上述讨论,想要为这样的问题给出一个明确的答案将是愚蠢的。不过,如果硬要做一选择的话,我愿意回答"是"。我相信,法国人在20世纪后半叶已然美国化了。在考虑了那些贬抑美国化——如强调接受者的驯服能力、强调文化的多样性与流动性、把这一过程界定为全球化、怀疑其改变行为方式与身份认同的力量等观点之后,美国化,或曰美国主导的全球化,还是以一种将当今世界主要的变化过程理论化的形式保留了下来。不应像晚近的学术研究那样走得太远,以至于贬抑这一历史性变革的重要地位。美国化充满破坏性与侵略性,它并非温柔敦厚、彬彬有礼。这些舶来品对法国人的行为方式、身份认同与价值判断所产生的影响,至今尚未得到充分研究,但我想这是显而易见的。美国是变化的动因(agent),其影响远不仅止于为娱乐等行为方式增加了一些选择的机会而已。价值观与生活方式上的抉择已然受到影响。如果问题重新回到——屡屡如此——是否全球的美国带来了均质化,我认为答案也是"是"。美国化促使一定程度的模仿效法。例如,比起1930年来,今天的法国更像美国。不过,如果超出适当的限度,推断说法国的独特性已经消失在美国化了的均质化中,也是大错特错。这是荒谬的。在很多方面,法国人消化容纳了美国化,同时又保存了自己。但他们的确采纳吸收了大部分。

让我回到我的起点。当法国人每天在麦当劳消费数以百万计的食物时,当他们排队观看好莱坞电影时,当他们数以百万人次计地参观巴黎迪斯尼乐园时,当他们每人每年消费一百瓶可乐时,当他们讲美国英语时,美国化就发生了。不过,我们仍需描摹出这些行为方式的深度与广度,尤其是其中的意义,我们必须弄清楚美国在这些变化中所扮演的重要角色。对法国人而言,对其他欧洲人而言,对世界其他地方的人们而言,美国化范式正确地假定了美国过去曾经、现在在某些方面依然是这些变化的动因与榜样。然而,学术研究却仍在谈论全球的美国的形成,解释其动力学,估量其意义。

参考文献

阿尔让·阿帕杜莱(Arjun Appadurai),1996,《普遍的现代性:全球化的文化向度》(*Modernity at Large：Cultural Dimensions of Globalization*),明尼阿波利斯(Minneapolis):明

尼苏达大学出版社(University of Minnesota Press)

约翰·阿尔达(John Ardagh),1995,《1980年代的法国》(*France in the 1980s*),纽约:Penguin

本杰明·巴伯(Benjamin Barber),1995,《圣战对抗麦当劳世界》(*Jihad vs. McWorld*),纽约:Ballantine

皮埃尔·布尔迪厄(Pierre Bourdieu)、华康德(Loïc Wacquant),1999,《帝国主义的狡狯》(On the Cunning of Imperialist Reason),《理论、文化与社会》(*Theory, Culture and Society*)16(1):41-58

经济学人信息部(Economist Intelligence Unit),1987,《法国的快餐业》(Fast-Food in France),《欧洲市场营销》(*Marketing in Europe*),特刊No.2,《经济学人信息部》,No.269(6月)

迈克尔·艾斯纳(Michael Eisner),1998,《高感性事业》(*Work in Progress*),纽约:Penguin

大卫·艾尔伍德(David Ellwood),1996-1997,《美国挑战的重兴:美国文化强权与欧洲身份危机》(The American Challenge Renewed:US Cultural Power and Europe's Identity Crisis),《布朗世界事务学刊》(*Brown Journal of World Affairs*)4(冬春号):271-283

里克·方塔西亚(Rick Fantasia),1995,《法国的快餐业》(Fast-Food in France),《理论与社会》(*Theory and Society*)24:201-242

迈克·费瑟斯通(Mike Featherstone)主编,1990,《全球文

化》(Global Culture),伦敦:Sage Publications

海德·费伦巴赫(Heide Fehrenbach),2000,《美国化的持久迷思:战后电影的德国重建与重新国有化,1945-1965》(Persistent Myths of Americanization: German Reconstruction and the Renationalization of Postwar Cinema, 1945-1965),收入海德·费伦巴赫、尤塔·鲍伊格(Uta Poiger)主编,《交易、越界、转化:美国文化在西欧与日本》(Transactions, Transgressions, Transformations: American Culture in Western Europe and Japan),纽约:81-108

海德·费伦巴赫、尤塔·鲍伊格,2000,《导言》,见海德·费伦巴赫、尤塔·鲍伊格主编,《交易、越界、转化:美国文化在西欧与日本》,纽约:Berghahn Books:xiii-xl

大卫·佛格斯(David Forgacs),1996,《美国化:意大利个案》(Americanization: The Italian case, 1938-1945),收入菲尔·梅林(Phil Melling)、约翰·罗普尔(Jon Roper)主编,《美国化与世界文化变革》(Americanization and the Transformation of World Cultures),利维斯顿(Lewiston),纽约:Edwin Mellen:81-95

托马斯·弗雷德曼(Thomas Friedman),1999,《凌志和橄榄油树》(The Lexus and the Olive Tree),纽约:Farrar, Strauss and Giroux

杰西卡·吉诺-赫克特(Jessica Gienow-Hecht),2000,《美国很无耻?——学院、文化变化与冷战:批评回顾》(Shame on US? Academics, Cultural Transfer, and the Cold War-A Critical

Review),《外交史》(*Diplomatic History*)24(夏季号):465-494

罗伯·克鲁斯(Rob Kroes),1996,《见微知著:欧洲与美国的大众文化》(*If You've Seen One, You've Seen the Mall: Europeans and American Mass Culture*),尔班纳(Urbana)与芝加哥(Chicago):芝加哥大学出版社(Chicago University Press)

——《美帝国与文化帝国主义》(American Empire and Cultural Imperialism),《外交史》23(夏季号):463-477

罗伯·克鲁斯、赖德(R W Rydell)、巴斯奇(D F J Bosscher),1993,《文化传播与接受:美国大众文化在欧洲》(*Cultural Transmissions and Receptions: American Mass Culture in Europe*),阿姆斯特丹(Amsterdam):自由大学出版社(VU University Press)

理查德·库索尔(Richard Kuisel),2000,《学着爱上麦当劳、可口可乐与巴黎迪斯尼乐园》(Learning to Love McDonald's, Coca-Cola, and Disneyland Paris),《托克维尔评论》(*The Tocqueville Review/La Revue Tocqueville*),XXXI(1):129-149

约翰·拉佛(John Love),1986,《麦当劳的秘密》(*McDonald's: Behind the Arches*),纽约:Bantam Doubleday

山尼·皮尔(Shanny Peer),1992,《推销米奇:迪斯尼去法国》(Marketing Mickey: Disney goes to France),《托克维尔评论》,XIII(1):130-134

理查德·佩尔斯(Richard Pells),1997,《不同于我们:第二次世界大战以来欧洲人对美国文化的爱憎和改造》(*Not Like*

Us: How Europeans Have Loved, Hated and Transformed American Culture Since World War II),纽约:Basic Books

尤塔·鲍伊格(Uta Poige),2000,《美国音乐、冷战自由主义与德国身份》(American Music, Cold War Liberalism, and German Identities),收入海德·费伦巴赫、尤塔·鲍伊格主编,《交易、越界、转化:美国文化在西欧与日本》,纽约:Berghahn Books

乔治·里泽(George Ritzer),2000,《社会的麦当劳化》(The McDonaldization of Society)(新世纪版[New Century Edition]),千橡树,加利福尼亚(Thousand Oaks, CA):Sage Publication

罗兰·罗伯逊(Roland Robertson),1992,《全球化:社会理论和全球文化》(Globalization: Social Theory and Global Culture),伦敦:Sage Publication

约翰·汤姆林森(John Tomlinson),1991,《文化帝国主义:批评导论》(Culture Imperialism: A Critical Introduction),伦敦,Pinter Publishers

梅尔·凡·吉尔特勒(Mel Van Eltern),1996,《美国通俗文化全球影响的概念化》(Conceptualizing the Impact of US Popular Culture Globally),《通俗文化杂志》(Journal of Popular Culture)30(夏季号):47-89

莱因霍尔德·瓦恩莱特纳(Reinhold Wagnleitner),1994,《可乐殖民与冷战:二次世界大战后美国在澳大利亚的文化布道》

(*Coca-Colonization and the Cold War: The Cultural Mission of the United States in Austria After the Second World War*),教堂山,北卡罗来纳州(Chapel Hill,NC):北卡罗来纳大学出版社(University of North Carolina Press)

华琛(James L Watson),1997,《导言:跨国主义、地方化与东亚快餐业》(Introduction: Transnationalism, Localization, and Fast Foods in East Asia),《金拱向东:麦当劳在东亚》(*Golden Arches East: McDonald's in East Asia*),斯坦福,加利福尼亚(Stanford,CA):斯坦福大学出版社(Stanford University Press)

劳伦斯·威利(Laurence Wylie),1989,《红村,1987年:重返沃克吕兹村庄》(Roussillon, 87: Returning to the Village in the Vaucluse),《法国政治与社会》(*French Politics and Society*)7(春季号):1-26

第七章
消费、现代性与日本文化身份：美国化的局限？[①]

杰拉德·德兰迪(Gerard Delanty)

日本这一个案，为通行的美国化概念提供了另一引人注目的替代方案。由于与全球消费文化的内在关联，美国化已经成了商品化、合理化与物质力量的现代性的同义词，也是西方化的同义词。但问题在于，将全球化理解成某一西方国家导夫先路的文化帝国主义是否有理有据？——特别是那些以后现代性/多元现代性(multiple modernities)/另类现代性(alternative modernities)

[①] 本文写于我在日本京都同志社大学做访问学者的2000年。感谢社会学系与文学部的森川真规雄教授提供相关资料。感谢我的研究助手Atsuko Shiminzu、感谢斯蒂芬妮·阿丝曼(Stephanie Assmann)、感谢参加我的社会理论研究班的研究生们，从他们身上我获得了很多有关日本的知识。我还要感谢对本文草稿提供帮助与建议的吉田孝、威廉姆·奥斯维特(William Outhwaite)、恩靳·伊辛(Engin Isin)与克里斯·罗杰克(Chris Rojek)诸先生。

为名目的发展变化,如今已愈加显见于后冷战时代。

由于立足于非本质主义本体论之上,日本文化在挑战混杂性概念的同时,也挑战了文化帝国主义观念。日本文化的合成性,很少像西方那样倚重于一个全面统一的、或是根源于基本客观现实的概念,而是以和谐(harmony)与形式(form)为基础,各个要素之间的关系比泾渭分明的身份认同(identity)更为重要。这一形式的非合成(non-synthetic)性——表现为多神教(polytheism)、在一定程度上容忍矛盾冲突、缺乏一个与"身份认同"相对等的概念,造成了高度重视游戏玩乐(play)的态度,文化矛盾、文化抵抗的程度则有所降低。我认为,日本文化——无法用西方现代性或后现代性的概念范畴做出简单界定——已经极大地颠覆了美国化。其结果,用艾森斯塔德(S N Eisenstadt)的话来说,就是"小传统"优于外部的大传统,即形式与游戏玩乐胜过统一性与合理性。(艾森斯塔德,1996)日本文化的这一本体结构,对于我们理解日本的文化与社会"挪用"美国化意义深远。在日本,就像卡斯托里亚迪斯(Castoriadis,1987)所形容的那样,美国不过是一种"制度上的想象"(institutional imaginary)而已。这种想象对于战后日本重建文化身份十分重要,美国也允许日本表达既是受害者也是侵略者这种相互矛盾的情绪。然而,如今美国正在失去其象征性、想象性的意义,日本人不仅将"美国"本土化,还重新拥抱了一度排斥西方的亚洲——不过,是以一种同样影响了日美关系的、充满了未公开承认的矛盾抵触的方式。

本章以日本为例,讨论美国化遭遇到的几个方面的文化抵制,以表明"自我"有能力将自己再造为"他者"。因此,就日本现代性方案的某一维度而言,美国可被视为一种想象性的、特别是本质上开放的话语。曾有相当长一段时间,日本是美国的鲜明对比:基于普遍的特殊化、而非特殊的普遍化(美国化),日本的文化与社会以有能力适应而非吸收欧洲与中国的普遍性文化、并将其转化为特殊性为特点。"日本性"(Japanism)的文化逻辑是免疫与提炼,而不是普遍化、对话与理解的逻辑,它能够延续强有力的东方文化(orientalism)。在日本,比起其他任何国家来,以两大宗教为中心的传统文化并未像其他地区一样与消费文化形成对抗,但它也藉现代消费形式的发展而提供了一种基本的认知结构。历史上从未沦为殖民地,仅遭遇过一次较为重大的军事挫败,日本——人口为美国一半,语言乃世界第九大语种,世界第二大经济实体,强劲的全球性的技术文化——是美国化与社会理论假设的有限性测试(limit test)。

颠覆美国化

与美国的相遇,往往被用来定义日本的现代性时期。正是1853年目睹美国军舰,才正式开启了1868年的明治维新;与美国的相遇,则在二战后美国领导起草自由宪章中登峰造极。美国带来划时代巨变这一传统观点,须从两个方面进行检验。首先,毫无疑问,是日本的多重内因引起了美国化,而非外力强迫,如美国的意见、1853年美国军舰陈兵国门的威胁——彼时美国海军强迫日本开放口岸。其次,与美国的相遇,直到20世纪才显现出其重大意义;1945年以前,欧洲对形塑日本扮演了更为重要的角色,众多日本文化,无论高低雅俗——服装、工艺、制造业、技术——都取径欧洲,特别是约略按照从葡萄牙到荷兰再到法国的顺序。(唐纳金[Keene],1969)而且,1945年的政治现代性尽管非常重要,却并未改变日本对待现代性的根本态度,也与德国在二战后的美国化相当不同,其时德国的重建完全是外力推动的结果。(威利特[Willet],1989)这并不是否认银座(Ginza)——20世纪日本东京最繁华的商业区——乃强有力的符号共鸣。作为东京这一国际都市的心脏,银座是1920年以来典型的美国符号,诸多日本城市所苦心效仿的,实乃一种典型的消费文化。如果有什么区别的话,比起关键性的目睹美国军舰的1853年来,这一消费主义文化更为强势。不过,更值得重视的是日本对西方的好奇,而不是担心被西方所湮没。这种好奇表现为应对西方时的折中态度,他们采纳西方的发型、肉食,甚至早在大正时期,日本学者就率先翻译了马克思、恩格斯的全部著作。日本人相信他们的现代性是不完全的(incomplete)现代性,尽管日本乃世界上最现代的国家之一。就此而论,如哈罗图尼安(Harootunian)所言,这或许说明,"不完全"这一观念本身,正是势不可挡的现代性(relentless modernity)的产物。(哈罗图尼安,2000:112)

　　登临日本的美国化是一种大众消费文化,与往昔的欧洲文化现代性或是江户时代的高雅文化无关——在我看来,甚至也与美国无关;日本战后政治家对新的民主政治机构的漠视,也足证以市民社会传统为基础的政治民主的缺失。(伍夫伦[van Wolferen],1989)就与西方有组织的现代性的相似之处而言,日本是唯一一个经历了现代化的非西方国家,日本的现代化过程导向了高度发展的资本主义与民主政治,却没有经历过殖民化阶段。因此,不同于战后德国,日本社会、文化的基本结构依然保持相对的完整性,也没有受到1960年代末期从美国蔓延到德国的反主流文化的冲击。① 1945年的战败是经济增长的基础,随之而来的美国化则受到日本结构的严格限制。日本本土文化传统的自主权并未遭到削弱,而是在很大程度上因天皇的去神圣化、神道教世俗化为市民宗教而有所增强。当然,日本使其基础设施基本完整的工业化战争经济迅速适应于1945年后很快兴起的国家、全球的消费文化的能力,对此也有相当大的推动。

  当美国化在日常生活的广阔空间中展开时,可以视之为肯定并主导了日本的"自我"概念。1960、1970年代在日本发展起来的大众消费文化,是一种物质文化,它建立在平民化的俗文化的基础之上,且存在于一个私人化的世界之中。消费者都是产业工人,且多是供职于公司的各级白领("上班族")。(傅高义[Vogel],1963)大众消费文化的发展过程,由一个相对发达的中产阶级工人所组成的大众化社会所推动;对这些工人而言,工作意味着参与团体生活,但与国家的政治共同体无关。美国化因而与均质化的工业资本主义文化相联系。不过,日本的美国化,是

---

① 关于日本左翼的评价,参阅浅田彰,2000。

一种美国缺席的美国化,其中可见失落了的美国价值观:工作伦理、对家庭的神圣义务、对团体的忠诚、以缺乏政治意愿的合作主义(cooperatism)为基础的去政治化的市民社群主义(civic communitarianism)。新的消费文化是一种物质性的文化,可以形容为将炫耀性消费(conspicuous consumption)引入日本。坎贝尔(Campbell,1987)认为,过去的消费限于传统雅文化的范围,自我表达与感受能力很少见于资本主义发展伊始的浪漫主义伦理之中,而更多见于修身与节俭。美国化是一种肯定而非破坏团体身份的消费,它允许个人在团体中获得没有政治意识的自我身份。因此,美国化是对既有身份的肯定,而不是促使新身份的产生。消费社会与市民社会即便在西方,也总是处于紧张状态,特别是中西欧,市民社会先于消费社会而出现,消费社会始终未能真正摧毁公共领域。在日本,政治现代性并未促使市民社会的形成,所以毫不意外,文化现代性遭到了消费的殖民。一旦消费资本主义兴起于1920年代的大正时期(1912-1926)——堪与德国魏玛共和国时期的文化、政治相比较,就以都市为中心的消费主义的逐渐兴起、作为日本新脸孔的银座的辉煌而言,日本的确是一个对符号消费(symbolic consumption)充满欲望的社会;自19世纪末民族主义成为重要力量以来,这种欲望就一再受到激增的民族符号(国旗、国歌、纪念物、法定节假日、民族文化与正规教育)的刺激。只不过到了20世纪,这一空间不再由国家所支配,而是由日常生活所支配。(哈罗图尼安,2000)银座,曾经是美国与消费现代性的象征,如今也已日本化,美国迅速消失于日本的国产消费文化之中。

美国化建立在接受者再生产的逻辑基础之上,物质对象所代表的符号意义由团体而非个人所界定。这些符号意义的一个显著方面就是其后传统主义(post-traditionalism)。后传统主义出现在以经济增长、现代性、美国精神的名义全面解构日本传统文化的1960、1970年代。但问题的关键在于,日本人认知结构与常规结构的持续存在,形塑了极易招致掩盖的美国化方案;日本人普遍对美国态度冷淡,直到最近外国游客才越来越多见。即便如此,日本民众,尤其是政治精英,勉为其难地学讲英语,也只是近年来才普遍受到重视。为外国人在日本生活所需而制定出来的一系列特许制度,目的在于使其对日本传统的影响,以及随之而来的自我面对(self-confrontation)的问题降至最低。日本社会的实践因而能够内在地抵御外来影响,明显如严苛的入籍法,外国人不太可能获得日本国籍,至今仍有众多韩裔无法成为日本公民,尽管他们生于斯、长于斯。

在麦当劳化的大众化形式中(里泽[Ritzer],1993),美国化与战后日本文化视界(cultural horizon)融洽共存:基于物质主义价值观(materialist values)的个人主义、高度的团体责任感(group commitment)、信奉平等、工作与休闲分离。所以,日本对美国棒球、保龄球(最受欢迎的体育活动)的接受是可能的,因为这些活动可以纳入重团体、讲纪律的既有文化结构之中。日本的消费在团体选择的框架内肯定了个人主义,明显如日本人事先包装产品、使很多产品规范化,便利店、自动售货机等随处可见。平等,不是拓展至公民权利的领域,而是拓展至生活方式。美国化可以视作对符号结构范围的扩展,意义从中创造出来,但须符合现有的认知与规范结构。例如,美国化促进了日本特有的大众消费文化的深入发展,如 manga(漫画)、pachinko(弹球游戏)、卡拉 OK,却没有创造出新的消费实践。(见杉本良夫,1997:225-230;克利[Kelly],1998)婚礼,也是所有以团体为导向的集体消费形式中最商业化的领域之一,一般都隆重铺张、所费不赀,虽属西化消费,但却非西化样式,且就传统习俗而言,多在日本传统中毫无依傍。

日本的资本主义并未要求一种清教徒式的工作伦理,这一事实或许可以解释许多现代日本文化中明显的享乐主义;而这种享乐主义,在工作与休闲之间也未曾经验到丹尼尔·贝尔(Daniel Bell)论及美国时所要遭遇到的那种"文化矛盾"。(贝尔,1976)如前所述,日本文化擅长于避免能够诱发身份危机的文化矛盾。日本大众文化与消费行为的多样性,可以部分由 asobi 或曰游戏玩乐所扮演的角色得到解释。通过消费或参与大众娱乐形式,人们以一种新的方式、在一种相对社会化的语境中自娱自乐。这种游戏玩乐的倾向,有助于我们理解日本社会中那些通常被称为"狂热消费"的现象。

如果说美国化有一个后现代维度,这一维度则在于资本主义藉商品化以及"欲望"的释放扩展至主流文化领域。(詹姆逊[Jameson],1991)在日本,这一资本主义的文化逻辑取得了民主政治所无法企及的成果:参与社会。这种参与甚至发展而为参与国际社会,明显如特殊的主题公园建筑,它们再造了西方城市与来自世界各地的文化语境。但是,电视是将休闲与工作时间彻底切割开来的新型社会整合方式的最佳模板。通过电视,日本传统文化在以工作为主导的社会中再生复活、甚或再造而为都市消费与附魅(enchantment)的手段。借助电视,众多传统节日与表演活动因消费而保持活力。(斯托纳奇[Stronach],1989)大众消费文化并非像"后传统化"(post-traditionalization)理论所声称的那样,必然破坏传统。众多传统,经由大众文化尤其是电视节目、旅游业而保存下来。诚然,也有许多佛寺因其消费主义而招致批评。(科尔[Kerr],1993)就此而言,日本的国内旅游业乃保存传统的重要组成部分。因此,我们不应将大众文化视为后传统化的罪魁祸首。我认为,过去——即所谓的前现代的过去——对传统的解构远甚于今天的现代性意识,后者需要浪漫主义伦理、需要靠传统吃饭。例如,京都被视为日本的精神文化摇篮,但该地在中世纪被摧毁殆尽,几乎没有留下什么前江户时期的真正遗址。近来的研究已经再次表明,明治政府利用传统民间文化所形塑的现代化政治文化,往往依赖于新奇怪异(fantastic)的混合。(菲格尔[Figal],1999;另见纳皮尔[Napier],1995)有鉴于此,日本的美国化并非必然是一个后传统化的过程,而是传统的再创造。正如克雷顿(Creighton)在对depato——日本百货公司的研究中所主张的那样:

> 服务于国内消费的百货公司,虽然包装以西方的符号与

形象，但并不必然反映西方世界的任何真实。它们往往是模糊不清的反射，是各种西方传统与实践去语境化的片段；它们被精选出来，并改造得适合于日本文化语境与日本消费者的期望。(克雷顿，1992：55)

这可以看成是一种"过度翻译"的倾向——或者，我们也可以说是对外国风俗、产品这些"他者"的"消毒"。日本的"咖啡屋"文化亦是此中一例：食用以银箔双重包裹的小块蛋糕，刻意夸张西方风俗到了戏拟的程度。同样的例子，还有日本文化所无的西式婚礼(如数量众多的婚礼时尚杂志、公共交通工具上的西式婚礼广告)、近年来年轻女性参加英语学习课程的新的消费现象——不是为了获得语言技能，而更多是一种与社交、消费有关的活动。① 麦当劳也是一个很好的例子。绝大多数的日本人认为麦当劳是日本的现代便利文化，不会将它与美国联系起来，尽管它的确看起来更小型化、更有异国风情。然而，这并不是说日本消费完全是一个本土化的过程，它同时也是一个充满想象性意符与游戏玩乐的过程。美国观念作为外部一种修辞，它允许内部扩张符号的生产，但是须以一种自我与他者均有可能持续转化的方式。其理论意义在于，或许可以将日本文化实践视作激进想象(radical imaginary)的本土化过程，此一过程较少表达于政治层面，更多表达于文化层面。就此而言，注意到"全球化"这一术

---

① 感谢斯蒂芬妮·阿丝曼建议我从这些角度思考日本消费。

语——罗兰·罗迫逊（Roland Robertson）用它来表达全球力量的在地挪用——具有一个日本血统，就十分重要。（罗伯逊，1992）①

尽管我已经强调了日本改造外部影响的文化能力，此处还须提及日本人日常生活中多重层面经验的存在，或许可以在游戏玩乐的语境中将之视为一种文化范畴。传统节日——如观赏樱花等普遍盛行的自然观光仪式、宗教节日、供神拜佛等等——与现代消费文化比邻而居，部分弥补了受到现代性破坏的附魅。日本人的显著能力，就在于能从一种经验层面转向另一种经验层面，如同纸糊墙壁对传统住宅的区隔，内（私人的）与外（公共的）很容易相互转化。

美国化，与日本经济、标榜日本独特性的文化民族主义同步发展；随着经济大幅度增长，以及重新认识到日本在世界经济中的领导地位，日本文化民族主义在1980年代气盛言高。世界上第二大经济体，人均收入世界最高，还有最高的储蓄率作为支持，这些使得许多日本社会评论家苦心重构日本独特性的神话。关于"日本人论"（Nihonjinron）的研究著作激增，得到企业文化的大力支持，这既是日本社会美国化的一个侧面，也意味着美国化没有被看成是本土主义的威胁。（吉野耕作，1992）的确，鉴于日本消费文化的混杂性，以及日本工业超越西方制造业这一事实——其品牌（索尼、宏达、日立、富士、三菱）俨然成为全球家庭

---

① 尽管这一术语自1998年以来已经在商业杂志中广泛使用，1991年则被日本学者伊丹用来指称日本的管理实践（NihontekKeiei）。

词汇,日本社会的美国化几乎看不出是"美国的"。日本的民族主义更像是对文化差异的颂扬,而非求助于传统;反讽的是,它在很大程度上却因美国民族主义的激发而生,后者将日本及其全球化经济视作对美国国家利益的威胁。(杉本良夫,1999)正如吉野耕夫所言,不同于西方的民族主义,这是一种明显立足于市场、由商业而不是由国家推动的文化民族主义。(吉野耕夫,1999)这种建立在差异性与独特性基础之上的优越论,不易与西方社会消化接纳日本产品协调一致;不过,往往如此,差异论总是凭借于先前的消化吸收。无论如何,这是一个繁荣的消费社会如何再造民族主义的事例,民族主义既能被国家形塑,同样也能被市场形塑。

无论受到传统日本文化的何种形塑,毫无疑问,日本消费文化是现代的,美国化过程也加强而不是破坏了现代性与传统。毕竟,欧洲现代派的诸多动力源于日本,京都著名的桂离宫就曾激发了德国包豪斯学派(Bauhaus)与现代派建筑的灵感。就其对形式与和谐的关注而言,它是高度现代主义的,而不是后现代主义的。正如唐纳德·里奇(Donald Richie)所言,日本人"小型化"所有一切的倾向,也反映在早期的迪斯尼化过程之中,例如一些著名的公园:"某些江户时期的园林,极似迪斯尼乐园——如东京的六艺园。其中一处的布局,就像是小型化的高尔夫球场,汇集了88个著名景点,全都很小,都有指示牌说明其与中国或日本的关联。"(里奇,1999:85)在以抄袭与地理微缩为创造冲动的日本文化内部,东京的迪斯尼乐园是唯一的一个美国版本。1945年以来,日本人在精神上已经是现代主义者,而不是后现代主义者,其建筑以及便利品的消费文化便是此中明证。吉见俊哉曾经令人信服地指出,东京迪斯尼乐园已经淡化掉了符号的美国性,原因只在于,其开门营业的1983年,日本社会已经开始了迪斯尼化。美国不再是富庶、新奇的象征,而是被重新语境化,变成了在日常生活中、在日本人特有的文化编码中可供消费的东西。(吉见俊哉,2000)罗杰克(Rojek,1995)也证明了这一观点,他认为,休闲不仅仅是对现实的逃避。在日本语境中,日常生活本身就建立在"自我"寻求"逃避"的游戏玩乐这一基础之上。

因此,所谓的日本后现代化,也仅仅是发生在日本的现代性的一种特殊形式。① 而日本消费文化中那些所谓的后现代主义,实际上不过是现代性与传统在不断扩大的日常生活这一空间中的结合,其间附魅取代了祛魅(disenchantment)。毕竟,日本人或许是购物狂,但他们也是一个储蓄社会,一般不用信用卡支付。与西方国家不同,现金经济中的消费由储蓄而非债务驱动:后现代主义的欲望背后,是现代主义的节俭。如果说这里有一种"自我"话语变迁的后现代基础,那么这个基础就应该在日本对亚欧(差异性)而非美国(身份)的拥抱中去寻找。下面,我将讨论处于萌芽状态的世界主义(cosmopolitanism)的意义,讨论它何以可能成为一种超越美国化的表达,并将进一步举例说明世界全球化的文化后果已不再被美国所独占与垄断。

---

① 这里有很多讨论日本后现代化不能归因于空间局限的研究文献。参阅杉本良夫、阿纳森,1995;三好正男、哈罗图尼安,1989。

世界主义与新消费

由于广告可以看成是消费模式变化的风向标,人们已经注意到,近年来的广告很少将重点放在产品之间的差异上、放在其符号微分(symbolic differentiation)的等级序列之间的差异上,而是更多强调广告之间的差异。在广告模式的这种转向中,有一种从美国式的说服劝诱到更为典型的欧洲广告的变化倾向,欧洲广告借助图像而非文字,人们可以从中读到自己希望读到的东西——也许不会受到商业化需求体系的支配。(麦克克莱利[McCreery],2000)很多此类日本广告,既是对意义的颠覆,也是对产品本身的颠覆,而无论哪一种符号意义的消费,都不是凡勃伦(Veblen)所谓的"炫耀性"消费。玛里琳·艾维(Marilyn Ivy)曾经评论说:"当美国商业的模仿者仍然试图诉诸观众理性,老老实实地将产品 A 与产品 B 进行比较时(尽管近年来的高科技产品中,日式广告已经开始出现在美国),日本广告(特别是电视广告)则更为直接地诉诸符号经济(symbolic economy)内的欲望。"(艾维,1989:38)强调消费是从既有需求体系中释放欲望,使得对自我与他者的解构进入到消费领域,这便挣脱了美国化的现代主义局限。这是一种不以"潜在的自我"的名义而言说的消费形式。

人们已经注意到鲍德里亚(Baudrillard)对日本人思维的影响。他的拟像论(simulacrum)甚至扩展到了市场营销领域,适合于广告的反讽形式。(浅田彰,2000:23—24)也许,如前所述,日本

第七章　消费、现代性与日本文化身份：美国化的局限？　257

具有包容矛盾的独特能力。日语中的 munjun，即矛盾，常常被有意回避，人们更喜欢谈论"共存"(coexistence)而不是矛盾，就如高储蓄与过度消费这一表面上难以解释的共存现象一样。所以，米莉·克雷顿(Millie Creighton)认为，日本广告中回避公开的竞争；人们普遍认为广告不应对产品妄下断言，而是要营造气氛。其结果，就出现了"无意义广告"(no-meaning ad)。(克雷顿，1995:139-140)

　　日本的市场营销，依照社会现实的变化、人口的多样性进行着调整。不同于以便利、新奇、追求物质舒适度为特点的美国化产品的大众消费，眼光更为挑剔、对自己的身份也更不确定的日本新一代正在兴起。这一代人也许不像那些在公司经济中终生就业的老一代人那样具有同样的购买力，但越来越多的老年人对享有长期退休保障的期望也日渐渺茫。考虑到日本人口——约为美国人口的一半——日趋分化，我们或许可以推知，在当代日本的人口结构中，有很大一部分比例的人口正接近于后物质价值观(post-material values)。这种价值观更多是一种后工业社会、而非工业社会的表现。这并不意味着消费下滑，或是用一种行为方式取代另一种行为方式，而是与其他地区后物质价值观相一致的新的行为方式的兴起。(英格尔哈特，1977；阿布拉姆森[Abramson]、英格尔哈特，1995)绝大多数日本人并不热衷于购买美国货。欧洲手工设计的产品——诸如香奈尔(Chanel)、古奇(Gucci)、普拉达(Prada)等手袋品牌，在一个注重手袋的社会中十分重要——享有消费者的较多尊重。欧洲也是可与夏威夷、香港相媲美的更为流行的旅游目的地。比起美国货来,欧洲车、服装、食品更受欢迎,例如,几乎很少有人会购买美国车。媒体的文化内容中,美国产品相对而言也所见无几;事实上,日本是所有媒体内容均乃本土制造的少数几个国家之一。

过去的消费形式肯定既有的身份,而且只能以团体为参数,确立个人的身份;新的消费形式则以个人与团体之间日趋重要的空间为基础,这一空间也可见于个人与产品之间。新的消费很少要求做出选择,这些选择由终生职业所塑造的那种特殊的生活方式所界定,如"婴儿潮"时期出生的那一代人可在战后公司经济中获得安全感。约翰·麦克克莱利说:

> 消费者喜欢新奇。但不是个人的创造性,他们更喜欢充内行。他们致力于个人品味,从工业提供的物质丰饶中熟练挑选出最适合自己的产品与生活方式。围绕多项选择题建立起来的教育制度,有助于他们做出正确选择,服务于他们为之奋斗的终极价值。(麦克克莱利:2000:248)

比起这些公司斗士来,新的后工业消费者生活在一个更为碎片化的语境中,他们的选择不由以社会角色或参与既定社会结构为基础的身份所塑造。这里,我们面对的是一种不由生活方式界定、更为个性化的消费形式,它更多取决于临时的人际网络。罗森伯格(Rosenberger)认为,在理性与效率仍然受到高度重视时,消费者的价值观就日益聚焦于风格与满意度。(罗森伯格,1992)

这或许意味着一种个性化比商业化更显而易见的消费形式正在兴起。

新的通讯技术对形塑新的日本消费者起到了关键作用。对消费而言,信息比过去更为重要,以前用雅俗文化来区分美国化的态度,也更为罕见。知识本身成了消费的对象,显然,日本人就将教育看成是可以消费的商品(尽管挪用得不总是那么严重)。"填鸭式"私立学校、语言学校、学院与大学的广告,说明教育与知识比起其他的消费品而言,是更为露骨的消费对象。知识的消费也与简便的通讯手段联系在一起。移动电话的出现,多多少少在日本年轻人中广泛使用,增加了个人交际网络的范围,尤其是女性,总可以看见她们手持染有指甲油的电话,手机上或许还有"传统的"挂件。

同龄人团体在数量上膨胀的同时,对团体的责任感也就削弱了,这为个性化提供了更多的空间。这些团体都是暂时性的人际网络,比起那些更明显的炫耀性消费阶层来,不足以证明团体成员的社会地位。马费索利(Maffesoli,1996)认为,大众年龄让位于类似于"部落"的新的社会关系,表现为形象与情境的流变不居,是一种"机智消费"(cute consumption)(金塞拉[Kinsella],1995)。不同于过去那种空间上的、固定的消费文化,新的"部落"是不稳定的、开放的,是社会碎片化与大众文化瓦解的产物。人们越来越多地在以临时性关系与形象所组成的临时人际网络或曰"部落"中发现自己。新产品则在这一空间中销售,而这一空间也不总是家庭或阶层的空间。

互联网的使用也在其中起到了一定作用。访问网络的日本女性人数,从 1997 年的 1% 跃至 1999 年的 4%。① 本文写作之时(2000),日本的网络消费已呈爆炸态势,信息经济与技术是 2000 年冲绳"八国峰会"的中心主题,会议强化了这样一种认识,即日本——信息技术方面落后于西方世界大约两年——应迎头赶上,以免在信息技术世界入场较晚。② 显然,这将对不太可能被纳入现有的民族消费结构之内的消费模式产生重大意义。新的消费模式——网络、移动电话、交际圈、时装、国外旅游——的特点,在于信息所扮演的社会角色。约翰·克莱默(John Clammer)认为,友谊常常关乎信息的共享:"在某些情况下,所谓'朋友',有时可以定义为定期互相交换此类消费信息的人际网络。"(克莱默,1997:5)购物往往就是信息共享,日本消费者,尤其是女性,在所有消费事务上消息灵通。团体购物依然是由女性实践的日本消费的一个特征,但是已经由于团体性质的改变而有所变化;团体的性质越来越分散,也越来越无力界定个人的身份。团体也是表达游戏玩乐的场所,而从本质上看,更像浅田彰所谓的"幼稚资本主义"(infantile capitalism)。

新的后工业消费模式,不能被简单地称为凡勃伦(或布尔迪厄[Bourdieu])所谓的"炫耀性"消费,因为消费对象不总能说明

---

① 《日本时报》(The Japan Times),2000 年 6 月 5 日:18。
② 反讽的是,卡斯特(Castells)认为,"信息社会"这一概念,1963 年由日本人发明,1978 年输出到西方,用作法国政府一篇报告的标题。(卡斯特,1998:236)

自我从属于何种团体——自我与他者的联系已经变得太过分散，自我的身份属性无从明辨。团体正被再造为一种熟人人际网络。再也不能随便用阶层的术语来界定它，或是用其他任何术语（如布尔迪厄没有公开承认的对凡勃伦的蹈袭）来界定它。这不是一个关乎属性的问题，而是一个"自我"隐退的问题，往往就像是众多日本女性从工作世界中隐退一样。对于那些踏入职业生涯的大多数人而言，消费存在于日常生活空间之外，那是一个高度个人化的语境，也是一个在很大程度上回避意义的世界。（参阅克尔斯盖[Kelsky]，1996）被凡勃伦与布尔迪厄视为理所当然的自我的统一性、他者的外在性，再也无法充分理解当代的文化身份，因为无论"自我"还是"他者"，都不是固定不变。例如，日本人赠送礼物，不是为了在自我与他者之间获得共享互惠的和谐，而是要借助现有的复杂规则，在送礼方与受礼方之间再造一个可以由义务与地位关系加以衡量的距离。因为这种衡量距离的方式——保留礼品清单，对交换规则心存疑虑时参考礼仪手册——是一种互惠的形式，它既适合于商品化，也适合于团体的凝聚。正是在这个意义上，在日本消费中占有如此高份额的礼品（约占中产阶级家庭收入的 10%），在区分自我与他者的同时，也表达了建立在交换精心挑选的商品的基础之上的社会人际关系。（克莱默，1997：18-19）

我将与后工业主义、后现代文化相联系的当代消费形式视为更多与处于萌芽状态的世界主义相关，而非与美国化相关。这并不是说美国化正在式微，而是一种新的消费逻辑正在兴起，这种消费逻辑不能单独用美国化或社会理论的传统术语进行理解。就自我的消费而言——虽然"自我"已然外在化,甚至"自我"本身也已异国化,对神奇美国的符号消费依然相对重要。

全球化对日本社会的国内结构也产生了影响。正如萨森(Sassen)所言,东京是一座全球城市,比起与日本社会的联系来,它与全球金融资本主义、信息系统的联系更为紧密。(萨森,1992)欧盟也越来越多地出现在日本的对外关系之中。(亚伯[Abe],1999)日本投身全球化这一大熔炉,兴起了众多消费逻辑,原有的消费逻辑也改头换面、重装上阵。其中之一便是"日本风"(Japonisme)的再度开发。"日本风"主要是指文艺复兴以来,欧洲对从时装到园林的日本传统文化的接受。(维奇曼[Wichmann],1981)1980年代,日本时装设计师闻名世界,东京成为与巴黎、米兰、纽约、伦敦并驾齐驱的时装之都,"日本风"便顺势复活了。斯科伏(Skov)在一篇颇富洞见的文章中指出,由于风格与技术上的匿名化,日本时装与欧洲消费文化完美地结合在了一起。(斯科伏,1996:144)然而,欧洲对日本风的偏爱,不过是简单地将日本文化视为缺乏个人主义的"他者",除非它融入西方语境,变成足以表达西方个人主义的东西,寿司在西方国家的激增即是如此。但是,尽管日本风背后是欧洲中心主义,这里也有相反的动向;斯科伏认为,东京虽然是世界主义的时尚之都,至于日本女性,她们则购买巴黎时装屋的产品,因而成为了跨国共同体的组成部分。(斯科伏,1996:136)无疑,这些发展变化简化了过去人们对日本的那一套陈腐认知,如"黄祸"、武士经济、集体狂热的民族等等,尽管这些形象依然左右着西方广告对日本元素的运用。(莫伦[Moeran],1996;J·拉兹[J Raz]与A·拉兹[A Raz],1996)但是,真正的发展亦见于日本大众文化的变迁,以及更为广泛的亚洲的变迁之中;日本文化对亚洲的影响与日俱增,并从根本上挑战美国化的观念。

在欧洲与日本都意识到彼此的文化渗透与日俱增的同时,我们也看到了日本大众文化尤其是流行音乐在亚洲传播与日俱增的重要性。日本文化在亚洲的流行,堪与美国消费文化相媲美。许多在亚洲被称为美国文化的东西,实际上是日本文化;与人们通常认为的抄袭文化相反,今天的日本文化,已经是一种具有革新企图的创造性文化。的确,自1990年代末期以来,随着经济增长率的下降,日本已明显安于成为主要的亚洲力量这一地位。日本不再被看成是美国的威胁;2000年在美国商业、媒体、学术与政治领域精英中展开的一项调查,反映了日本的正面形象。日本拥抱亚洲,是其历史上的重大改变,也许也是建立新文化身份的基础。(岩渊功一,1999)

在现代化表现出其局限性、美国化让位于消费的多元形式的同时,日本文化在对其他文化的消费中找到了新的表现形式。如果说美国推动了身份的符号化,那么,社会上越来越多的欧洲元素则代表了差异性;正是这种对"他者"的转向,包括"作为他者的自我",在当代消费文化中引发了越来越多的共鸣,消费文化有能力将所有文化包括本土文化转化为"他者"。日本的美国化过程,允许个体在团体关系的限制内表达个人身份。在公开内在自我的意义上,消费是炫耀性的。而当代的消费形式,则很少以表达公开的生活方式中的自我身份为中心。由于缺乏安全与意义的保障,"自我"在今天置身于一个极端碎片化的处境,"自我"本身也变得碎片化。用后现代主义者的话来说,这是一个欲望逃离需求边界的问题。难就难在,此间未见普遍的自我面对。

结论:表达的胜利?

1945年以来,日本慢慢走向全球化。但总是一种从容不迫的全球化。日本经济的增长依赖于受到高度保护的国内市场,美国化进入消费文化,往往是肯定而非削弱了日本社会的相对自主权。例如,60%的日本经济取决于国内消费。[①] 自1990年代以来,就加强文化的交流与开放性而言,过去二十年的民族主义思潮已经让位于对 kokusaika 即国际主义一类的软文化的新关注。泡沫经济的终结,造成6000多人死亡的1995年阪神大地震,1999年一连串重大核事故对风险社会的警示,二元经济的危机,还有终生就业体制的结束,所有这些,都说明日本不再是特异之地,她的国际地位与日俱增(特别是在亚洲),渴望获得联合国安理会席位,需要与中国、韩国开展对话,需要保障自然资源与能源的安全,需要输入劳工以维持工业生产,这些都要求日本进一步促进开放。本章,我已强调这些发展变化如何反映在文化身份逐

---

① 据日本新闻节目的报道,2000年6月9日。

渐增加的多样性之上,这些多样性具体表现为消费文化的变迁、亚文化与另类生活方式的不断增加,还有认识到日本国内族群的文化多样性(也表现为跨国婚姻的增长)。

当文化身份越来越倚重于表达时,我们也可见到反向的发展,这导致了一种无须自我面对的表达方式。这种表达方式,既是新消费主义的根源,亦见于别的逃避途径,例如奥姆真理教这样的日本新宗教,该教派曾于1995年在东京地铁发动了毒气弹袭击。(梅特罗[Metraux],1999;雷德[Reader],2000)通常,宗教类书籍十分畅销。① 在一个视历史去而不返、而非救赎倾向的文化中,独裁式的神秘主义新宗教从往昔汲取资源,为人们提供了消费主义与表达个体身份的另类形式。在很多日本大众文化中,这种新宗教与地下暴力话语之间并非没有关联,例如漫画。不过,暴力大多是想象性的,我们或许可以像埃利亚斯(Elias)一样,视之为对暴力的安抚,因为社会上相对少见公开的暴力行为。漫画也是连接政治意识与文化身份的一种手段。(金塞拉,2000)其中,我们可以发现各种政治批评,通常是以一种戏拟的方式。这也是通过反思与批评建立审美公共领域的一个事例。前文我对游戏玩乐(asobi)的强调,或许有助于理解这一独特的日本现象。

就宗教而言,不仅有新宗教的兴起,公共领域再度神圣化的言论也日渐增多,政治民族主义亦更为明显。2000年4月,日本新任首相森喜朗在谈到神道教传统时,说日本是"一个以天皇为

---

① 此处及其他统计数据,均采自《朝日新闻》1999。

中心的神圣民族",引发了广泛争议。这里既有某些日本政治家愈加显著的民族主义的明显迹象,也有越来越多的反美情绪,但还有更多的迹象表明,日本社会是对民族主义持怀疑态度的。2000 年 6 月,日本皇太后驾崩①,这并不是民族主义者表达民族情绪的时机,而是昭和时代终于落下帷幕的警示。针对首相言论的批评,清楚表明皇室机构的再度神圣化及其重要性应被限制在政治文化之内,社会日益焦虑于社会变迁对社会关系的破坏。犯罪与暴力活动呈现上升趋势,尽管比起其他国家来可以忽略不计;日本也是世界上自杀率最高的国度(1999 年达到了 31000人)。

尽管自民党执政四十余年后已在选举中明显失势,特别是政府机构,并未改造以适应其他方面的发展。教育尤其僵化、低效,窒息创造力。官僚政治文化并不鼓励民主参与,或是讨论诸如生态可持续性、贪污腐败、提高妇女地位等问题,她们的薪酬只是男性的 60%。企业文化依然严苛,极端遵从等级制度。因此,大众消费文化,包括新宗教,都为人们在工作、教育与政治之外提供了另一种绮丽梦幻。日本本身没有为抵抗因全球化而加剧的现代性的消极影响做好准备。大众消费文化所提供的返魅(re-enchantment)强势有力,并没有碰到市民社会所要面临的抵抗。绝大多数日本人的消费发生在日常生活这一广阔空间,对工作与公共机构领域很少形成冲击。消费给了个人一种被社会其他方

---

① 1969 年驾崩的昭和天皇裕仁的遗孀。

面所否定的自由。比起其他社会团体来,日常生活因其相对独立于正式的社会机构而更为驳杂无序。但正是在这里,公民身份得以形成——尽管支离破碎,因为比起官方的公共文化来,日常生活为变革提供了更多的可能性。一些事实可以说明消费市场对日本文化身份的主导作用:例如,日本人对转基因食品的反对,就起源于消费市场。不过,不像其他东南亚国家,相对而言,日本少有灵活的公民身份出现的迹象。(翁爱华[Ong],1999)

继布尔迪厄之后,约翰·克莱默指出,正是在消费中,大多数文化差异得以表达。(克莱默,1997:102-103)日本的收入差距很小,只有最小的种族差异,团体差异则更有可能在消费形式中表达出来。教育机构、政府与企业,也许最终不得不适应日常生活的乌托邦趋势,那里没有消费的限制。但是,直至这一趋势获得政治形式,社会变革的能力才会受到限制;在夸耀符号产品的惊人能力的同时,日本变革社会的文化能力才会受到限制。消费纳入私人化的个人主义的去政治化结构之中,尽管从根本上再造了日本的文化身份,却未对政治身份产生任何重大冲击。政治身份尚未与日本现代性的某些内在矛盾达成妥协。所以,毫不意外,我们发现世界公民身份只有在那些边缘化的身份中才得到了完全表达。例如,苔沙·莫里斯-铃木(Tessa Morris-Suzuki,2000:79)就曾讨论了阿伊努人(Ainu)这一少数民族群体,何以具有归属于世界土著共同体的意识。现代性的主旨、美国的意见,都允许日本将其民族身份同时表达为美国的受害者与亚洲的压迫者。

消费继续扩散身份的同时,日本便不能逃离现代性:"南京大屠杀"与广岛原子弹的象征性存在,依然是对日本现代性的矛盾、对美国与亚洲在日本的现代意识中所扮演的矛盾角色的显著提醒。

参考文献

A·亚伯(A Abe),1999,《日本与欧盟》(Japan and the European Union),伦敦:Athlone Press

P·阿布拉姆森(P Abramson)、R·英格尔哈特(R Inglehart),1995,《全球视野下的价值观念变迁》(Value Change in Global Perspective),安娜堡分校,密歇根州(Ann Arbor, MI):密歇根大学出版社(University of Michigan Press)

浅田彰(A Asada),1989,《幼稚资本主义与日本的后现代主义:一个神话故事》(Infantile Capitalism and Japan's Postmodernism:A Fairy Tale),收入三好正男(M Miyoshi)、哈罗图尼安(Harootunian)主编

——2000,《无处安身的左派》(A Left with the Place of Nothing),《新左派评论》(New Left Review)5:15-40

朝日新闻(Asahi Shimbun),1999,《日本年鉴2000》(Japan Almanac 2000),东京:朝日新闻社

D·贝尔(D Bell),1976,《资本主义的文化矛盾》(The Cultural Contradictions of Capitalism),伦敦:Heinemann

蔡明发(C Beng-Hua)主编,2000,《亚洲的消费:生活方式与身份认同》(Consumption in Asia:Lifestyles and Identities),伦

敦：Sage

C·坎贝尔（C Campbell），1987，《浪漫主义伦理与消费主义精神》(*The Romantic Ethic and the Spirit of Modern Consumerism*)，牛津(Oxford)：Basil Blackwell

M·卡斯特（M Castells），1998，《千年的终结》(*End of Millennium*)，牛津：Blackwell

C·卡斯托里亚迪斯（C Castoriadis），1987，《社会的想象性建构》(*The Imaginary Institution of Society*)，剑桥(Cambridge)：Polity

J·克莱默（J Clammer），1995，《差异与现代性：社会理论与当代日本社会》(*Difference and Modernity：Social Theory and Contemporary Japanese Society*)，伦敦：Kegan Paul

——1997，《当代都市日本：关于消费的社会学》(*Contemporary Urban Japan：A Sociology of Consumption*)，牛津：Blackwell

——1999，《超越现代性？——战后日本的个人主义、伦理道德与话语差异》(Transcending Modernity? Individualism, Ethics and Japanese Discourses of Difference in the Post-War World)，《论题十一》(*Thesis Eleven*)57：65-80

M·克雷顿（M Creighton），1992，《百货公司：推销西方的同时兜售日本文化》(The Depato：Merchandising the West while Selling Japaneseness)，收入托宾(Tobin)主编

——1995，《想象他者：日本的广告企划》(Imaging the Other

in Japanese Advertising Campaigns),收入凯瑞尔(James Carrer)主编,《西洋风味:西方的形象》(*Occidentalism*:*Images of the West*):牛津:牛津大学出版社(Oxford University Press)

P·戴尔(P Dale),1995,《日本独特性的迷思》(*The myth of Japanese uniqueness*),伦敦:Routledge

S·N·艾森斯塔德(S N Eisenstadt),1996,《日本文化:比较研究》(*Japanese Civilization*:*A Comparative View*),芝加哥(Chicago):芝加哥大学出版社(Chicago University Press)

G·菲格尔(G Figal),1999,《文明与怪兽:日本明治时期的现代性精神》(*Civilization and Monsters*:*Spirits of Modernity in Meiji Japan*),达勒姆,北卡罗来纳州(Durham, NC):杜克大学出版社(Duke University Press)

H·哈罗图尼安(H Harootunian),2000,《历史的焦虑:现代性、文化实践与日常生活问题》(*History's Disquiet*:*Modernity, Cultural Practice, and the Question of Everyday Life*),纽约:哥伦比亚大学出版社(Columbia University Press)

M·海德格尔(M Heidegger),1971,《从一次关于语言的对话而来——在一位日本人与一位探问者之间》(*A Dialogue on Language Between a Japanese and an Inquirer*),收入海德格尔,《在通向语言的途中》(*On the Way to Language*),纽约:Harper & Row

英格尔哈特,1977,《静悄悄的革命:西方公众的价值观念与政治形态变迁》(*The Silent Revolution*:*Changing Values and*

Political Styles among Western Publics),普林斯顿,新泽西州(Princeton, NJ):普林斯顿大学出版社(Princeton University Press)

玛里琳·艾维(Marilyn Ivy),1993,《大众文化的构成》(Formations of Mass Culture),收入安德鲁·戈登(Andrew Gordon)主编,《战后日本》(*Postwar Japan as History*),伯克利(Berkeley):加利福尼亚大学出版社(University of California Press):239-258

岩渊功一(K Iwabuchi),1999,《重返亚洲?——日本在亚洲的影音市场》(Return to Asia? Japan in the Asian Audiovisual Markets),收入吉野耕作(K Yoshino)主编,《消费伦理与民族主义:亚洲研究》(*Consuming Ethics and Nationalism: Asian Explorations*),里士满,英格兰萨里郡(Richmond, Surrey):Curzon

F·詹姆逊(F Jameson),1991,《后现代主义,或晚期资本主义的文化逻辑》(*Postmodernism, or, the Cultural Logic of Late Capitalism*),伦敦:Verso

唐纳金(D Keene),1969,《欧洲发现日本:1720-1830》(*The Japanese Discovery of Europe,1720-1830*),斯坦福,加利福尼亚(Stanford, CA):斯坦福大学出版社(Stanford University Press)

B·克利(B Kelly),1998,《卡拉OK中的日本文化回响》(The Empty Orchestras: Echoes of Japanese Culture in the Performance of Karaoke),收入D·马丁内兹(D Martinez)主编,

《日本大众文化:性别、变动的界限与全球文化》(The Worlds of Japanese Popular Culture: Gender, Shifting Boundaries and Global Cultures),剑桥:剑桥大学出版社(Cambridge University Press)

K·克尔斯盖(K Kelsky),1996,《异国恋:日本"国际化"时代的混种族性关系》(Flirting with the foreign: Interracial Sex in Japan's "International" Age),收入 R·威尔逊(R Wilson)、W·迪萨纳亚克(W Dissanayake),《全球/区域:文化产品与跨国想象》(Global/Local: Cultural Production and the Transnational Imaginary),达勒姆:杜克大学出版社

A·科尔(A Kerr),1993,《迷失的日本》(Lost Japan),霍桑,澳大利亚维多利亚州(Hawthorn, Victoria): Lonely Planet Publications

S·金塞拉(S Kinsella),1995,《日本丽人》(Cuties in Japan),收入斯科伏(L Skov)、莫伦(B Moeran)主编,《日本的女性、媒体与消费》(Women, Media and Consumption in Japan),里士满:Curzon

——2000,《成人漫画:当代日本社会的文化与政治》(Adult Manga: Culture and Politics in Contemporary Japanese Society),里士满:Curzon

J·J·麦克克莱利(J J McCreery),2000,《日本消费者行为》(Japanese Consumer Behavior),伦敦:Curzon

M·马费索利(M Maffesoli),1996,《部落时代:个人主义在

大众社会中的衰退》(The Time of the Tribes: The Decline of Individualism in Mass Society),伦敦:Sage

D·梅特罗(D Metraux),1999,《奥姆真理教与日本年轻人》(Aum Shinrikyo and Japanese Youth),纳汉姆,马里兰州(Lanham,MD):University Press of America

三好正男、哈罗图尼安主编,1989,《后现代主义与日本》(Post-modernism and Japan),达勒姆:杜克大学出版社

——1993,《日本与世界》(Japan in the World),达勒姆:杜克大学出版社

B·莫伦(B Moeran),1996,《东方反击战:想象日本》(The Orient Strikes Back: Advertising and Imagining Japan),《理论、文化与社会》(Theory, Culture and Society)13(3):77-112

T·莫里斯-铃木(T Morris-Suzuki),2000,《支持与反对非政府组织:生命世界的政治》(For and Against NGOs: The Politics of the Lived World),《新左派评论》2:63-84

S·纳皮尔(S Napier),1995,《日本现代文学的怪诞:现代性的颠覆》(The Fantastic in Modern Japanese Literature: The Subversion of Modernity),伦敦:Routledge

大贯惠美子(E Ohnuki-Tierney),1993,《米食与自我》(Rice as Self: Japanese Identities Through Time),普林斯顿:普林斯顿大学出版社

——1997,《麦当劳在日本:改变行为与礼仪》(McDonald's in Japan: Changing Manners and Etiquette),收入华琛(Watson)

主编

翁爱华(Aihwa Ong),1999,《灵活的公民身份:跨国性的文化逻辑》(*Flexible Citizenship: The Cultural Logics of Transnationality*),达勒姆:杜克大学出版社

J·拉兹(J Raz)、A·拉兹(A Raz),1996,《"美国"遭遇"日本":寻求真实之旅》("America" Meets "Japan": A Journey for Real Between Two Imaginaries),《理论、文化与社会》13(3):153-178

I·雷德(I Reader),2000,《当代日本的宗教暴力:以奥姆真理教为例》(*Religious Violence in Contemporary Japan: The Case of Aum Shinrikyo*),伦敦:Curzon

D·里奇(D Richie),1999,《东京》(*Tokyo*),伦敦:Reaktion Books

G·里泽(G Ritzer),1993,《社会的麦当劳化》(*The McDonaldization of Society*),伦敦:Sage

——1998,《麦当劳化命题:范围与探究》(*The McDonaldization Thesis: Extensions and Explorations*),伦敦:Sage

R·罗伯逊(R Robertson),1992,《社会理论与全球化》(*Social Theory and Globalization*),伦敦:Sage

C·罗杰克(C Rojek),1995,《离心的休闲:反思休闲理论》(*Decentring Leisure: Rethinking Leisure Theory*),伦敦:Sage

N·罗森伯格(N Rosenberger),1992,《西方形象》(*Images*

of the West），托宾主编

S·萨森（S Sassen），1992，《全球城市：纽约、伦敦与东京》(The Global City: New York, London, Tokyo)，普林斯顿：普林斯顿大学出版社

L·斯科伏（L Skov），1996，《时尚潮流：日本风与后现代主义》(Fashion Trends: Japonisme and Postmodernism)，《理论、文化与社会》13(3):129-151

B·斯托纳奇（B Stronach），1989，《日本电视》(Japanese Television)，收入鲍尔斯（RG Powers）、卡托（H Kato）主编，《日本大众文化手册》(Handbook of Japanese Popular Culture)，西港，康涅狄格州（Westport, CT）：Greenwood Press

杉本良夫（Y Sugimoto），1997，《日本社会入门》(An Introduction to Japanese Society)，剑桥：剑桥大学出版社

──1999，《解读"日本人论"》(Making Sense of Nihonjinron)，《论题十一》57:81-96

杉本良夫、J·阿纳森（J Arnason）主编，1995，《日本人遭遇后现代性》(Japanese Encounters With Postmodernity)，伦敦：Kegan Paul International

J·托宾（J Tobin）主编，1992，《日本再造：社会变迁中的日常生活与消费品味》(Re-Made in Japan: Everyday Life and Consumer Taste in a Changing Society)，伯克利：加利福尼亚大学出版社

傅高义（E Vogel），1963，《日本的新中产阶级：东京郊外的一

位上班族男子及其家庭》(Japan's New Middle Class: The Salary Man and His Family in a Tokyo Suburb),伯克利:加利福尼亚大学出版社

——1989,《日本第一》(Japan as Number 1),坎布里奇,麻省(Cambridge, MA):哈佛大学出版社(Harvard University Press)

华琛(J Watson),1997,《金拱向东:麦当劳在东亚》(Golden Arches East: McDonalds in East Asia),斯坦福:斯坦福大学出版社

S·维奇曼(S Wichmann),1981,《日本风:19、20世纪日本对西方艺术的影响》(Japonisme: The Japanese Influence on Western Art in the 19th and 20th Centuries),纽约:Harmony

R·威利特(R Willet),1989,《德国的美国化:1945-1949》(The Americanization of Germany 1945-1949),伦敦:Routledge

K·伍夫伦(K van Wolferen),1989,《日本国力之谜》(The Enigma of Japanese Power),伦敦:Macmillan

吉见俊哉(S Yoshini),2000,《消费"美国":从符号到体系》(Consuming "America": From Symbol to System),收入蔡明发主编,2000,《亚洲的消费:生活方式与身份认同》,伦敦:Sage

吉野耕作(Kosaku Yoshino),1992,《当代日本的文化民族主义:社会学调查》(Cultural Nationalism in the Contemporary Japan: A Sociological Enquiry),伦敦:Routledge

——1999,《反思民族主义理论:以市场为视角》(Rethinking Theories of Nationalism: Market Place Perspectives),吉野耕作主编,《消费伦理与民族主义:亚洲研究》,里士满:Curzon

第三部分

跨国化进程

第三部分

经国治世之道

第八章
网络经济中的技术移民

翁爱华（Aihwa Ong）

每年秋天，温哥华富裕的中国侨民动身前往香港，就像是加拿大黑雁向温暖气候带迁移。数以千计受雇于硅谷公司的印度技术移民也屡屡飞越太平洋，他们中的一些人在班加罗尔（Bangalore）开办了高科技企业。不那么有钱的移居者，如中国的侍应生、西班牙的看门人、柬埔寨的电子工人，则补充到自由竞争的劳动力市场——服务于驱动美国西部发展的炙手可热的新经济中心。就世界主义或地区性的公民身份（citizenship）、新自由主义治理（governance）的政治含义而言，这些新的流动群体可以告诉我们什么呢？

"自由主义"本质上与统治（government）的经济有关。柯林·戈登（Colin Gordon）在解释福柯时，就将自由主义定义为一种统治，它"通过有效利用各种资源以达到其目的，管得好就是管得少,尤被普遍接受"。(戈登,2000:xxiii)但是,这并不是说,自由主义意味着对管制(regulation)存在敌意,或是要减少管制。恰恰相反,自由为各种管制实践的兴起积极创造了条件,这些管制实践创造了市场以及特殊的现代主题。在自由经济中,国家凭借管制机构的多样性,来形塑与国家机构截然不同的客观经济与社会现实。所以,在自由主义框架内对国家主权、公民身份的研究,要求我们从政治机构层面的研究转向将统治视为管制与规范化(normalization)的一整套实践。(福柯,2000)最近几十年来,随着市场准则逐渐形塑了对公民身份(citizenship)的意义与实践产生直接影响的管制过程,不为市场力量设限的自由主义思潮,业已不同程度地在世界各地传播扩散。

所以,我不是简单地从法律地位而是从统治理性的角度探究公民身份,统治理性是那些在异国他乡争取居留与发展机会的经理型移民(managerial migrants)所采取的各种灵活策略的基本条件。(翁爱华,1999)我还认为,新自由政策在东南亚的引进,已然改变了政治主权,产生了由不同的规训(disciplining)与社会关注的理性所定义的新的社会空间。(翁爱华,2000)本章,我的注意力将转向北美新移民潮及其治理术(governmentality)新景观的各种含义。

全球化的新空间,超出了纽约、伦敦、东京这些全球城市。北美郊区的科技大本营,如硅谷、128公路、北卡罗来纳科技园等,已经催生了众多来自柏林、北京、牛津、大阪的高科技子公司,成为资本积累的新据点。观察家们认为,这些信息经济中心利用了

"区域优势"——源自于电子公司、大学院校、风险资本家与市政府之间网络状的通力合作,对各种变革与试验的态度相当开放。(萨克森安[Saxenian],1996)或许有人会问,统治理性使用了哪些战略网络来吸引特殊人才、界定权利与公民身份的特定社会规范呢?① 的确,硅谷或许是一个乌尔里希·贝克(Ulrich Beck,1994)称之为自反性现代化的"归零地"(ground zero),这是取代旧有结构的第二次现代化,新的现代化具有高度的暂时性、风险性、不可预测性。极端的市场理性与新自由治理的试验之间存在着哪些关联?新的空间化的管制世界如何在国家缺席的情况下得以出现?

本章认为,新自由主义的统治理性是一个变化多端的、视情况而定的、地方性的构建过程,它对不同种类的流动者产生了不同的影响,并且改变了北美公民身份的日常实践。首先,我将讨论不同的流动模式如何在西海岸产生了不同的治理空间。亚洲企业投资人与高科技专业人士的涌入,已经使得种族划分(ethnicity)成为世界主义的组成部分,而特殊性的普遍化——印度人是国际高科技专业人才、中国人是全球商人、菲律宾人是全球保姆——则是构成灵活跨国经济的关键。其次,我将探究这种流动空间如何与特殊的治理空间联系在一起。新自由政体优待那些以流动性、职业专长为特征的世界主义移民,这造成了地区

---

① 硅谷文化所引发的家庭形态与性别关系的剧变,目前只有一项单独的民族志研究。(斯塔西[Stacey],1998)开放的网络工业体系所带来的其他方面的社会变革,仍未得到认真检视。

治理实践中权利的碎片化(fragmentation)。再次,我将探究以人力资本与居留为基础的世界主义公民身份的分裂后果(splintering effects),流动与长期居留之间权利的激烈竞争,业已改变了人们对共同体(community)的理解。

全球化与地方化的过程

在思考全球性流动如何影响国家主权与公民身份时,谈论全球化与地方化趋势似乎颇有助益。所以,我们可以说灵活的跨国经济既依赖于产品与劳动力市场的全球化过程,也依赖于特殊地区资本积累与增长的地方化过程。全球理论家已经确立了两种全球化趋势:城市网络与流动管理空间的兴起。萨斯基亚·萨森(Saskia Sassen)认为,全球城市作为国际金融活动与特殊服务的场所,是"新的权力地理学"的交节点。(萨森,1991:1-30)曼纽尔·卡斯特(Manuel Castells)认为,"流动空间"(space of flows)的出现,使得管理与企业界精英创造出新的跨越各大城市、各大洲的脱域空间(segregating space),促进了网络社会的兴起。(卡斯特,1999:416)融合萨森与卡斯特观点的学者,则建议我们将"世界城市网络"想象为新的元地理学。(泰勒[Taylor],2000)在聚焦城市网络与经理人才流动的同时,却并未对那些嵌入并管制特定场所中的工人、知识与实践的地方化过程予以严肃关注。的确,卡斯特曾经声称,在信息经济中,这种新经济流动的空间逻辑主宰了所谓的"场所空间"(space of places)。(卡斯特,1999:

416)

与此相反,我认为,我们需要对那些将管理精英在流动空间中的跨国实践与发生在场所空间中的地方化实践联系起来的不同过程,做出更为详尽的民族志描述。世界城市网络的概念在关注信息、资本、市场的空间性的同时,却未对程序理性(formal rationalities)与实质理性(substantive rationalities)互争霸权的治理术的空间性予以足够重视。在地方的治理空间中,是哪些理性战略网络决定了资本、劳动力、资源、规范与权力的部署?有哪些特别的管制条件在惩处与管理非法流动工人的同时,促进了投资流动、培育出企业人才?

美国的形象与流动的条件

我认为对美好生活的愿景是全球流动的动力。这种对自由与美好生活的向往,驱使好几代移民从亚洲来到北美,有机会得到一定的经济、文化与信息资源。他们对命运的认识,明显只能体现在这种充满流动性与可能性的跨国空间之中。在对亚洲移民长达数十年的排斥与阻挠之后,1980年代以来,北美开始设法利用亚太地区的经济与中产阶级。对亚洲贸易的增长,还有新的知识经济的需要,都刺激加拿大与美国政府主动汲引环太平洋地区的投资者与专业人才。对众多亚洲移民而言,有着中产阶级安全舒适乐土之称的北美,如今又增加了作为世界高科技前沿的吸引力。只有经历了地方化,只有嵌入于加速发展的市场文化空间,新来者才会发现明显无限的可能性,自然也暗藏黯淡的前景。但是,正像齐格蒙特·鲍曼(Zygmunt Bauman,1998)提醒我们的那样,在主动与被动流动亦即旅行者与流浪者、旅行者与避难者之间,存在着两极分化。① 这种"流动性的全球等级"是权力予夺在全球与地区再分配的组成部分,也是社会阶层的重新划分(restratification)。(鲍曼,1998:70)换句话说,有的流动者比其他的流动者更能利用灵活的公民身份,对流动中的移居者可以进行不同的管理与控制。

自 1980 年代初以来,美国、加拿大与澳大利亚为了重新管制自亚洲国家涌入的越来越多的人流,已经引入了新的签证类型。这种移民管制,策略地回应了新经济对资本与专业人才涌入的需求。所以,在亚洲的管理与专业人才凭借合法文件抵埠的同时,那些拿不到合法身份文件、身无分文、无一技之长的农民,则必须选择更为艰辛、花钱更多的途径。我将对比流入加拿大与美国的移居者,加拿大的兴趣似乎主要在于吸引亚洲投资人以逐步建立完善的地产市场,美国的移民模式则是为加利福尼亚招募企业投资者与知识工人。与此同时,两个国家都无法控制非法的、低技能流动工人的急剧涌入。所流入的美国目标城市,在程序管制与实质管制之间所产生的冲突,是移居者从不同途径获得权利与文化身份的条件。

---

① 鲍曼似乎是站在流动性的等级之外,对流动与地区化之间的冲突进行定位。中国移民及其家庭中极性(polarity)与权力的不平衡,这一方面的民族志描述,见翁爱华、诺尼尼(Nonini),1997。

脱籍居民与流往温哥华的漂浮棺材

按人头计算,加拿大比其他国家接收了更多的移民。1980年代初,加拿大的"商业移民计划"便开始吸引香港与台湾的商业移民,并细分为"个体经营者"、"企业家"与"投资者"等几类。绝大多数亚洲资本与商业移民流入了温哥华,市政府为每一位企业家移民商业设定了至少15万加元的投资额度(希望他们能够雇佣更多的工人),而投资者移民则必须在不列颠哥伦比亚省的企业中投资至少35万加元。(商业移民处,1998)在整个1980、1990年代,香港人为温哥华地产业带来了大约20亿美元,将这个安静的英国港口有效地改造为环太平洋地区人口稠密的大都市,到处可见中国人的巨兽屋(Mcmansions)。(米切尔[Mitchell],1997)在这个有着二百万人口的城市中,三分之一都是亚洲人,中国人则总计占到了人口的20%。对于该市的环太平洋地区特征,有个笑话说:日本人想买温哥华,但中国人不卖。将温哥华与香港联接在一起的家庭与企业网络的加速发展,产生了一个新的全球化空间;在这个空间中,温哥华更多地与亚太地区联系在一起,而不是与不列颠哥伦比亚省,或是加拿大的其他地区联系在一起。

将签证用作一种承认亚洲企业家与学生身份的工具,有效地将那些不名一文、无一技之长的流动工人拒之门外。但是,对于这些不速之客,加拿大法律也存在漏洞,它有为难民提供庇护的慷慨法案，还有为穷人提供慷慨福利服务的法规。所以，成千上万的中国非技术移民设法无签证入境。据估计，每年大约有5000人飞抵加拿大，他们撕毁自己的身份文件，并寻求庇护。其他人则选取迂回的入境渠道。1999年4月，两船没有正式身份文件的中国福建人，被留在温哥华附近。海岸警卫队实施逮捕时，这些人辩称自己是难民（以中国的计划生育政策或宗教迫害为借口，因为很多福建人都是基督徒），请求庇护。很多近期抵埠者的经历，也同样富有戏剧性。同样来自该省的一些中国移民，每人支付大约三至五万美元，藏在集装箱船中偷渡出境；这些集装箱船被称为"漂浮棺材"，因为有些人没能从航行中生还。2000年1月，另一具装有18位幸存者的"漂浮棺材"停靠在西雅图。西雅图与温哥华的跨境交通十分繁忙，难民大概是寄望由此潜入加拿大，因为抵达美国的偷渡者更容易被驱逐出境。① 总而言之，1998年至2000年，有超过200人藏在驶往加拿大、美国港口的集装箱船中时被抓获。② 其他试图逃避拘留的非法移民则从秘密渠道入境，他们被束缚在"契约仆役"（indentured servitude）中，得向"蛇头"或偷渡组织付清债务。

　　抵达温哥华的非法中国移民潮，在那些商业阔佬移民中引发

---

　　① 对回国后可能遭受的迫害，偷渡者必须能够编造出合理的忧惧。1月，美国将250名偷渡者遣返中国。见"偷渡者的死亡选择：集装箱船"，《纽约时报》，2000年1月12日。
　　② "漂浮棺材中的三个星期"，《旧金山新闻》（*San Francisco Chronicle*），2000年1月12日。

了厌恶与恐惧,引发了没有预料到的身份危机。对这些富裕的香港人而言,他们帮忙把这个前世界商品交易地改造为商、住摩天大楼的中心,而他们作为加拿大新企业家的形象,却遭到了穷困的中国大陆移民的损害;后者中的很多人并不来自亚洲同一地区,代表了前者希望与之撇清的落后状态。合法与非法移民、受欢迎的企业投资者与不受欢迎的非法劳工之间的紧张态势,加剧了社会上对反华情绪的恐惧。在最近的一次公众争论中,一位华裔加拿大活动家说道:"他们是工人、农民。我们是瞧不起他们的香港中国人、加拿大中国人与台湾中国人。他们觉得那些人冲淡了他们的共同体。"①一位来自台湾的律师则注意到,政府提高了商业移民获得签证的现金额度。他说:"感觉我们正在踢开商人、接纳船员。移民制度并不明智。我们伸手推开那些能够对加拿大有所帮助的高素质人才,却接纳那些寄生虫。"当香港企业界精英参加研讨会,更多从社会与美学的角度思考不列颠哥伦比亚省邻人之谊(neighbourliness)与多元文化主义(multiculturalism)、遵守商业与地产市场的管制时,他们却认为那些非法的中国新来者必须屈服于削减福利国家的管制。所以,两套治理理性的冲突——一方面是新自由主义移民模式,一方面是重视人权的自由民主价值观——突显了加拿大对谁应获得公民身份的认识的新的不稳定性。

---

① 下面对中国移民不同类属间冲突的说明,引自詹姆斯·布鲁克(James Brooke),"中国人滥用移民法扰攘温哥华",《纽约时报》,1999 年 8 月 29 日,A6。

认为"高素质"中国人才适于代表加拿大公民身份的坚决主张,因他们在冬季的长期缺席而受到某种程度的削弱。香港人秋天飞往亚洲,这种再度迁移清空了温哥华海岸的公寓大楼。许许多多的公寓窗户一律掩上了窗帘,海港景色露出了死寂的面容。这些"脱籍居留者"(resident expatriates)是新世界主义公民身份的象征:全球化过程为其煽风点火,但以种族划分与生活方式为其媒介。① 所以,当公民身份一如既往地建立在法律地位、产权主体基础之上时,如今超级流动的世界主义因素也同样备受青睐。香港商业精英已经逐渐体现了与其经济、社会与文化资本相对应的形式,这种种族划分与阶层之间的新融合则使得他们有资格成为"高素质"的加拿大人。其结果,似乎是一种倒转过来的香港化,是重新想象(reimagining)香港的中英世界主义,跨太平洋地区企业家的推动力,无力阻止的非法入境逆流,如此让人缅怀太平洋两岸的殖民时光。

高科技领域的"太空人"、技术移民与非法移民关系网络

当不列颠哥伦比亚省因殖民地理(geo-colonial)网络而振兴时,硅谷则作为高科技全球化的一个部分,以极其兴奋的速度,试验了人、工业与都市规划的新联合。高科技领域是老牌工业僵化

---

① "脱籍居留者"一词由卡普兰(Kaplan,1998:101)发明。将世界公民身份视为建立在居留而非国籍基础上的相关讨论,见德兰迪(Delanty),2000:51-67。

状态的对立面。(萨克森安,1996)这里为企业精神(entrepreneurialism)、网络化(networking)与灵活性提供了极为自由的条件,也为新的管制实践不平等分配利益提供了丰富的机会。这里,我只能谈到惠待香港、台湾、中国大陆、印度的亚洲精英移民的三套管制实践。"太空人家庭"(astronaut families)、高科技专家与高科技合同工人的道路,或许在高科技工业及其周围郊区有所交集,但是,他们代表了将亚洲与北美联系在一起的跨国网络经济中的不同移民模式。

"太空人家庭"

"太空人家庭"现象是晚期现代的一部分,通过获得多重护照的跨国实践,既利用又颠覆了治理术的政治空间理性。我在其他地方也曾指出,从一开始,香港 émigré(移居国外者)就善于在共产党统治的风险、抓住中国急速发展的经济中的致富良机之间做出平衡,现在又成为跨太平洋地区通勤的规范化部分。从香港的角度看,他们是穿梭往返于分列于太平洋两岸的生计与家庭的"太空人"。从北美的角度看,他们是带给环太平洋投资的脱籍居留者,有时候还是那些对在变化的经济中获得机会心存忧惧的美国少数民族怨恨的靶子。有的人将我的"太空人"形象误读为工具理性的代表(agents),我却认为这些"太空人"更像是自反性的现代主体,这个风险多元化的世界使得人们在不同国家空间中拓展机会时,必须将那些看不见的、意料之外的(unintended)因素算计在内。① 所以,将香港与加利福尼亚联接在一起的家庭、工作网络,产生了一个流动空间,那里,不同国家的移民法规以一种风险与保险相互依存的辩证关系而灵活加以运用。

灵活公民身份策略的各种意外后果,就包括四分五裂的忠诚感的激增——忠诚于加利福尼亚的家庭,忠诚于中国的公司,忠诚于国家民族(地方化的中国人特性[Chinese-ness]),忠诚于新的环境(文化多元的加利福尼亚)。家庭的分散、家庭与工作活动在许多地点的碎片化,已经产生了一种文化错位感。香港母亲带着孩子生活在优渥的郊区,获得教育资本,有时间争取居留权,却往往不能与华裔美国人认同,后者是早期移民加利福尼亚的后裔。一些人积极与美国教育体系开战,为的是保证自己的孩子获得混合的文化资本,如高等教育规范、音乐与体育活动,但也还有加利福尼亚的普通话课程与中国烹饪;这将持续种族化(ethnicize)并显示他们的世界主义公民身份。其他人则在低档餐馆、老男孩学校俱乐部、网球场、麻将桌上主动创造"小香港"文化。商业移民与其家人频繁返回香港,那里的生活被认为更令人兴奋、更复杂精细,比起沾沾自喜的加利福尼亚郊区生活来,呈现了更多真正的生活品质。管理精英们实时体验着香港与加利福尼亚,但就文化共鸣与归属感而言,这两个地方仍然具有不同的

---

① 贝克注意到晚期现代化中社会的"自我损毁"(self-endangerment),包括风险的内在多元化、确定性的历史性丧失,而确定性唤起了对风险计算理性的疑问。不是工具理性,而是看不见的、意料之外的理性,"成为社会历史的发动机"。(贝克,1994:181)

世俗品质、不同的意义重量。穿梭往返于太平洋,从来都不单单是基于商业目的;这种流动已经变成了一种必须,激活了他们存在的两极之间的种族身份那种分而再合的辩证关系。而这种必要的灵活家庭模式,与市场流动性的理性相互作用,日益削弱了由国籍所定义的公民身份的观点。在流动空间中,不同的法律身份,以及对社会、文化资本的占有,使得这些世界主义移民能够建立一个与流动空间联系在一起的种族化的世界公民身份;而这种公民身份,对于那些有着相同的种族划分、居住在相同地区的其他人来说,却绝不是同样唾手可得的。

种族化的专家网络

在香港商业移民大多关心居留权与商业财产时,亚洲其他的脱籍居留者则成为重要的社会、文化力量,因为他们位于已然主宰了北加利福尼亚经济的计算机工业增长的中心地带。1980年代,高科技工业发展的最初几年,公司雇佣那些国内的、由美国高校培养的台湾人与印度人。许多美国培养的亚裔工程师、程序师、风险资本家,已为整个工业的增长作出了贡献。但是,为了使得专业人才的增长跟上经济快速发展的速度,计算机工业向联邦政府施加压力,要求将引进外籍技术工人的数量提高至65000人。根据 H-1B 签证计划,骨干技术工人可以在国内待至六年,但是如今他们为美国公司工作的同时,则有申请永久居留权或曰"绿卡"的自由。很多计算机移民,来自亚洲、欧洲与中国;但大多数科技公司,如惠普、英特尔,工程师队伍的三分之一则由来自台湾、印度的技术移民组成。(萨克森安,1999)如今,台湾专家与资本家成为硅谷社区的重要组成部分,如森尼韦尔市(Sunnyvale)就拥有台北政府出资兴建的"台湾文化中心"。印度的工程师、程序师,也遍布在至少是中产以上阶级较为集中的郊区城市,如弗里蒙特(Fremont),那里有印度的庙宇、商店与娱乐中心。

1990年代期间,外国出身的企业家也开始创建许多上市科技公司,台湾人创办了超过300家私人公司。中国人的公司主要集中于计算机与电子硬件的制造与贸易,印度移民开办的公司则专营软件与商业产品。(萨克森安,1999)许多台湾人公司利用种族与专业网络,与台湾的新竹工业园建立起伙伴关系,引发了一个横跨太平洋的互利互惠的产业升级过程。此外,还有成千上万的台湾脱籍居留者重返台湾,却与硅谷的伙伴每天保持联系,有的人几乎每月都会造访美国。这些北美的脱籍居留者是其家乡的回国人员,但其与家庭、商业的联系,又使得加利福尼亚成为另一个家乡。印度的高科技专家,则较少从事于台湾企业家的这种空中流动。

所以,计算机与信息工业的增长已经催生了亚洲技术工人与企业家的流入,他们的存在、人际网络与文化兴趣,已经有效地将新的企业公民(corporate citizenship)种族化。但是,所有的脱籍居留者,不管是中国人,还是南亚人,他们都享有通过地方投资或是受雇于美国公司而获得公民权利的机会,并且能够在价位极高的房地产市场上买得起住宅。公司帮助他们安顿下来,让他们的孩子在郊区上一所昂贵的好学校。由专家移民拥护团体所提交的一份乐观报告提到,主要来自亚洲、拉丁美洲、加勒比的新移民正积极拥抱美国生活方式,这依据的是四个方面的指数:掌握英语、自有住房、成为公民、婚姻跨越种族界限,加利福尼亚的情况尤其如此。①

面向硅谷的"人力商店"

与那些享有特权的公司阶层相比,如今也出现了合同技术工人的新潮流,他们在工作条件或是获得合法身份方面,却没有得到同样的保护。所谓的"人力商店"(body shop)迅速涌现,形成了一个将硅谷公司与班加罗尔或盛产软件专家的其他印度城市联系起来的雇佣链。到了1990年代末,高科技工业签发给外籍雇员的合同签证(H-1B),其中超过半数都是来自印度的专家。②"人力商店"由印度的脱籍居留者经营,已经成了补充高科技工业的关键机构,外籍雇佣劳工比具有同等资格的美国国民价格更为便宜。台湾与中国大陆的企业家也非正式地招募中国的计算机技术工人,可想而知,他们的人数还会继续增多。换句话说,"人力商店"的移民模式管制了第二级的技术劳动力,他们不能享有脱籍居留者的公民权利。

---

① "移民迅速同化,报告结论",《旧金山新闻》,1999年7月7日。
② "尽管 H-1 方案有所变化,模糊之处依然存在",《旧金山新闻》,1999年9月21日。

尼科拉丝·罗斯（Nikolas Rose,1999）曾用"公民身份的利用"一词,来描述新自由标准宰制公民身份标准的方式。美国的签证手段,直接或间接地管制了商业与专业脱籍居留者的身份,同时也管制了合法与非法的未受什么教育的劳工的身份。中国"太空人"凭借多重护照,处理位于太平洋两岸的家庭生活与经济财产。他们的活动网络推动了资本与商业的流动。硅谷的台湾移民企业家,则代表了另一种形式的"太空人",他们打造了一个与台湾相联系的跨国科技工商业网络。高科技工业也从临时合同工人身上获取利润,后者处于临时的二级技术劳动力市场,容易受到盘剥,也不受公民权利的保护。亚洲（与拉丁美洲）合法与非法的非技术劳工的流入,持续不衰。尽管并非是计算机工业的直接所需,低技能劳工却对整个经济的增长至关重要。各种流动主体——跨国企业家、脱籍居留者、临时性的技术工人、非技术劳工、寻求庇护者、没有身份文件的非法移民等等,演绎了公民身份的不同形态。现在,我将转而探讨工作、共同体、政治的灵活理性,对公民主体（citizen-subjects）的不同利用形态所产生的影响。获得政治、信息与文化资源的不同途径,是否体现了他们对美国新自由主义发展前景之可能性条件的反思呢?

权力的空间化:理性的战略网络

曼纽尔·卡斯特曾经简略地讨论过"流动空间"与"场所空间"之间的相互作用,他集中讨论了城市景观在形塑社会互动时疏导与整合物理要素的方式。(卡斯特,1996:424)他承认:"人们的确还生活在某些场所之中",但"由于我们社会的功能与力量被组织在一个流动空间之中,空间逻辑的结构性支配,从本质上改变了场所的意义与动态"。(卡斯特,1996:424)然而,在卡斯特将分析侧重点放在城市建筑形式空间化的同时,却忽略了决定生活方式与社会交往状况的理性的空间化。如果我们承认自反性现代化意味着新的社会形式的兴起,那么,我们需要追问的是,流动工人的生物权力(biopower)、职业的社会规范、行政管理的需要,这些方面的治理理性如何为各种不同权利的产生与论争提供了舞台。

全球化美国的新景观在加利福尼亚十分明显,加州以政治碎片化、地方自治为其主要特征,还有国际性移民的社会结构,富人、穷人,有技术的、无技术的——技术工业的快速增长加剧了这一强有力的组合。摇动这个万花筒,就可瞥见权力的灵活模式,它形塑了劳工市场、居住区、公民身份本身的观念与实践。

下面,我将讨论在数个地区使得权力空间化的战略机构的三套理性:首先,技术工人重新划分阶层过程中的阶层、国族、种族之间的相互渗透;其次,劳工转包控制与少数民族聚集地(ethnic enclaves)的激增;再次,由生活方式权利所体现的新的以郊区为导向的治理。

新的技术移民市场

斯科特·拉什(Scott Lash)曾经指出,在自反性现代化中,膨胀的工人队伍将会积极活跃在高级服务业,并与信息化产品及服务的用户、消费者、生产者的信息、通讯结构联系在一起。(拉什,1994:128-129)在这种信息与通讯结构中发展壮大的中产阶级工人,"他们在专家系统内的确表现得十分'专家',在这个系统中,他们自身就是信息积累与不断累积的信息处理能力的'节点'"(129)。不过,我不同意拉什所说的这些信息工业中的中产阶级"变成了'奴仆'而非服务阶层,其主要的信息处理劳动不再纳入制造业积累的需要之中"(129)。的确,高科技对海外人才的需求正好吸引了一个价格更为便宜的专家阶层,他们能为信息处理提供必要的服务,需求如此之大,以至于没有什么障碍不能克服。

随着硅谷的飞速发展,高科技公司每年游说美国政府提高合同技术移民,尤其是亚洲移民的数量。这些公司声称,美国高校未能培养出足够数量的合格工程师,跟不上维持技术工业增长所需要的人数。一位亚裔电路芯片制造商抗议说,如果高科技合同工人的签证无法轻易获得,他那样的企业就会无路可走:"我们已经雇佣了加拿大人、法国人、南斯拉夫人。我们的工程师来自台湾、越南。就像是一个小型联合国。"①计算机工业的这些要求正在形塑市场理性,使得骨干技术工人的地位由国族、种族划分而形成,导致了加拿大等地技术工人阶层的重新划分。

"人力商店"已经产生了一个极易剥削外籍技术工人的种类,它为那些技术工人的非法移民提供了机会。"人力商店"的运作,

---

① "一个新加利福尼亚",《旧金山新闻》,2000年2月20日。

像是一个接受二级技术劳动力的中介机构,依靠印度的招聘人员去发掘技术工人。一些"人力商店"已经引起怀疑,他们从招聘之初、一直到或许最终会被美国政府驱逐出境,有可能对那些海外工人进行剥削。招聘实践也许包括接受印度那些想要成为合同工人者的贿赂,后者能够买到虚假文件或资格证明。一旦合同工人抵达美国,许多人极易受到"人力商店"与公司的剥削。"人力商店"扣留他们的签证,代他们寻找工作,常常抽取他们的薪水(从25%到50%不等)。

更重要的是,通过扣留工人的签证、许诺最终替他们弄到绿卡,"人力商店"使得流动工人们在不担心危及获得绿卡希望的同时,又能换工跳槽、抱怨非法工作条件,或采取一致行动,就变得十分冒险。[1] 由于害怕失去工作,移民身份不保,"人力商店"的工人们因此被迫成为一种理想化的契约奴仆。一位印度工程师抱怨说,"人力商店""威胁说要把一些人(工人)送回印度,如果这些人得不到合同(在高科技公司工作)的话。那些工人都掉泪了。他们吓坏了,不好意思回家向家里人要钱或是寻求帮助"[2]。获得公民身份的愿望,被当作武器用来否定这些骨干工人的公民权利。

尽管有报告说这是对法律体系的滥用,硅谷的行政主管还是

---

[1] "欺诈问题:硅谷奋力争取更多外籍工人,不顾联邦调查",《旧金山新闻》,2000年9月21日。

[2] 大卫·培根(David Bacon)、朱蒂·戈芙(Judy Goff),"法律不应允许高科技工业进行契约移民",《旧金山新闻》,2000年9月9日。

坚持强调需要外籍专家。劳工组织认为,真正的问题不是缺乏符合条件的美国人,包括那些非洲裔美国人与拉美裔美国人,而是这些公司不太容易找得到愿意接受其所开薪资水平的工程师与程序师。由于成千上万的计算机程序师招聘自海外,计算机工人的阶层身份(class identity)几乎清一色都是南印度人,他们没有安全感,是靠临时工作执照雇佣来的临时居民。比起那些脱籍居留者而言——他们很多人来自同一个国家的同一个种族,享有合法的途径与文化权力,这些持临时签证的专家则得不到同样的保护。与此同时,有资格的土生土长的美国少数族裔,则因这些临时的外籍专家出现在技术工业领域而被边缘化。硅谷公司也依靠拉美裔与非洲裔美国劳工,但是并未将他们整合为技术工人。很明显,新自由主义的要务,并不包括对土生土长的美国少数族裔进行投资或是训练,而是更愿意用流动的外籍契约专家劳工这一模式,作为"重新管理"(remanagerize)变化急速的计算机行业风险的手段。

面对政府机构用临时执照来管制流动工人,什么才是合同工人的本质需要呢?一些美国劳工组织想彻底取缔"人力商店",主张技术工业花钱去训练美国人,尤其是那些美国少数族裔。其他人则认为,要制止对流动工人的剥削,首先应该允许他们为不同的老板工作。合同工人如果换老板,或是丢掉工作,也就失去了获得移民身份的机会。通过废除这些限制,合同工人就能争取自己的权利,而不用担心无权获得公民身份。① 但是,高科技合同工人处于种族化层级的最顶端,加利福尼亚各种移民的管制与管理已经日益强化了这种层级分化。

少数民族聚集地:转包工作与社会控制

硅谷高科技工业家与超级移民英雄的神话故事,仅仅是突出了那些穷人、非法低技能劳工的困境,他们受雇于各种低薪工作,如电子工厂工人、制衣工人、办公室清洁工、旅馆服务员与看门人、餐馆超市的服务员、农业工人、家庭女佣,这些工作对于维持"加利福尼亚的高品质生活"至关重要。斯科特·拉什认为,将城市内部的非洲裔美国人排斥在信息与通讯结构之外,注定这些少数族裔聚居区的年轻人只能从工人阶级向下流动。(拉什,1994:132-133)身处重组后的灵活经济中的低技能流动工人,由于缺乏进入公民社会(civil society)机构的途径,这种隔绝状态还会进一步加剧。例如,非洲裔美国工人,几乎没有人意识到网络公司也有不需要大学学位的好工作。这往往是过多依赖种族人际网络以寻找工作的结果,而种族中那些有势力的掮客,则熟练操纵牢固的社会控制手段,将无一技之长的新来者定位为廉价的、极易利用的劳动力。为了降低成本,美国商人将工作转包给更小的美

---

① 比尔·克林顿在卸任美国总统前夕,签署了允许合同工人更换工作、不必担心危及获得公民身份机会的法令。

国公司,如电子装配厂、成衣血汗工厂、食品加工中心等等,其运转方式更为灵活,因为他们雇佣的是不受政府管制的工人。进一步了解这些种族关系网络,就会发现亚洲人经营的电子公司从那些无知无识、孤苦无依的无技能移民身上捞取油水。

在南加利福尼亚,中国人的成衣血汗工厂被曝光,他们雇佣非法移民(亚洲与拉丁美洲)缝制品牌服装,按照每天工作10小时、每小时3美元的价格(加利福尼亚的最低工资是每小时5.75美元),而且没有加班费。1995年披露的另一个著名案例,一家艾尔蒙特市(El Monte)的血汗工厂则强迫泰国与拉丁美洲移民以每小时70美分的价格工作。据劳工部估计,洛杉矶大约15万制衣工人中至少有60%所得报酬过低,但是工人之间的语言障碍妨碍了工会的成立。① 那些出现在硅谷的成衣血汗工厂,也有类似的劳动违法现象。一位亚裔美国人开办的电子工厂及其转包人,被指控支付给东南亚移民的薪水过低,工人们既在工厂工作,也把工作带回家中。计算机配件的大量需求,促使许多计算机公司将工作外包给东南亚移民,女性在家中按件计酬。这种实践在两个方面违背了州政府的法律:在家工作者的总收入没有达到政府的最低工资要求,加利福尼亚也不允许电子配件工人在家作业。② 总之,硅谷公司的12万越南裔美国人中,大约有45000

---

① "BCBG扬名成衣血汗工厂",《亚洲周刊》(Asiaweek),1999年8月。

② "高科技低工资:两家硅谷公司被控违反劳工法",《亚洲周刊》,1999年12月23日。

人受雇为装配印刷线路板的临时工人没有任何法律保障。

在极端的情况下,种族工作网络、少数民族聚集地能够对那些渴望在熟悉的、不以熟练掌握英语为必要条件的环境中寻找工作的同族移民,施加决定性的影响。邝治中曾经描述了纽约唐人街这一少数民族聚集地盘剥没有身份文件的福建移民的情况,他们欠蛇头的债,必须在不合规范的工作中辛苦劳作数年,直至付清债务。邝治中说:"然而,少数民族聚集地是一个陷阱。不仅移民们注定从事永久性的转包工作,这些少数民族聚集地的社会与政治控制权力,也是再次转包给那些种族精英,他们为整个社区制定自己的法律与工作标准,从未受到美国当局的任何监督。"(邝治中,1997:10-11)换句话说,少数民族聚集地模式允许新的富裕移民为那些非法同胞创造成为契约奴仆的条件,这不同于前几代移民的少数民族聚集地,成为契约奴仆并不必然是向上流动的进身之阶。许多无一技之长的移民,极易遭受同胞老板的剥削,他们语言上存在障碍,害怕被驱逐出境,很难闯进更广阔的、无技能的二级劳动力市场。这些工人没有救济金,或许就像是在中国或巴西工作。

加利福尼亚少数民族聚集地剥削的最生动例子,是餐馆与超市行业,这些行业发展极快,为富裕的亚洲脱籍居留共同体服务。"美加"(Mega)连锁超市利用亲属、语言与文化权威来控制与剥削亚洲移民工人。食品业暨零售业联合工会(United Food and Commercial Workers Union)试图将种族化连锁超市中报酬过低的工人组织起来的努力并不理想,因为业主雇佣亲朋好友,将亲属关系调动起来作为灌输工人忠诚度的手段。一位讲广东话的工会负责人说道:"在中国文化中,雇主的权威有如老师、父亲。这样一来,你就没办法让工人去挑战他们。还有,我想部分也是因为矛盾与冲突不太受推崇。我与一位工人谈话,他说:'我们在一个新国家。我们不想惹麻烦。'"①

私人关系与惯于诉诸传统二者相互交织,掩盖了缺乏荣誉感与多样性的亚洲移民主体——他们其实并未受到同一套集体记忆的束缚。但是,强制性的规范期望(normative expectation)(吉登斯[Giddens],1994)与将低技能移民规训为契约奴仆的市场理性纠缠在一起。正如尼科拉丝·罗斯所指出的那样,在高级自由主义(advanced liberalism)中:"个体因其自由而受到治理,不是作为古典政治经济学中的孤立原子,也不是作为社会的公民,而是作为效忠不同种类共同体的成员,作为以一种概念化的、管理人际关系的新方式而兴起的'共同体'。"(罗斯,1996:41)

硅谷的劳工市场像是一个沙漏,从隶属于不同管制体系的移民潮两端吸纳工人。持临时签证的外籍知识工人组成一个共同体,但是他们有专家,还有劳工组织的支持,他们能够为自己作为工人或未来公民的权利而战斗。卑微的无一技之长的流动工人,则被整合进少数民族聚集地,它实质上是自我治理的共同体,很大程度上未受到法律规范。这些不同的流动工人共同体已经重

---

① "工会试图组织硅谷越来越多的越南工人,却发现风俗、语言与文化成了拦路虎",《硅谷周报》(Metro, Silicon Valley's Weekly Newspaper),1999年9月16-22日。

新国籍化(renaturalize)、重新分割了劳动力市场,使得职业身份具有浓重的种族特征,并产生了具有不同权利资格的共同体。在这一政治碎片化的过程中,那些富人们在其新的家乡又有哪些主张呢?

生活方式的权利与郊区层面的政府

或许,新来的商业与专业人才精英,是最有可能做出那些既追逐好生活又持续表达其不满的选择的移民。毫不意外,商人算盘流露了他们用以思考公民生活的方式。无论再次将家庭安顿于何处——澳大利亚、新西兰、加拿大、美国,"太空"企业家都执著于他们所谓的"好教育、好生活、政治稳定"。当移民"通过选择行为将其生活质量最大化,甚至他们的人生意义与价值,也可以被理性化为选择或被选择的结果"(罗斯,1996:57)时,他们就是高级自由主义的理想消费者主体。当家庭与经济理性促使他们做出移民决定,将移民视为消除普遍的无保障性、以安全为重的一种策略时,消费者对公民身份的选择就简化为一种关心"生活方式"的单一问题。在硅谷,商业移民主要关心的是买一所好房子、让孩子进一所好学校,高收入的高科技工人则似乎更注重诸如税收、良好环境等其他生活方式问题。就像商业移民一样,许多亚洲移民在意识形态上属于保守派,他们在 2000 年总统选举中支持共和党候选人乔治·布什,因为他承诺减税,但是他们也担心他对高等教育缺乏兴趣。一位华裔母亲,某富庶郊区的师生联合会主席,说道:"减税固然很好,但我觉得不太可行,看看高速公路与教育体系的情形就知道了。我想,选民们更愿意在高质量的教育体系和公路建设上面多花点钱。"亚裔美国人的负责人,则提议劝说亚裔美国人支持以"信息高速公路"为口号的总统候选人阿尔·戈尔(Al Gore)。① 尽管如此,对共和党的支持还是实质性的,因为该党不主张政府干涉私有企业,而且限制对公司的集体诉讼。无论支持哪个党派,主张公民身份应针对地方都是他们的普遍态度。高科技公司重镇库布提诺市(Cupertino)的一位亚裔美国议员说道:"那些注意并关注我们呼声的候选人,才是我们最终投票支持的候选人。"②换句话说,在硅谷打拼的企业精英,表达了对威胁企业、个人财产与人身安全的忧虑。"住房业主联合会"已经迅速发展而为一种主权的地方化形式,人身、家庭与个人财产安全这些单一问题,在一个自由流动的、没有保障的时代至关重要。③ 但是,他们在追求好生活、保护自己免于不确定性伤害时所需要的灵活性,却是以其他人生活穷困、无保障性与日俱增为代价的。

例如,与那些门禁社区(gated communities)、富裕的新来者及硅谷高科技精英的私有化价值观相比,普通工人阶级,很多人

---

① "一个新加利福尼亚",《旧金山新闻》,2000年2月20日。
② "一个新加利福尼亚",《旧金山新闻》,2000年2月20日。
③ "在这一过程中,对'安全'的关注——多半减缩为担心人身和个人财产安全的单一问题,'大大超出负荷',因为人们对当代生存其他至关紧要的方面——无保障性和不确定性,也充满了焦虑。"见鲍曼,1998:5。

也是新移民,不得不奋力应付公共支持减少、不确定性日渐增加的景况。硅谷心脏的圣何塞市(San Jose),就存在严重的住房短缺。该市将数百万元花在了市政改造上面,花在了吸引中产阶级专业人才、高科技企业的再发展计划上面,工人阶级每况愈下的处境却遭到了忽视。① 成千上万的普通工人不得不花很多时间乘车上下班,因为他们买不起硅谷的房子。一则坊间故事,说的就是挣 45000 美元的人不得不睡在他的汽车里。越来越多的工人无家可归,一些人在巴士或当地收容所过夜。年轻富裕的专业人士(既是移民也是市民)与工人家庭之间日益加剧的鸿沟,已经波及到北加利福尼亚。所以,旧金山长期移民家庭的所在地段,被攀升的地产价格所取代,这座城市本身已经变成了"硅谷的卧室、办公室与洞穴的混合体"。②

在应对公司全球化、日渐加剧的流动这一过程中发展起来的各个地区,构成了一种权利竞争的地形:有资本有技术的移民寻求个人与公司安全的最大化,同时削减对其工业所依赖的那些临时的、支付薪酬不足的流动工人的社会保护。我们已经出现了"以居留为基础的补充性的公民身份(supplementary citizenship)",它在人口、社会、经济剧烈变化的过程中,甚至是在

---

① 据一份 2000 年的报告估计,到 2010 年,硅谷大约有 46000 套住房缺口。圣何塞当局计划为低收入工人、无家可归者修建低价住房,以及在市内设置双倍的收容床位。"圣何塞市长成立住房危机小组",《旧金山新闻》,2000 年 9 月 14 日。

② "旧金山教会区反对 dot-com 热",《纽约时报》,2000 年 11 月 5 日。

剥夺普通老百姓与贫苦移民的公民权的过程中，创造了一个安全岛。①

分裂的世界主义

本章，我通过细察治理流动空间的流动模式，细察治理导致世界主义分裂的场所空间的不同理性，触及到了全球的美国这一主题。有特权的移居者——投资者、经理人、专业人才，已经将分裂效应引入到世界主义的观念之中。这些流动的高科技人群从几个方面来看都是世界公民：他们拥有穷国、富国都需要的人力资本；无论其技术身份是不是美国公民，他们都因受雇于第一流的公司而踌躇满志。世界主义的资本与特权如此集中捆束在特定的高科技领域，已经在整个国家版图内产生了一种不平等分配公民权利与义务的网状模式(cellular patterning)。世界主义特权在新自由主义美国的分裂，向不加批评地接受世界主义方案、认为世界主义是对全球化及其不满的肯定回答，提出了挑战，有的学者，如戴维·赫尔德(David Held)，对民主形式的激增持审慎的乐观主义态度，他认为与民主形式相伴而生的是空间联系的拓展与深化，还有日益增强的"命运共同体"意识。(赫尔德等，

---

① 杰拉德·德兰迪认为，欧盟的形成已经产生了以居留为基础的后国家主义公民身份法典，公民身份可以独立于国家而存在。(德兰迪，2000：120)这里，我借鉴了他以居留为基础的公民身份概念，来突出跨国精英几乎纯由市场驱动的权力与社会性。

1999)然而,我们需要检验那些毫无根据的乐观主义——其将这种"差异性全球世界的新公民"视为迈向"全球治理"的第一步。

不过,当我们将高科技人群视为促使跨国联系稠密化的中介时,问题在于,灵活公民身份的特权是否可以与实质性的公民义务联系起来。目前仍未有系统的经验证据能够表明,多国中介的交叉网络,或是公民教育的培养,能够促使政府或企业更为切实有效地负起责任来。肯定世界主义的倡导者没有看到治理的层面,没有看到全球或国家层面之下的分裂的世界主义。他们没有注意到,移民模式与空间化的技术权力如何形塑了不同移民群体属性及其权利要求的标准与可能性。经验性实例已经表明,当代的市场活动与管制状况加剧了政治空间的碎片化,削弱了公民与其广阔社会之间的关系,削弱了嵌入在不同公民身份坐标轴上的不同流动群体(专业人才与低技能工人)之间的关系。

建立在居留与市场准则基础之上的世界主义公民身份,加深了民主制在代表冲突的利益群体、所有公民不平等参与政治方面的缺点。正如杰拉德·德兰迪(Gerard Delanty)曾经指出的那样,面对公民身份的全球化分裂,需要从政治、社会的不同层面进行回应。(德兰迪,2000:136)就地方而言,世界主义公民身份只有再次建立起与共同体的联系,才能哺育民主制度。全球化已经将公民身份交还给了城市。对民主制度而言,不是由多国治理的模式独断地许诺世界公民身份,而是有必要在一个有限的世界主义公共领域中,在联接我们这个全球化世界的某一个交节点上,重新发明一种社会性与公民社会的新形式。

参考文献

阿尔让·阿帕杜莱(Arjun Appadurai),1995,《普遍的现代性》(*Modernity at Large*),明尼阿波利斯(Minneapolis):明尼苏达大学出版社(University of Minnesota Press)

齐格蒙特·鲍曼(Zygmunt Bauman),1998,《全球化:人类的后果》(*Globalization: The Human Consequences*),纽约:哥伦比亚大学出版社(Columbia University Press)

乌尔里希·贝克(Ulrich Beck),1997,《工业社会的自我消解与自我损毁》(Self-Dissolution and Self-Endangerment of Industrial Society: What Does This Mean?),收入乌尔里希·贝克、安东尼·吉登斯(Anthony Giddens)、斯科特·拉什(Scott Lash)主编,《自反性现代化》(*Reflexive Modernization*),斯坦福,加利福尼亚(Stanford, CA):斯坦福大学出版社(Stanford University Press)

商业移民处(Business Immigration Office),1998,《企业家移民》(*Entrepreneurial Immigration*), http://www/ei/gov.bc.ca/immigration

曼纽尔·卡斯特(Manuel Castells),1996,《网络社会的崛起》(*The Rise of the Network Society*),牛津:Blackwell

斯蒂芬·卡斯尔斯(Stephen Castles)、阿尔斯泰尔·戴维森(Alastair Davidson),2000,《公民身份与移民:全球化与归属政治》(*Citizenship and Migration: Globalization and the Politics* of Belonging）纽约：Routledge

杰拉德·德兰迪（Gerard Delanty），2000，《全球时代的公民身份》（Citizenship in a Global Age），米尔顿凯因斯（Milton Keynes）：开放大学出版社（Open University Press）

彼得·迪肯（Peter Dicken），1998，《全球性转变：重塑世界经济》（Global Shift: Transforming the World Economy），纽约：Guilford Press

米歇尔·福柯（Michel Foucault），2000，《权力》（Power），收入詹姆斯·福彬（James D Faubion）主编，罗伯特·赫尔利（Robert Hurley）等译，《福柯文粹：1954-1984》（Essential Works of Foucault: 1954-1984），纽约：The New Press

安东尼·吉登斯，1994，《活在后传统社会》（Living in a Post-Traditional Society），收入乌尔里希·贝克、安东尼·吉登斯、斯科特·拉什主编，《自反性现代化》，斯坦福，加利福尼亚：斯坦福大学出版社

柯林·戈登（Colin Gordon），2000，"导言"，福柯，2000：xi-xli

戴维·赫尔德（David Held）、安东尼·麦克格鲁（Anthony McGrew）、大卫·戈德布莱特（David Goldblatt）、乔纳森·佩瑞顿（Jonathan Perraton），1999，《全球变革：政治、经济与文化》（Global Transformations: Politics, Economics, and Culture），牛津：Blackwell

詹姆斯·霍斯顿（James Holston）主编，1999，《城市与公民身份》（Cities and Citizenship），达勒姆（Durham）：杜克大学出版

社(Duke University Press)

罗伯特·卡普兰(Robert D Kaplan),1998,《荒野帝国:走进美国的未来》(*An Empire Wilderness: Travels into America's Future*),纽约:Vintage

邝治中(Peter Kwong),1997,《非法工人:华人非法移民与美国劳工》(*Forbidden Workers: Illegal Chinese Immigrants and American Labor*),纽约:The New Press

斯科特·拉什,1994,《回应与批评》(Replies and Critiques),收入乌尔里希·贝克、安东尼·吉登斯、斯科特·拉什主编,《自反性现代化》,斯坦福,加利福尼亚:斯坦福大学出版社

凯萨林·米切尔(Katharyne Mitchell),1997,《跨国主体:环太平洋资本时代的文化公民》(*Transnational Subjects: Constituting the Cultural Citizen in the Era of the Pacific Rim Capital*),收入翁爱华、诺尼尼(D Nonini)主编,《虚幻帝国》(*Ungrounded Empires*),纽约:Routledge.

凯萨林·米切尔、克瑞斯·奥尔兹(Kris Olds),2000,《环太平洋地区的中国商业网络与地产市场的全球化》(*Chinese Business Networks and the Globalization of Property Markets in the Pacific Rim*),收入杨伟聪、克瑞斯·奥尔兹主编,《中国商业公司的全球化》(*The Globalization of Chinese Business Firms*),纽约:St Martin's Press

翁爱华(Aihwa Ong),1999,《灵活的公民身份:跨国性的文化逻辑》(*Flexible Citizenship: The Cultural Logics of*

Transnationality),达勒姆:杜克大学出版社

——2000,《东南亚国家主权的渐变》(Graduated Sovereignty in Southeast Asia),《理论、文化与社会》(Theory, Culture, and Society)17(4)(8月):55-75

翁爱华、诺尼尼主编,1997,《虚幻帝国》(Ungrounded Empires),纽约:Routledge

尼科拉丝·罗斯(Nikolas Rose),1996,《治理"先于"自由民主政治》(Governing "Advanced" Liberal Democracies),收入巴里(A Barry)、奥斯本(T Osborne)、尼科拉丝·罗斯主编,《福柯与政治理性》(Foucault and Political Reason),芝加哥(Chicago):芝加哥大学出版社(Chicago University Press)

——1999,《政治中的独创性》(Inventiveness in Politics),《经济与社会》(Economy and Society)28(3):467-493

萨斯基亚·萨森(Saskia Sassen),1992,《全球城市:纽约、伦敦与东京》(The Global City: New York, London, Tokyo),普林斯顿,新泽西州(Princeton, NJ):普林斯顿大学出版社(Princeton University Press)

——1996,《失控?——全球化时代的国家主权》(Losing Control? Sovereignty in an Age of Globalization),纽约:哥伦比亚大学出版社

——2000,《全球化研究中的理论与经验》(Theoretical and Empirical Elements in the Study of Globalization),论文提交于2000年11月18日召开的美国人类学会议

安娜尼·萨克森安（AnnaLee Saxenian），1996，《区域优势：硅谷与128公路地区的文化与竞争》（*Regional Advantage: Culture and Competition in Silicon Valley and Route 128*），坎布里奇，麻省（Cambridge, MA）：哈佛大学出版社（Harvard University Press）

——1999，《硅谷新企业家移民》（*Silicon Valley's New Immigrant Entrepreneurs*），旧金山（San Francisco）：加州公共政策研究机构（Public Policy Institute of California）

亚塞明·索伊萨尔（Yasmine N Soysal），1997，《公民身份的局限：欧洲的移民与后国族资格》（*Limits of Citizenship: Migrants and Postnational Membership in Europe*），明尼阿波利斯：明尼苏达大学出版社

朱迪丝·斯塔西（Judith Stacey），1998，《勇敢新家庭：1990》（*Brave New Families*，1990），伯克利（Berkeley）：加利福尼亚大学出版社（University of California Press）

泰勒（P J Taylor），2000，《嵌入性国家主义与社会科学 II：全球化中的地理学（与元地理学）》（*Embedded Statism and the Social Sciences II: Geographies [and Metageographies] in Globalization*），《研究简报》（*Research Bulletin*），《环境与都市规划 A》（*Environment and Planning A*）32(6)：1105-1114

第九章
记忆的美国化:以大屠杀为例

内森·施茨纳德(Nathan Sznaider)

大约三百年前,约翰·洛克(John Locke)曾用这样一句话来开始他对现代性性质的政治研究:"曾几何时,全世界都是美国的。"世纪之交,我想问的则是,我们是否又回到了全球再度变成美国的年代。本章意在呈现全球化时代集体记忆(collective memories)所采取的独特形式。我的兴趣将集中于美国与大屠杀记忆的特殊含义,或曰集中于那些常被称为"大屠杀的美国化"的现象。

整个1990年代,"全球化"概念,自然还有与之相伴的"美国化"概念,已经引起了与消费、通俗文化盛行有关的公共话语的关注。我们这个时代对全球化的焦虑,重现了仅仅一个世纪之前关于美国化的相同焦虑。彼时和现在,"全球文化"这一主题,都是政治、意识形态与学术论争的主题。很多论争以二分法的方式进行,将民族与后民族模式排列并置:前者将全球化看成是民族价值观念的肤浅替代。这些所谓的"民族价值观念",在后民族时代常被指认为"真实可信"。大众消费的兴起起到了主要作用,因为身份认同跨国模式的存在,多被等同于民族濒临终结。跨民族的消费模式被解读为导致了全球的均质化。所以,在反现代主义者看来,美国代表了所有的弊病:缺乏灵魂、疏离异化、孤独寂寞、极端利己主义。然而,比起食品、服装等商品的消费来,某些东西更为利害攸关。其中的脚本之一,便是在全球化过程与提供集体记忆新形式的政治文化基础之间的联系中写就的;这种集体记忆的新形式,可以说是记忆的消费。集体记忆的独特形式已经显现出来,它不必取代民族记忆、却超越了民族国家的疆界。这一记忆形式是全球的,因为它指涉的是由那些对集体身份提出要求的特殊群体所分享、传播的记忆,不再与特殊性的民族术语捏合在一起,而是与普遍性的全球术语捏合在一起。这里,美国的作用再次显得至关紧要。我认为,全球记忆,主要是身份认同的不同空间模式遭遇时间的动态理解的结果。我将通过所谓的"大屠杀的美国化"来触及这些问题。

大屠杀的美国化

一谈到"大屠杀的美国化",便误解丛生。这个短语与反美话语弥缝紧密;批评家们使用大屠杀被"平庸化"(banalization)、"平凡化"(trivialization)、"迪斯尼化"、乃至"麦当劳化"等等术语。

(科尔[Cole],1999;弗朗茨鲍姆[Flanzbaum],1999;容克[Junker],2000;诺维克[Novick],1999;罗森菲尔德[Rosenfeld],1997;尚德勒[Shandler],1999)此类批评,在美国的犹太人群体中亦不绝于耳,与美国法兰克福学派的批评共鸣,与那些被视为大众文化的现象共振。大屠杀的"工具化"(instrumentalization)业已变成了一种代码字(code word)。很明显,这与宽泛的"情感"(sentiment)批评联系在一起,可以说撕下了那些阶级利益的经济上的、符号性的面具,他们企图藉助不同的信息手段来传播记忆。(芬克尔斯坦[Finkelstein],2000;诺维克,1999)

在我看来,所有这些思想家都相信存在纯粹、完美、先验的记忆,这样的一种记忆,自然不能被那些所谓的美国消费品如肥皂剧《大屠杀》(Holocaust)、电影《辛德勒的名单》(Schindler's List)、乃至"美国大屠杀纪念馆"所呈现出来。然而,记忆,尤其是我们这个时代的记忆,依赖于信息通讯的大众媒介形式。这些形式,有时超越了国家的疆界,有时又与之步调一致。对于不能被束缚于时空之中的大屠杀记忆而言,尤为如此。(汉森[Hansen],1996)

所以,我对于"大屠杀的美国化"的态度,将别取蹊径。我会试着表明,"平庸化"、"平凡化"这些概念在很大程度上与古典欧洲的大众文化批评联系在一起,却对于我们深入理解眼前现象助益甚少。此外,我还想指出,如果细察那些所谓的狭隘主张——即坚持犹太人特性及其相伴随的特殊神宠论,我们将发现,这些主张也带来了普遍性内容的无心之获;而且,那些对于大屠杀被

"迪斯尼化"、"斯皮尔伯格化"(Spielbergization)思深忧远的志士仁人,则看不到这一过程的作用——它是通往大屠杀日益普遍化的大门。因此,用一种社会学的眼光看待美国化,而不是用规范化的眼光看待美国化,就能将这一过程视为一种传播模式。所以,它既不会导致均质化,也不会带来平凡化。相反,通过其在全球、地方/民族层面的渗透,它挑战了特殊主义的基本框架,该框架主要是在美国犹太人群体于1960-1990年间致力于建构明晰的种族身份与美国外交政策目标之间的互动中得以形成建立的。

全球化与集体记忆

这里,首先,还是允许我就全球化与集体记忆之关系的概念上的某些思考略作介绍。迄今为止,绝大多数研究集体记忆的学者,如安东尼·史密斯(Anthony Smith,1995;1998),就认为集体记忆完全是一种民族现象。全球化被认为是对集体记忆的消解,并且代之以非本真的、无根基的替代品。这种认为全球文化殊少记忆的态度,建立在全球文化均质化的概念基础之上。这便将我们带到了第一个问题,即今时今日的全球文化,并非真正的均质文化;全球文化乃一种混杂化(hybridizes)文化,或许是思考的更好的临时起点。(阿尔布劳[Albrow],1996;谢平[Cheah]、罗宾斯[Robbins],1998;吉莱斯皮[Gillespie],1995;里德文·皮尔特斯[Nederveen Pieterse],1995;罗伯逊[Robertson],1995;汤姆林森[Tomlinson],1999)

对于时间而言,亦是如此。与其说全球文化抹掉了地方记忆,还不如说是与之相混合。认为国家乃真实历史唯一可能的存储库,是一种令人惊诧不已的非历史的断言。民族传统现存大量文献资料,很明显,每一民族传统都经历了"创造"的时刻。最具讽刺意味的是,民族文化经受创造之时,那些反对今日之全球文化的同样观点也曾被用来反对民族文化:全球文化是丰富多彩的本土文化的肤浅、虚假的替代品,没有人可以与如此庞大的、与个人无关的表征(representations)相认同。这使得我来到了一个基本的出发点。无论是转向民族、还是转向全球,想象在其中都起到了关键性的作用。本尼迪克特·安德森(Benedict Anderson, 1983)在其经典著作《想象的共同体》中,描述了共同体——尤其是民族——如何在根本上是想象的统一。认为某种根本性的东西存在于其核心,这样一种信念总是有意识的神话建构过程的结果。20世纪初民族国家的兴起,依赖于既存社会运用表征将自己转换为一个新实体的过程,这一新实体直接影响到人们的情感,影响到他们建立自己的身份认同——简言之,即建立一个体能与之相认同的群体。民族的这一建构过程,堪与21世纪初的全球化过程相比拟。相较于先于民族而存在的地区共同体而言,民族就是全球。但,民族并不因此便是虚假的。赋予生存以意义的表征能力与共享的共同体,不是从本体论上、而是从社会学上被决定的。

安德森清楚表明,今日备受抨击的媒介(就民族而言,如印刷术),曾通过图像与话语的不断重复,制造了不可或缺的凝聚力。

而全球化时代,类似的角色则由电子媒介来扮演。新的全球通讯的速度与影像,使得意识共享成为可能,集体记忆因而跨越了版图与语言的界限。如同民族的建构过程一样,新的身份认同不是取代旧有的身份,而是对旧有身份加以改造。所以,如果说民族是真实情感与真正的集体记忆的基础——就像全球文化批评家们所一致主张的那样——便不能认为这些表征是真实经验的肤浅替代品。相反,表征乃真实性之基础。民族、全球同样如此,因为两者都需要一个想象的共同体。

大屠杀记忆

大屠杀记忆的历史——或曰其表征的历史——为我们提供了一个认清全球文化的创造性力量及其社会载体即世界主义的中心地位的绝佳机会。大屠杀业已成为整个战后时期试图将集体记忆国际化的典型例子,我认为,大屠杀在今日则是全球化时代集体记忆的范例。下文将讨论大屠杀对记忆与遗忘问题、对自我理解的普遍性与特殊性之间变动关系的主题化(thematize)。

普遍主义与特殊主义:世界主义与犹太经验

何种群体最适合成为这种全球记忆的载体?我将研究那些不是通过其物理存在、而是通过其作为"世界的他者"(Universal Other)的表征,来促进全球记忆的群体。而且,这一"世界的他者"还被定义为"无辜的受害者"。这里,我关注的是犹太人作为世界主义者的表征。部分原因在于，犹太经验可视为民族主义期间最初的、典型的世界主义。大屠杀之前以及以色列建国之前的犹太人存在，其对领土独立的渴望，与受其他文化的吸引、与其他文化发生纠葛，混合在一起。这种离散侨居(diaspora)的状况，并非源自犹太教本身，而是来自于公民身份、公民社会与文化认同之间的张力。犹太文化不仅与其他文化相混合，犹太文化本身也是文化的混合物。在某种意义上，它是一种将其所汲纳的世界主义混合文化进行"犹太教化"(Judaized)的文化——它使得这些混合的成分融为一体，而不是予以否定排斥。这部分解释了犹太文化何以很适合作为全球现代性的背景模式。离散侨居的经验、流亡生活的经验，是持续不断的共同体生活并不需要一个领土的容器以保护其历史这一现代性主张最明显的例子。与黑人经验相似，在犹太经验中，生活外在于国家民族，并不是什么新鲜事。所以，正如大屠杀这一事件试图摧毁犹太文化一样，不仅是大屠杀记忆，还有大屠杀本身，成为我们这个时代道德关注的中心。这一过程从欧洲来到美国，又由美国回流到欧洲，绝不是偶然的巧合。

从美国可以看出，一个群体的成员资格不必与对国家的忠诚联系在一起。含混性内在于这些联系之中。美国的犹太人可以是任何人：犹太人，美国人，忠于以色列，或者谁的账都不买。不管选择什么，都不会与他们身为美国人相互冲突。多元文化主义的兴起，部分意味着每一种族群体可以坚持其独一无二的历史，并不断试图将这一独特性加以普遍化。随着国家忠诚度的降低，群体的身份认同通过受难遗产而呈现自己。在美国,这明显始于1960、1970年代的黑人与妇女试图通过受难的道德身份来定义自己。我想指出的是,记忆的美国化,尽管往往经由特定的犹太人利益与政治而传播,仍然将记忆从其地方性的、特殊性的堡垒中解放了出来。

美国大屠杀纪念馆前研究室主任迈克尔·贝伦鲍姆(Michael Berenbaum),将大屠杀的美国化界定如下:"用这样一种方式讲述大屠杀故事:它不仅能在纽约的幸存者、在其旧金山的子孙后代中引起共鸣,也会在亚特兰大的黑人领袖、中西部的农民、或是东北部的产业工人中引起共鸣。"(贝伦鲍姆,1990:19)这段话清楚表明,通过将犹太人的受难史与美国现在、未来的机制联系起来,纪念馆在何种程度上可以视为美国犹太人渴望成为主流文化之一分子的例子。然而,与此同时,通过坚持主张其少数民族历史的独特性与特殊性,这里也可见对于差异的推动促进。就像全球与地方一样,普遍主义与特殊主义不必相互排斥。当然,这些问题,都是这一过程中所有相关问题激烈论争的话题。(林恩索尔[Linenthal],1995)

如果考虑到我们今天所理解的大屠杀,在1960年代之前并未在美国公众生活中扮演重要角色,这些发展变化就非常令人吃惊。此前,并没有所谓的"大屠杀"(Holocaust)。只有包括第二次世界大战所有集体屠杀在内的大屠杀,其中也包括对犹太人的集体屠杀。换句话说,600万人最初是包含在6000万人之内的。并不是因为观察家们对犹太人漠不关心,而是因为他们认为这些事件都是致使5000-6000万人丧命的世界大战的背景。纳粹暴行最初被阐释为普遍性的暴行。犹太人则被视为纳粹主义众多受害者中的一个群体。这种态度甚至也稳稳锚定在纽伦堡审判的指控之中。(马鲁斯[Marrus],1998)这也是为何该次审判获得大西洋两岸少数世界主义知识分子支持的原因,如汉娜·阿伦特(Hannah Arendt)、卡尔·雅斯贝斯(Karl Jaspers)、德怀特·麦克唐纳(Dwight Macdonald)等等。这是史上一次规模较小的世界主义时期,与美国作为第二次世界大战战胜国的时日联系在一起,既罔顾广岛、长崎的灾难,亦无视苏联的暴行。它还是一个冷战的时期。

而在1960年代,所有这一切开始发生变化。犹太人组织所发起的运动,正是这些变化的驱动力。所有这些运动都与受害者身份的地位变化紧密联系在一起——从耻辱转变而为荣耀与德义的符号。这与美国"身份政治"(identity politics)的兴起有关,后者将政治修辞的焦点从普遍性关注转变为各个群体与亚文化的特殊要求。正是在这几十年间,"痛苦之声"取代了美国政治中的利益之声,使得第二次世界大战所泛指的大屠杀变成了特指的"大屠杀"。这代表了美国犹太组织的成功鼓吹,他们断言犹太人是这样一个种族群体,由于曾经遭受过最极端的迫害(victimization),所以可以提出特殊的道德要求。在对待战争的所有其他方面上,犹太人的故事与大屠杀逐渐支配了公众的眼球。这一叙事的关键点是1961年的艾希曼(Eichmann)审判,以及1967年、1973年的以色列战争,这一期间,大屠杀成了美国政治论坛为以色列辩护的有效武器。尽管以色列或许是大屠杀意识的最初鼓吹者,但犹太人特殊身份认同的兴起,才最终将大屠杀推上了美国人意识的中心舞台。这里,"独特性"(uniqueness)观念是其中心。反讽的是,"绝对的"与"独一无二的"迫害成为犹太人身份认同的主要制造者,正好发生在美国反犹主义步入衰落、犹太人发展的最后一道屏障烟消云散的时期。大屠杀成为美国犹太人的中心叙事,也恰好是犹太人成为美国最成功的少数族裔的时期。不过,关键还在于,大屠杀也同样步入了其他国家的中心舞台,且不仅仅与当地的犹太人身份政治有关。对于非犹裔的美国人而言——也就是说,对于97%的美国人而言,大屠杀的意义并未招致忽略。这种发展变化已经扶植、或曰增强了美国人从普遍化的角度去理解大屠杀——当美国的话语与德国、以色列的话语进行比较之时,这种普遍主义在比较视野中便相当引人注目。

何以犹太人精英中的大屠杀特殊化有助于其在整个美国社会中的普遍化呢?原因有二。首先,推动大屠杀成为美国人生活之中心要素的社会运动是如此成功。的确,它赋予了犹太人以受害人的特权地位。不过,它也令美国人扮演了特殊的见证者这一相当怪异的角色。既然迫害政治也是身份政治,非犹太裔美国人便全都以一种令以色列、德国、乃至美国的犹太人转侧难安的方式,开始与大屠杀相认同。非犹太裔美国人也把自己视为记忆薪火的重要守护人。这就是为何他们在既无集中营、犹太人亦只占极少数的国度里建立起大屠杀纪念馆的缘由。

我们能否将美国的大屠杀纪念馆视作大屠杀的"基督教化"(Christianization)呢?甚至喻之为"耶稣受难像"(Stations of the cross)呢?这难道不是意味着大屠杀的"去犹太教化"吗?此乃反对华盛顿纪念馆、视之为"大屠杀的美国化"的几种常见观点之一。然而,"西方"语境中普遍化之所指,正是"基督教化"。而且,世俗化的基督教(secular Christianity),总的说来就是西方所谓的世俗主义(secularism)。从大屠杀中摘除宗教,欢迎非犹太人、亦即世俗化的基督徒将大屠杀视为己有——这便是吾辈之所得;除此之外,很难另有所获。所以,不妨将美国大屠杀纪念馆建于美国符号生活的中心——华盛顿广场(Washington Mall),这说明,大屠杀已经成了美国世俗宗教的一个组成部分。既然大多数美国人都不是犹太人,这本身就是普遍化的一个重大举措。

这样的一种神圣化,是集体记忆不可避免的副产品。如果某物无法磨灭地铭刻在群体、种族、民族的身份认同之上,则必然被各种禁忌所环绕——此乃神圣一词最朴素的定义。神圣化亦存在缺陷。保存记忆、拒绝遗忘的热忱,同样也会捍卫记忆,以免于"去神圣化"。这种热忱将转而反对任何研究者客观冷静地质疑该现象。任何此类研究都将被看成是对记忆与群体的冒犯。尽管如此,若无神圣氛围,亦不能成为公民宗教(civil religion)的组成部分。如果神圣化令人反感,唯一的选择就是集体遗忘。1950年代,我们有普遍化、无神圣化,同时也没有集体记忆。相反,我们有个人记忆,还有集体沉默。我们可以就相对比例提出讨论——在犹太人的集体记忆中,在世上唯一超级大国的集体记忆中,事件甲或事件乙有多重要?如果认为它应该成为集体记忆的一部分,则宜允许它被神圣化。源自于冷战终结的、使得大屠杀神圣化的次要的、相关的途径,已经促进了美国人从普遍化的角度去理解大屠杀。

大屠杀记忆的普遍化

在本章的剩余篇幅里,我将重点讨论整个 1990 年代与日俱增的大屠杀之全球与普遍化话语的兴起。美国的作用,还有那些常被称为"大屠杀的美国化"的现象,是这一发展变化过程中的决定性因素。这里,我指的是美国对待大屠杀的特殊态度,即把发生在我们这个"世界"的这一事件视为对全人类犯下的罪行,其罪恶极。这也是大屠杀的普遍意义——是深入人心的人权话语的起点,也是全球化记忆的基础。换句话说,"大屠杀的美国化"是大屠杀的普遍化的同义词。

作为种族灭绝(Genocide)的大屠杀:科索沃与记忆的美国化

推动大屠杀记忆普遍化的一个关键原因,源自于冷战结束、对种族灭绝行动意识的日益增强。这是因为,种族灭绝亦即大屠杀的普遍化。认为大屠杀不过是一连串(依据相同定义)现象中的其中一例,这种认识十分重要。1948 年联合国的反对种族灭绝罪宣言,是这种认识的首次成形,该宣言也正是对大屠杀的普遍性理解尚未受到挑战的时期的产物。科索沃冲突是大屠杀记忆的一个转折点。科索沃是一场全球电视转播的道德剧。这场战争被一再用来证明有关"大屠杀教训"之隐喻的正当性。

谈到大屠杀,十分突出的是以一种道德的、政治的态度明确对待科索沃问题。与卢旺达(Rwanda)的种族灭绝行为相比较,科索沃的种族冲突以其欧洲背景、电视影像,与大屠杀的图像志(iconography)共振互动。美国对科索沃的干涉,主要被视为一种道德义务,很大程度上是对此前未能插手帮助无辜平民的答复。"不要重蹈覆辙"(Never Again)的口号,同时也是对第二次世界大战的提醒,是对美国在波斯尼亚(Bosnia)未能及时采取干涉行动的提醒。科索沃提供了一个再次确认"不要重蹈覆辙"教训的机会,揭示了大屠杀记忆的美国化(及普遍化)的深广程度。如果严肃对待联合国大会的所有条款,那么"新的大屠杀"的危险无时不在,美国与其他国家都不能袖手旁观,务必要采取某种行动。在美国,这就是人们对待"大屠杀教训"的普遍态度。这一"教训"代表了对于大屠杀彻底的普遍化理解。

对大屠杀的频繁援引,提高了公众对于独特性、可比较性等问题的认识,以及以史为鉴的意识。所以,科索沃及其与大屠杀之间的联系,极大地促进了依赖于普遍性意义的全球化记忆的日渐增强的、反身自省的形式。不过,就深入人心的要求声援受到种族灭绝威胁的无辜民众的道德诫命而言,大屠杀记忆之美国化的深广程度是显而易见的。至关紧要的,还不是大屠杀本身,而是由旁观者心态(bystander syndrome)所导致的普遍性教训。大屠杀记忆不再局限于犹太人群体、历史学家,也不是善与恶的简单隐喻。相反,它被重新概念化为一个对那些身在远处的受难者所需承担的公民责任(civic responsibility)的问题。既有特殊的义务铭刻于心,亦须辅之以诉诸行动的普遍要求。所有的受害者都变成了犹太人。这种记忆的"美国化"版本——应被理解为一种理想观念与现实利益的混合物,也在美国之外得到进一步的释读。以色列、德国就是很好的例子。

与德国、以色列相比——大屠杀的独特性更深地植入在其民族经验之中,美国最初是、现在又再次成为大屠杀普遍化的国度。否则,一个既无受害人、亦无行凶者的国家何以能够如此?1960-1990的三十年间并不只是一个例外;这个例外也并非只是因时间持续得够长,才成为一种规则。正是通过美国,大屠杀才成为关键的世界性话语。这些后果都是美国犹太人种族政治中集团斗争的无心插柳,却产生了世界历史性的影响。其次,这三十年为美国人对大屠杀的理解烙上了特殊印记。美国犹太人组织所成功实现的,是使得大屠杀不再是往昔历史的普遍化。认为大屠杀乃一桩针对犹太人而犯下的罪行,在美国的主流叙事中占据了支配性地位。即便其他群体如同性恋者、吉卜塞人,也都被纳入大屠杀受害人的冗长故事之中,却并未稀释灾劫的犹太性(Jewishness);这些人不过是卷入其中的不幸者而已。就不远的将来而言,大屠杀是普遍化的。几乎每一个人都有可能沦为"下一次"大屠杀的受害者。这,与德国形成了鲜明的对比;在德国,引发公开辩论的各种比较,全都与往昔的历史相关——通过一口咬定纳粹的行为比得上其他类似的政体,而试图使其罪行相对化。这也解释了为何冷战期间"大屠杀的可比性"在德国产生了同情纳粹的右派,却在美国产生了顶礼人权的左派。

美国大屠杀纪念馆是美国人态度一分为二的绝佳体现。纪念馆的永久陈列馆,关乎犹太人的受难史。但是,其特别展览馆——如同所有的专题展,为的是引发特殊关注——则关乎当今世界上非犹太受害人的苦难。像是一个巨大的暗箱(camera obscura),过去的影像叠加于今日之荧屏,大屠杀纪念馆是一部普遍化的机器。当伊利·威赛尔(Elie Wiesel)与美国总统克林顿并肩站在波斯尼亚展馆之前,自言因波斯尼亚人所遭受的苦难而彻夜难眠时,叙事的两个方面就浮现出来。这是1961-1991年间的特殊性话语如何转变成为后冷战时期的普遍性话语的完美证明,与此同时,又仍为最初的犹太受害人保留了一个特殊位置。在这里,最大的受害者动用其道德权威,试图使这个认为其外交政策在阻止新的非犹太人大屠杀方面具有独特道德感的国家心存愧疚。在这里,美国犹太人大屠杀的首席代表,可以通过为现实的世界行动设置较高的道德标准而使自己成为这个世界真正的道德权威。他可以总是通过树立略高于"纯粹现实政治"所需的道德标准,以维护自己的权威。另一方面,美国人既已为这一道德权威建造了纪念馆,现在又有人为他们身为"上帝选民"(chosenness)作证担保,因为不同于历史上其他所有国家,美国的行动首先都是由道德关怀所推动。如果说犹太组织精英、美国外交政策精英这两个群体在冷战期间曾经相互需要,那么,这种相互依存于今尤烈。要说有什么区别,则是他们的道德声明更加含糊其辞,也更需要彼此之间的援助和支持。

对大屠杀进行普遍化的途径有四:过去的受害者(受难的是以犹太人为主、其他人为辅?还是各色人等?);将来的受害者("不要重蹈覆辙"的教训,是针对犹太人,还是针对每一个人?);过去的行凶者(纳粹是不是唯一的恶魔?抑或他们不过是在程度上、数量上与其他的集体屠杀有所区别?);现在的主体(谁在记忆?换句话说,谁有权言说大屠杀的真相?)。在美国,由于三十年的犹太人种族政治,历史上的大屠杀如今已完全从特殊性的角度而得到理解:纳粹是唯一的坏蛋,犹太人是唯一的受害者,故事中的其他人则扮演次要角色。但是,对于未来的大屠杀,如今却是从绝对普遍性的角度加以理解的:随时随地,大屠杀可能降临到每一个人的身上,因而人人有责。不过,这种普遍性也被认为是对大屠杀的一种效忠形式,是一种放大而非削弱其重要性的方式——使大屠杀成为道德的试金石、行动的召唤、自由与爱国心的象征。这使得过去五十五年来大屠杀在美国的意义,与其在德国或以色列的意义明确区分开来。

伊利·威赛尔遇上奥普拉·温弗莉(Oprah Winfrey)

伊娃·伊洛兹(Eva Illouz)在收入本书的一篇文章中表明,何以"奥普拉脱口秀"(Oprah Winfrey Show)是记录、讨论、表达受难一类体裁的好例子。这也与我们眼下的话题相关。奥普拉·温弗莉本人创办了一本广受欢迎的杂志,名为《O》。2000 年第

10期,奥普拉采访了伊利·威赛尔,大屠杀的美国代表。文章开篇如此写道:

> 他饱经磨难,却心无恨意。这个人曾经置身于最为邪僻堕坏的人性境地,却依然顽强地寻觅爱、相信上帝、经验喜乐。(《O》,2000年第10期:232)

杂志封面的头号标题,写作"伊利·威赛尔与大屠杀:他如何拯救自己、拯救自己的心灵"。这篇访谈关乎威赛尔的劫后重生,关乎他作为受害人的经历,还有他如何立身成人。所有这些,都可视作大屠杀的平凡化、或曰美国化的最雄辩的例子,但是,正如伊娃·伊洛兹在解读"奥普拉脱口秀"时所指出的那样,"治疗叙事(the rapeutic narrative)是一个关于自我的故事,它将现在的苦难与那些通常被称为创伤的过去的事件联系起来"。这,是否也同样适用于大屠杀呢?这就提出了大屠杀的"真实"意义的问题。如果想当然地认为大屠杀的意义在根本上是集体的、政治的,那么,这种"威赛尔化"的解读就是琐碎的、肤浅的。然而,另一种解读,即从现代的、新教徒的、个人化(美国化)的观点进行解读,则是一对一、面对面,用一种个人化的方式回答这一问题:"对我而言,大屠杀意味着什么?"威赛尔的故事,要求读者(观众)以这样一种方式发问:"它令我何所思?它令我作何想?我怎么才有可能理解这些似乎无法用言语表达的暴行呢?"譬之以教会礼拜活动,这代表了与大屠杀建立一对一关联的渴望,而无须以神父为中保。

换句话说,有可能个别地、在心理上与大屠杀发生联系,而不是集体地、在政治上(将"政治"界定为集体事业)与大屠杀发生联系。如果我们认为去政治化在本质上是个错误,那么,毫无疑问,我们也可以说对待大屠杀的这种态度同样是错误的。这部分解释了美国大屠杀纪念馆与斯皮尔伯格所激起的义愤。大屠杀的去政治化,不过是美国去政治化的折射罢了——或从另一个立场看,也是其文化的个人化与去集体化的折射。在美国,大屠杀主要是一个身份认同问题(identity issue),因为一旦个人性取代群体性成为现实的最终参照,所有问题就首先是一个身份认同问题。当然,涉及"迫害"一类的词汇时(例如"幸存者"、"幸免"于酗酒、童年虐待、身为孤儿、长于贫民窟等等,这些都是"奥普拉脱口秀"的典型话题),令很多知识分子感到头痛棘手的,是心理学的民主化——这种心理学人人会用,而且最受正常人群体欢迎,要数他们运用得最好。(亦见伊洛兹一文)换句话说,我们有不需要治疗师的心理学——不需要神父的宗教。所以,当批评家们谴责大屠杀的受害者研究(victimology)时,他们实际上谴责的是人们以个人经验、而不是以集体经验去对待历史事件,但,这不过是去集体化社会的一种日常选择而已。总而言之,这些批评家将人们表达个人经验的方式贬低为"没文化"的陈词滥调。他们称之为"琐碎",或"美国化"。

结　　语

我认为,"全球记忆"的兴起,可说是与20世纪末、21世纪初的全球化过程紧密联系在一起的。如果说 19 世纪与 20 世纪前半期强调了集体记忆的创造（与想象）维度，那么 20 世纪后半期与 21 世纪之初，则开始转向了集体记忆更为灵活的形式——自觉将普遍性与特殊性联系起来，范围则扩展到国家民族之外。毫无疑问，这种转向既非不可避免，亦非当代记忆形式发展的唯一向度。不如说这种转向是一个深广得多的历史过程的产物，这一历史过程既导致了特殊性记忆的增殖，也导致了挑战主流民族叙事的、普遍的"全球记忆"的兴起。就集体记忆的表达而言，民族国家不再享有无可争议的特权。国家霸权被社会所取代。这也说明，近年来我们对记忆问题的关注也许是锚定当下（temporal anchoring）之祈望的变形表达，因为随着信息革命的进程，过去、现在、未来之间的关系已然改变。值此 21 世纪初、我们生活的版图与空间坐标日渐模糊之际，锚定当下就显得尤为重要。近年来的记忆繁荣已经充分证明此点，表达了活在时间性（temporality）的扩展结构之中的基本人类需要。

"全球记忆"表明，对时间的理解不止一种，不同的群体有着组织安排其富有意义的时间性结构的独特记忆。在世界主义的全球方案中，历史时间不再被视为"记忆的民族文化"，个体记忆以零碎的、复数的形式封存于其中；换句话说，一个世界主义的、因而也是可以取舍挑拣的回忆与记忆（remembrance and memory），具有个人记忆随之而来的各种偶然性、复杂性与冲突性。正如我试图表明的那样，这是一种生发自美国以及美国的非洲裔美国人、犹太人等少数族群的方案。他们破除了民族记忆的魔咒。在回忆与记忆的这些"黑人"、"犹太人"的形式之中，各式各样联系松散的、超越国界的记忆层面得以产生、呈现、被创造出来，有时与国家利益步调一致，有时则与之形成竞争。（吉尔罗伊[Gilroy]，1993）

此外，频频提及大屠杀的平庸化、平凡化，可以视为大屠杀历史被更广泛的听众群体所接受了解的过程。（拉宾巴赫[Rabinbach]，1997）将大屠杀再度语境化而为美国故事，委实超越了美国的疆界。国家、民族、文化之间的关联，日益松绑解套。汉娜·阿伦特于 1945 年移民美国后，用几乎是孤独无俦的世界主义的声音说道："当死的问题在上次战争之后成为根本问题时，恶的问题将会是战后欧洲知识分子生活中的根本问题。"有谁想象得到，斯蒂文·斯皮尔伯格（Steven Spielberg）会在五十年后接过她手中的火炬？这可以看成是公民社会对国家的报复吗？果真如此，或许倒是对大屠杀之恐怖最为允当的回答。

参考文献

马丁·阿尔布劳（Martin Albrow），1996，《全球时代》（*The Global Age*），斯坦福，加利福尼亚（Stanford，CA）：斯坦福大学出版社（Stanford University Press）

本尼迪克特·安德森（Benedict Anderson），1983，《想象的共同体：民族主义的起源与散布》（*Imagined Communities: Reflections on the Origin and Spread of Nationalism*），伦敦：Verso

乌尔里希·贝克(Ulrich Beck),2000,《世界主义的视角:第二次现代性时代的社会学》(The Cosmopolitan Perspective: Sociology in the Second Age of Modernity),《英国社会学》(British Journal of Sociology)51(1):79-105

迈克尔·贝伦鲍姆(Michael Berenbaum),1990,《悲剧与胜利之后:现代犹太人思想与美国经验论集》(After Tragedy and Triumph:Essays in Modern Jewish Thought and the American Experience),坎布里奇(Cambridge):坎布里奇大学出版社(Cambridge University Press)

谢平(Pheng Cheah)、布鲁斯·罗宾斯(Bruce Robbins)主编,1998,《世界政治:超越民族而思》(Cosmopolitics: Thinking and Feeling Beyond the Nation),明尼阿波利斯(Minneapolis):明尼苏达大学出版社(University of Minnesota Press)

提姆·科尔(Tim Cole),1999,《大屠杀影像:"浩劫工业"的迷思》(Images of the Holocaust: The Myth of the 'Shoah Business'),伦敦:Duckworth

诺曼·芬克尔斯坦(Norman Finkelstein),2000,《大屠杀工业》(The Holocaust industry),伦敦:Verso

希里恩·弗朗茨鲍姆(Hilene Flanzbaum),1999,《大屠杀的美国化》(The Americanization of the Holocaust),《种族灭绝研究》(Journal of Genocide Research)1(1):91 - 104

玛丽·吉莱斯皮(Marie Gillespie),1995,《电视、种族区划与文化变迁》(Television, Ethnicity, and Cultural Change),伦敦:

Routledge

保罗·吉尔罗伊(Paul Gilroy),1993,《黑人大西洋:现代性与双重意识》(*The Black Atlantic: Modernity and Double Consciousness*),坎布里奇,麻省(Cambridge,MA):哈佛大学出版社(Harvard University Press)

莫里斯·哈布瓦赫(Maurice Halbwachs),1980,《集体记忆》(*The Collective Memory*),伦敦:Routledge

乌尔夫·汉纳斯(Ulf Hannerz),1995,《世界文化中的全球与地方》(Cosmopolitans and Locals in World Culture),收入迈克·费瑟斯通(Mike Featherstone)主编,《全球时代的民族与民族主义》(*Nations and Nationalism in a Global Era*),剑桥(Cambridge):Polity Press

米里亚姆·布鲁图·汉森(Miriam Bratu Hansen),1996,《〈辛德勒名单〉不是"浩劫":第二诫、通俗现代主义与公众记忆》("Schindler's List" Is Not "Shoah": The Second Commandment, Popular Modernism, and Public Memory),《批评探索》(Critical Inquiry)22:292-312

德特勒夫·容克(Detlev Junker),2000,《大屠杀的美国化》(Die Amerikanisierung des Holocaust),《法兰克福广讯报》(*Frankfurter Allgemeine Zeitung*)(9月9日):11

爱德华·林恩索尔(Edward Linenthal),1995,《保存记忆:创造美国大屠杀博物馆的斗争》(*Preserving Memory: The Struggle to Create America's Holocaust Museum*),纽约:

Penguin

迈克尔·马鲁斯(Michael Marrus),1998,《纽伦堡的大屠杀》(*The Holocaust at Nuremberg*),《雅德瓦谢姆研究》(*Yad Vashem Studies*)XXVI:5-41

简·里德文·皮尔特斯(Jan Nederveen Pieterse),1995,《作为混杂化的全球化》(Globalization as Hybridization),收入迈克·费瑟斯通(Mike Featherstone)、斯科特·拉什(Scott Lash)、罗兰·罗伯逊(Roland Robertson)主编,《全球现代性》(*Global Modernities*),伦敦:Sage

彼得·诺维克(Peter Novick),1999,《美国生活中的犹太大屠杀》(*The Holocaust in American Life*),波士顿(Boston):Houghton Mifflin

安森·拉宾巴赫(Anson Rabinbach),1997,《从驱逐到腐蚀:比特堡以来美国大屠杀纪念》(From Expulsion to Erosion: Holocaust Memorialization in America since Bitburg),《历史与记忆》(*History and Memory*)9(1-2):226-255

罗兰·罗伯逊(Roland Robertson),1995,《全球化:时间与空间、均质性与异质性》(Glocalization: Time-Space and Homogenity-Heterogenity),收入迈克·费瑟斯通、斯科特·拉什、罗兰·罗伯逊主编,《全球现代性》,伦敦:Sage

阿尔文·罗森菲尔德(Alvin H Rosenfeld),1997,《大屠杀的美国化》(The Americanization of the Holocaust),收入罗森菲尔德主编,《半个世纪后思考大屠杀》(*Thinking about the*

Holocaust:After Half a Century》,伯明顿(Bloomington)、印第安纳波利斯(Indianapolis):印第安纳大学出版社(Indiana University Press):119-150

杰弗里·尚德勒(Jeffrey Shandler),1999,《收看大屠杀》(While America Watches:Televising the Holocaust),纽约:牛津大学出版社(Oxford University Press)

安东尼·史密斯(Anthony Smith),1995,《全球时代的民族与民族主义》(Nations and Nationalism in a Global Era),牛津(Oxford):Polity Press

——1998,《民族主义与现代主义:对近年来民族、民族主义理论的批评审视》(Nationalism and Modernism:A Critical Survey of Recent Theories of Nations and Nationalism),伦敦与纽约:Routledge

约翰·汤姆林森(John Tomlinson),1999,《全球化与文化》(Globalization and Culture),剑桥(Cambridge):Polity Press

詹姆斯·爱德华·杨(James Edward Young),1993,《记忆的肌理:大屠杀的记忆与意义》(Texture of Memory:Holocaust Memorials and Meaning),纽黑文,康涅狄格州(New Haven,CT):耶鲁大学出版社(Yale University Press)

第十章
从里斯本灾难到奥普拉·温弗莉：
全球化时代作为身份的苦难

伊娃·伊洛兹（Eva Illouz）

1755年11月5日，一场地震撼动了里斯本城。消息很快传抵法国philosophes（哲学家）之耳，引发了法国思想史上最著名的哲学好神学论战之一。成千上万的人在灾难中丧生，哲学家们就"神意"（Providence）在人类事务中的作用问题而激烈辩论。伏尔泰，最快对地震灾难做出回应，他在《里斯本灾难诗》（poème sur le désastre de Lisbonne）中如此写道：

> 那些口诵"一切都好"的误入歧途的哲学家们，来这里吧，穿越、沉思这些可怕的废墟，这些残骸，这些尸体，这些凄凉的灰烬；女人、孩子，层层枕藉于碎石之下，身首异处；千万不幸的人们被大地吞噬，鲜血淋漓，四分五裂，生命依然悸动；人们被埋于自家屋顶下面，在无助、恐怖、痛苦中死去。

（伏尔泰，1949，拙译）

伏尔泰进一步推演其论，阐明该事件中何者在哲学上令人无法接受："这些孩子犯下了什么样的罪孽、什么样的过错，以至于在母亲的胸脯上压碎、流血？里斯本难道不是与耽于淫乐的伦敦、巴黎同样堕落同样腐化吗？究竟是为什么？里斯本招致毁灭，我们却在巴黎纵情歌舞？"

让我开始做一些初步的探究。据我所知，伏尔泰的插手干预，是哲学家第一次就同时代的、在远方发生的灾难直接面向其哲学界同仁与普通公众发言表态，而且是哲学家第一次通过质疑"神意"在人类事务中所扮演的角色，而做到此点。① 伏尔泰在观念上的激流勇进，表现在拒绝将苦难视为对隐秘罪孽的惩罚，视为高深莫测的上帝之不可理解的天命裁判。（内曼[Neiman]，2002；巴茨科[Baczko]，1997）伏尔泰主张，苦难应服从于人类可理解性与理性的领域，只有这样，我们才能、且应当将正义的普通标准应用于苦难，而不管苦难于何处发生。如此一来，伏尔泰不仅与传统的宗教神正论（theodicy）分道扬镳，也背离了18世纪文学对苦难的顶礼膜拜——其中，眼泪是美德的同义词，女主人公的悲惨遭遇变成一种理应激起怜悯柔肠的甜美情感。（见波尔坦斯基[Boltanski]，1999）伏尔泰所设置的背景不是一国之内、而是

---

① 前一个世纪的伦敦大火（即1666年9月的伦敦大火，是伦敦历史上最严重的一次火灾，火灾延续四天，焚毁伦敦大约六分之一的建筑，包括著名的圣保罗大教堂——译注），并未激起同样意义的神学忧虑。

放眼全球,面对远方的他人的痛苦,也并未或减弱或提高、或令我们自觉更富道德感。正相反,一旦苦难摆脱神学,摆脱感伤文学,它就会像在这里一样:变得可耻(scandal)。说它可耻,不单是因为无辜者无谓受苦,还因为他们罹难之时,其他人——巴黎人、伦敦人——却在寻欢作乐。哲学家与远方的受害人交汇于当下,且与空间、国家疆界的压缩结合在一起:里斯本的情形之所以令人愤慨,正是从伦敦、巴黎的情形视之而然,反过来也是一样;别的人在里斯本被活活掩埋,我们应为自己在巴黎征歌逐舞而惶惑不安。

而且,即便伏尔泰此处运用的是一种常见的举隅法(synecdoche),注意到他指的是城市而非国家,还是颇有意趣的;或许这意味着城市在各自国家之外的一种微妙的团结(solidarity)。通过将里斯本灾难置放到指引世界的道德可理解性的视角观照下,伏尔泰施展了双重 tour de force(技艺):他创造了一个早期的全球公共领域(proto-global public sphere)——也就是说,一个讨论世界作为一个整体的道德一致性(moral coherence)的空间——并将世界内在合理性的问题断然决然地放在了将里斯本、巴黎、伦敦联系起来的中心点上。里斯本招致灭顶之灾,而巴黎依旧莺歌燕舞:正是这一道德愤慨,标志着全球世俗化意识(secular global consciousness)中一个核心世界形象的显现。(韦伯[Weber]等,1946)尽管基督教或许在世界作为一个整体的意识发展过程中起到了重要作用,我以为,传统"神意说"烟消瓦解之际,全球意识的作用更为有效。诚然,对于(神的)

正义原则与男男女女的世俗命运之间不相称现象的解释越苍白无力,就越有可能产生面对灾难的世界意识(还有团结起来、应对灾难)。

的确,伏尔泰卷入里斯本灾难,有可能成为全球公共领域中轴之一的典型范例,也即是说,某些人的灾难跨越领土与民族的疆界而成为其他人的问题。在此一公共领域中,与苦难对象的联系通过想象、同情、忽视其宗教和种族差异而建立起来。伏尔泰所使用、援引的想象,结合了情感与认知、痛苦与理性,并同时运用哲学辩论与情感手段诸如移情、同情心、内疚感等等,促使人反思将世界组织起来的秩序与原则。

所以,全球公共领域的方案从一开始就包含了两种语言,每种语言针对一种不同的普遍性。一是理性冲动,即认为德行与命运保持一致,不一致自有其原因,且能加以解释。(见韦伯等,1946;内曼,即出)一是投合很多18世纪哲学家脾胃的思想,即想象、同情与怜悯的普遍能力。(哈奇森[Hutcheson],1742;斯密[Smith],1759)伏尔泰此处的公共领域建构在这两种维度之上,既呼吁人们就世界的可理解性展开讨论,又假定人性相通,呼吁人们与远方的受害者相认同。

而面向当代全球媒介时,至少,我们认为社会学家似乎已从根本上远离了伏尔泰赋予公共领域的、令人不安的使命。例如,鲍勃·康奈尔(Bob Connell)在一篇名为《社会学与世界市场社会》的文章中就认为:

我们有商业幻梦宰制的大众传播的全球体系——好莱坞、电视肥皂剧、消费广告、名流八卦、大众文化的大部分内容……现今我们所生活居住的世界上，大众传播的典型内容，往往是谎言、歪曲与精心算计的幻梦。我以为，过去20年来申请入党人数的稳步减少，对政客日渐加深的、公开的幻想破灭，还有公民身份的分崩离析，这些都不足为怪。（康奈尔，2000:292）

诚然，很多人都认为，全球媒介通过同样的全球消费乌托邦将我们募集起来，这种消费乌托邦又转而将同样的图像——年轻、美丽、荣华、富足与幸福的图像——散播到世界各地。阿尔让·阿帕杜莱（Arjun Appadurai）曾对这种乌托邦为全球意识所存储的可能性进行过很好的理论化。如其所言，跨国文化为想象打开了新的空间，幻梦因而成了全球社会、文化实践的内在组成部分："今天的日常生活不是由事物的既定性（givenness）所支配，而更多是由媒介（或隐或显）所能提供的可能性所支配。"（阿帕杜莱，1991:55）据此而言，全球意识以想象力的发挥、开放的人生观、去版图化的幻梦为典型特征。不过，我想指出的是，全球想象的错位性（dystopic），丝毫不亚于其乌托邦性。从摄影新闻、肥皂剧到晚间新闻，全球媒介充斥着个人与公众的不幸场景。苦痛的图像，正如荣华的图像一样，都是全球想象滋养自身的惯常来源。

下面，我想从某一角度切入，开始思考苦难形象所扮演的角色，苦难业已成为成熟的全球公共领域。苦难形象这一表征

(representation)是否允诺了一种世界主义意识呢？"令人愤慨的苦难"(scandalous suffering)的表征、与"令人愤慨的苦难"相认同，是不是达到跨国团结(transnational solidarity)的途径呢？

奥普拉·温弗莉脱口秀

脱口秀是记录、表达、讨论苦难问题的媒介类型(media genres)竞技场上的后起之秀。"奥普拉脱口秀"(Oprah Winfrey Show)或许乃此中翘楚，不仅因为它率先为人们翻来覆去谈论其不幸经历提供了一种公式，还因为奥普拉以一种最详尽无遗、最全球化的方式探索了其节目的文化可能性。用其网站上的话来说，"奥普拉脱口秀"是"有史以来收视率最高的电视脱口秀，美国每天大约有1500至2000万人收看该节目，并在132个国家转播……脱口秀的女主持人是如此强能，每天一个小时的娓娓闲谈之外，她的影响力还延伸至从出版工业到农产品市场的所有一切"。"奥普拉脱口秀"是全球的，不仅因为其观众的范围，因为它在132个国家转播，还因为奥普拉用来呈现、开掘人类不幸的公式使用的是一种全球文化的模式。正是这种文化形式，在此引起了我的注意。

转播"奥普拉脱口秀"的国家名单，令人眼花缭乱：以色列、印度、巴林、中国、斯洛文尼亚、新加坡、泰国，这些还都是随手举出的例子。用了十年时间，奥普拉·温弗莉与她的节目变成了一种全球文化形式。无疑，该节目与某些转播它的国家的社会文化状况甚少密切关系(如阿富汗)。然而,在别的一些国家,该节目的道德、文化方案——个人"苦难"的表演(performance),则很有可能、甚至极易与在那些社会中起作用的文化物质状况相互共鸣,并发生密切关系。于是,我的问题就变成了:什么使得苦难的故事、自我改变的故事成为一种跨文化的自我?在何种意义上,我们可以将"奥普拉脱口秀"描述为一种全球文化形式?

为了回答这些问题,我将试着表明,奥普拉和她的嘉宾们用了一种"深层"的文化结构去赋予生活以意义,该结构由业已跨国化的各种体制(institutional frameworks)所制定,并体现在这些体制之中。这种文化结构不仅解释了自传性话语(autobiographical discourse)在电视格式中被程序化的机制,而且解释了苦难与自我改造等概念如何组织、加工各种各样的个人叙事。

"奥普拉脱口秀"的公式十分简单:一位或几位嘉宾前来讲述他们的故事,通常是谴责社会不公,述说不幸,或是一段让人心碎的经历;故事是在与其他嘉宾、观众、节目主持人、最后是一位或几位专家的相互协作中讲述出来的,专家长于解析人们之所以使自己和他人沦为不幸的困难的技能。即便分派给专家的时间相对较少,却对于节目至关紧要,因为他们是能为嘉宾所述各种困境给出(或假装给出)一个解决方案的人。因此,"奥普拉脱口秀"的公式是二重的:既关乎渗透在政治中的各种不可思议的悲伤的人生经历,也关乎裁定节目嘉宾所呈现的冲突的专家权威——多为心理学家。所以,"奥普拉脱口秀"与构成个人生活的诸多争端、困境、冲突有关。如果我们分析"奥普拉脱口秀"的主题,个人生活远远不是平淡无奇、其乐融融、温暖人心。家庭宿怨,夫妻反目,朋友、爱人的背叛,缺乏自尊的破坏性后果,怪异的性关系,孩子公然抨击父母,父母虐待孩子,妻子遭丈夫捶楚,丈夫受妻子折磨,这些都是"奥普拉脱口秀"的主要话题,呈现了一幕幕疮痍满目以及我称为"低强度"苦难形式的个人生活形象。简言之,我们或许可以说"奥普拉脱口秀"是婚姻、爱情、为人父母与性行为领域中表现身份挫败、社会挫败最为成绩卓著的文化节目。

更加可观的是该节目的收视人群明显类型化。观众基本由较高比例的女性、少数族裔、工人阶级成员组成,所以使得该节目成为一个明显人民党主义的(populist)、女性的、有时甚至是女性主义的节目。脱口秀中没能被充分代表的,显然是那些比较成功的白人男性——除了偶尔坐在专家席上之外。

现在,让我借一个典型的奥普拉故事来阐述我的观点。这位嘉宾写了一本自传,以她为拍摄对象的记录片曾在美国国家电视台播出,这位嘉宾的故事可以说与美国文化的深刻、重大方面存在共鸣。我们将奥普拉对这位嘉宾的介绍转引如下:

> 这个小小女婴出生时完好无损,却无法长享安宁……两岁时,特鲁迪·蔡司(Truddi Chase)被继父野蛮强奸,虐待一直持续到她16岁逃出家门之时。但是,噩梦并未就此终结;某些最恐怖的虐待、最恐怖的事情,留在了意识想象之

中,结果,特鲁迪·蔡司为了应对自己的痛苦,分裂出了多重人格。最后,所有这些人格——均被记录下来,共计是 92 个不同的人,生活在一个大脑里。她称这些人是她的军队……现在,她在哪里呢?特鲁迪·蔡司,真实的特鲁迪·蔡司,接受了多年的治疗,绝大部分的治疗——(暂停,奥普拉哭泣)都被制成了录像带,因为特鲁迪说,她希望其他人有一天能够明白,备受虐待的他们并不孤独。这,也是我们录制这期节目的缘由。①

像"奥普拉脱口秀"的很多其他嘉宾一样,特鲁迪是一位受害者。实际上,特鲁迪或许可以说是一个"超级"受害者。不过,她并不是野蛮的大屠杀、自然灾害、社会或经济总体不公的受害者。她是一个男子所实施的 92 次严重精神伤害的受害者,而这个男子是她的家人。用今天的术语来说,这位女士受的是过去的虐待之苦,受的是创伤综合症之苦。与"奥普拉脱口秀"的很多其他嘉宾一样,她的人生故事很有意思,值得搬上电视,因为她是其家庭的极端牺牲品。

很容易就可看出,这种在公共领域展示苦难的方式——几乎是琐屑的,如何在根本上不同于伏尔泰的早期的全球公共领域。首先,被自己的屋顶压碎在母亲胸脯上的孩子,如今取而代之以被或粗枝大叶、或虐待成性的父母所压碎的美好童年;城市的解

---

① "奥普拉脱口秀","特鲁迪·蔡司——多重人格",1993 年 8 月 10 日。

体,如今取而代之以家庭与精神的解体。伏尔泰讨论的是人类生活中广泛的、有形的、客观的物质解体,我们如今则为单个人的精神苦难作证见,依照定义,这种苦难乃个人私域(private sphere)中私密的、主观的与情境性的苦难。

其次,如果说伏尔泰睿智的哲学与修辞建构,体现为将里斯本、巴黎的道德切近性(closeness)与分开两座城市的不可化约的现象界距离排列并置——神正论的问题正是被用来说明这种距离;另一方面,脱口秀则建立在现场与隐私原则的基础之上,建立在对嘉宾的经历与人生故事、演播室的现场观众、电视观众与主持人的映照之上。的确,脱口秀的所有一切,都意在取消幸与不幸之间的距离,并让我们所有人都成为受害者、或是初露端倪的受害者。正如著名美国文化评论家罗伯特·休斯(Robert Hughes)所言:"脱口秀不过是与日俱增的自白文化(confessional culture)最为突出的症状而已,在这种文化中,痛苦的民主政治至高无上。不可能人人都功成名就,但人人都面临痛苦……"(休斯,1993:17)

第三,在伏尔泰的公共领域中,受害者间接为人所理解、把握——以他人的言语与眼睛为中介;而在脱口秀中,受害者本身便是直接的中介(agency),直接见证她们自己的故事,将我们吸引到她们那些极为主观的言语与感受之中。

第四,伏尔泰的言语是有"指涉功能的"(referential)——谈论别处发生的灾难;脱口秀的言语,本质上却是表述行为的(performative)。为了公开曝光家庭生活的阴暗面,"事件"必须在节目中报道、表演出来,因为谈论本身就是一种医治。正如很多美国文化一样,"奥普拉脱口秀"是一种明显的治疗类节目,其前提在于,主持人、嘉宾与专家都相信袒露、谈论感情就是"释放"感情,并能带来改变。

第五,伏尔泰的受害人仅仅是一次荒谬无理的灾难的受害人,而特鲁迪的受害状态和苦难则有所不同,被赋予了伏尔泰的受害人身上所无的意义。如今,受害人被鼓动起来围绕痛苦工作,要让痛苦变成一种有意义的人生方案。同时,受害人变得神圣起来,足以获得一种独特的道德地位:不仅道德判断通常会远离受害人,而且还正是这些苦难,赋予她们以特殊的地位与尊严。

最后,或许也是最重要的,伏尔泰指的是无辜者深陷苦难的神学混乱,奥普拉·温弗莉讨论的则几乎都是渗透在家庭与身份认同中的世俗性混乱。伏尔泰问道:如果苦难随意落到人们头上,那么,这个世界的意义与道德一致性体现在何处?而奥普拉·温弗莉的节目大多问道:如果家庭、爱与婚姻不再能够为身份建构提供可堪信赖的源泉,那么,该如何建立身份与精神的一致性呢?更确切地说,我认为"奥普拉脱口秀"关乎的是由家庭所引发的社会苦难的特定形式,并且明显源自于家庭内部的女性经历与女性立场。这些社会苦难与家庭内部无休无止的讨价还价息息相关;正如安德丽娅·德沃金(Andrea Dworkin)所言,这些苦难也与"无法将男女间的正常关系与相互折磨区分开来"(转引自努斯鲍姆[Nussbaum],1999:245)这一事实相关;最后,这些苦难还与家庭无法履行其生产与再生产身份的功能相关。

这里也可见某种反讽。如果说摄影新闻、晚间新闻多是"进口"战争、饥馑、自然灾害的影像——尽管不全是从非西方国家输入到西方世界,脱口秀这一电视节目类型则代表着第一次将美国的苦难形式"出口"到世界各地——这些出口的苦难在很大程度上不同于"进口的苦难",因为它是个人化的,位于个人私域,具有精神特征,且关注自我问题。"进口"的苦难大多是视觉形象的,而美国"出口"的苦难则大多是叙述性的。这些苦难首先是日常性的,或许如今还是全球集体资源分配不公的典型警示;其次,这些苦难也更是民主政治的,因为它囊括无遗,欢迎我们所有人都加入这个苦难共同体。

本章剩余部分,我将阐明"奥普拉脱口秀"何以具有两种貌似相互抵触的性质:一是它代表了独特的美国现象,二是奥普拉·温弗莉创造了一种文化形式,为贝克(Beck)所谓的"基部的全球化"(infra-globalization)或"由内而外的全球化"(globalization from within)提供了例证,也即是说,这种文化形式正是从政治、经济全球化所制造的断裂与矛盾中显现出来的。(贝克,2000)

一则美国故事

作为一种毫不容情解构家庭的节目类型,"奥普拉脱口秀"脱胎于、并代表了非洲裔美国女性独特的社会经历。这是因为在整个 19 世纪,为了适应白人奴隶主的经济、地理需要,黑人家庭的结构系统化地遭遇"解构"。而且,正如帕特利夏·希尔·柯林斯

(Patricia Hill Collins)等人所言,黑人女性多在家庭领域工作,这给予了她们一种看待家庭的独特视角,或可称之为"内部的外人"(outsider within)的视角。(柯林斯,1990)这种内部的外人的视角,正是脱口秀观众受吸引、被卷入的视角,还由于美国当代家庭所经历的紧张的个人化过程(贝克、贝克-吉恩斯海姆[Beck-Gernsheim],1995;贝克,2000),这一视角业已成为看待家庭的"常规"视角。

其次,由于美国这一福利国家在支持个人与共同体方面作用甚微,美国很早就发展出了一种强烈的自力更生(self-reliance)的文化习性,自我成为社会身份的重要支撑点。在表演、展示、提高与改造自我的节目类型中,"奥普拉脱口秀"无与伦比。"治疗"的社会风气,依赖于对自我可塑性(malleability)的基本信念,是普通的美国文化、特别是"奥普拉脱口秀"的强势话语,这正是因为在美国语境中,自我应为行动实践与社会机制的再生产负责。这就解释了为何混乱的家庭生活与失败的人生经历能在"奥普拉脱口秀"中扮演如此重要的角色。这些故事明确表现了两大社会场所以及美国文化的乌托邦:家庭与自我;在个人化的压力之下,二者都严重变形、解构。

在很大程度上,精神上的痛苦代表了世界的极度浓缩(compression):不仅里斯本与巴黎迭加在一起,每一个体的人生经历也与世界叠加在了一起。从曝光褪色的衣装到缺乏自尊的艰难童年,脱口秀通过将个体的人生故事与世界迭加在一起,从根本上改变了隐私一词的意义。印度、英国、以色列、美国的观众,都因该节目而成为个人与家庭之阴暗秘密的见证者。造就这种"浓缩"的,不是什么低俗的窥视癖(voyeurism),而是"人生经历标准化"的过程。奥普拉·温弗莉的文化创造在于,她的节目提供了一个讲述、加工与改造传记性话语(biography discourse)的格式。她最有创造力的举措之一,就是将她自己的人生故事在自己的节目中打包呈现,既遵循节目本身的格式,又与其他嘉宾的故事密切映照。例如,在早期关于超重烦恼的一期节目中,她谈到自己体重超重,屡屡提及自己体型肥胖是焦虑与缺乏自尊的结果,而焦虑与缺乏自尊本身又是不正常的童年生活的结果。事实上,奥普拉·温弗莉事业生涯中的三、四个里程碑,都与她的自我曝光有关:节食的困难,性虐待的经历(在一期关于性虐待的节目中再次提及),堕胎,还有她的自尊问题——所有这些自我暴露,对该节目的名望都产生了重要影响。不过,最有意思的是,在这些自我曝露之后,奥普拉·温弗莉的人生改变了。她越来越苗条,越来越成功,浑身洋溢着新近收获的自信——所以,她变成了她自己理想中的典型嘉宾,她用自己的身与心一再表明,电视真的可以改变人生。

反讽的是,奥普拉·温弗莉率先提供了媒介与专业知识——多为心理学上的知识——携手联姻,越来越深入地介入社会经历、社会关系的例子。不同于多为视觉偶像的好莱坞明星,奥普拉·温弗莉可谓由电视演播室创造、为电视演播室而生的人生偶像。她以构成自己人生的几个重要事件而闻名,这些事件都与自我失败的故事有关,也以运用其节目与治疗知识相结合的强烈效果、将如此失败的自我转变为极为成功的自我而闻名。

使得奥普拉·温弗莉包装自己及其嘉宾的人生故事成为可能的,是我所谓的治疗叙事(therapeutic narrative)。例如,1990年6月20日,ABC播映了奥普拉专访。她的传记作者乔治·梅尔(George Mair)总结这次访谈说:"节目以奥普拉对世界上很多问题的成因的认识为基础。奥普拉认为,由于缺乏自尊,人们虐待弱者,战争因而爆发,罪行得以实施……奥普拉想要解释清楚的是,自尊对于一个人的幸福究竟有多重要。"(梅尔,1998:204)治疗叙事是一个关于自我的故事,它将现在的苦难与那些通常被称为创伤(trauma)的过去的事件联系起来,或是与普普通通、频繁密切的亲属关系联系起来。创伤或许由某一外部事件触发,但其意义却纯粹是内在的。就像所有的叙事一样,治疗叙事由目的与实现目的所要面临的障碍之间存在的张力构造而成。治疗叙事中,目的是心理健康,而实现心理健康的障碍则构成了叙事学家(narratologist)所谓的"结点"(complication)——推动行为继续发展。治疗叙事构成了传记性话语,如选择对人生产生重大意义的事件("父亲很少关心我"),在过去与现在之间随机建立联系("于是我往往在情感上选择那些得不到的男人"),还有各种人生渴慕("不要恳请父亲的关注","嫁对郎")。

极易看出治疗性传记故事(therapeutic biography)如何变成了苦难的中心:苦难是以心理健康为目标的更大叙事中的结点。现代后期在处理与协调家庭、工作之复杂现实方面一败涂地的自我,不仅要经历真实的社会苦难——孤独、压力、沮丧、焦虑,而且还要寻觅较早之前的、令自我在这些方面一败涂地的创伤。由于传记已经变成了一种自我建构(借用乌尔里希·贝克与贝克-吉恩斯海姆的概念,1995),变成了一种通过反思而如愿以偿的方案,治疗叙事藉由西西弗斯(Sisyphus)式的自我观察、自我分析与自我理解,成为一种精神、语言、情感的结构,极易形塑传记内容——正是治疗叙事使得自我成为人生的唯一演奏者与立法者。此处存在两面性。首先,奥普拉自己的人生经历与其嘉宾那些看似取之不竭的人生故事,是她生产制造的主要商品,她也从中获取了巨大的剩余价值。其次,她凭借治疗格式的商业化传记故事,重写了自己及其嘉宾的人生故事。

治疗叙事是一种悖论,这种悖论在某种程度上也是全球化的一般性质:治疗叙事建构了高度特殊化、个人化的身份,却依然是对人生经历的标准化。所以,标准化的治疗性传记故事,同时也是一种个人化、合理化。与此同时,奥普拉准备了各种各样独一无二的故事,讲述痛苦的独特形式,发出个人的声音,这些特殊的故事在一个标准化的文化形式内被加工打磨,借用约翰·汤姆林森(John Tomlinson,1999)的话来说,我们或可称之为"标准化的隐私"(standardized intimacy)。苦难叙事是一种标准化的文化形式,它以五种文化策略使得故事讲述者的形象"去语境化"(decontextualizes)。

1. 第一种策略,关注的是摄像机的影像技巧与演播室风格。脱口秀一类节目,将人物、故事放在抽象、中立的电视演播室背景之中,从而使其特征"去语境化"。大量的特写镜头与几乎总是对焦于人物面庞,使得这类节目既显得私密,又高度"去语境化"。正如丹尼尔·凯斯(Daniel Keyes)所言:"制作人在试图表现、捕获人生场景的轨迹的同时,又抹掉时间、地点的大部分标志,为的是便于节目在全国各地——即便不是在国际上——发行售卖。"(凯斯,1999:2)脱口秀节目在一个高度抽象的空间之中进行,没有任何空间的或文化的标志。大量特写镜头也有助于突出其最为独创的特征之一:通过置身于抽象的、"去语境化"的语境中,将特例与个人化的故事结合起来。

2. 用吉登斯(Giddens)的话说,我们可以认为在脱口秀中,个体的人际关系与隐私均从其时空语境中被"摘举"(lifted out)出来,受到视觉形式与文化形式的加工;这些形式是"抽象"的,犹如马克思、西美尔(Simmel)对流通货币的指称。货币将具体价值(如鞋子用来走路)转化为抽象价值(这些鞋子值200美元,相当于一张机票),同样,脱口秀则将具体、特殊的个人经验转化为"去语境化"的苦难叙事,与其他人的叙事平起平坐。性虐待的受害者等同于"情感伤害"的受害者,后者又等同于情感疏忽的受害者。很多论者认为脱口秀使公共领域变成了个人私域,与此不同,我以为恰恰相反:"奥普拉脱口秀"使得隐私极大地"去语境化"与抽象化。

3. 创伤叙事——治疗叙事最突出的文化例子——的时间性(temporality),是其"结构上"的标准化。通常,创伤时刻将自我"冻结"在一个特定的时间点上,在这一时间点上,对世界的信任分崩离析。创伤时刻"滞留"在意识中,既切断了过去,也切断了现在。由于固定不动，创伤时刻成了"新"自我浮出水面的出发点，这个"新"自我切断其历史，也切断其在未来的投射。所以，创伤时刻的冻结，转而使得所有的创伤性传记故事看起来都差不多。无论创伤是不是由性虐待、强奸、背叛抑或是一场地震所造成，受害心理总是以某种相似的创伤时刻为中心，因为创伤时刻是不受时间影响的（atemporal）。这种不受时间影响的时间，反过来产生了一种自我叙事，尽管是"记忆叙事"，也还是一种不受时间影响的叙事。

4. 创伤叙事在时间上的抽象，因这一事实而有所强化——即从定义上看，创伤叙事是自我的抽象叙事：创伤叙事将自我建构在诸如"缺乏自信"、"焦虑"、"偏执"、"自戕"等等标准化的分析与叙事范畴之中。悖论的是，正是这些文化中随手可得的标准概念，产生了丰富多彩的个人故事。各种各样的苦难形式与苦难故事，正是来源于情感生活在精神、心理健康模式及规范下的标准化。

5. 治疗叙事依赖于一个高度标准化的个人概念，通过现代法律与政府机构，个人在现代政治中被体制化（institutionalized）。正如约翰·梅耶（John Meyer）等人翔实、雄辩地表明的那样，个体模式建立在抽象自诸如福利国家、市场等机构制度的"脚本"（scripts）之上，反过来，"权利"、"精神健康"、"利己主义"等等观念又对个人进行合理化。在多数西方政治中，治疗话语业已被体制化；这一话语又转而对个体的自我观念进行合理化，对其传记式的人生轨迹进行合理化。

如约翰·梅耶等人所言,由于以大学学位、学院知识、全球出版、国际行业协会等等为途径的全球建构与推广模式,心理学已在世界上很多国家——或许是大多数国家中被体制化,所以我认为合理化将会长期持续下去。在越来越多的国家中,由心理学所开启的自我模式经由政府、学院、全球媒介以及今天的互联网而在全球广泛推广。心理学知识在福利国家所提供的社会服务中被体制化;它照顾到家庭的需要,以"沟通"这一相同的治疗模式,对亲子关系、伴侣关系进行标准化。最后,心理学家也遍布公司企业,劳资关系中常可见到他们的身影。(巴里兹[Baritz],1960;伊洛兹,1997)

治疗叙事的形式,从结构上制约了人生故事的讲述方式:由于治疗知识在出版物、政府服务、医疗实践的散播,人们可以将治疗叙事用作一种标准叙事,来解释自己以及他人的失败和不幸,并将这种标准叙事作为自己在今日复杂的社会世界中的指南。我认为,随着治疗知识在世界范围的扩散,"奥普拉脱口秀"是传记性话语标准化过程的一个重要组成部分。

与此同时,作为经济帝国、作为触须状媒介结构的"奥普拉脱口秀",在其传记性公式中还兼有更多的片段化与个人化特点。1995年,该节目的范围与影响获得戏剧性扩张。奥普拉·温弗莉不仅继续扮演其道德事业家(moral entrepreneur)、心理治疗师、公开的自白者的角色,她还是成功的国会说客;为少数族裔学生成立大学计划与奖学金;成立了读书俱乐部,根据图书出版工业的描述,该俱乐部几十年来极大地促进了其行业生产(例如,托妮·莫里森[Toni Morrison]仅仅上过一次"奥普拉脱口秀",其许多书籍的销量,就像获诺贝尔奖的书籍一样,呈三倍增长);创办了一本女性杂志;或许对于本次讨论更有意义的是,她还创建了一个非常活跃的网站。

借助网站,"奥普拉脱口秀"更为互动(恳请更多的观众讲述自己的故事,这些故事经过挑选后可以登上脱口秀节目),也更为片段化(根据不同的故事与不同的专家意见,划分为不同的脱口秀节目与网站,如"天使网站"[Angel Network]、"救治心灵"[Heal Your Spirit]等等)。网站不仅能够使观众继续讨论脱口秀节目所提出的话题,继续讨论读书俱乐部所谈书籍中的故事与人生经历,或许更重要的是,还可以使观众讨论自己的人生经历,在脱口秀节目之后继续脱口秀。"奥普拉脱口秀"不再只有一个站点(site),它已经成了卡斯特(Castells)所主张的"大众电视统一的文化力量(过去只有极少数文化精英可以逃离),如今被社会性的层级分化(stratified differentiation)所取代,而这种层级分化导致了量身定做的(customized)大众传媒文化与一个自主选择社区的互动电子通信网络和谐共存"(卡斯特,1996:371)的鲜明例证。

关键在于,"奥普拉脱口秀"已经变成了一个触须状的媒介结构,触及了晚期资本主义的中心机构——电视、电影、出版工业、互联网,只不过借助了我曾称之为治疗性传记故事的高度个人化与标准化的文化形式。正是因为治疗性传记故事既是标准化又是个人化的,这些故事反过来能够促使真正国际性的苦难共同体的形成。这里略举一例。奥普拉网站上的"天使网站",有一位女性自称为"女士13号",像很多其他用户一样,她对奥普拉专家席上的常客之一菲尔·麦戈罗尔(Phil Mcgraw)说道:

> 五岁左右,亲生父亲就离开了我。他是酒鬼,母亲的婚姻充满暴力……这一部分经历在我脑海里煎熬、翻腾……母亲嫁的这个男人,结果是一个恋童癖者,他收养我们四个孩子时,我刚到可以自行选择的年龄……作为一个酒鬼的孩子,对我而言,挑选一个与父亲相像的丈夫委实太不寻常……我从未与男人发展出健康的关系……我还没医治好全部的创伤……我买不起菲尔博士的书,买不起他的录影带,但我正在迈向自由。上帝保佑他,愿更多人喜欢他。我们这些受伤的灵魂,需要他这样的引路人。(1999年11月29日)

这个故事按照标准的治疗叙事写成:她选择了一个与自己父亲相像的男人,她的人生经历的主轴以她的心理伤害与痛苦为中心,她的人生目标是寻求内心的痊愈。像其他人一样,这位女士促使别的观众提出了更多的支持与建议——这些意见在内容、结构上与麦戈罗尔博士的观点惊人相似。如果我们所有人都成了受害者,我们所有人也就都成了专家、成了别人的治疗师,这正是因为治疗语言已经将人生轨迹标准化,这些人生轨迹同时也更个人化、更合理化。脱口秀与网站提供了一个有现成脚本的语言与结构,苦难可以在其中为人所共享。苦难之所以能够为人所共享,乃是因为它围绕我所谓的创伤的跨国治疗与以媒体为中心的人生故事而组织起来,避免了国籍与版图疆界的差异。我们或许可以认为,性虐待、离婚、肥胖、神经性厌食症,既在国家内部创设了新的分界线,也跨越了传统的民族与领土区划,与他人建立了新的连接。所以,苦难共同体已经在诸如"戒酒互助会"(Alcoholics Anonymous)、"暴食者互助会"(Overeaters Anonymous)等跨国组织中变得体制化,输出其管理"自我"的技能。像"奥普拉脱口秀"一样,这些组织都建立在苦难、人生故事、通过治疗对自我进行标准化管理的合力效果的基础之上。这是一种社会痛苦的组织管理形式,挤进了由政府与传统 NGO 组织所标识、覆盖的各种苦难类型。

这些共同体可以想象为戴维·赫尔德(David Held)所谓的"命运共同体"(2000:423),它们处于传统政治分界线的交叉点,也避免了传统的阶级、种族与民族的区分。苦难共同体可以同时"下达"(它们是传记性的)或"上传"至民族国家。所以,即便"奥普拉脱口秀"明显代表了一种美国的节目类型,我们刚刚讨论的这一过程却并无起点,而是循环往复,这些叙事同时指向"基部的全球化"(infraglobalization)过程——即我们如何从"内部"被全球化,指向叙事结构在全球传播流通的方式。

结语:苦难,或通向世界主义联合的捷径?

这些苦难共同体对全球化的民主方案、对阿帕杜莱等人所谓的"来自底层的全球化"(globalization from below)有何价值?这些苦难共同体能否开启全球想象?若能如此,这些想象又是什么?

正如戴维·赫尔德所言,就世界主义意味着多样化的政治共同体的程度而言,它要求政治议程"从他者的视角推理"。(赫尔德、麦克格里[McGrew],2000:425)我认为,脱口秀节目在培育这种多元视角方面功勋卓著,因为与其他的文化类型相比,脱口秀更能展开传记性想象,有能力想象他人的生活、理解他人的困境。在这一方面,脱口秀似乎增强、促进了居间调停的连通性(mediated connectivity)。(汤姆林森,1999)

不过,尽管这些脱口秀所制造的"共同体"毫无疑问增强了连通性,我还是想对其能否成为世界主义意识的来源表示怀疑。这种怀疑态度与商品化的通行准则无关,也与娱乐、痛苦共栖于相同记忆空间的这一事实无关。在我看来,这种怀疑态度系于全球化讨论之中一个最为尖锐的问题之上:世界主义的团结,究竟该与他人的苦难保持多远或多近的距离?

在《论革命》(On Revolution,1963)一书中,汉娜·阿伦特(Hannah Arendt)要我们警惕她所谓的"怜悯政治"(politics of pity)。她认为,接近那些被侮辱与被损害者时,我们不应运用她所谓的这种"怜悯政治",即建立在同情他人苦难基础之上的政治。她主张,我们应该本着人类尊严的平等模式与人交往。这里,她呼吁的是正义而非同情心,是原则、"美德"而非情感。她批评说,同情心不是在相互平等(平等要求公正与联合)的基础上运作,而是以受苦者、施予同情者之间的内在不对等为前提,这就使我们偏离了能够带来真正联合的道德的培育。在另一篇文章中,即关于莱辛(Lessing)的著名讲演(1968),阿伦特进一步申论:她认为同情心缩短了人们之间的距离。同情心消除了在她看来对于政治联结至关紧要的、她所谓的"居间"(in-between)状态,即与世界有关的话语可在其间流动的距离。阿伦特认为,同情心不是漫无边际的,或许正是因为同情心以对受害人的即刻认同为基础。这在精神痛苦的承受者身上表现得更为真切:由于每个人都是自己创伤的唯一立法者,以至于精神痛苦常常不值得注意、不存在疑义,不会产生与世界有关的话语。

苦难的标准化人生故事,或许提供了围绕创伤将苦难的跨国共同体组织起来的一种途径;我认为,这些跨国共同体或许是乌尔里希·贝克"由内而外的全球化"的例子,但是,不能肯定这些共同体能够引发我们传统上所谓的世界主义团结。因为这种团结恰好需要辨识异同的良好动力,需要恰当距离以谈论世界——共同体不需要距离,苦难的共性才是其主要的结构原则。

全球化是"世界的压缩与世界作为一个整体的意识的强化"(罗伯逊[Robertson],1992:8)——这一定义恰当描述了本章开端部分提到的伏尔泰的谴责。奥普拉·温弗莉提供了压缩世界的有力技巧——既是视觉的、又是语言的,但是,她在压缩世界之时,却未曾想过要推动类似的世界意识。而且,她的节目似乎提供了一个缺乏世界"一体"意识(里泽[Ritzer],2000)的文化标准化、均质化的例子。正是因为取消了距离,这些观众共同体缺乏伏尔泰视角中的道德力量,使我们看不见苦难的可耻,看不见苦难与幸福的同时存在。

而且,这些共同体存在某些固有的悖论,成员的"成功",亦即意味着共同体的瓦解。共同体一旦对反躬自省的个人传记性故事表示支持,这个人就可以、事实上也就不再是该共同体的成员,所以,正如罗蒂(Rorty,1999)所言,谴责这些虚拟的人生经历共同体因苦难叙事而联合起来、而非通过希望叙事联合起来,应该成为任何自下而上的全球化方案的核心。最后,我认为,这些苦难共同体缺乏伏尔泰世界主义中的"全球地方化"(glocal,罗伯逊,1992)的道德力量,因为这些共同体欠缺一种眼光,不能看见伏尔泰让我们看见的东西,即世界作为一个整体而缺乏道德一致性的可耻。

参考文献

M·阿尔布劳(M Albrow),1996,《全球时代:超越现代性之外的国家和社会》(*The Global Age: State and Society Beyond Modernity*),斯坦福,加利福尼亚(Stanford,CA):斯坦福大学出版社(Stanford University Press)

A·阿帕杜莱(A Appadurai),1996,《普遍的现代性:全球化的文化维度》(*Modernity at Large: Cultural Dimensions of Globalization*),明尼阿波利斯(Minneapolis):明尼苏达大学出版社(University of Minnesota Press)

H·阿伦特(H Arendt),1963,《论革命》(*On Revolution*),

纽约：Viking

——1968,《黑暗时代的人》(Men in Dark Times),纽约：Harcourt Brace & World

B·巴茨科(B Baczko),1997,Job,mon ami:Promesses du bonheur et fatalité du mal,巴黎:Gallimard

L·巴里兹(L Baritz),1960,《动力的奴仆:美国工业中使用社会科学的历史》(The Servants of Power: A History of the Use of Social Science in American Industry),米德尔顿,康涅狄格州(Middletown, CT):卫斯理大学出版社(Wesleyan University Press)

U·贝克(Ulrich Beck),1999,《什么是全球化》(What Is Globalization?)剑桥(Cambridge):Polity Press

U·贝克、E·贝克-吉恩斯海姆(E Beck-Gernsheim),1995,《爱情的正常性混乱》(The Normal Chaos of Love),剑桥:Polity Press

L·波尔坦斯基(L Boltanski),1999,《远处的苦难:道德、媒体与政治》(Distant Suffering: Morality, Media and Politics),剑桥:剑桥大学出版社(Cambridge University Press)

M·卡斯特(M Castells),1996,《网络社会的崛起》(The Rise of the Network Society),坎布里奇,麻省(Cambridge, MA):Blackwell

P·H·柯林斯(P H Collins),1990,《黑人女性主义思想:知识,意识与政治赋权》(Black Feminist Thought: Knowledge,

Consciousness, *and the Politics of Empowerment*),波士顿(Boston):Unwin Hyman

R·康奈尔(R Connell),2000,《社会学与世界市场社会》(*Sociology and World Market Society*),《当代社会学》(*Contemporary Sociology*)29(1):291-296

J·L·德克尔(J L Decker),1997,《美国制造:从霍拉修·阿尔杰到奥普拉·温弗莉》(*Made in America: Self-styled Success from Horatio Alger to Oprah Winfrey*),明尼阿波利斯:明尼苏达大学出版社

B·格林(Bob Greene)、O·温弗莉(O Winfrey),1996,《好身材与好生活的十个步骤》(*Make the Connection: Ten Steps to a Better Body and a Better Life*),纽约:Hyperion

U·汉纳斯(U Hannerz),1996,《跨国连接:文化、人类、处所》(*Transnational Connections: Culture, People, Places*),伦敦:Routledge

D·赫尔德(D Held)、A·G·麦克格里(A G McGrew),2000,《全球改变读者:全球化论争导论》(*The Global Transformations Reader: An Introduction to the Globalization Debate*),摩顿,麻省(Malden,MA):Polity Press

R·休斯(R Hughes),1993,《诉苦文化:美国碎片》(*Culture of Complaint: The Fraying of America*),纽约:牛津大学出版社(Oxford University Press)

F·哈奇森(F Hutcheson),1742,《激情与爱情的本性与引

导论集:是非感释例》(*An Essay on the Nature and Conduct of the Passions and Affections: with Illustrations on the Moral Sense*),甘城,佛罗里达州(Gainesville, FL):Scholars' Facsimiles & Reprints

E·伊洛兹(E Illouz),1997,《消费浪漫乌托邦:爱情与资本主义的文化矛盾》(*Consuming the Romantic Utopia: Love and the Cultural Contradictions of Capitalism*),伯克利(Berkeley):加利福尼亚大学出版社(University of California Press)

D·凯斯(D Keyes),1999,《电视直播观众的想象共同体》(The Imaginary Community of the Live Studio Audience on Television),《大众文化研究》(*Studies in Popular Culture*)21:3

J·洛(J Lowe),1998/2000,《奥普拉·温弗莉如是说》(*Oprah Winfrey Speaks: Insights from the World's Most Influential Voice*),纽约:Wiley

G·梅尔(G Mair),1998,《奥普拉·温弗莉:真实的故事》(*Oprah Winfrey: The Real Story*),斯考克斯,新泽西州(Secaucus, NJ):Carol Publishing Group

J·梅耶(J Meyer)、约翰·波利(John Boli)、乔治·M·托马斯(George M Thomas)、弗朗西斯科·O·拉米雷兹(Francisco O Ramirez),1997,《世界社会与民族国家》(World Society and the Nation-State),《美国社会学杂志》(*American Journal of Sociology*)103:144-181

S·内曼(S Neiman),2002,《现代思想中的邪恶:别样的哲学史》(*Evil in Modern Thought*：*An Alternative History of Philosophy*)，普林斯顿，新泽西州(Princeton, NJ)：普林斯顿大学出版社(Princeton University Press)

M·努斯鲍姆(M Nussbaum)，1999，《性与社会正义》(*Sex and Social Justice*)，纽约：牛津大学出版社

S·理查森(S Richardson)，1821，Pamela, ou la vertu récompensée，巴黎：de l'imprimerie de Plassan

G.·里泽(G. Ritzer)，2000，《社会的麦当劳化》(*The McDonaldization of Society*)(新世纪版 New Century Edition)，千橡树，加州(Thousand Oaks, CA)：Pine Forge Press

R·罗伯逊(Robertson)，1992，《全球化：社会理论与全球文化》(*Globalization：Social Theory and Global Culture*)，伦敦：Sage

R·罗蒂(R Rorty)，1999，《全球化、身份政治与社会希望》(Globalisation, the Politics of Identity and Social Hope)，收入罗蒂主编，《哲学与社会希望》(*Philosophy and Social Hope*)，伦敦：Penguin：229-242

A·斯密(Adam Smith)，1759，《道德情操论》(*The Theory of Moral Sentiments*；or, *An essay towards an analysis of the principles by which men naturally judge concerning the conduct and character, first of their neighbours, and afterwards of themselves*)，伦敦：Printed for A Millar；爱丁堡(Edinburgh)：A Kincaid and J Bell

J·汤姆林森(J Tomlinson),1999,《全球化与文化》(*Globalization and Culture*),芝加哥(Chicago):芝加哥大学出版社(University of Chicago Press)

伏尔泰(Voltaire),1949,《里斯本地震》(The Lisbon Earthquake),收入B·R·瑞德曼(B R Redman)主编,《伏尔泰便览》(*The Portable Voltaire*),纽约:Viking Press

M·韦伯(M Weber)、H·H·吉斯(H H Gerth)、C·W·米尔斯(C W Mills),1946,《马克斯·韦伯社会学论文选》(*From Max Weber:Essays In Sociology*),纽约:牛津大学出版社

第十一章
全球媒介、文化变迁与在地改造：文化研究对社会学混杂形成理论的贡献

雷纳·温特（Rainer Winter）[①]

谨以此文纪念卡尔·洪纳（Karl Hornung, 1903-1971）

美国主导的大众文化（mass culture），大都是从消极负面的角度予以思考的。它甚至时不时地被诅咒为现代社会的首要威胁之一。用这种态度观照大众文化，它导致了一致性、被动性、政治冷淡、种族主义与暴力。产品的全球化——大多产自美国，被认为是通过在世界范围内传播相同的观念与迷思，而产生了标准

[①] 本文由安德鲁·特瑞顿（Andrew Terrington）翻译为英文。

化的、千篇一律的文化。以美国生活方式为中心的文化工业过程强调了这一点,美国生活方式被推介为自我呈现的全球模式。不仅如此,据说大众文化的全球蔓延还破坏了区域文化的独特性。以欧洲为例,斯蒂凡·穆勒-杜姆(Stefan Müller-Doohm)在其悲观主义的综论中认为,这破坏了欧洲启蒙运动文化的广泛基础,欧洲的地位正在被通俗文化(popular culture)的国际标准化的大众产品所取代。(斯蒂凡·穆勒-杜姆,1993:593ff.)

新的理论工作与实证研究反对将通俗文化理解为大众文化,这一理解以对现代时期的思古幽情为主要特征。我的看法是,当今的全球媒体文化在这种消极的框架之中并不能得到充分理解。它既忽略了消费者的实践与生产能力,又忽略了媒介传播通俗文化的活力、分化与多样性。近来的研究强调全球文化不仅仅是一种弥漫于全世界的标准化文化。(参阅费瑟斯通[Featherstone],1995;凯尔纳[Kellner],1995;温特,1995;汤姆林森[Tomlinson],1999;拉尔[Lull],2001)学者们指出,媒体产品的消费常常会走向标准化的对立面。下面,我将运用文化研究的方法,以表明全球媒体产品在不同地区语境中的接受与挪用(appropriation)是如何受到差异性、调和论(syncretism)与混杂性(hybridity)的形塑。

兰博(Rambo)与"全球的美国"意识形态

环球旅行家、作家保罗·索鲁(Paul Theroux,1992)游览所罗门列岛时,发现兰博是某个小岛的民族英雄,一些穷乡僻壤的村民甚至用发电机带动录像机来放映这部电影。在缅甸乃至于东南亚的很多其他地区,兰博也是一个受人欢迎的人物。(参阅艾尔[Iyer],1989)乍看起来,这些例子都是全球文化工业乃南半球均质化文化的确证。这意味着,如果《第一滴血》是一个代表了美国资本主义的价值观念、意识形态的帝国主义文本,那么,像可口可乐、唐老鸭、《豪门恩怨》(Dallas)一样,美国的生活方式将成为全球标准。因此,藉助流通与有效媒体,地方文化会被消费品、广告与受操纵的消费者拉平夷齐。在这种阐释中,全球化过程大体上导致了一种千篇一律的、共同的世界文化。

近年来,针对这种文化帝国主义理论的强烈反弹已经出现。主要批评在于,仅凭分析某一产品的内容,就对该产品的实际接受情况过于迅速地做出了判断。(参阅汤普森[Thompson],1990;温特,1995)首先,兰博,这个克敌无数、战胜千难万险的男子气概的英雄,自然而然是很多文化中都备受欢迎的英雄。不过,缅甸、所罗门列岛、伊利诺斯州、慕尼黑对兰博的接受都是相同的吗?在文化研究的框架内,我们从一开始就学会应更为全面详尽地调查各地的接受情况。美国人类学家埃里克·迈克尔(Eric Michael,1991)说道,甚至在中澳沙漠地区的土著部落中,兰博也相当受人欢迎。他们将兰博看成是打败了白人官僚阶级的第三世界英雄。这反映了他们自己对澳大利亚"白人"、尤其是那些权力阶级的不愉快经历。而且,他们还觉得兰博与他所解救的那些越南囚犯有着部族的或亲缘关系。美国则相反(如前总统罗纳德·里根),兰博被看成是个人主义的孤独战士,他倾向于国家主义,乃是为正义而战。而在土著对这一媒体文本的解析中,他们却发现了一种与他们自己作为被剥削被压迫人群之经验相得益彰的解读。对他们来说,兰博成为了一个与自身认同的人物形象,一个在种族冲突中代表他们坚持自己权利的人物形象。

在约翰·费斯克(John Fiske,1989)的分析中,土著的观点与文本暗含的宰制性的解读相抗衡。土著在澳大利亚的社会地位使得他们对好莱坞文本做出了富有生产力的再阐释。在对兰博的热烈接受中,他们用一种特定的方式创造了他们自己的对立文化。因此,费斯克与迈克尔的描述不能被误解为描述了标准的接受形式。全球产品在南半球的接受,并非每一次挪用都表现为抵抗或是对立。正如人类学家乔纳斯·费边(Johannes Fabian,1998)在其对非洲通俗文化的调查研究中所说的那样,宜将这些选择称为"自由的瞬间"(moments of freedom)。那些边缘化的、受压迫的群体,能够利用文化资源创造意义、形成身份认同、发展出他们自己的解读。下面,我想拓宽这一视野,着眼于美国媒体产品的接受情况。我将讨论解读与消费过程中的各种文化塑形,通俗文化在其中被表现为差异性、抵抗性与混杂性。最后,我将表明这些过程如何在文化研究的框架中得到阐释。

媒体接受的差异性、调和论与混杂性

丹尼尔·米勒(Daniel Miller,1994)曾就《不安分的青春》

(*The Young and The Restless*)一剧在特立尼达岛的接受情况,做过一次有趣的研究。他的研究显示了蔓延全球的媒体产品是如何在南半球进行解读的。他的分析清楚表明,如果仅仅将这一过程视为美国文化的输出与消费,就会产生误解。他证明肥皂剧如何受制于本土化过程,在这一过程中,肥皂剧与在地的实践与解读相结合,打并入"这个充斥着流言、丑闻、混乱的世界,它创造出社会生活持续不断的叙事结构……肥皂剧不仅是特立尼达人的,而且正如当地俗语所言,乃'地地道道的特立人的'(true true Trini)。"(米勒,1994:253)《不安分的青春》的接受是一种公众活动,就像巴西、葡萄牙的拉丁美洲肥皂剧(telenovelas)一样。观众在连续剧与日常生活之间创造了一种相关性,例如讨论节目内容,特别是对剧中的性关系与大小事件津津乐道。丑闻最易引起共鸣,因为特立尼达的通俗文化相信,曝光丑闻即可揭示"真相"。观众对剧集中的服装与时尚也兴致盎然,讨论得最为细致。这为他们的自我呈现指明了方向。米勒认为这是因为公众形象对于特立尼达人塑造、维持个人身份尤为重要。因此,他的研究清楚表明,仅仅分析媒体文本的形式特征是不够的。同等重要的是研究在地的接受过程,这一过程无法提前预知,且存在偶发性、语境的特殊性。同样的阐释也适用于《豪门恩怨》。

对众多批评家而言,《豪门恩怨》在1980年代是文化帝国主义的同义词。(参阅汤姆林森,1991:45ff.)这部得克萨斯肥皂剧赢得全球追捧的同时,许多文化批评家们却对其成功抱以敌意。美衣、香车、华屋,这些财富与奢华的卖弄炫耀被解读为具有强烈意识形态意义。然而,批评家们并未详察该节目实际上是如何被接受的。在一项较早的接受研究中,洪宜安(Ien Ang,1985)证明了欣赏《豪门恩怨》是一个复杂现象,不能将之简化为剧本的意识形态力量。她发现众多受访的女性观众——其中一人承认自己是女性主义者——喜欢多在刻画个人冲突时表现出来的情感的真实性。另一方面,这些观众认为《豪门恩怨》在再现美国社会时又是非现实主义的。此外,洪宜安还得出一个结论,一些女性观众甚至从一种悲剧性的、通俗情节剧的角度看待这部剧集,剧本本身其实对此着墨不多,毋宁说这反映了她们自身的女性经验。倾身投入于通俗情节剧白日梦的文化能力,特别容易受到女性自己生活状态的影响,她们不得不在心理上对事件与状况做出解释、在情感上做出应对。洪宜安(1985)认为,这些白日梦策略既源于对个人经历模模糊糊、不太明确的不满情绪,也是赋予日常生活以意义的一种尝试。这个例子表明,这里尚有操弄意义、欣赏大众娱乐产品的空间,观众能够主动利用大众娱乐产品以表达他们自己的看法、满足自己的需要。

泰玛·利贝斯(Tamar Liebes)与埃利胡·卡茨(Elihu Katz)在他们的研究——《意义的输出》(1993)中得出了相同的结论,该书考察了《豪门恩怨》在不同国家、种族的接受情况。他们率先对文化帝国主义理论提出质疑,后者试图以内容分析为基础,推证电视节目的影响力。其广泛研究的目的,乃是从观众的立场对该理论进行实证检验。首先他们认为,看电视不是孤立的活动,而是社会互动,例如与他人交谈,便是解读与评价过程的必要部分,尤其当电视节目来自于别的文化之时。这项研究以分组讨论为基础,伴以调查问卷,不同种族背景的参与者每观看一集《豪门恩怨》后便依照一套标准化的步骤进行讨论。各个小组的人员构成,都有相似的阶级背景(不超过高中学历的中产阶级下层),但种族背景各不相同。不过,每一小组本身又都具有"种族的相似性":"相应的,我们召集由家人、朋友组成的小组,每组由年龄、教育程度、种族背景约略相当的三对已婚夫妇组成。44个类似的小组,就是这样从以色列的阿拉伯人、俄罗斯的新移民、老资格的摩洛哥移民、'基布兹'(kibbutzim)成员(典型如第二代以色列移民)中挑选出来的。"(利贝斯、卡茨,1993:6)

  这些小组所做出的解读,被用来与洛杉矶的美国观众与日本观众进行比较,后者观看《豪门恩怨》时最为挑剔。该项研究的复杂结论,这里无法详述。本文重点关注的是那些阐释的分歧,这些分歧在讨论每集内容时即已十分明显。其解读取决于观众的文化背景。例如,一个阿拉伯人的小组做出了如下的"误读"。有一集,苏艾伦(Sue Ellen)离开丈夫J.R.,带着孩子避到老相好与父亲的住所。这个阿拉伯人小组经过讨论后一致认为,正确的理解应该是她离开丈夫后,住进了自己父亲的房间。利贝斯与卡茨表明,种族小组是从自身的文化背景出发,对节目中的价值观念提出批评的。阿拉伯人小组唾弃西方世界的颓废,在他们看来,这种颓废就具体体现在家庭结构破碎、不道德的性关系以及炫耀财富与奢华之上。有的俄罗斯人小组甚至发展出一套阴谋论,相信节目制作人故意扭曲现实生活以影响观众。美国观众、"基布兹"成员、日本观众也有点挑剔,但更多针对的是节目的美学价值以及制作人的能力。

利贝斯与卡茨的研究结果表明,全球媒体产品的接受与挪用是一个积极的社会过程。甚至循规蹈矩的观众也有能力以一种复杂的、生产性的方式看待美国的媒体产品。他们的文化背景并非简单受到压抑,反而常常是批评剖析《豪门恩怨》的起点。他们并不像很多批评家所相信的那样,任由自己轻而易举受到操纵,这意味着帝国主义理论从很多方面看不过是一种论辩术上的夸张。文化社会学分析不能满足于分析媒介文本或娱乐工业的策略,尽管这些方面也十分重要。关键是要揭示人们如何在本土语境中与文化工业策略发生互动。例如,当前就苏格兰作家罗琳(J K Rowling)创造的哈里·波特(Harry Potter)这一人物形象在美国电影公司"华纳兄弟"(Warner Brothers)的市场推广中所引发的争论,就是一个明显的例子。"华纳兄弟"出于商业目的,试图强力塑造一种全球范围的、标准化的哈里·波特形象,这一努力却招致"哈迷"们的破坏与阻碍,他们精心制作网页、翻改、举行聚会,用自己的方式将哈里·波特拥为己有。

我想详细讨论的下一个例子,来自于流行音乐领域。在美国少数族裔聚居区,主要是布朗克斯区(Bronx),嘻哈音乐(hip hop)兴起于1970、1980年代。如同非洲裔美国人音乐文化的早期形式,嘻哈音乐表达的是屈辱的生活条件、压迫、种族主义与艰难挣扎的经验。与此同时,源于贫困、被剥夺与需要的嘻哈音乐,也是生产力与创造性的同义词。(参阅罗斯[Rose],1994)然而,二十年后,嘻哈音乐经由美国文化工业的传播,已经变成了全球产品。与全球化发生关联,是否造成了嘻哈音乐的平庸化?作为媒体"白噪音"的一部分,嘻哈音乐是否已经变成了空洞的象征,已经丧失了它作为边缘群体自我表达之集体形式的原初意义与力量?如果嘻哈音乐的形式与实践遭致本土语境的盗用、并加载其他的意义,其内在特征——诸如年轻人如何面对社会问题、生活境遇等等,能否在其形式与实践中获得表达?我想从我着手进行的种族志(ethnographic)研究的角度审视这些问题。在此之前,先来看看嘻哈音乐的典型特征。

嘻哈文化(包括各种文化表现形式,如说唱音乐[rap music]、霹雳舞[breakdance]、涂鸦[graffiti]、DJ 现场打碟秀[club scene]、街舞[b-boy]与涂鸦风格的时装[wild-style fashions]等),最初是在说唱派对和俱乐部现场秀中成为出色的表演艺术之后,才通过唱片、CD、音乐电视、MTV 节目、《伴我闯天涯》(Wild Style)等电影而逐渐流行起来的。嘻哈文化的核心是说唱音乐,言说的节奏依据于背景音乐,当背景音乐由鼓点转为几段即兴音乐重复段(riffs)时,串拍(drum breaks)与歌曲的多样形式就组成了嘻哈音乐。借助唱盘,背景音乐在迪斯科、俱乐部中制作出来。DJ 通过截取或合成以往的唱片音乐,在唱片机上生成一段原声带。这一挪用音乐(或曰音乐史)的基本技术,因名为"搓碟"(scratching)和"混搭"(punch phrasing)的两项技巧而得到本质上的改进,这些技巧可以覆盖或是混合不同唱盘上的声音。正如理查德·舒斯特曼(Richard Shusterman,1992)所说，由于篡取（usurpation）这一自反性过程，说唱音乐解构了原创性、独特性的传统观念。在这种通俗艺术形式中，不再有任何原创性的东西，只不过是音乐之间的相互篡取罢了。因为每一位DJ都借用了别的资源。"传统"的回收利用与排列重组，促使了全面彻底的改造。就像米歇尔·德·塞尔托（Michel de Certeau，1984）所定义的那样，可以称之为"弱者的策略"，这些策略破坏了艺术家与观众之间的界限，并从文化工业所提供的各种资源中生产出一定的个性。

　　说唱歌词是对重新加工乐曲的补充，它常常是批判性的，就社会现实、少数族裔聚居区居民、其他边缘群体的问题表达自己的观点。这些问题包括失业、卖淫、暴力、吸毒成瘾等等。许多说唱歌曲因其聪明诙谐的口语表达方式而引人注目，即如对格言警句或是陈词滥调的使用，由于其多层次的意义而在说唱音乐的语境中产生出新的重要性，从而成为一种复杂、多义的文本。这些歌曲勾勒了对社会事件的另一种解读，它们提出建议或忠告，从道德上讲述性、毒品与异化。目前的研究表明，说唱音乐能够在文化与社会身份问题上发挥巨大的作用。（参阅迪米特利亚迪斯[Dimitriadis]，2001）因此，嘻哈文化促使了非洲裔美国人的身份建构，首先是在少数族裔聚居区的地区层面上，同时也是一个被竞争形塑的过程。这里也存在州际间的竞争，例如洛杉矶与纽约两地饶舌歌手的对抗。由于唱片工业对媒体发行与市场营销的抵制（参阅戴森[Dyson]，1996），这些身份模式变得具有全球性的重要性。

我的种族志研究，主要在德国的亚琛（Aachen）、科隆（Cologne）、特里尔（Trier）等地进行，研究结果表明，大多数受访的嘻哈人用他们的音乐风格来定义自己的个人身份，因而也是出于个性化的目的。对他们而言，嘻哈首先意味着配置CD、超大号服装、棒球帽、软底鞋、链饰等消费商品。一开始，除了自觉区别于成人文化外，对这些商品的利用并无颠覆或抵抗的含义。嘻哈却被用来创造身份，因为它不同于主流的青春品位。这在对音乐节拍（beat）与身体律动（groove）的接受中已经显示得一清二楚。歌词只是次级重要的部分，很少获得更多的关注。具有决定性的，不是饶舌音乐的内容而是音乐本身。因此，英国的饶舌音乐远比德国的饶舌音乐流行，因为前者的韵律更为流畅。不同的歌迷，多由朋友领入圈中，对嘻哈音乐的历史如数家珍。我采访的绝大多数表演者最初听到嘻哈音乐是在1980年代中期，此后便成为忠实拥趸。讲述自己的音乐史，常常被用来重建他们自己的过去、自己的朋友圈。马科（Marco）曾如此描述嘻哈情感所带来的群落经验：

> 不再感觉孤单，活在嘻哈音乐中，与其他嘻哈人、与其他同伴一起庆祝嘻哈音乐。你知道，就像一群人挤在一处，尽管谁都不认识，你还是会觉得似乎身处某个团队。你就是觉得自己属于这里。（选自访谈）

群体经验被定义为一起寻欢作乐。它为志趣相投的美学团

体创造了情感氛围,以建立、确认他们自己的身份。而且,有的接受者还像安迪(Andy)一样变得主动起来:

> 实际上,起初这是从涂鸦开始的,然后不知从哪里听到了嘻哈音乐,像"公敌乐队"(Public Enemy),诸如此类,事情就开始乱套了。我听了一遍又一遍,觉得日复一日地夜出涂鸦可真够无聊的,得做些什么,是的,我想,买一个混音面板,两架唱机,是的,就这样真的开始做嘻哈、搓碟,诸如此类。(选自访谈)

我的调查结果表明,挪用分为三个阶段。首先,经由音乐宣传而接受消费品,并购买全球商品。大多数嘻哈人停留在这一阶段。第二阶段,非洲裔美国人使用唱片的创造性实践,被当作一种模式而广为接纳。它通过如 DJ 等的个人表演而得以改进,并获得创造性的深入发展。几乎所有的这类受访者,都将自己与少数族裔聚居区对音乐的感受拉开距离。挪用过程在第三个阶段上通过检讨自己的生活与社会问题、通过个人化的说唱歌词,获得了自我指涉的特征。例如,一个亚琛说唱乐队的歌词讨论的是种族主义与酗酒问题,这些问题在年轻人中的蔓延,应归咎于他们的社会环境、失业与看不到希望。这些说唱歌手们在歌中讲述他们平凡琐碎的日常生活,讲述他们的心愿、希望、伤害和苦难。就这样,他们说出自己的想法,分析自己的现实生活,用塞尔托的话说,他们成为"自己生活的诗人"。因此,这些年轻人甚至在德国更偏爱说唱音乐,在他们看来,它为他们自己日常生活中大大小小的困境做出了更为真实的讲述。

所以,我的种族志研究表明,嘻哈文化、使用音乐、团体仪式,还有 DJ 与说唱歌手的表演,创造出了一个共同体,提供了身份认同与社会凝聚力。不过,在我采访的那些人中,嘻哈文化并不像美国少数族裔聚居区的情况那样,是从日常实践中产生形成的。而且,它最初也是作为一种全球消费产品而被接受的,其身份模式被照单全收。只有一小部分嘻哈人试图将之作为一种文化资源,用来表达自己的经验与自己的观点。就像其他流行文本一样,嘻哈文化的意义,也在商业的平庸化与创造性的再解读之间左右摇摆。美国产品的全球市场推广,面临着挪用的地区形式。一方面,嘻哈人运用嘻哈来寻求个性化,另一方面,他们也用它来创造符合嘻哈原初意义与目标的共同体与感性经验。

据此而言,说唱音乐在非洲的接受也是饶富趣味的。1990 年代早期,说唱音乐成为时髦,但大多限于家境良好的年轻人中间,只有他们才买得起美国的最新产品。然而,今天它在不同社会背景的年轻人中都相当盛行。(斯旺特[Servant],2000)不同非洲国家的音乐人将说唱音乐与他们的地区传统、实践与各种不同的语言混为一体。在这种跨接中,新的排列组合从传统与电子音乐中产生出来。非洲说唱音乐的成功甚至促进了非洲音乐的复兴。达卡(Dakar),说唱音乐新的世界中心,据说有大约 2000 个说唱乐队,他们从都市非洲裔美国人的文化中汲取灵感,将说唱音乐变成了自己的生活方式。非洲艺术家的歌词讲述了他们世界的苦涩现实,诸如贫困、环境破坏、种族冲突、艾滋病等等。他们在说唱音乐中富有生产性的观察,为他们的社会批判提供了广泛的基础。

此外,音乐民族学学者乔治·利浦兹茨(George Lipsitz)在他的研究《危险的十字路口》(*Dangerous Crossroads*)中总结说:"(嘻哈文化)表达了一种与后殖民时代极为相称的政治形式,它通过表演形成共同体,它在感受到后工业资本主义严峻的经济环境所造成的现实的错位、幻灭、绝望的人们中间,制订出真实与想象性的关联。"(利浦兹茨,1994:36)利浦兹茨还进一步表明,流行音乐领域中仍然有相当多的"弱者的策略"。例如,大都市中的少数民族移民通过制作音乐、将自己的文化经验与全球主流的文化形式相结合而建立他们的身份,全球主流文化被他们转化为一种文化资源。民族间的音乐再创造,利浦兹茨列举出纽约波多黎各人的波加洛舞(boogaloo)、巴黎阿尔及利亚人的锐乐(rai)、洛杉矶墨西哥人的朋克(Chicano punk)、澳大利亚的土著摇滚(Aboriginal rock)、新奥尔良与休斯敦的湿地摇滚(Swamp pop)。利浦兹茨用这些例子表明,来自对立状态民族的音乐人是如何通过对主流音乐的使用、同时也是欣赏来表达他们的种族差异。其中的策略之一,用米歇尔·德·塞尔托(1984)的术语来说,就是反本质主义(anti-essentialism)。这是一种个人或群体的努力尝试,他们试图在有限的时间架构内,建立一个团结阵线以保卫共同的兴趣、情感与需要。通过拒斥任何异质特征,即可做到此点。这一共同性不是直接表达出来的,而是通过伪装或其他的手段。例如,1980年代末,新西兰的毛利人开始认同非洲裔美国人的通俗文化。他们盗用非洲裔美国人讲述自我的风格,盗用他们的俚语粗言。从表面上看,这似乎意味着文化帝国主义取得成功、在地传统遭到破坏,毛利人自己也相信这是一种遮遮掩掩的行为,他们使用非洲裔美国人的元素,来表达对自己被边缘化、在祖国失去社会地位的看法。

就利浦兹茨而言,这种战术上的反本质主义是理解不同民族间音乐并置的关键。① 他写道:

> 理解每一个类似群体的关键,就是要看他们通过那些看上去不太像自己的东西,如何变得"更自己"。就像世界上那些备受冤抑的群体的众多成员一样,这种战略上(战术上)的反本质主义已经变得精于伪装,因为其生存全赖于此。(利浦兹茨,1994:63)

然而,对音乐的讨论不过是全球背景下创造性的日常实践中的经验一例。戏剧作品也具有重要的意义。这些对身份形成与建立共同体都是重要的。表演政治可以解读为"弱者"对社会动荡与恶劣境遇的回答。因此,新的重要的研究任务便是探究新身

---

① 继佳亚特里·斯皮瓦克(Gayatri Spivak,1993)的研究之后,利浦兹茨使用了"战略上的反本质主义"(strategic anti-essentialism)一词。不过,自德?塞尔托、费斯克(1989)之后,"战术上的反本质主义"(tactical anti-essentialism)一词的所指更为准确。

份与偶然的联合或联盟如何通过使用全球媒体产品而创造出来，而不是寻求文化的起源或基础。例如，可以从侨民(diaspora)的角度对此进行探究。相关例子已经表明，混杂文化形式的兴起，可以形成另一种公共领域(public sphere)。差异性经由边缘地位得到表达，也必须不断进行调整协商。保罗·吉洛伊(Paul Gilroy)指出，"青年亚文化看似琐碎的形式，意味着打通一个自觉的后殖民空间，其中对差异的肯定直接指向一个更为多元化的国族概念，或许还超然于这一概念之外"。(吉洛伊，1993:62)

全球化与移民所造成的公共领域的变形，为形成个人的生活方式与文化身份提供了良机。正如霍米·巴巴(Homi Bhabha，1994)所表明的那样，这些过程破坏了明确的文化身份，显现出庞杂混乱的构建，表现为模棱两可与暧昧不明。在文化位移与社会区别所形成的新的鸿沟中，各种策略可以用来形成共同体与身份认同。它们不再建立在本质特性之上，而是建立在模棱两可与混杂性之上。在文化阈限的领域中，雷蒙德·威廉斯(Raymond Williams,1980)认为，残留的或新兴的实践都能得到发现或表述。斯图尔特·霍尔(Stuart Hall)也在寻求"种族划分"这一概念的新定义。该定义不再与国家、"种族"相联系。我们均有种族之根，都从各自种族的立场发言，但这一事实并不能阻止其他种族群体从代表权中被封杀、被排挤、被拒斥的现实。(霍尔，1992)相反，新的种族政治必须从差异性开始。就身份政治而言，这意味着必须抛弃身份的本质特性与普遍结构，并代之以"弱者"具体的、非本质特性的、非普遍性的经验。(安扎杜尔[Anzaldúa]，

1988)正如郑明河(Trinh T Minh-Ha,1991)所言,文化交流的空间必须被看成是一种过程,差异与身份在这个过程中不断被重新定义与表达。这就出现了一个问题,即"新"的集体身份的发展会产生何种后果。罗兰·罗伯逊(Roland Robertson,1992)在他的研究中表明,全球化过程至少始于15世纪早期,并与现代化过程紧密联系在一起。过去二十年来,有许多迹象表明,碰巧随着移民与电子媒介的全球化的同步发展,全球化过程已经出现了一个质的飞跃。媒体传播的大量影像与人口流动同时发生,形成了一个"侨居的公共领域"(阿帕杜莱[Appadurai],1996);但就身处这个共同领域的个体而言,其所分享的不仅仅是美国文化工业的产品。旧金山的日本人在其聚居地租看日本电影,芝加哥的阿富汗人出租车司机收听来自祖国的宗教录音带,伦敦的旁遮普人、德国的土耳其人收看自己国家的电视。(格里斯佩[Gillespie],1993)在尼日利亚,本土电视的真正繁荣已经出现。(斯旺特,2001)自1997年以来,已经有1080部电视被尼日利亚审查机构放行。一部成功的电影至少可以复制30万份影碟。其他非洲国家可以看到越来越的尼日利亚电视,美国亦是如此。美国大约有300万尼日利亚侨民。在新奥尔良,美国说唱歌手P大师(Master P)按照尼日利亚梦工厂的模式制作自己的电视,它们在美国少数族裔聚居区也很受欢迎。

与现代化理论工作者的结论形成对比的是,宗教在全球化过程中并未消失,因为它并未在本质上被西方文化帝国主义所改变。民族学学者阿帕杜莱写道:"有越来越多的证据表明,大众媒体的全球消费激发了抵制、反讽、选择性,总体而言,亦即是工具、手段"。(阿帕杜莱,1996:7)而且,媒体产生了可能的"情感共同体"(马菲索利[Maffesoli],1988;格罗斯伯格[Grossberg],1997)、分众文化(specialized culture)(温特、埃克特[Eckert],1990),还有团结一心、休戚与共的情感流露:

> 大众传媒尤其是电影电视的集体经验,能够创造出围绕崇拜与超凡魅力(charisma)的情感团结,就像七、八十年代对印度女神 Santoshi Maa 的宗教情感,还有大约同一时期对霍梅尼(Ayatollah Khomeini)的跨国崇拜。同样的万众一心亦可围绕体育运动与国际主义而形成,奥运会的跨国影响就清楚说明了这一点。租屋与楼房中的影视俱乐部集中在加德满都与孟买等地。歌迷、影迷俱乐部以及政治追随者浮现于小镇的媒体文化,就像在南印度地区一样。(阿帕杜莱,1996:8)

个人与群体在想象领域将全球流动与他们的日常生活实践联系起来。这是除情感维度之外值得重视的又一个重要环节。共享的想象是跨国、集体行为的先决条件。与此同时,还取决于流行文本的活力,端视这一流行文本能否产生一种新的宗教虔诚、新的力量,或是更广泛的社会正义。阿帕杜莱的研究也为突出"全球的美国"这一问题提供了良机。如果我们不将"美国"等同于美国的物质版图,而是将"美国"看成一种全球想象物,我们就能明白在地区对抗的语境中,这里还有一种对"美国方式"的渴望。全球媒介,携带着消费品与生活方式的影像,创造出了一种想象的地理学,在美国生活、或是成为美国人,成为一种理想、一种乌托邦。好莱坞电影、肥皂剧,还有可口可乐、耐克、麦当劳的广告,为本土的各种身份建构许诺了一个世界性的、全球性的选择方案。因此,对媒体产品的挪用,可以促进对文化差异的反身性表达,真实与想象在其中形成了鲜明的对比。为了充分理解全球化,对接受与挪用媒介产品的地区语境的研究是重要的。例如,洪宜安就曾主张通过民族志的研究来缓和激进的文本主义。唯有这样,受制于语境的本土基础上的实践才可得到理解。这些实践是将电视与其他媒体运用于日常生活之中的实践:"理解之达成,在于更愿意条分缕析,而不是概括说明;更愿意探究历史与地区的具体性,而不是进行表面上的抽象;更愿意'翔实地'描述细节,而不是展开全面却'空洞'的调查。"(洪宜安,1996:71)

最后,我想概述文化研究视角对研究全球化过程所具有的意义。

差异与彻底的含混性纳入全球后现代时代

目前为止的讨论已经表明,不能对全球化的力量夸大其词。全球媒体产品当然会面临在地的再表达。这导致了一个去版图化(de-territorialization)、融合与混杂化的过程。(参阅里德文·皮尔特斯[Nederveen Pieterse],1995;钱伯斯[Chambers]、柯蒂斯[Curtis]，1996；拉尔，2000)就像利浦兹茨(1994)的研究，还有罗威廉(Rowe)与谢林(Schelling)(1991)在他们对拉丁美洲通俗文化的研究中所显示的那样，象征、符号与意识形态从其原初语境中挑选出来，与其他的文化元素相混合，从而获得了新的意义。例如，艺术家们将拉丁美洲的说唱音乐与莎莎舞(salsa)、雷鬼音乐(reggae)、波普艺术(pop)联系在一起。符号的形式及其意义，因而总是不断发生着变化。世界各地的人们创造着地理距离上各自的文化版本，托尼·米切尔(Tony Mitchell, 1996)也对此大书特书。这表明，全球化总是意味着一个再度版图化(reterritorialization)的过程。通过对全球资源的生产性与创造性地使用，文化不断地再造自身。

所以，斯图尔特·霍尔(1991)正确地将当今的全球化形容为一种同时出现在全球与本土的结构。符号、信息与影像的全球流动并不能造成一个标准化的文化。新的文化，霍尔称之为后现代时代，不说一种语言，也不受一种宰制性意识形态的形塑，而是取决于差异与多样性。这一文化已经表现为一种典型的混杂文化。① 但是，这也不应该使得我们夸大在地的力量，从而认为南半球能够赢得这场兴起于北半球的全球后现代时代的战役。霍尔甚至推测说，一种新形式的均质化正从全球商业化过程中显山

---

① 诚然，雷纳托·罗萨尔多(Renato Rosaldo, 1989)已经指出，每种文化实际上都有混合的特点。他认为，混杂性揭示了最早的文化碰撞的基本特征。詹姆斯·克利福德(James Clifford)在其《路径》(Routes, 1997)中亦持此种观点。

露水。不再试图克服困难,而是试图探询与整合差异。因此,对过于乐观的判断持怀疑态度才是恰当的。不过,如同别的文化帝国主义理论家一样,霍尔的思考仍以全球视点为依归。如果我们转向地方,一幅相当不同的图景便显现出来。

为此,甚至有可能在美国见证在地的再表达(rearticulation),其以"新的地方色彩"的形式,与文化均质化针锋相对。(奥斯特瓦尔德[Ostwald],2001)例如,缅因州的龙虾汉堡、旧金山的素馅加利福尼亚汉堡、新奥尔良超级辛辣的卡真鲶鱼(Cajun catfish),都是为了与麦当劳汉堡相抗衡。文化标准化趋势,也因电视秀与音乐风格的接受与流行具有地区差异而遭到破坏。① 如今,美国的娱乐工业必须意识到本土内部的地区特性与地方偏好。鉴于全球化的进程所导致的国界、国族身份的消亡,消费者从历史、风俗、实践与身份中发现(再发现)了地区差异。

全球后现代时代,以民族国家含义的侵蚀与削弱为标志。因为这并不取决于文化凝聚力,就像洪宜安(1994)所强调的那样,全球村受到了"不确定性王国"的形塑。因此,一方面,在文化语境中发展出来的迂回颠覆、反身性地使用与解读,是消费者自由

---

① 奥斯特瓦尔德写道:"媒体市场研究员桑德拉·凯丝(Sandra Kess)说,电视节目有其特定的'边缘性',例如探案系列的《法律与秩序》(Law and Order)在北部各州大受欢迎,却在美国南部信奉宗教的'圣经带'(Bible Belt)地区遭到抵制。相反,剧集《天使有约》(Touched by an Angel)在这些地区的乡村却取得了最高的收视率。"甚至 MTV 也能显示出地方音乐风味的倾向性。

的表达,即便受到限制,也是一种个性化的表达。(贝克[Beck],1992;贝克、吉恩斯海姆[Beck-Gernsheim],1995)然而,另一方面,就像前面讨论的例子所显示的那样,这种使用与解读可以看成是在受到全球化形塑的动态的、冲突频仍的、矛盾的日常生活中对意义的即兴创造。符号、影像与信息的全球流动(拉什[Lash]、厄瑞[Urry],1994;拉什,2002),面临着社会实践中各种各样的、野性难驯的、不受控制的差异性游戏。获得何种意义,如何在本土表达全球,不是从一开始就被决定了的。这里并没有牢固的意义结构;而且,符号的意义被多样化地加以改编。日常交流过程随地区而变动不居,文化以或隐或显的混杂形式而得以重建。致力于理解全球后现代时代权力的逻辑关系的文化社会学分析,必须面临这种交流在根本上的不确定性;它必须意识到每一个机会,尤其是南半球,同时又不忽略志在利润、商业化与公司的宰制力量的存在事实。

正如本文的分析所显示的那样,如果承认文化研究不可或缺,社会学就能向文化研究问道取经。多年以来,主流社会学在思考社会现象的文化维度方面并不令人满意。(参阅朗[Long],1997)因此,应该与文化研究展开建设性的对话(参阅凯尔纳,1995;邓津[Denzin],1999;温特,2001),社会学应质疑学科的基础本身,并愿意认识到自身的不足。如果文化与全球化过程都能纳入分析的中心,社会学的复兴就能成功。

参考文献

洪宜安(Ien Ang),1985,《收看〈豪门恩怨〉》(*Watching Dallas*),伦敦:Methuen

——1994,《身处不确定性王国:全球村与资本主义后现代性》(In the Realm of Uncertainty: the Global Village and Capitalist Postmodernity),收入克罗利(D Crowley)、米切尔(D Mitchell)主编,《当代传播理论》(*Communication theory today*),牛津(Oxford):Polity Press:193-213

——1996,《受众研究中的民族志学与激进脉络语境主义》(Ethnography and Radical Contextualism in Audience Studies),收入洪宜安主编,《客厅里的战争:对后现代社会媒体受众的再思考》(*Living Room Wars: Rethinking Media Audiences for a Postmodern World*),伦敦与纽约:Routledge:66-81

格洛丽亚·安扎杜尔(Gloria Anzaldúa),1988,《边土:新梅斯蒂扎》(*Borderlands/La Frontera: The New Mestiza*),旧金山(San Francisco):Spinsters/Aunt Lute Books

阿尔让·阿帕杜莱(Arjun Appadurai),1996,《普遍的现代性:全球化的文化向度》(*Modernity at Large: Cultural Dimensions of Globalization*),明尼阿波利斯(Minneapolis):明尼苏达大学出版社(University of Minnesota Press)

乌尔里奇·贝克(Ulrich Beck),1992,《风险社会》(*Risk Society*),伦敦:Sage

乌尔里奇·贝克、伊丽莎白·贝克-吉恩斯海姆(Elisabeth Beck-Gernsheim),1995,《爱情的正常性混乱》(*The Normal Chaos of Love*),剑桥(Cambridge):Polity Press

霍米·K·巴巴(Homi K Bhabha),1994,《文化定位》(*The Location of Culture*),伦敦与纽约:Routledge

米歇尔·德·塞尔托(Michel de Certeau),1984,《日常生活的实践》(*The Practice of Everyday Life*),伯克利(Berkeley):加利福尼亚大学出版社(University of California Press)

伊恩·钱伯斯(Iain Chambers)、利迪亚·柯蒂斯(Lidia Curt)主编,1996,《后殖民问题:同一片天空,被分割的地平线》(*The Post-Colonial Question: Common Skies, Divided Horizons*),伦敦与纽约:Routledge

詹姆斯·克利福德(James Clifford),1997,《路径:二十世纪晚期的旅行与翻译》(*Routes: Travel and Translation in the Late Twentieth Century*),坎布里奇,麻省(Cambridge, MA):哈佛大学出版社(Harvard University Press)

诺曼·K·邓津(Norman K Denzin),1999,《从美国社会学到文化研究》(From American Sociology to Cultural Studies),《欧洲文化研究》(*European Journal of Cultural Studies*)2(1):117-136

格雷格·迪米特利亚迪斯(Greg Dimitriadis),2001,《表演身份/表演文化:作为文本、教材与鲜活实践的嘻哈文化》(*Performing Identity/Performing Culture: Hip Hop as Text,*

Pedagogy, and Lived Practice),纽约：Peter Lang

迈克尔·E·戴森(Michael E Dyson),1996,《在上帝与黑帮说唱之间：见证黑人文化》(*Between God and Gangsta Rap: Bearing Witness to Black Culture*),纽约：牛津大学出版社(Oxford University Press)

乔纳斯·费边(Johannes Fabian),1998,《自由的瞬间：人类学与通俗文化》(*Moments of Freedom: Anthropology and Popular Culture*),夏洛茨维尔(Charlottesville)：维吉尼亚大学出版社(University Press of Virginia)

迈克·费瑟斯通(Mike Featherstone),1995,《消解文化——全球化、后现代主义与认同》(*Undoing Culture: Globalization, Postmodernism and Identity*),伦敦：Sage

约翰·费斯克(John Fiske),1989,《理解大众文化》(*Understanding Popular Culture*),伦敦：Unwin Hyman

玛丽·格里斯佩(Marie Gillespie),1993,《〈摩诃婆罗多〉：从梵文到宗教肥皂剧——两个当代电视文本之接受的个案研究》(The Mahabharata: From Sanskrit to Sacred Soap, A Case Study of the Reception of Two Contemporary Televisual Versions),收入大卫·帕金翰(David Buckingham)主编,《解读受众：年轻人与媒体》(*Reading Audiences: Young People and the Media*),曼彻斯特：曼彻斯特大学出版社(Manchester University Press)：48-73

保罗·吉洛伊(Paul Gilroy),1993,《小打小闹：对黑人文化政治学的思考》(*Small Acts: Thoughts on the Politics of Black Cultures*),伦敦:Serpent's Tail

劳伦斯·格罗斯伯格(Lawrence Grossberg),1997,《继续独舞》(*Dancing In Spite of Myself*),达勒姆,北卡罗莱纳州(Durham,NC):杜克大学出版社(Duke University Press)

斯图尔特·霍尔(Stuart Hall),1991,《乡土与全球:全球化与种族区划——新旧认同、新旧种族区划》(*The Local and the Global: Globalization and Ethnicity/ Old and New Identities, Old and New Ethnicities*),收入安东尼·D·金(Anthony D King)主编,《文化、全球化与世界体系》(*Culture, Globalization and the World System*),伦敦:Macmillan:19-39,41-68

——1992,《新的种族区划》(New Ethnicities),收入詹姆斯·唐纳德(James Donald)、阿里·拉坦西(Ali Rattansi)主编,《种族、文化与差异》(*Race, Culture and Difference*),米尔顿凯因斯(Milton Keynes):Polity Press /the Open University:252-260

皮科·艾尔(Pico Iyer),1989,《加德满都的电视之夜》(*Video Night in Kathmandu*),伦敦:Black Swan

道格拉斯·凯尔纳(Douglas Kellner),1995,《媒体文化》(*Media Culture*),伦敦与纽约:Routledge

——1997,《社会理论与文化研究》(Social Theory and Cultural studies),收入大卫·欧文(David Owen)主编,《后现代主义之后的社会学》(*Sociology After Postmodernism*),伦敦:Sage:138-157

斯科特·拉什(Scott Lash),2002,《资讯的批判》(*Critique of Information*),伦敦:Sage

斯科特·拉什、约翰·厄瑞(John Urry),1994,《符号与空间的经济分析》(*Economies of Signs and Space*),伦敦:Sage

泰玛·利贝斯(Tamar Liebes)、埃利胡·卡茨(Elihu Katz),1993,《意义的输出:〈豪门恩怨〉的跨文化解读》(*The Export of Meaning:Cross-cultural Readings of Dallas*),牛津(Oxford):Polity Press(第二版)

乔治·利浦兹茨(George Lipsitz),1994,《危险的十字路口:流行音乐、后现代主义与地点的诗学》(*Dangerous Crossroads:Popular Music,Postmodernism,and the Poetics of Place*),伦敦与纽约:Routledge

伊丽莎白·朗(Elisabeth Long)主编,1997,《从社会学到文化研究:新视野》(*From Sociology to Cultural Studies:New Perspectives*),伦敦:Blackwell

詹姆斯·拉尔(James Lull),2000,《全球化下的文化传播》(*Media,Communication,Culture:A Global Approach*),纽约:哥伦比亚大学出版社(Columbia University Press)

詹姆斯·拉尔主编,2001,《传播时代的文化》(*Culture in the Communication Age*),伦敦与纽约:Routledge

米歇尔·马菲索利(Michel Maffesoli),1988,《部落时代》(*Le Temps des Tribus*),巴黎:Méridiens-Klincksieck

埃里克·迈克尔(Eric Michael),1991,《土著居民的满意:谁得到？谁需要？》(Aboriginal Content: Who's Got It, Who Needs It?),《影视人类学》(Visual Anthropology)4:277-300

丹尼尔·米勒(Daniel Miller),1994,《现代性：一种民族志学的方式——特里尼达岛的二元论与大众消费》(Modernity: An Ethnographic Approach: Dualism and Mass Consumption in Trinidad),牛津与纽约:Berg

郑明河(Trinh T Minh-Ha),1991,《月圆之夜：代表权、性别与文化政治学》(When The Moon Waxes Red: Representation, Gender and Cultural Politics),纽约:Routledge

托尼·米切尔(Tony Mitchell),1996,《流行音乐与地方认同：欧洲与大洋洲的摇滚、波普与说唱》(Popular Music and Local Identity: Rock, Pop and Rap in Europe and Oceania),伦敦:莱斯特大学出版社(Leicester University Press)

斯蒂凡·穆勒-杜姆(Stefan Müller-Doohm),1993,*Einführung in Eurovisionen-Wandlungstendenzen im europ？ischen Medienalltag*,收入 Bernhard Schäfers 主编,*Lebensverh？ltnisse und soziale Konflikt im neuen Europa. Verhandlungen des 26, Deutschen Soziologentages in Düsseldorf 1992*,法兰克福(Frankfurt)与纽约:Campus :587-595

简·里德文·皮尔特斯(Jan Nederveen Pieterse),1995,《混杂化的全球化》(Globalization as Hybridization),收入迈克·费瑟斯通、斯科特·拉什、罗兰·罗伯逊(Roland Robertson)主编,《全球现代性》(Global Modernity),伦敦:Sage

萨宾·奥斯特瓦尔德(Sabine Ostwald),2001,《美丽新世界》(Schöne kleine Welt),《新苏黎世报·国际版》(*Neue Zürcher Zeitung*)(2月27日):33

罗兰·罗伯逊(Roland Robertson),1992,《全球化:社会理论和全球文化》(*Globalization: Social Theory and Global Culture*),伦敦:Sage

雷纳托·罗萨尔多(Renato Rosaldo),1989,《文化与真理:重建社会分析》*Culture and Truth: The Remaking of Social Analysis*,波士顿:Beacon Press

翠西卡·罗斯(Tricia Rose),1994,《黑噪音:当代美国的饶舌音乐与黑人文化》(*Black Noise: Rap Music and Black Culture in Contemporary America*),汉诺威(Hanover)与伦敦:卫斯理大学出版社(Wesleyan University Press)

罗威廉(William Rowe)、维维安·谢林(Vivian Schelling),1991,《记忆与现代性:拉丁美洲的通俗文化》(*Memory and Modernity: Popular Culture in Latin America*),伦敦与纽约:Verso

吉恩-克劳德·斯旺特(Jean-Claude Servant),2000,《说唱:街道声响》(Rap-der Sound der Straße),《法国世界外交论衡·德国版》(*Le Monde Diplomatique*)12/2000:17

——2001,《尼日利亚的电视繁荣》(Vedio-Boom in Nigeria),《法国世界外交论衡·德国版》,2/2001:20

理查德·舒斯特曼(Richard Shusterman),1992,《实用主义

美学》(*Pragmatist Aesthetics*),牛津:Basil Blackwell

佳亚特里·C·斯皮瓦克(Gayatri C Spivak),1993,《彻底了解教学机器》(*Outside in the Teaching Machine*),纽约与伦敦:Routledge

保罗·索鲁(Paul Theroux),1992,《大洋州的逍遥列岛:浮槎太平洋》(*The Happy Isles of Oceania: Paddling the Pacific*),纽约:Putnam

约翰·B·汤普森(John B Thompson),1991,《意识形态与现代文化》(*Ideology and Modern Culture*),剑桥:Polity Press

约翰·汤姆林森(John Tomlinson),1991,《文化帝国主义》(*Culture Imperialism*),伦敦:Pinter Publishers

——1999,《全球化与文化》(*Globalization and Culture*),剑桥:Polity Press

雷蒙德·威廉斯(Raymond Williams),1980,《唯物主义与文化中的问题》(*Problems in Materialism and Culture*),伦敦与纽约:Routledge

雷纳·温特(Rainer Winter),1995,《有创造力的受众:文化与审美过程中的媒体挪用》(*Der Produktive Zuschauer: Medienaneignung als kultureller und ästhetischer Prozeß*),慕尼黑与科隆(Munich and Cologne):Herbert von Halem

——1999,《寻找失落的恐惧:符号互动论与文化研究中的恐怖片粉丝的社会世界》(*The Search for Lost Fear: The Social World of the Horror Fan in Terms of Symbolic Interactionism* and Cultural Studies),诺曼·K·邓津主编,《文化研究年刊》(*Cultural Studies: A Research Annual*), No. 4,格林威治(Greenwich):JAI Press:277-298

——2001,《固执己见的艺术:作为批评与权力的文化研究》(*Die Kunst des Eigensinns: Cultural Studies als Kritik der Macht*),威尔斯卫特(Weilerswist):Velbrück Wissenschaft

雷纳·温特、罗兰·埃克特(Roland Eckert),1990,《媒体历史与文化差异》(*Mediengeschichte und kulturelle Differenzierung: Zur Entstehung und Funktion von Wahlnachbarschaften*),奥普莱登(Opladen):Leske and Budrich

第十二章
"摇滚化":世界流行音乐的同中有异

莫蒂·芮杰夫(Motti Regev)

  本章认为,今日世界生产、消费的很大一部分流行音乐,受到了英美流行音乐/摇滚的影响和启发——说得更确切些,这些流行音乐吸收、践履的是我所谓的摇滚美学(rock aesthetic)。因此,流行音乐可谓与文化全球化相联系的、新的文化多样性的象征,这种文化多样性以共享的实践、技术为基础,以折中主义(eclecticism)、混杂性(hybridity)的逻辑为基础。本章追索了摇滚美学成为世界流行音乐之核心实践的文化逻辑过程,举出了一些范例,并探讨其内涵。首先,对理论语境化(theoretical contextualization)作一简略介绍。

  20世纪最后几十年来,作为过程与条件的文化全球化,与数个世纪以来意义及物资的跨文化流动现象存在关联。它与国际文化工业(电影、电视剧集、流行音乐,以及消费这些艺术样式的硬件设施)的商品及意义的全球传播尤为密切相关,还包括各种工业化食品、时装、化妆品、汽车、建筑与家具、时尚杂志,以及所有这些商品的广告。世界文化的兴起,也与商业、公共管理、法律、医疗、科学等"合理化的社会生活领域"(梅耶[Meyer]等,1997)存在关联。民族国家利用部分或所有上述"部件"的渗透作用,有时是通过强调其均质化后果而得到阐释。"美国化"、"麦当劳化"(里泽[Ritzer],1993)、"文化帝国主义"(马特拉[Mattelart],1997)这些概念意味着全球各地生活与文化的许多方面正日益趋同,而"同一性"的绝大多数内容,既是"美国的"、"西方的",又经受了这两类文化构成物的棱镜过滤。其他一些诠释,则倾向于强调文化全球化过程带来的文化多样性的流变性。"媒介图景"(mediascapes)、"意识形态图景"(ideoscapes)(阿帕杜莱[Appadurai],1990)、"文化复合体"(cultural complexity,汉纳斯[Hannerz],1992)、"全球化"(罗伯逊[Robertson],1995)、"世界主义"(贝克[Beck],2000)等等概念,被用来说明文化物质在全球流动的多维向度,不是单纯从西方流向世界其他地区;同样的文化物质,在国家之家、国家内部也存在不同的使用、不同的译解。也就是说,经过混杂性的使用、阐释与实践,这些文化物质被"地方化"(localized)、"民族化"(nationalized)。

　　这两种阐释途径,并非必然相互冲突。正如梅耶(2000)所言,文化全球化是一个"集体行动者"(collective actors)在其结构与运用合理化的工具文化(instrumental culture)中日益趋同的过程;与此同时,他们还藉助表达文化(expressive culture),屡屡

向其传统致敬、向其独特性致敬(见芮杰夫,2000)。这在民族国家中十分明显:

> 标准化的行为模式产生于行动者独特的身份认同。所以,在全球化过程中,行动者系统地生产、拓展他们自身的自我意识与独特基础,但也处于有效的工具行动(instrumental action)的全球模式之下。罗伯逊(1992)称之为"全球化"的托克维尔现象(Tocquevillian phenomenon)。民族国家颂扬其独特遗产的同时,也迈入了标准化模式……独特性与身份认同,因而合情合理地集中于各种表达文化:不同的语言、服饰、食品、传统、自然风光、家庭模式等等……(梅耶,2000:245)

显然,世界或全球文化在"同中有异"中发展。这一文化逻辑不仅为工具文化与表达文化之间的关系服务,也运转于艺术领域与表达文化自身。它既在形式与技术的关系之中发挥作用,另一方面也在内容及意义层面发挥作用。文化的多样性,表达文化不同的内容与意义,全都与文化及艺术形式的使用息息相关。文化的全球化,使所有机械的、电子的再生产艺术形式得以运作于任何地方。同样的艺术和文化形式,因而成为不同的集体行动者(如国家等)制造其多样性与独特性的工具。例如,电影与小说已被全世界用作表达的当代形式。毋庸置疑,电影、小说是最初起源于"西方的"艺术样式,一开始便有别于其他的国家、地区、种族文化,它们却被"地方化",以便创造出民族、地区独特的风格类型(更不用说那些个人作品)。日本电影、法国电影,都打上了好莱坞风格、类型的烙印;反过来,它们又对好莱坞电影施加影响。关键在于,它们还都成为全球电影艺术世界的组成部分。

结果,伴随着全球化过程,每一艺术文化样式的生产、推广、消费与阐释流程,都变成了卡斯特(Castells,2000)所言的"网络",或布尔迪厄式的场域(Bourdieuian fields)。因此,理解文化全球化逻辑的最佳途径之一,便是研究特殊的文化网络或艺术场域。艺术文化形式的改造、变形和置换,是维持、滋养当代文化独特性的表达工具,与此同时,它还圈出这些艺术形式的作品、流派和风格,圈出它们的生产者和受众,使之相互连结而为信息社会网络的组成部分,连结而为权力、等级与威望之社会空间中的行动者。此类研究,或许能够揭示文化全球化在特殊的文化领域、而非作为统一实体的民族国家中的形塑方式。

这里,流行音乐是一个很好的例子。研究表明,从机制上看,流行音乐是一种生产和消费网络。(沃利斯[Wallis]、马尔姆[Malm],1984;罗宾逊[Robinson]等,1991;伯纳特[Burnett],1996)而且,一些研究已经注意到风格的同一性与多样性问题(米切尔[Mitchell],1996;泰勒[Taylor],1997),注意到"世界音乐"(world music)这一无所不包的棘手概念(弗雷斯[frith],2000)。下面,我想通过关注作为多样性与同一性之复合体的世界流行音乐本质要素的"摇滚美学",为这些研究工作添加一个新的维度。

摇滚美学

首先,得为我所谓的"摇滚美学"之所指做出界定。摇滚美学是流行音乐制作中一整套不断变化的实践与风格规则,它建立在电子音质,扩音手段(amplification),复杂的录音棚技术,"未经训练的"、临场即兴的声音传输技术等基础之上。居于摇滚美学核心的,也是鼓励将上述手段运用于任何音乐风格的折中主义逻辑。此外,摇滚美学往往还突出表演者的作者身份。需要强调的是,包含在摇滚美学这一定义中的流行音乐风格,很大程度上建立在 20 世纪最后几十年涌现的声音取样(sampling)与电子化(electronics)的基础之上(如嘻哈音乐[hip hop]、浩室舞曲[house]、电声舞曲[techno]等)。

我将音乐制作实践的这一背景称为"摇滚美学",乃是因为我们称之为"摇滚"的社会文化语境是一个中心场所,其中,这些摇滚元素作为制作当代流行音乐的创造性艺术手段而获得普遍认可。这种普遍认可,是对 1960、1970 年代所谓的"古典"英美摇滚专辑、艺术家及其后继者的经典化(canonization)的结果。摇滚艺术家及其作品的经典化,将摇滚音乐人塑造为在其作品中探索、拓展表达手段与创造性运用我此处所谓的摇滚美学整套元素的个体形象。这些探索在折中主义逻辑的驱动下,将电子化与扩音手段运用于不同风格的黑人音乐、乡村音乐、传统流行音乐、民谣、爵士、某些"艺术"(如古典)音乐,运用于这些音乐风格、音乐类型的各种混合。经典化之所以成为可能,首先是因为摇滚音乐与反叛、颠覆的意识形态之间存在关联。这种关联将"严肃的"政治、社会、文化意义赋予了摇滚音乐,超越了通常系之于流行音乐的传统娱乐功能。摇滚日渐与青年人日常生活的"赋权"(empowerment)行动紧密联系在一起(格罗斯伯格[Grossberg],1984),意味着"反抗"主流文化,是活跃的亚文化对霸权的反叛(赫伯迪格[Hebdige],1979;弗雷斯,1981;维克[Wicke],1990)。

摇滚的艺术、文化地位,促使当代流行音乐的其他行动者汲取摇滚音乐人所开发的风格、声音上的种种革新,并将之转化为音乐制作的通行手段。换句话说,摇滚的经典化促使了围绕威望等级(芮杰夫,1994)而建构的流行音乐艺术场域(布尔迪厄语)的兴起。在这一场域中,居于主导地位的是那些业已被经典化的、较早时期的"先锋派",以及被此场域中执其牛耳的批评家们誉为即将成为新的"先锋派"的风格与音乐人。(不断经典化的典型例子,可参阅克里斯高[Christgau],1981、1990、2000;拉金[Larkin],1999)此场域的其余部分,则或多或少追随着先锋"古典摇滚"的革新和探索足迹,这些"古典摇滚"大多是1960、1970年代声名鹊起的摇滚艺术家的音乐作品,其在流行音乐场域的作用,犹如同一时期的艺术电影之于电影场域的作用。"古典摇滚"提供了作品与创造性的艺术观念,批评家、学者能够在此基础上将这些音乐作为艺术成就进行分析与阐释。摇滚美学因此体制化为制作当代流行音乐理所当然的意识、技能、立场与知识的背景——简而言之,也就是主导性的基本原则(dominant habitus)。

这一逻辑并不限于摇滚音乐所起源的英美语境。摇滚音乐，作为创造性的实践与艺术观念，成功输出到世界上的许多地区。1970、1980年代间，它逐渐被全世界的音乐家和听众欣然接纳。摇滚的成功输出，很大程度上受惠于音乐所具有的颠覆性意义。摇滚音乐未必是体现了露骨的文化帝国主义的另一文化形式。摇滚美学被全球音乐人和听众接受为一种制作地方音乐以表达其反抗保守传统文化与威权政体（authoritarian regimes）的方式。摇滚音乐的在地混杂，往往被视为地区、民族文化对现代及时代精神的真实表达。东欧、苏联即是最突出的例子（库什曼[Cushman], 1995；瑞莫特[Ramet], 1994），1970年代后期的阿根廷则是另外一个好例子（维拉[Vila], 1987）。

极为吊诡的是，与多国媒介、文化工业相联系的英美文化形式，起码在一开始是被地方文化消化吸收为表达地方文化独特性的工具。此外，这一等级化（hierarchization）过程本身又在其他国家被重现。接纳摇滚美学的思想上及美学上的初始动机，具备在地区与民族文化内部使之合法化的效果。很快，因其艺术威望，摇滚美学成为制作任何类型的流行音乐的主流模式。

结果，20世纪的最后25年间，摇滚美学几乎成为世界各地生产流行音乐的惯用艺术语境。也就是说，运用电子乐器，强调声音的清晰放大、强调拼合声音片段的精确性等录音棚技术，不用说，还有诸如声音的拼贴、剪贴（cut and paste）等等技术，逐渐被音乐人视为流行音乐创作的合理实践。我们还应该注意到明星机制，尤其是突出音乐人的特定性别与性征（sexual characteristic)的影像建构,成为了音乐包装及市场推广常见的主要元素。音乐工业的经营管理实践,亦是如此。

摇滚美学在世界

摇滚美学元素在流行音乐生产中的广泛运用,并不意味着世界上所有的流行音乐都变成了"摇滚音乐"。许多将摇滚美学元素融合在其创造性实践中的音乐风格,无论摇滚从业者、还是摇滚爱好者,通常都不称之为"摇滚"。这一类属之下,有印度电影音乐的某些亚风格,尤其是所谓的"再度混音"(re-mixes);有巴西音乐人如卡耶塔诺·费洛索(Caetano Veloso)等在"热带风潮"(Tropicalia)音乐文化运动时期的某些作品[①];还有系于"莎莎舞"(Salsa)这一通称之下的某些拉美风格。就后者而言,它有时甚至还对以电子吉他音乐为主的"摇滚"持有敌意。(罗曼-韦拉斯科斯[Roman-Velazquez],1995)尽管如此,深受摇滚美学启发与影响的流行音乐那些最著名的"非摇滚"(non-rock)语境,还是以主流欧洲流行音乐人的作品为代表,如意大利歌手艾罗斯·拉玛佐第(Eros Ramazzotti),其音乐风格非常接近于所谓的"软摇滚"(soft rock)。20世纪后期被称为"软摇滚"、"走中间路线"(middle-of-the-road)、"轻松音乐"(easy listening)、"流行音乐"

---

① 热带风潮(Tropicalia):1960 年代中后期巴西兴起的文化运动。Tropicalia 是一种糅合了桑巴、波萨诺瓦、摇滚和民谣的音乐形式,也是一种反独裁政府的政治意识。——译注

（pop）的这一难以界定的、流布极广的音乐风格，是摇滚美学影响的最佳例子之一。从俄罗斯天后艾拉·普佳切娃（Alla Pugachova）到马来西亚天后希拉·马吉德（Sheila Majid）的华丽摇滚（showy rock），这些音像制品，纵然几乎从未被称为"摇滚"，却在电子乐器的运用、市场推介明星的某些视觉影像方面，深深受惠于摇滚美学。

流行音乐受到摇滚启发的一个重要的标志性例子，便是被称为粤语流行音乐（Cantopop）的中国音乐架构。粤语流行音乐指的是 1970 年代以来香港制作的当代流行音乐范畴。与其说它是一种音乐风格，还不如说它是流行音乐生产与消费的文化语境，韦慈朋（Witzleben,1999）认为，界定粤语流行音乐的要素之一，乃是使用粤语（尽管许多艺人在中国大陆、日本、英国灌制唱片）。粤语流行音乐成为世界流行音乐突出一例的最重要特征，是它在中国大陆、日本、新加坡以及世界各地华人聚居区的广泛流行。梅艳芳、王菲、张学友、黎明等等粤语艺人，在东南亚及其他地区售出了数目可观的专辑与演唱会门票。悦耳的电吉他，温和的声音合成，有时全以管弦乐编曲，风花雪月的歌词，歌手往往不是歌曲作者、且容颜俊美，最重要的还有清晰、愉悦的嗓音，这些都是被西方听众视为"软摇滚"、"轻松音乐"的粤语流行音乐核心音乐风格的主要元素。韦慈朋（1999）还认为，鉴于香港与中国大陆的政治、文化联系，粤语流行音乐应该像其听众所认为的那样，被视为对身份乃至立场的真正的地方表达。曼（Man,1997）在分析音乐本身时坚持认为："这里有迹象表明，混杂化过程在 1970 年代的粤语流行音乐中发挥了作用,更深入的分析或许可以揭示出英美及中国音乐元素在香港本土的流行音乐制作中被重新利用的其他途径。"(曼,1997:54)

讨论"非摇滚"音乐风格的关键,在于强调摇滚美学元素的运用为所有这些不同的音乐风格提供了一个特定的共同点,能够让"外人"听起来也觉得熟悉亲切。所以,耳濡目染这些受到摇滚启发的地区流行音乐,专注的听众、不经意的听众都可体认到电子乐器的音质,体认到录音棚的制作水准。于是,当人们听到含有摇滚美学元素、不同于自己的种族、地区、文化的流行音乐时,声音体验自然而然也就具备了一定程度的熟悉性。即使不懂其语言、旋律结构或节奏模式,我们往往也的的确确明白用以传达这些元素的声音类型。换句话说,摇滚美学的普及,已经极大地削弱了以往陌生文化中的音乐所散发出的整体上的陌生感,削弱了"他界性"(otherworldliness)。这种感觉将几乎不会再有。即便按照惯例这些音乐类型真的不属于"摇滚音乐"的范畴,其音乐风格也毫不含糊地与传统"摇滚"观念相符合。

论民族摇滚(Ethnic Rock)/世界节奏(World Beat)

通常被音乐人、听众、大都会摇滚乐评人视为"摇滚"的音乐风格或类型,可以粗分为两大类。第一类是对英美流行音乐/摇滚风格的高度模仿,用本地语言演唱。它包括许多国家的金属、重金属摇滚乐队(哈里斯[Harris],2000),包括嘻哈音乐与雷鬼

（reggae）风格（米切尔，1996），包括步武近年来主流流行音乐趋势的男女人声（vocal group），以及浩室舞曲（house）、电声舞曲（techno）等各种地方电子舞曲（electro dance）。

不过，我以为文化上最有意味的，是那些混杂摇滚元素与地方传统而炮制出的被称为"民族摇滚"或曰"世界节奏"的类型。在这一文化语境中，许多国家的音乐人与听众接纳摇滚音乐，将之作为表达他们对地方保守的传统文化的批评与反叛的工具，作为表达他们对威权政体的反抗的工具。（芮杰夫，1997）他们还将摇滚美学作为探索音乐制作新模式与革新的创造性语境。借助电子化、扩音手段拓展传统乐器的声音语汇，用电子吉他演奏受到本土民歌启发的音乐作品，混杂地方音乐遗产与摇滚风格，这些都是因摇滚美学而合法化的创造性实践。民族摇滚的语境，显然是一种在摇滚美学的文化平台上有意识地培植文化多样性的语境。

这里开列的风格、流派、音乐人，五花八门。名单所涵盖的风格与音乐人，有津巴布韦的托马斯·马普福莫（Thomas Mapfumo），扎伊尔/刚果的乐队 Zaïko Langa Langa，中国的摇滚歌手崔健、许巍，澳大利亚的土著乐队"孩子与母亲"（Yothu Yindi），南斯拉夫音乐人哥伦布·雷高维克（Goran Bregovic）及其乐队"白纽扣"（Bijelo Dugme）的早期作品，泰国的"歌唱生活"（pleng phua chiwit）运动，阿尔及利亚的"锐乐"（Rai）及北非派生的其他音乐作品，风行墨西哥、阿根廷、智利的"西班牙语摇滚"（Rock En Español）的震撼现场，往往与"阿尔卑斯摇滚"

(Alpenrock)联系在一起的奥地利乐队"高山猫"(hubert von goisern und die alpinkatzen)。其他值得在此提及的,还有早期英国民谣乐队和音乐人的作品,尤其是理查德·汤普森(Richard Thompson),他是融合摇滚与民族风格的始作俑者。然而,意料之中,受同一文化逻辑支配的音乐,在英国、西欧被称为"民谣摇滚"(folk rock),在其他国家则成了"民族摇滚"。自1970年代的草创时期以来,民族摇滚的逻辑就逐渐成为许多国家音乐人的创造性实践,今天也依然在继续拓展。甚至相对来说抗拒摇滚美学的印度流行音乐,近年来也接纳了这一逻辑:

> 直到几年前,音乐还分为三类。它们是古典音乐、西方流行音乐、电影音乐。三类音乐泾渭分明。如果你有老派的"纳瓦比"(Nawabi)贵族气质,你会是古典音乐爱好者。如果你又年轻又时髦,你会是流行音乐的拥趸。嗯,如果你喜欢印度电影音乐,你就喜欢乡村风格的 desi,却未必喜欢嘻哈。而今天,这种等级逐渐消失了。演唱风格多样化的新一代歌手入侵并不算稚嫩的印度流行音乐工作,制造出全新的"声音",转而又急剧地改变了印度的电影音乐。这一历史必然已经催生了"混血"音乐的新类型……正如阿什·钱德勒(Ash Chandler,新音乐风潮中最为成功的音乐人之一)所说:"小时候我常听'深紫'(Deep Purple)、'披头士'(Beatles)乐队。这些音乐自然而然影响了我的歌曲。"(《今日印度》[India Today],2000年8月7日)

置身于民族摇滚或世界节奏的大语境,音乐人艺术观念中一个反复出现的要素,就是他们始终将自己视为摇滚音乐人,不必非得向西方听众兜售民俗。将摇滚音乐和摇滚美学视为影响与灵感的一个主要来源,视为一个社会参照点,使得他们自视为世界主义者。接纳摇滚美学,被看成是主动参与现代性,是成为流行音乐艺术创造性前沿的平等的参与者。

例如,安吉莉克·基乔(Angelique Kidjo),来自非洲贝宁,自言从小听詹姆斯·布朗(James Brown)、"桑坦纳"(Santana)乐队以及家乡的鼓乐长大。《多伦多太阳报》(Toronto Sun,1996年8月2日),形容她1996年发行的专辑"Fifa"是"浓厚的乡村爵士乐、流行音乐与贝宁本土节奏的生猛杂糅"。某次访谈中,基乔坚持自己的身份是一名摇滚艺术家:"我不打算敲传统的鼓,穿得像个丛林人。我不想讨好任何白种男人。我不要求美国人演奏乡村音乐。他们觉得一个非洲人只该鼓捣非洲音乐。他们不可以对我指手画脚。"而在另一次访谈中,她说:

> 人们会跑过来问我:"你觉得你做的东西是非洲的吗?"但是,他们压根儿就不知道什么是非洲,压根儿就不知道我的背景。很多时候,非洲艺术家总是不得不解释自己为什么要做这种音乐,但是他们从来不会要求一个英美艺术家、一个法国艺术家去解释他们在做什么、为什么要这么做。(《巅峰》[The Peak],学生报,西蒙菲沙大学[Simon Fraser University],伯纳比[Burnaby],英属哥伦比亚,1996年9月

6日)。

泰勒,在谈到基乔和西非塞内加尔音乐人尤苏·恩多尔(Youssou N'Dour)时,补充说他们这两位音乐人(就像许多其他音乐人一样):

> 认为西方对本真性(authenticity)的要求,是希望他们和他们的国家继续停留在前现代或现代时期的结果,而全球其他地区却大步迈向后工业的、晚期资本主义的、后现代的文化。恩多尔和基乔关心的是成为全球公民,要成为全球公民,就得表明他们的国家和他们的大陆既非倒退、亦非前现代,就得表明他们也能打造出西方那样的现代(后现代)文化形式。(泰勒,1997:143)

然而,尽管各种"世界节奏"中显著的摇滚元素、尽管世所公认的英美影响,音乐也依然被视为是本真的、本土的。将"地方本真性"系附于音乐,有着双重目的。它将音乐和音乐人置于对于摇滚美学艺术观念而言极为重要的个人创造性与作者身份的位置之上;它还将音乐放在了集体身份认同这一"独特性生产"的方案之内,从而免受模仿抄袭的指控。例如,下面一段对中国著名摇滚音乐人崔健《一无所有》的评价,载于《人民日报》:

> 这首歌宣泄的,是整整一代人的感受:他们的苦闷,他们

的迷茫……歌曲使用了西北高原深沉、荒凉的民间音乐曲调,粗粝的节奏很好地配合了歌曲的主题……《一无所有》也被称为中国摇滚乐的开山之作。它融合了欧美摇滚与中国传统音乐,创造出了具有浓厚中国风味的摇滚音乐。(转引自琼斯[Jones],1992:134)

这段评论,将歌曲语境化于"西北风"这一风格之内,歌曲的典型特征在于它直接赓续了中国西北民间音乐传统,并且"融合了中国风格与西方摇滚乐的元素",音乐学者梁茂春认为,这首歌是"成功融合摇滚音乐与中国音乐的代表作之一"。(梁茂春,1997)

有时,由于民族摇滚音乐人长期活跃于乐坛,作为地方本真性与文化独特性的典型代表,他们的威望便以一种类似于艺术家或传统民间音乐人的方式而被经典化。也就是说,民族摇滚音乐人摇身成为地方的当代意识或民族独特性的象征,拒绝将他们视为"美国化"或全球均质化。而且,在俄罗斯(实乃前苏联)的摇滚音乐人(参阅库什曼,1995)中、在阿根廷摇滚中,地方音乐人还被认为是昔日摇滚颠覆精神的守护者——这种颠覆精神在英美摇滚中已经丧失殆尽、遭人"出卖"。

这方面的例子,可以举出阿根廷摇滚音乐人莱昂·基耶科(Leon Gieco)。基耶科的首张专辑发行于1973年。随后25年间问世的14张专辑中,他在原声民谣与电子吉他摇滚之间不停切换,常常将两者融为一体。他成为阿根廷1970年代末期普遍声讨军政府的"全民摇滚"(rock nacional)运动的核心人物之一。歌手梅赛德斯-索萨(Mercedes Sosa)翻唱其圣歌风格的反战歌曲《无语问上帝》(Sólo le pido a Dios,基耶科原唱,1978年第4张专辑)后,他的名字、他的音乐传遍了整个拉丁美洲。下面是音乐会的一段访谈摘录,简明扼要地介绍了基耶科的地位:

> 说他是一位流行音乐家,远远不够。把他描述为我们这个时代的编年史家也不可能……莱昂·基耶科,就其音乐而言,是我们集体记忆的守卫者……莱昂·基耶科是一名摇滚人,作为摇滚人,他让他的歌曲留下了这场运动在被市场吞噬时所丢失的全部痕迹。也就是说:绝不驯顺地看待、解释这个世界……马德普拉塔(Mar del Plata)的音乐厅座无虚席。而且,还有很多人没有座位,靠墙站着观看了整场演唱会。倾巢出动的全家人,年轻的夫妇,还有摇滚音乐人,忘记了时间,大家在这个与众不同的大众节日里凝成一体。(丹尼尔·阿曼诺[Daniel Amiano],《民族报》[La Nación],1997年1月24日;拙译)

在这一点上,我认为摇滚化显然不能等同于很多论者所忧虑的世界音乐的均质化。"世界节奏"的范畴汇集了各种风格、类型,说明摇滚美学的普及并非意味着同质性。这主要是因为折衷主义逻辑居于摇滚美学的核心。这一折衷主义的逻辑持续不断地鼓励开发新的音质,鼓励探索混杂化的新模式。因此,我们见到的是一种不同的、或许是文化多样性与音乐变异的新形式,这种新形式中尽管增加了更多的共同之处,却也远远不是均质的。地方摇滚风格的生产与消费,制造了一种双重身份:它既是地方的,与此同时又是世界主义的。每个人既能感受到与充满活力的跨国艺术场域存在关联,与此同时又能感受到与他/她自身文化的联系。

描述世界流行音乐摇滚化的途径之一,便是将之理解为流行音乐国际场域的兴起,摇滚美学在其中充当了套语(doxa)。换句话说,摇滚化意味着将音乐制作分散的社会空间聚敛为一个社会空间,并在世界各地传播。这意味着摇滚音乐中声音、风格的日新月异,成为了世界流行音乐的"先锋"地带。事实上,自从1970年代"雷鬼"音乐在全球大获成功以来,民族摇滚/世界节奏本身,便被很多重要的乐评人视为流行音乐场域的"先锋"地带之一;也就是说,民族摇滚/世界节奏成为一个声音、风格锐意变革的场所,能够进而被场域中的其他立场所吸收接纳。

很明显,地方与传统音乐从来都不像人们所想的那样是"本真的"。民族音乐学者再三强调,不同国家地区的民族风格形成于混杂化与融合借自各种资源的音乐元素的过程之中。就此而言,世界流行音乐的摇滚化不过是延续了民间音乐、流行音乐制作早已有之的混杂融合的悠久历史。其主要区别在于,倚傍于摇滚美学,一个共同的平台逐渐建构起来,这个平台将世界各地的音乐风格、音乐特色相互联络为一个由一种文化逻辑、一种音乐原则所决定的网络。

参考文献

阿尔让·阿帕杜莱(Arjun Appadurai),1990,《全球文化经济中的断裂与差异》(Disjuncture and Difference in the Global Cultural Economy),《公共文化》(Public Culture)2:1-24

乌尔里希·贝克(Ulrich Beck),2000,《世界主义视野:第二次现代性时代的社会学》(The Cosmopolitan Perspective: The Sociology of the Second Age of Modernity),《英国社会学杂志》(The British Journal of Sociology)51:79-106

罗伯特·伯纳特(Robert Burnett),1996,《全球点唱机》(The Global Jukebox),伦敦(London):Routledge

曼纽尔·卡斯特(Manuel Castells),2000,《网络社会的崛起》(The Rise of the Network Society,),牛津(Oxford):Blackwell

罗伯特·克里斯高(Robert Christgau),1981,《70年代的摇滚专辑:批评指南》(Rock Albums of the '70s: A Critical Guide),纽约(New York):Da Capo

——1990,《克里斯高乐评指南:80年代》(Christgau's Record Guide: The '80s),纽约:Pantheon Books

——2000,《克里斯高消费指南:90年代的音乐专辑》(Christgau's Consumer Guide: Albums of the 90s),纽约:St. Martin's Press

托马斯·库什曼(Thomas Cushman),1995,《俄罗斯反主流文化中的摇滚》(Notes from Underground: Rock Music

Counterculture in Russia),奥尔巴尼,纽约(Albany, NY):State University of New York Press

西蒙·弗雷斯(Simon Frith),1981,《音效》(*Sound Effects*),纽约:Pantheon

——2000,《世界音乐话语》(The Discourse of World Music),收入乔治娜·伯恩(Georgina Born)、大卫·赫斯姆德哈尔格(David Hesmondhalgh)主编,《西方音乐及其"他者"》(*Western Music and Its Others*),伯克利(Berkeley):University of California Press:305-322

劳伦斯·格罗斯伯格(Lawrence Grossberg),1984,《天堂沉闷的另一日:摇滚与日常生活的赋权》(Another Boring Day in Paradise: Rock and Roll and the Empowerment of Everyday Life),《流行音乐》(*Popular Music*)4:225-258

乌尔夫·汉纳斯(Ulf Hannerz),1992,《文化复合体》(*Cultural Complexity*),纽约:Columbia University Press

凯斯·哈里斯(Keith Harris),2000,《"根基"?——重金属现场全球与地方之关系》('Roots?': The Relationship Between The Global and The Local Within The Extreme Metal Scene),《流行音乐》19:13-30

迪克·赫伯迪格(Dick Hebdige),1979,《亚文化:风格的意义》(*Subculture: the Meaning of Style*),伦敦:Methuen

安德鲁·琼斯(Andrew F Jones),1992,《像刀子一样:当代中国流行音乐的意识形态与类型》(*Like a Knife: Ideology and*

Genre in Contemporary Chinese Popular Music),伊萨卡,纽约 (Ithaca,NY):East Asia Program,Cornell University

科林·拉金(Colin Larkin),1999,Virgin All-Time Top 1000 Albums,伦敦:Virgin Books

梁茂春,1997,《西北风:中国流行音乐风格发展史上的一个特殊的历史时期》(Xi-bei-Feng [Northwest Wind]: a Special Historical Period in the Stylistic Development of Chinese Popular Music),收入 Tarja Hautamaki、Helmi Jarviluoma 主编,《音乐现场:表演问题》(*Music on Show: Issues of Performance*),坦佩雷(Tampere):University of Tampere

曼(Ivy Oi-Kuen Man),1997,《粤语流行歌曲:1970年代香港的东西混杂化》(Cantonese Popular Song: Hybridization of the East and West in the 1970s Hong Kong),收入三井徹(Tôru Mitsui)主编,《流行音乐:跨文化阐释》(*Popular Music: Intercultural Interpretations*),金沢(Kanazawa),日本:Kanazawa University:51-55

阿芒·马特拉(Armand Mattelart),1979,《多国公司与文化控制:帝国主义的意识形态机制》(*Multinational Corporations and the Control of Culture: The Ideological Apparatus of Imperialism*),布赖顿(Brighton):Harvester Press

约翰·梅耶(John Meyer),2000,《全球化:民族国家与社会的来源及影响》(Globalization: Sources and Effects on National States and Societies),《国际社会学》(*International Sociology*)

15:233-248

约翰·梅耶、约翰·波利(John Boli)、乔治·托马斯(George M Thomas)、弗朗西斯科·拉米雷斯(Francisco O Ramirez),1997,《世界社会与民族国家》(World Society and the Nation-State),《美国社会学杂志》(American Journal of Sociology)103:144-181

托尼·米切尔(Tony Mitchell),1996,《流行音乐与地区认同》(Popular Music and Local Identity),伦敦:Leicester University Press

塞布丽娜·佩特拉·瑞莫特(Sabrina Petra Ramet)主编,1994,《摇动政府:东欧、俄罗斯的摇滚与政治》(Rocking the State:Rock Music and Politics in Eastern Europe and Russia),玻尔得,科罗拉多(Boulder,CO):Westview

莫蒂·芮杰夫(Motti Regev),1994,《生产艺术价值:以摇滚为例》(Producing Artistic Value:The Case of Rock),《社会学季刊》(The Sociological Quarterly)35:85-102

——1997,《摇滚美学与世界音乐》(Rock Aesthetics and Musics of the World),《理论、文化与社会》(Theory,Culture and Society)14:125-142

——2000,《拥有我们自己的文化:论以色列性及其变异》(To Have a Culture of our own:On Israeliness and its Variants),《民族与种族研究》(Ethnic and Racial Studies)23:223-247

乔治·里泽(George Ritzer),1993,《社会的麦当劳化》(*The McDonaldization of Society*),千橡树,加利福尼亚(Thousand Oaks,CA):Pine Forge Press

罗兰·罗伯逊(Roland Robertson),1992,《全球化:社会理论与全球文化》(*Globalization: Social Theory and Global Culture*),伦敦:Sage

——1995,《全球化:时间空间、均质异质》(Globalization: Time-space and Homogeneity-heterogeneity),收入迈克·费瑟斯通(Mike Featherstone)等主编,《全球现代性》(*Global Modernities*),伦敦:Sage:23-44

狄安娜·罗宾逊(Deanna Robinson)、伊丽莎白·巴克(Elizabeth B Buck)、马琳·卡思伯特(Marlene Cuthbert),1991,《边缘音乐》(*Music at the Margins*),新布里公园,加利福尼亚(Newbury Park,CA):Sage

裴翠尔·罗曼-韦拉斯克斯(Patria Roman-Velazquez),1995,《波多黎各的迪厅:萨尔萨 VS 摇滚》(Discotheques in Puerto Rico:Salsa vs. Rock),收入威尔·斯特劳(Will Straw)等主编,《流行音乐:风格与身份》(*Popular Music: Style and Identity*),蒙特利尔(Montreal):The Center for Research on Canadian Cultural Industries and Institutions

蒂莫西·泰勒(Timothy Taylor),1997,《全球流行音乐:世界音乐、世界市场》(*Global Pop: World Music, World Markets*),纽约:Routledge

帕布鲁·维拉(Pablo Vila),1987,《全民摇滚与阿根廷专政》(Rock Nacional and Dictatorship in Argentina),《流行音乐》6:129-148

罗杰·沃利斯(Roger Wallis),克利斯特·马尔姆(Krister Malm),1984,《小人物与大动静》(*Big Sounds from Small Peoples*),纽约:Pendragon

彼得·维克(Peter Wicke),1990,《摇滚乐:文化、美学与社会学》(*Rock Music: Culture, Aesthetics and Sociology*),剑桥(Cambridge):Cambridge University Press

韦慈朋(J Lawrence Witzleben),1999,《前-后-殖民时期香港的国语、粤语流行音乐》(Mandapop and Cantopop in Pre-Post-Colonial Hong Kong),《流行音乐》18:241-258

第十三章
互联网：美国化的工具？

罗伯·克鲁斯（Rob Kroes）

荷兰每年庆祝一次图书周。每年都有一位作家受命撰写一部作品，通常为中篇或短篇小说，作为礼物送给每一位图书周期间购书的人。迄今为止，出于显而易见的原因，作者都是荷兰人。然而，在 2000 年，图书周的主题是"文化间写作"，邀请的作家是跨文化写作的代表人物萨尔曼·拉什迪（Salman Rushdie）。他的这篇作品被翻译出版，且取了一个荷兰语的标题《Woede》（即"狂怒"）。故事讲述的是一个人纠结于自己对古希腊复仇女神的个人看法，切断与过去、朋友、妻儿的联系，最终在纽约结束了自我设定的放逐。在那里，为了恢复自己的创造力，他创造了一个想象的世界，称之为"伽利略 1 号"（Galileo-1），那里居住着人类及其生化人复制品，在一场复杂的战争传奇与最后的胜利中，他们重演了我们所知的世界每一文化的原始传奇。在一群古怪的电脑神童的帮助下,故事变成了经由网站即可进入的网络空间的故事。这立即在全球风行一时。很快,故事中的角色便冲破了虚构的牢笼,成为我们的街坊邻居。世界各地都出现了对故事人物攀越高墙的大量描写。他们在名人事件中现身,在棒球赛上高唱国歌,出版烹饪书籍,受邀参加大卫·莱特曼(David Letterman)的节目。故事的主人公马里克·萨拉丁(Malik Solanka),在讽刺性的旁白中沉思默想道:

> 在世界各地……人们痴迷于"在美国取得成功"这一主题。在印度,人们对旅居美国的印度同胞在音乐、出版界……硅谷、好莱坞等领域所取得的成就倍感自豪。如果有什么区别的话,英国人的歇斯底里,则更为厉害。英国记者在美国找到了工作!难以置信!英国演员在美国电影中出演配角!哇,超级巨星!反串的英国喜剧演员赢得了两项艾美奖!了不起,我们早就知道英国的滑稽模仿是最棒的!在美国取得成功,才是个人禀赋唯一的真正标志。(拉什迪,2001:220;拙译)

而眼下,这种情况就发生在他身上。凭借大肆炒作和随之而来的商业营销,"伽利略1号"的传奇故事创造了新的记录。惟有这一次,全球性的癫狂不是经由电影、电视,而是通过网络被激发出来的。

拉什迪的故事,为本章主题提供了一个极为典型的例证和具有讽刺意味的评论。它将美国置于全球大众文化的中心位置,视之为全世界追逐成功和名望的焦点。源于这个中心的消费、娱乐文化,其毫不掩饰的商业主义、营销能力或许具有典型的美国特征,然而,任何地方的任何人都可能对它做出创造性贡献。就此而言,美国像是一头饥不择食的杂食动物,不加区别地吞食所有来自国外的东西,消化它,再以美国化的形式反刍它,以备全球消费。这个故事还告诉我们,美国在诸如电影、电视、最近的万维网等大众传播媒介中占据了支配地位。"万维网"这一名称,或许意味着全球可及、平等共享,它或许在文化机构、文化霸权问题上沉默不语,但在当前所有的通讯工具中,网络可以说是最美国的。这是否意味着网络因而是新兴的全球文化之进一步美国化的一种必要工具呢?这个问题,我想在下面进行探讨。

　　从某个角度看,互联网可以视为由志趣相投者组成的社群逛街购物的新的超级商场,他们可以借以挣脱真实生活环境中既有的社会联系,特别是觉察到这些社会联系是自外强加、令人窒息时。按照这种观点,互联网这一用来建构想象社群(imagined community)的新的全球场所,实际上是虚拟的,只是在人们的电脑屏幕中才富有活力。然而,从另一角度看,不是在为构建赛博空间联系新形式提供多种形式的意义上获得自由,关键在于,就以美国模子浇铸文化的全球传播而言,互联网可能是唯一的最新媒介。与其说互联网是形成多重社会联系的工具,还不如说它局限了人们的选择,使之无形中受到美国化的制约。那么,我的中心问题则是互联网在对其用户施加影响的方式上是如何"美国的"。

想要给出明确的答案,为时尚早。目前互联网的发展还是新鲜事物,在全球扩散中,它对使用者的影响亦变幻莫定。因此,我探究的是互联网的潜力,探究的是它的允诺、可能带来的威胁——正如其用户群所见的那样。我将根据美国人、非美国人所同样拥有的梦想,来审视互联网的潜力。这些梦想,即便不是在有关于通才(Homo universalis),也是在有关于政治人(Homo politicus)、经济人(Homo economicus)的经典看法中显露出来的对于完备信息(perfect information)的梦想,是对于成为充分知情的公民、消费者、有修养的人的梦想。就后者而言,我聚焦于互联网潜在的重建人类知识整体的梦想之上——即完美的互文性(intertextuality)梦想,或换句话说,"失落的图书馆"梦想。首先,让我探索一下互联网可能影响我们的政治、经济梦想的方式,同时牢记这些来自互联网的梦想可能具有的美国倾向。

民主的梦想

鉴于其支持者和早期历史,互联网即便不是一种矛盾修辞法(oxymoron),也是一种悖论。它最初是作为一种冷战工具、一种军事策略,用来阻止对手在毁灭性打击中摧毁美国政府的指挥和通讯结构。它做到了这一点——这里就存在一个悖论——通过先发制人。与其让敌人摧毁关键的核心,五角大楼的设计者宁愿主动拿掉这个核心,而选择一种九头蛇状的(Hydra-like)、多中心的通讯网络。相互链接的计算机网络技术的不断发展,为此提供了条件。所谓的"阿帕网"(Arpanet),这一早期的秘密军事网,与后来为人所熟知的互联网的大众版本之间,存在很多共同的基本特征。它是一种去中心化的(decentred)系统——即便并非全无中心,如果局部遭受毁坏,网络只需重新设置通讯流的路径。正如我所指出的那样,悖论在于政府自身去中心化的行动之中,这一行动创造了一个本质上无政府主义的结构,废除了高、低的等级结构,潜在地促成了发送者、接收者之间的等值关系,促成了信息的平等流通。一旦开放网络,先是面向大学、继而面向普通大众,这一系统的潜力便充分显示出其独特的性能。①

一旦摆脱军事/战略的基本原理,互联网便成为了多为青年知识分子的学术团体的选地,他们将20世纪60年代末期的自由主义意识形态灌注到这一系统之中。尽管近年来互联网的发展受到商业动机的驱使,将互联网视为自由、平等、反抗威权主义(即便不是反政府情绪)之域的这种早期观点,今天依然伴随我们左右。从自由主义转向反政府颠覆活动的一个明显例子,乃是所谓的"黑客",他们破解保护政府数据库机密的代码:他们使网络转而反对政府本身。这是一个极端的例子,却表明了互联网用户群所共有的普遍得多的基本态度。连带地,他们还赋予了互联网一种特殊的美国风格,一种散发着美国共和主义的、经久不衰的

---

① 我知道,我强调的是一种关于互联网起源的特殊解读。也存在一些对立看法。关于互联网起源的其他解释,参见罗森茨维格(Rosenzweig,1998)的讨论。

文化烙印。他们认为,互联网——还有万维网——不是虚拟的公社,而是有德有品的公社。

无可否认,这种对于互联网公社的理想主义观点,表达的更像是梦想而非现实。首先,他们很多人都是互联网设施的用户,其参与原因与共和主义的动力完全无关——即便并非真的与之相左。但是,更为重要的是,正如"万维网"这一概念本身所意味的那样,如果共和的梦想假设的是一个囊括了全人类的社区,它也与现实迥然不同。事实上,在世界范围内,互联网用户组成了一个小而享有特权的群体。这样一来,他们更多是西方文明成果如何在全球人口中进行分配的代表。但是,不可否认的是,随着互联网的使用逐渐扩展到那些过去被排斥在外的群体之中,虚拟社区可以很好地为他们提供一种公民参与的体验,而在其实际生活中,这种参与往往是受到阻碍的。在那些把第二世界、第三世界国家年轻知识分子汇聚起来的各种环境中,我已听说了很多关于互联网使用的解放性影响的证据——如对伊斯兰教国家青年女学者的影响,对前苏联地区身处僵化的官僚主义、等级森严的大学体制中的青年学者的影响。

随着网络的覆盖面扩至能够代表世界上更多的人群,它也成为了常被称为全球化进程的核心力量之一。从这个角度看,问题随之出现——正如全球化的其他论述中所出现的问题一样——互联网是否也是世界美国化的一支力量?换句话说,在何种程度上我们可以将网络视为明显可辨的美国文化价值观念与精神习性的载体?

互联网是如何"美国的"?

处理这个问题有多种方式。一种较为实用的方法,就是看看互联网使用的不同密度。在互联网信息通道流量密度的图示上,美国明显是首屈一指的一大节点,其他地方则在网络上显示为次节点。在信息沿着联系各个节点的线路流动的意义上,这些节点是相互连接的,但是,没有什么像密度一样,能够说明节点的特征。也就是说,互联网在人际交流的实际使用中,往往仍然集中于我们今天所知的那些民族国家。美国人藉助网络在自己人之间的交流,往往超过和外界的联系,同样的交流模式似乎也见于其他民族国家。事实上,很有可能,其他国家网络的人均(per capita)使用量——姑且称之为"在线度"(wiredness)——也许略高于美国。例如,芬兰的在线度就高于美国,但就网络流量的绝对密度而言,和美国相比它只能构成一个次节点。因此,通过我们在图示上的想象性演练,可以看到美国在其他很多方面也都占据了一个重要位置,最好称之为享有帝国之尊。在这方面,和其他很多领域一样,美国是全世界通讯结构的一个中心,其他参与者则降级为一个相对边缘的位置。美国更多是一个发送者、而非接收者,类似于罗马在帝国秩序中所处的中心地位。①

于是,从这个角度看,美国对于作为通讯工具的互联网的利用,仍然大于世界上的其他国家。他们是最初的使用者,绝大多数的通讯流量也来自于他们的贡献。鉴于其最初的作用和现有的网络通讯受到美国的支持,这是否意味着美国还可以为网络交流的特征定下基调?换句话说,他们是否能够为美国之外的其他网络用户烙下文化印记?这个问题暗示了探索互联网之美国性(Americanness)的第二个途径。

关于网络所传播的信息的语气和模式,我想指出两个特点,或许可以视为美国印记的符号。一是通讯与日俱增的信息化;一是网络带来的、可称之为通讯的更大的民主化或去等级化(dehierarchization)。对比两种旧的通讯方式,有助于凸现我的想法:书信技巧以及电话交谈。显然,就称谓形式与语言模式而言,书信比一般的网络交流更程式化、更正式。比起书信的正规方式来,网络交流常常反映了言语的非正式性。正是在这种意义上,网络交流近似于直接的口头电话交流。另一方面,正因为这种直

---

① 最近一份关于电子通讯与互联网的长篇研究,证实了这里所简短勾勒的画面。这份研究即《电信地理,1999》(*TeleGeography* 1999),由总部位于华盛顿的研究机构 TeleGeography. Inc 撰写而成,而且是为工业界公司提供当前的通讯地形分析而制作的。对其主要结论的概述,参看夏伦(Shannon),1999:7。就这些问题而言,约翰·卡尔(JohnCarr)曾在一篇妙文中指出:"在互联网自身的组织中,在支撑它的那些价值观念与假定中,有一点引人注目:网络是美国的……今天,超过一半的互联网用户身处美国。"(卡尔,1999)

接性——姑且不论其社交侵扰的特点,在不平等的社会环境中,如结构性的等级化环境,人们或许不太愿意使用电话。近来的研究表明(范·登·胡佛[Van Den Hooff],1997),在这些情况下,人们可能情愿使用电子邮件。信息的接收者可以自己选择阅读和回复的时间。在这个意义上,电子邮件有助于降低社交门槛,可以跨越等级界限而轻松交流。因此,电子邮件跻身于由书信、电话组成的旧的通讯模式之间。电邮在语气、风格的较为非正式性方面,与电话相似;而作为跨越等级界限的交流手段,电邮又近似于书信,只不过更快捷、因而也更方便。

如果交流的信息化和民主化确实是电子邮件交流的特征,我们能否因此断言它们是在美国的支持下而兴起的呢?我们能不能以麦克卢汉式(McLuhanesque)的方式说媒介即信息,或换言之,媒介的性质是否能够生成自己的社会和文化影响,不管是谁率先定下其基调?正如现代化的许多其他事例,或许不太可能分清这两种非此即彼的解释。我们只能推测电子邮件交流的典型模式,有哪些观念及其实现是来自法国、日本,而非美国。然而,正如许多现代发明(如摩托车、照相机、电影)的历史所表明的那样,美国往往与欧洲国家不同,总是以这些新事物为多数人而非少数人使用为目的。它主张用户方便性,主张大众营销、大众广告,而在欧洲,这些发明则是用来起到巩固而非扰乱既定社会等级的作用。许多欧洲观察家痛苦地注意到,美国人使用摩托车,或成群结队观看最新电影,这些方式令社会约束有所松弛。他们常常感到他们是在审视欧洲未来的不祥势态,而多数时候,他们说得没错。大众消费的乐趣确实后来也莅临欧洲,侵蚀了科技发明最初用来支持社会精英的象征性资本(symbolic capital)。欧洲在转向消费社会的平行发展中追赶美国,这还绝非单独一例。普通欧洲民众在负担得起大众消费的奢侈品之前,往往早就受到从电影、图片、新闻报道、移居美国的亲友来信中接触到的、来自美国的美好生活的观念的影响,他们已经养成了对这些奢侈品的喜好,养成了对其民主化乐趣的喜好。如果说这还是新发明几乎同时在大西洋两岸推广应用的一例,那么,使用一种新的通讯手段如美国人发明的、浸透其平等主义精神、用牢固确立的美国烙印影响他人的互联网,究竟会带给人多么强烈的感受呢?

但是,毫无疑问,对于"媒介即信息"的其他解读,也不能完全弃之不顾。通讯模式的确以特定的方式确立了其使用的形式与风格。电话交谈绝不会以"您忠诚的"作结,一般说来,书信也不会以诸如"你好,这是某某在写信"的句式作为开头。那么,很有可能,媒介的内在逻辑有助于形成电子邮件交流更大的随意性和平等性。如果真是这样,电子邮件本身就可以成为这个世界信息化、民主化的一支力量。正如塞勒(Sellar)和耶特曼(Yeatman)所言(1930),这当然是好事一桩。但是,如果电子邮件能以积极的方式影响通讯性质,它是否也会带来一些不太积极的后果呢?

这一方面,一个令人担忧的后果便是电子邮件交流的临时性、短暂性。除非用电子方式妥当储存,或用老办法打印在纸上,电子邮件信息留不下任何痕迹。在这一点上,电邮又与电话交谈相似。从历史学家的角度来看,这不能不影响到我们的历史感,影响我们重建历史的能力。当然,由于有关方面的主动操控,试图操控其载入史册的方式,传统的档案可能被切成碎纸,白宫的谈话也能被磁带录音。但是,这些主动干预,在逻辑上并不符合交流媒介的固有本质。电子邮件或电话交流的情况有所不同。这里,媒介确实影响了信息的历史地位。

就我们的讨论而言,这里有点反讽。是的,媒介或许能够内在地、独立地决定信息交换的短暂性。但是,这种受到美国社会热烈欢迎的特殊的通讯手段,及其所暗含的健忘症,在局外人看来,似乎证明了老一派美国文化批评的一贯主张:美国文化本质上是非历史的,缺乏将当下添入历史贮存的现实感。这再次将我们导向互联网是如何"美国的"这个问题。美国文化的欧洲批评家们的一个常见主题,乃是美国文化缺乏历史感,对现在、未来盲目乐观。作为美国人首选的通讯工具而出现的互联网,势如破竹,所向披靡,很有可能为那些早期的观察家们留下了诸如"典型的美国人"等深刻印象。

此外,还有另一种后果,尽管在逻辑上符合互联网交流的内在本质,但似乎也证实了对于美国文化的消极看法。这表现为网络带来的交流民主的消极面。从这个角度看,所有的信息都是等值的,不管其内容是否真实。没有诸如新闻界的"把关人"以更负责任的新闻传播的老办法来辨别信息。网络无奇不有,任何人均可参与。如今,真实性似乎正是通过信息的重复而得到确认,而不是依靠查证其来源、比较观点和版本等等传统的检验手段。因此,产生了互联网的同道社区,他们分享近似于阴谋论的关于现实的共同看法。例如,非常令人惊讶的是,美国黑人开始用阴谋论看待艾滋病的传播,认为这是白人种族主义伎俩的产物。同样,个人可以利用其名望,将所谓的权威用于最为疯狂的谣言,他们对某些事件的准权威解读,就像真的一样。因此,皮埃尔·塞林格(Pierre Salinger)以他的疯狂断言在互联网上制造了新闻:1996年7月,一枚导弹将环球航空公司(TWA)的民用航班,击落于长岛海岸。另一不太著名的例子则是《德拉吉报道》(Drudge Report),一份散播选自其他报刊的信息大杂烩的电子报纸,混杂着流言蜚语。作为编辑,迈特·德拉吉(Matt Drudge)为自己的编辑方针辩护说,流言蜚语不过是未经证实的信息。另一更令人担忧的趋势,则是出现了专供发表仇恨言论和右翼偏见的网络聊天群和网站。

这些还只是关于互联网的某种看法的少数事例,这种看法认为,每个用户都是新闻记者,人人都有权与其他用户在平等的基础上,自由传布他/她的观点。这是民主变得乱七八糟的各种外在标志,似乎也是德·托克维尔(de Tocqueville)关于一个社会运用平等原则时所存在的邪恶潜力这一更为阴郁的观点的最新证据。不过,正如那些更为乐观的观察家所认为的那样,这样的社会自身充满活力,能够用各种矫正手段来对抗此种滥用。来自印刷出版界等从前的、更值得尊敬的公众舆论,已经对这些趋势作出了分析和警告。① 网络上，每一个持有特定观点的聊天群、网站，都有对手提出相反意见。同样，现有的法律制度也为被侵犯的各方提供了追索权。例如，1997年秋，德拉吉因诽谤前新闻记者、克林顿顾问西尼·布鲁门多（Sidney Blumenthal）被告上法庭，德拉吉指责他有婚姻暴力。

在所有这些方式中，在互联网的自由与伦理、道德、负责任的行为等一整套规范之间，可以看到一种平衡，这种平衡也见于从前的公众舆论媒体。事实上，在政府支持下，美国已经采取了各种措施，试图规范互联网。尽管网络可能被早期的爱好者视为反政府的自由主义工具，如今，政府则奋起反击。其首次尝试，则是众多美国人所共同关注的问题：色情内容在网络上的传播。政府试图通过《传播净化法案》（Communication Decency Act）来进行控制，但徒劳无功。1997年6月，最高法院判定此项法案违宪。不过，正是立法干预这一尝试，激起了那些以早期自由主义的网络文化捍卫者自居的人们的愤怒。

一位自由主义者的反击

说出互联网共和理想的，是约翰·佩里·巴洛（John Perry Barlow）。他显然是那些当得起"赛博宗师"（cyberguru）这一称

---

① 例如，《纽约时报》社论"WWW. Internet. anarchy"，曾谴责德拉吉的新闻风格（转引自《世界报——每周选辑》[Le Monde-Sélection Hebdomadaire]，2547，1997年8月30日）。

号的前辈之一。他代表了早期"前沿"(Frontier)组织中"赛博牛仔"(cybercowboys)——也称为"赛博人"(cybernauts)——的热情,是数字化的先驱。他是一家计算机公民权利组织——电子前沿基金会(Electronic Frontier Foundation)——的联合创始人,该组织的宗旨是维护赛博空间公民的利益。自从选择在苏黎世自我放逐以来,他就抗议美国政府试图管制赛博空间的自由。他通过在互联网上发布《赛博空间独立宣言》(Declaration of the Independence of Cyberspace)来表达自己的抗议。① 在美国《独立宣言》的神圣传统中,这份宣言是古典美国政治话语不可思议的大杂烩,也是反美情绪的大杂烩。它表现出一种反政府的气质,这在美国是如此根深蒂固,如今却转而反对美国政府。下面这些引文可以使读者对此有所了解:

> 工业世界的政府们,你们这些令人生厌的铁血巨人们,我来自网络世界——一个崭新的心灵家园。作为未来的代言人,我代表未来,要求过去的你们别管我们。在我们这里,你们并不受欢迎。在我们聚集的地方,你们没有主权。

> 我们没有选举产生的政府,也不可能有这样的政府。所以,我们并无多于自由的权威对你发话。我们宣布,我们正在建造的全球社会空间,将自然独立于你们试图强加给我们

---

① Http://numedia.tddc.net/scott/declaration.html.

第十三章 互联网:美国化的工具? 435

的专制。你们没有道德上的权力来统治我们,你们也没有任何强制措施令我们有真正的理由感到恐惧。

政府的正当权力来自被统治者的同意。你们既没有征求我们的同意,也没有得到我们的同意。我们不会邀请你们。你们不了解我们,也不了解我们的世界。网络世界并不处于你们的领地之内……

我们正在达成我们自己的社会契约。这样的管理将依照我们的世界——而不是你们的世界——的情境而形成。我们的世界与你们的世界截然不同。

网络世界由信息传输、关系互动和思想本身组成,排列而成我们通讯网络中的一个驻波(驻波:物理学概念,指原地振荡而不向前传播的运动状态——译者注)。我们的世界既无所不在,又虚无缥缈,但它绝不是实体所存的世界。

我们正在创造一个世界:在那里,所有的人都可加入,不存在因种族、经济实力、武力或出生地点生产的特权或偏见。

我们正在创造一个世界,在那里,任何人,在任何地方,都可以表达他们的信仰而不用害怕被强迫保持沉默或顺从,不论这种信仰是多么的奇特。

我们相信,我们的治理将生成于伦理、开明的利己以及共同福利。

在美国,你们现在已经炮制了一部法律,名曰《电信改革法》。它违背了你们自己的宪法,也玷污了杰弗逊、华盛顿、密尔、麦迪逊、德·托克维尔和布兰代斯的梦想。这些梦想现在一定会在我们这里重获新生。

在美国和其他地方,你们日渐衰落的信息工业靠着推行那些在全世界鼓噪的法律而苟延残喘。那些法律竟宣称思想是另一种工业产品,并不比生铁更高贵。而在我们的世界里,人类思想所创造的一切都毫无限制且毫无成本地复制和传播……

那些热爱自由和主张自决的前辈们曾经反对外来的权威,与日俱增的敌视和殖民政策使我们成为他们的同道。我们必须声明,我们虚拟的自我并不受你们主权的干涉,虽然我们仍然允许你们统治我们的肉体。我们将跨越星球而传播,故无人能够禁锢我们的思想。

我们将在网络中创造一种心灵的文明。但愿她将比你们的政府此前所创造的世界更加人道和公正。①

就互联网美国性的程度而言,巴洛的《宣言》可以看作是美国政治梦想持久影响的最新证词,或许也似是而非。说它似是而非,乃是因为它的反美动力;然而不可否认的是,将赛博空间视为共和美德之国,其中住满"网民"(netizens),他们组成了一个远远超越国界的社区,从这种观点之中,我们能够认出一种明确无误的美国自铸的语言。

不过,如前所述,基于完全不同的理由,互联网也是"美国的"。在网上冲浪的每个人,都卷入了一个混杂了经济和其他消息的信息世界,多数时候,这些信息显然都源于美国,至少也是用美国模子铸就的。就其全部潜在的平等主义而言,互联网在目前的使用,明显体现了由一个中心主导数个边缘的网络结构。这个观点,将我们带回到如下问题:推动全球化进程的互联网,是否并没有同时成为边缘被中心美国化的工具?鉴于互联网使用的公开性,边缘难道没有办法做出反击、直刺美国大众文化传播的中心地带吗?

阿姆斯特淡啤(Amstel Light)——边缘的反击

1997年春天,一位美国朋友送给我一份剪报,他称之为"非

---

① 此处沿用的是李旭、李小武的译文,见高鸿钧主编《清华法治论衡》第四辑,清华大学出版社2004年。——译注

主流周报",在华盛顿特区出版,即《华盛顿都市报》。他的形容,意味着有一小群读者分享与主流观点不同的品味和看法,换句话说,在这个群体中,个人可以用多数人难以想象的方式表达意见。该剪报是一则耸人听闻的信息,出自于一个自称为"循规蹈矩的博伊德(Boyd)驻军和美国人"的团体之手。该团体听起来像是基督教联盟(Christian Coalition)的某个分支。这条信息以黑体字高呼:"末日即将到来!"令人吃惊的是,接着它便攻击阿姆斯特丹,因为这个城市"令人厌憎的开放态度",因为其"随随便便的社会交往"。为了强调其内容,它继续愤愤不平:"你们扪心自问:你希望这里出现阿姆斯特丹那种不计后果、'对一切开放'的文化吗?不!"然而,威胁迫在眉睫,末日即将到来。原来,这条信息意在警告美国人抵制阿姆斯特淡啤,因为它是"阿姆斯特丹不计后果的开放行为的真正体现……你一定要抗拒它们的诱惑。你一定要对阿姆斯特丹的阿姆斯特啤酒说不"。这条信息最后还提到了一个网站(www.gboyd.com),打开这个网站,就会看到对各种阿姆斯特啤酒的罪恶更为严厉的警告。①

不久后得知,这不是一个微不足道的广告伎俩,半开玩笑地针对一小撮高端文化人士。事实上,这是一次针对各色美国人、花费高达两千万美元的活动。《村声》(Village Voice)媒体部的一篇文章清楚表明(萨瓦尔[Savan],1997),这个活动已经深入到了打入纽约时代广场的程度,进入了美国广告牌的核心地带。除

---

① 《华盛顿都市报》,1997年6月27日。

了巨大的广告牌,连最近还在上映三级片的第四十二街影院橱窗,如今也都加入了这场反对阿姆斯特丹道德腐败的运动。"不要看。捂上你的眼睛。""开放即危险。"

用邪恶诱惑来塑造产品,劝诫大众无论如何要远离啤酒,这家荷兰酿酒公司与美国广告代理商携手合作,选择反讽性倒置通常的广告策略,同时还戏仿了道德改造的语调,这种语调在过去二十年中是大多数美国公共话语的基本特征。从几方面的原因来看,这个例子很有意思。首先,我们应该注意到广告宣传中多媒体的一面:从传统的报纸广告,到广告牌、电影橱窗、万维网,阿姆斯特的广告策略几乎无处不在。除了这种面对消费者的高强度宣传,这里还有某些方面与我的观点存在直接关联。

近年来,对于美国大众文化在海外的接受形式,许多研究者强调的是所谓接受的自由。他们指出,处于接收端的大众通过许多富有创造力和想象性的方式对美国大众文化的意义进行了改变,对它重新定义,以便它在自己的日常生活这一更大的文化语境中发挥作用。所有这些接受研究的焦点,集中于美国国界之外、接触到美国大众文化的民众对美国大众文化的挪用。因此,对于所谓美国之外的国家文化的美国化问题的研究,有助于重新界定文化翻译这一创造性行为。就许多国家的接受语境而言,研究焦点因此变成了一种如何理解所谓美国文化的本土化进程的问题。因此,对于荷兰这样的国家而言,问题与其说是荷兰文化的美国化,还不如说是美国大众文化的荷兰化。

有趣的是,阿姆斯特广告活动这个事例让我们更进了一步。

这里,销售的商品不是美国的,而是荷兰的,广告活动的赞助者也是荷兰人。阿姆斯特广告活动的对象,不是受到美国影像潜在诱惑的外国民众,而是美国人,是基于美国人对荷兰文化过度自由开放的普遍印象。这次活动反讽性地选择重新利用这些印象,戏仿了美国民众道德多数派选民的末日语言。它证明了外来者对美国文化异常准确的理解,他们不是美国文化价值观的被动接受者,而是通过戏拟美国的文化关切,创造性地运用了美国的文化价值观,并回敬给美国大众。可以说,这是一个边缘在帝国发起反击的例子。

完全市场(perfect market)的梦想

正如阿姆斯特啤酒这个例子所表明的那样,互联网越来越多地用于商业目的,用于广告,用于购买和销售行为,用于各种商业组织。这一趋势最近才出现,其结果还难以预测。显然,互联网激起的不只是对民主的梦想,还有对完全透明的市场的梦想。如果说互联网许诺了更大化的民主参与,它同样也许诺了经济市场更多的机会、更多的开放。再一次,在非美国人看来,这或许说明了一种特殊的将政治、经济领域合并在一起的美国秉性,他们认为民主政治的政治领域就像是一个市场,公民在政治领域中集会与消费者在市场上集会并没有什么不同。①

然而,互联网的另一个方面,则与美国社会一个不同特性联系在一起:即人口的地区流动性,或者用经济术语说,其劳动力市场的灵活性。在这一方面,美国远胜于其他社会。这种跨越国界的无休止流动,完美地体现在互联网上。一家迁到蒙大拿州博兹曼市的高科技公司的首席执行官,如此说道:"我(过去)在纽约和硅谷做生意。我意识到互联网最终消除了地理位置上的限制。"②商业的去地方化,因网络而成为可能,网络允许合作团队分散在全国各地——即便不是世界各地。这种商业实践重新配置背后的驱动力是美国,准确地说,是因为美国思维模式和互联网结构特征之间的亲和力(wahlverwandtschaft),或曰选择性亲和力(elective affinity)。

不可否认的是,网络影响了商业组织生产、流通和营销的方式。在所有这些领域,它都促进了更大的透明度与高效率。整个20世纪90年代,它促进了生产率增长和成本控制。然而,与此同时,正如我们所看到的那样,网络与日俱增的商业化对信息的自由流动也产生了消极影响。到目前为止,网上的自由交流,用

---

① 拙著(1996)第五章"第五种自由和公民美德的商品化",曾用相当长的篇幅提出这一点。至于商业日渐利用互联网的方式,有一份卓越的调查,即《商业和互联网:网络势在必行》(Business and the Internet: The Net Imperative),这份特别的调查载于《经济学人》(*The Economist*),1999年6月26日,第72页之后的44页内容。

② 《博兹曼:下一个硅谷?》(Bozeman, The Next Silicon Valley),《支流》(*Tributary*),2001年4月10日。

行业术语说,是"端对端"(end to end)。不管信息的路径如何,任何用户可以从任何端口进入所有站点。这里没有收费公路、收费高速公路在通道上收取费用。然而,随着对电影、音乐视频等高强度下载的需求的增加,对昂贵的宽带通道的需求也在增长。宽带通道组成网络展宽,供应商们可能不愿意无偿传递与自己生意无关的东西。因此,商业和市场逻辑也许很快就会彻底结束这个自由交流、免费和不受限制的黄金时代。① 市场原理极有可能会让人们从其民主梦中清醒过来。然而,互联网带来的市场机会的膨胀预期已经导致了投机泡沫,和17世纪荷兰郁金香的情况没什么不同。很有可能,人们在放弃目前享有的通讯自由之前,就已从经济效益的美梦中清醒过来了。

"失落的图书馆"的梦想

接下来,我打算把重点放在一个不同的梦想之上,这个梦想,与赛博空间的民主梦、共和(res publica)梦一样崇高。和其他梦想一样,互联网已经激发了回归一个完全互文性的世界的梦想,激发了重建人类思想和写作的全部整体的梦想。它将返回一个"词语之城"(City of Words),像是一种怀旧的回忆,这个迷宫般的图书馆,自神话中的巴比伦图书馆时代以来,就一直萦绕在人

---

① 对这些问题的很好讨论,参看《提升互联网》(Upgrading the Internet),《经济学人技术季刊》(*The Economist Technology Quarterly*)2001年3月:30-35。

们的想象之中。托尼·坦纳(Tony Tanner,1971)用"词语之城"的隐喻来形容激扰20世纪文学想象的中心追求。在坦纳看来，集中体现这种追求的作家是豪尔赫·路易斯·博尔赫斯(Jorge Luis Borges)。感动、震惊博尔赫斯的,正是人类心灵的建构性力量。他的故事充满了最怪怪奇奇的建筑,包括整个历史上人类孜孜矻矻营造的各种变化无穷的语词建筑——哲学理论、神学争端、百科全书、宗教信仰、批评阐释、小说,各种各样的书籍。在对人类心灵的塑造、抽象能力有着很深的感受力的同时,博尔赫斯对这些结构可能带来的梦魇也有着深刻的认识。在他的一则故事中,叙述者把巴别图书馆称为"宇宙",我们可以将之视作译解人类存在所面临的全部困难的一个形而上学的寓言。另一方面,巴别塔还是人类对于建筑的狂热的著名典范,书籍不过是另一种形式的建筑而已。在巴别图书馆中,可以看到字母、词汇每一种可能的组合,结果,只留下被"无意识的佶屈聱牙,语言上的废话连篇,以及前后不相连贯的文字"所割裂的感觉的碎片。很多书籍"不过是字母的迷宫"。既然语言所能做到的一切、所能表达的一切,都呆在图书馆的某个地方,那么,"澄清人类的根本奥秘……也是可以期待的"。"必要的词汇和语法",一定可以在整个语汇中找到。但是,搜寻、探测的尝试令人发狂;这个故事充满了悲伤、病态和疯狂,可怜虫们在图书馆内游走,就像是游走在一间巨大的监狱。(坦纳,1971:41)

对于赛博空间恢复一个"词语之城"的普罗米修斯潜力,博尔赫斯的狂想究竟告诉了我们些什么? 1998年6月3-4日,在巴黎法国国家图书馆（Bibliothèque nationale de France）召开的一个国际学术会议上，学者和图书馆负责人讨论了在互联网上建立链接各大图书馆馆藏的虚拟数据库的意义。一些人视之为梦想成真。让-皮埃尔·安格雷米（Jean-Pierre Angremy）在他的开场白中，认为巴别塔是博尔赫斯的想象，同时却忽略了其梦魇的一面："一旦宣布说，这个图书馆收藏着全部的书籍，起初的印象是出奇的幸福。每一个人都觉得自己是一份未触动过的秘密财宝的主人。"正如安格雷米所见的那样，这样的一种想法确实过分奢侈。世上所有的知识尽在你的掌控之中，像是一幅无穷无尽的卷轴展开在你的电脑屏幕上。其他人，如雅克·阿塔力（Jacques Attali），新国家图书馆馆藏数字化理念的精神之父，也同样积极乐观。不管图书馆采取什么样的形式，不管是真实的还是虚拟的，它总是"一个书库"。其他人的态度则不这么肯定。这些人预见到我们与书面文本的传统关系将发生变异，这些新的操作和技能将使我们现在的阅读习惯变得过时，就像阅读纸莎草卷轴已经过时一样。

具有讽刺意味的是，正如某些论者所言，现在显现在我们电脑屏幕上的文本，像是倒退回卷轴阅读的时代，或许很有可能影响我们对单页的感知。在印刷的书籍中，每一页都处于前后页的语境脉络中，暗示了一种松散的连贯性。然而，在屏幕上，"页"是一个虚拟数据库中可以互换的元素，用一个关键词就可以同时打开很多本书。因此，所有信息都置于同个一平面，看不到论点展开的逻辑层次。如图书馆最高委员会（conseil supèrieur des bibliothèques)老会员米歇尔·梅洛(Michel Melot)所言,随机性成为法则。传统松散陈述的连贯性,将会让位于即便不是不连贯的,也是支离破碎的、不完整的、不相干的东西。在他看来,东拼西凑或剪切粘贴的方式将成为写作的主导模式。①

这些比较悲观的看法,将我们带回到前面关于互联网的美国印记的讨论。奇怪的是,这些看法让人想起从前欧洲就美国文化如何会影响欧洲文明所做的文化批评。特别是,有意识地在阅读传统书籍、阅读网络下载文本这两种行为之间进行对比,让人想起了美国与欧洲的对比,而这种对比是很多欧洲人批评美国文化的重要内容。从这个角度看,欧洲主张整体的衔接性,主张逻辑与风格的闭合性;而美国则倾向于分割、重组,用一种轻佻的文化"就地拼凑"(bricolage)模式,颠覆欧洲每一种主流文化经典。此外,我们可以看到,传统欧洲人担心美国文化是一种夷齐拉平的力量,无视其内在价值和高低文化层次,把所有一切都降低到一个各种文化内容完全可以互换的水平面上。②

然而,上面概述的各种观点中,并没有提及美国。这是因为美国是可以立即被法国知识分子识别出来的一个潜台词、一个代码吗?还是因为互联网、数字互文性的逻辑本身就产生了文化影响?——类似于美国文化的影响,却与任何美国机构无关?在这

---

① 巴黎学术会议的记录摘要,我已以报告的形式发表于《世界报——每周选辑》,2589,1998年6月20日:13。

② 对欧洲美国文化批评所潜在的深层隐喻结构的全面分析,读者或可参阅拙著(1999)。

一点上，我只能给出一个韦伯式的答案。不可否认的是，在互联网逻辑和美国人的心灵架构之间，有着一种亲和力，一种选择性亲和力，这使得美国人在接受、使用新媒介时，比某些欧洲人更为容易、更少痛苦。

在我看来，有一种深入探索这种选择性亲和力的方式。巴黎会议的大部分讨论，都集中于对来自互联网的文本的使用，而不是文本的生产，换句话说，是集中于阅读行为而非写作行为。尽管这个问题一度上升为互联网逻辑是否也不能产生新的文学形式的问题。据《世界报》(le Monde)报道，没有人能够预料互联网对创造性写作可能产生的影响。但是，我们可以稍微再大胆一些。从图书馆馆员的角度看，可以认为互联网已经在赛博空间上生成了一个虚拟图书馆，链接了作者制作的所有可用文本。藉助关键词和相关的搜索技术，这个图书馆的每一位访问者可以决定他/她自己穿越语汇迷宫的特定路径，制作出文本拼贴以满足每个读者的特定需求。这样一来，在现存文本的基础上，每个读者都可以拥有自己本人的对文本片段的重新组合、重新编排。于是，从逻辑上看，正是这种文本片段的生产，继而将成为一种创造性写作的行为。到那个时候，作者提供关键词，称之为超链接，读者则可以在文本片段中游弋，还可以用各种组合方式重新排列这些文本。其结果，我们或可称之为超文本小说。

如果真是这样的话，挑战也就随之出现。超文本小说确实存在，不是在世界上随便什么地方的真实图书馆的书架上，正如其逻辑所决定的，而是存在于赛博空间的虚拟图书馆中。这些超文本小说可以作为很多片段下载下来,因此,点击作者提供的任何一个超链接,每个读者就可以坐在他/她自己的电脑面前进行整理编排。① 迈向赛博空间的这一创造性飞跃,与某种普罗米修斯式的东西有关。赛博空间让每个读者自身成为作者,在一个宣称作者已死的时代,可以将如此重要的梦想付诸实践。看起来,超文本小说再也不会将读者约束在纯由作者设定的叙事流、叙事结构之中了。超文本小说的逻辑,正是要求读者主动建构自己的文本。

我再次认为,这一大步,是美国作家率先走出的典型一步。它似乎也再次符合了美国人较为普遍的模块化的心灵架构,他们更喜欢打破连贯的整体,让每个消费者随心所欲地将片段重新组合。然而,关于超文本小说的想法,似乎比我所见到的任何实例都还要大胆。这种想法与"失落的图书馆"的梦想联系在一起,在那里,作者所做的,不过是为读者开启一段穿越人类想象迷宫的旅程,进入一个未知的领域。这种想法,关乎的是一个结构开放的文本,其文本间关系紧张,提供进入未知地带的超链接。不过,超文本的现有形式与此尚有天壤之别。它完全是自我封闭的,只能指回自己的构成元素,不能逸出作者设定的封闭性结构。它使人想起制作机器人的尝试——不是人类的简单复制,而是在我们现阶段进化基础上的一种改进。其结果,总像是被缚的普罗米修斯,作为其傲慢自大的报应而披枷带锁。

---

① 一个超文本小说的专业网站是 www.eastgate.com。

同样，正如我们一直所知、所行的那样，超文本小说也不过是阅读的拙劣复制品而已。阅读传统形式的文本的行为，一直是建构超链接的积极行为之一。一本书总是使我们想起其他的书。我们的头脑产生自己的链接和联想。读这本书的时候，我们起身，翻开其他书来验证我们连带生发的直觉。我们听到其他作者的声音，与我们碰巧阅读的某位作者的声音异口同声。有时候，这种回响是作者有意为之，有时候，则是读者浮想联翩。但是，所有的阅读都是互文的，所有的小说都是一个超文本。从莎士比亚（Shakespeare）、塞万提斯（Cervantes）到朱利安·巴尼（Julian Barnes）、朱利安·里奥斯（Julián Ríos），欧洲人一直以对其互文性的自觉意识创作小说。美国人也是如此。在美国人玩的文化游戏中，他们进行试验的方式，或许给欧洲人留下了"典型的美国人"的印象，然而，活在赛博空间的梦想，却是我们所有人共享的梦想的当代版本。

　　抑或，这里我是太后现代了？——将人与人的相互联系简化为个体的精神状态，简化为自足、博学的心灵，简化为一个将我们与那些过去、现在的其他心灵联系在一起的互文性，却不管我们身在何处、处于何种境况。作为对这个问题的回答，这里，我不禁想起一些伟大的监狱著作，出自亚瑟·柯斯勒（Arthur Koestler）、安东尼奥·葛兰西（Antonio Gramsci）、乔治·奥威尔（George Orwell）等人之手。他们清楚表明，尽管面临孤立与酷刑的胁迫，心灵都会在与其他同类心灵的相互联结中找到生存下去的资源，铭记他们的话语、他们的著作。文明，归根到底，是一种精神状态，是脆弱、珍贵的文化事业。在文明社会分崩离析这一事实面前，在我们面临各种艰难险阻之际——某些人认为极权主义乃拯救手段而将之强加于我们身上，试图拆散我们与过去的联系、拆散我们与同类心灵的联系——文明，或者说我们之中那些最优秀的心灵，还支撑着我们。杀戮场遍布世界各地，从纳粹毒气室到苏联古拉格集中营、柬埔寨种族灭绝，还有前南斯拉夫对种族纯洁性的致命追求。然而，总有一些人的心灵不可磨灭，如果仅存内心的词语之城，这些人依然是世界公民。

参考文献

约翰·卡尔(John Carr)，1999，《不确定性的时代：Anarchy. com》(Age Of Uncertainty：Anarchy. com)，《前景》(*Prospect*)6月.（www. unnu. com/newshome/Gallery/etexts/anarchycom. htm, 浏览 2003 年 6 月 10 日）

罗伯·克鲁斯(Rob Kroes)，1996，《见微知著：欧洲与美国的大众文化》(*If You've Seen One, You've Seen the Mall：Europeans and American Mass Culture*)，尔班纳(Urbana)与芝加哥(Chicago)：伊利诺斯大学出版社(University of Illinois Press)

罗伊·罗森茨维格(Roy Rosenzweig)，1998，《鬼才、官僚、战士和黑客：互联网写作史》(Wizard, Bureaucrats, Warriors and Hackers：Writing the History of the Internet)，《美国历史评论》(*American History Review*)103(12 月)：1530-52

萨尔曼·拉什迪（Salman Rushdie），2001，《狂怒》（Woede），阿姆斯特丹（Amsterdam）：Uitgeverij Contact

莱斯利·撒瓦尔（Leslie Savan），1997，《四十二街的道德剧》（Morality Plays on 42nd Street），《村声》（Village Voice）6月16日

W·C·塞勒（W C Sellar）、R·J·耶特曼（R J Yeatman），1930，《1066及其一切：一段难忘的英国历史》（1066 and All That：A Memorable History of England），伦敦

维多利亚·夏伦（Victoria Shannon），1999，《下载速度慢的背后有什么》（What's Lurking Behind Those Slow Download），《国际先驱论坛报》（International Herald Tribune）5月27日：7

托尼·坦纳（Tony Tanner），1971，《词语之城：美国小说1950-1970》（City of Words：Ameriacan Fiction 1950-1970），伦敦：Cape.

范·登·胡佛（B J Van den Hooff），1997，《电子邮件在组织机构中的采纳、使用于影响》（Incorporating Electronic Mail：Adoption, Use and Effects of Electronic Mail in Organizations），阿姆斯特丹

第十四章 欧洲的反美主义（与反犹主义）：一再被矢口否认的现实

安德烈·S·马柯维特斯（Andrei S. Markovits）

内 容 提 要

毋庸置疑，正是布什政府的政策，在很大程度上造成了眼下欧美关系的空前恶化。不过，欧洲对美国的厌憎，至少可以追溯到1776年7月5日——如果不是更早的话。本文在讨论反美主义（anti-Americanism）的概念之后，便转而描述这一有史可稽的恶感，且以欧洲精英的态度为重心。接着，文章讨论了与反美主义联系在一起的反犹主义（anti-Semitism）。对1990年代十年之中报刊文章的概要分析，表明了英国、法国、德国、意大利反美情绪的广泛性。文章以讨论反美主义的功能作结，认为在欧洲新兴的国家建构（state-building）过程中，反美主义是一个有用的组成部分。

一、前言与定义

不必成为一个勤奋的调研者,人们也会知道,对美国、美国人的反感已经成为一种全球性问题。① 正如意大利政治学家皮尔

---

① 本文用"America"、"American"这些词汇来指代"美利坚合众国"(The United States of America)这一政治实体,我恳请居住在美国国界南北的所有读者对此保持宽容。这些读者当然都是"American",但不是美国公民。我不是在广义的、更为准确的地理学意义上使用"美国"、"美国人"这些概念,而是以一种更为常见的方式,来指代一个国家,即美利坚合众国。不过,特别是在这篇讨论"反美主义"的文章中,我觉得这么做的理由是,因为这个词汇本身一般是"专指美国,而不是加拿大、墨西哥,不是新世界的其他任何国家。尽管很多人牢骚满腹,抱怨美国不合理地霸占了美洲称号,但他们对反美主义只用在美国身上也深感高兴"。见詹姆斯·科塞(James W. Ceaser),《反美主义的谱系》(A genealogy of anti-Americanism),《公共利益》(*The Public Interest*),2003 年夏季号。就民意调查而言,最著名的是 BBC 对 11 个国家进行调查的电视节目,名为"世界如何看美国"(BBC 新闻,"民意测验表明世界敌视美国"),节目在 2003 年 6 月 17 日播出。此外,随后还有七份关于"全球态度"的《皮尤基金会调查报告》(*Pew Foundation Survey Reports*),分别是:"2003 年审视变化中的世界",2003 年 6 月 3 日;"美国形象日削月蚀:欧洲渴望松绑",2003 年 3 月 18 日;"富国之中",2002 年 12 月 19 日;"2002 年世界在想什么",2002 年 12 月 4 日;"欧美外交政策问题分歧拉大",2002 年 4 月 17 日;"美国承认,新弱点也是一件好事,意见领袖如是说",2001 年 12 月 19 日;"布什在欧洲不受欢迎,被视为单边主义者",2001 年 8 月 15 日。其中部分标题表明,对于美国,包括欧洲在内的世界上大多数地区,都怀有上面所说的不舒服、厌恶之情。最后,2003 年 8 月还有一次比较详细的调查,由美国的德国马歇尔基金会(Marshall Fund of the United States)与都灵的圣保罗银行基金会(Compagnia di San Paolo)共同主持,调查了美国与七个欧洲国家(德、法、英、意、荷兰、波兰、葡萄牙),充分证明欧洲对美国的厌憎与日俱增、日渐深化。

兰格洛·伊塞尼亚(Pierangelo Isernia)在一篇极其精彩的文章《野兽本性:西欧的反美主义》(The Nature of the Beast: Anti-Americanism in Western Europe)中所说的那样,反美主义已经成为法国、英国、德国、意大利政治精英的通用语(lingua franca),他们利用这种"忿恨"(resentment)来进行政治动员,这是第二次世界大战之后五十年间未有之事。① 以过去四十年间的民意调查为中心,伊塞尼亚相当令人信服地描画了这四个国家民众中反美主义的存在。不过,他并不认为这是一个严重的、具有重大意义的问题。与伊塞尼亚不同,对此我却相当肯定。我的研究,除了民意调查之外,还包括了一些别的资料,这些资料表明,当代西欧话语中的反美主义是一种根深蒂固的偏见结构(prejudicial structure),有着重大的历史渊源。只需略微浏览报纸的大字标题、社论、电视谈话节目,还有听听聚会和餐桌上的闲谈,就可以发现,这种对美利坚合众国广泛持有的敌意,似乎是前所未有的。

本文的研究只关注欧洲,不过却是从一种比较性的角度展开。无论从哪个方面来看,欧美关系在过去几年间已跌至谷底。公众生活,没有哪一方面不受这种紧张态势的影响,四处都充斥着指责、厌憎,乃至公开的敌意。甚至在会计领域——直到今天也还是文化战争与大西洋两岸分歧的温床,近年来也见证了欧洲人对其美国同行的公开敌意,可想而知,事情的确已经糟糕到了无法收拾的地步了。所以,白比尔(Claude Bebear),安盛财富管

---

① 皮尔兰格洛·伊塞尼亚,《野兽本性,西欧的反美主义》,未刊稿,2005年1月。

理公司(AXA)的董事长、法国保险商,将会计准则的制订者比拟为伊朗的宗教领袖。他说,"这些规则的制订者大多来自美国",不过,"其中有一个超级阿亚图拉(ayatollah),他不但是美国人,而且是出生于苏格兰的美国人","对市场价值心醉神迷"。① 无论这番话涉及什么问题,纵然我对该领域一无所知,语气(tone)已经表明了一切。这让我想起了一则德国谚语"Der Ton macht die Musik"(听话听音)。的确,这则谚语所包含的智慧,将会解释本文的大部分研究。因为这种说法本身,已经明确表明了一个重大事实,这一事实既形成了意义,也构成了实质;或者说得更准确些,这一事实所体现的,正是事实的本质。相应地,本文既是对"如何"(how)的研究,又是对"什么"(what)的研究。本文的研究将重在表明,自1991年苏联解体以来、自1945年主宰欧洲的两极世界终结以来,这种针对美国(的的确确,涉及美国的方方面面)持续不断、且与日俱增的"忿恨",已经渗透、弥漫在欧洲的话语与舆论之中。不过,我们也可以说,这种明显的厌憎之情其来有自、源远流长,与对乔治·布什及其政府政策的厌恶没有太大关系。后者只不过是一幅便利的讽刺漫画,可以用来形容欧美之间深刻得多的结构上的断裂:欧洲是正在兴起的政治实体、新的全球竞争者,美国则是欧洲唯一的、真正的竞争对手。本文认为,欧洲的反美主义早在乔治·布什之前就已存在,在他离任之后,

---

① 弗洛伊德·诺里斯(Floyd Norris),《会计提案,欧洲摊牌在即》(Showdown Looms in Europe Over Proposals on Accounting),《纽约时报》(*The New York Times*),2003年7月11日。

还将继续存在。乔治·布什及其政策,将当今西欧的反美主义猛推到了一个类似于"超速运转"(overdrive)的阶段。本文的研究,将不对这种超速运转做出解释,而是集中思考使得这种超速运转出现的结构。继续沿用这一比喻,本文的研究审视的是道路、汽车、司机,简言之,即所有那些促使这种超速运转成为可能的必要条件。这里,为了避免误解,有几点需要加以说明:本文的研究,不是关于欧美关系的。如果要研究欧美关系,就必须将欧洲的亲美主义考虑在内。正如要研究犹太人与非犹太人之间的关系,就必须包括亲犹主义这一重要现象,唯有如此,研究才算完整。不过,如果只是单独分析反犹主义,也完全合理;所以,只研究反美主义,亦可自成一格(sui generis)。此外,正是由于人们每时每刻都在消费无数美国文化的关键要素,这一事实本身(eo ipso)并不意味着人们不会同时对美国、对美国的方方面面心怀忿恨与厌憎。说不定有的人反而会愈来愈甚。我们都清楚知道,美国对黑人文化持续不断的大量消费,也从未令种族主义者减轻他们对非洲裔美国人的偏见与忿恨。

反美主义是一个相当模糊不清的概念,因为它总是将对美国"做"(does)了什么的反感与对美国"是"(is)什么的反感混为一谈;说得更确切些,它是观者眼中的投射。① "做"与"是"之间的区别,恰好可以对应于乔恩·埃尔斯特(Jon Elster)在"愤怒"

---

① 近年来,关于反美主义最好的文章,是乌德·阿贾米(Fouad Ajami)的《反美主义的虚假不实》(The Falseness of Anti-Americanism),《外交政策》(Foreign Policy),2003 年 9 月。

(anger)与"憎恨"(hatred)之间所做的区别。埃尔斯特说:"愤怒时,我的敌意直接针对的是其他人的所作所为,这种敌意可以通过报复行为而化解、消弭,采取行动便能重建平衡。憎恨时,我的敌意直接针对的是某一个人、某一类人,如果这些个体(如本文讨论的美国人、犹太人——笔者注)被视为本质邪恶、无可救药的话。为了这个世界的完整,这些人必须消失。"①所以,就像别的其他偏见一样,心存偏见的人总是"预先判断"对象及其行为,而不顾实际上究竟发生了些什么。如同所有的偏见一样,反美主义也是如此,更多涉及的是那些持有这种观点的人,而非对对象的愤怒与轻蔑。但是,反美主义与反犹主义(本文的研究将较多涉及这一问题)、恐同性恋症(homophobia)、厌女症(misogyny)、种族主义这些"传统"偏见的明显不同之处在于,犹太人、男同性恋、女同性恋、女性、少数民族,在大多数国家中,他们几乎没有什么实际力量(即便有,也不多),且在人口中也不超过半数。倒是在美国,他们无疑具有一定的力量。正是由于这一极不寻常的悖论,很难在美国"是"什么(如它的生活方式、符号、产品、人民)与美国"做"了什么(特别是它的外交政策)之间做出区分,二者似乎永远都混为一谈,难解难分。我想指出的是,这正是因为如下这

---

① 乔恩·埃尔斯特,《心智炼金术:理智与情感》(*Alchemies of the Mind: Rationality and the Emotions*),剑桥(Cambridge):剑桥大学出版社(Cambridge University Press),p. 65。埃尔斯特本人将对"愤怒"与"憎恨"之间的区别,追溯到亚里士多德的《尼各马科伦理学》(*Nicomachean Ethics*)。

一事实：别的传统偏见，作为过去四十多年来进步、宽容的最好见证，总的说来，绝大多数发达工业民主国家已经公开视之为不合法；但反美主义不同，不仅在诸多公共场合为人所接受，甚至还值得称道，是荣誉的象征，在今天或许还成了"进步人士"最显著的标识之一。毕竟，成为一个反美主义者，固执这种偏见，就事实本身（ipso facto）而言，他反对的也是世界上真实存在的强权。所以，就反美主义而言，人们的偏见在某种程度上具备了唯信仰论（antinomian）的目的，因而在进步人士中获得了合法性；而其他的各种偏见，谢天谢地，至少在发达工业民主国家可接受的公共话语中，不再享有合法地位。如同别的偏见一样，反美主义是后天习得的一整套信仰、态度、意识形态，而非天赋禀性。所以，它与个人的民族根源毫无关系。的确，很多美国人也可以成为、乃至于就是反美主义者，正如犹太人也可以成为、乃至于就是反犹主义者，黑人也可以、乃至于确实持有种族主义观点，女性也会厌恶女性。① 这里，之所以提到这些情况，是因为反美主义的真实存在，遭到很多实际上也持有此种立场的美国人的矢口否认。可以作为恰当的判断标准的，重要的不是一个人的公民身份或出身地，而是他/她后天习得的、针对某一特定群体的各种信念。不过，在这里，"语境"也意味着一切。在安娜堡（Ann Arbor）、麦迪

---

① 对于美国知识分子如何孕育出反美思想的出色论述，见伊恩·布鲁玛（Ian Buruma），《发挥道德阶层的作用》（Wielding the moral class），《金融时报周末杂志》（The Financial Times Weekend Magazine），2003 年 9 月 13 日。

逊(Madison)、坎布里奇(Cambridge)、伯克利(Berkeley)的艺术院线中欣赏迈克尔·摩尔(Michael Moore)的《科伦拜恩的保龄》(*Bowling For Columbine*),与将这部电影变成德国青少年(包括前东德小镇上的左翼、右翼激进分子)挑选出来观看的美国电影之一,是一种完全不同的体验,具有完全不同的意义,后者将这部电影视为他们彼此之间的感情联络。《科伦拜恩的保龄》与《华氏911》(*Fahrenheit 9/11*),毫无疑问已经成为德国有史以来最成功的纪录片,迈克尔·摩尔所撰著的书籍,甚至早在译成本国语言之前,就已令欧洲畅销书排行榜增色不少。① 2003年12月,他在欧洲的巡回讲演,成千上万的人蜂拥而至,仰慕他的公众就像欢迎摇滚明星一样地欢迎他。保守的基督教社会党(CSU)选民们,就像那些激进的左派一样,欣赏迈克尔·摩尔的电影和书籍。无论是欧洲还是美国,还没有哪一位纪录片导演,曾经享受过这种待遇。这需要我们做出解释:为什么迈克尔·摩尔能够在当今欧洲受到超越了年龄与政治忠诚的巨大欢迎?显然,这些欧洲仰慕者们给予他的崇敬的实质,其源头要比政策上的分歧、厌恶某个

---

① 迈尔克·摩尔的作品在美国与欧洲所具有的完全不同的意义,细致分析见安德里安·克雷耶(Andrian Kreye),《反美主义的车前马:糟糕的调查,没有语境——为什么迈克尔·摩尔在欧洲大获成功?》(Zugpferd des Antiamerikanismus: Schlecht recherchiert, ohne Kontext: Warum ist Michael Moore in Europa so erfolgreich?),《南德意志报》(*Süddeutsche Zeitung*),2003年10月11日。作者清楚表明,尽管摩尔在美国的名望也源自于他对一个保守政府与当权者的调侃与辛辣讽刺,但是在欧洲,摩尔却沦为一种陪衬,在他身后,人们可以安全地说出自己的反美主义,不必担心被指控为心怀偏见;毕竟,迈克尔·摩尔,一个真诚的美国人,也同样这么说。

第十四章　欧洲的反美主义（与反犹主义）：一再被矢口否认的现实

总统及其政府内阁深刻得多。的确，正如我在别的地方曾仔细讨论过的那样，迈克尔·摩尔不过是欧洲人用来表达他们对美国、美国人的忿恨的一个"托儿"（shill），既光鲜华丽，还不用担心被贴上心怀偏见、充满仇视的标签；毕竟，是美国人自己，即迈克尔·摩尔，正好说出了无数欧洲人的心声。① 重要的不在于迈克尔·摩尔是电影人，而是因为迈克尔·摩尔是公众代言人，他在成千上万欣赏他的欧洲人面前声称美国人愚昧无知、死气沉沉，欧洲人则回报以如雷掌声，回报以爱慕、崇敬，这完全与他在电影上取得的成就无关（尽管电影的确也饶有趣味，值得一看），重要的是身为美国人的迈克尔·摩尔——拜这种身份所赐，能够说出贬损美国人的各种言论，不会有被贴上"反美"标签的风险。说唱歌手的种族主义歌词，不会因为它们出自非洲裔美国艺术家之口，而不成其为种族主义；但是，若是出自白人之口，性质就完全改变了。说到自嘲的幽默感，很少有人能超过犹太人。但是，开玩笑的是不是犹太人，却有相当大的不同。内容是确定的，意义却由语境赋予。

本文的研究，尽可能关乎"是"什么、而非"做"了什么的问题。我将指出，在欧洲，反美主义更多关乎美国的本质（essence）——说得更准确些，是对欧洲如何出于自身的目的而构建出这一本质

---

① 对迈克尔·摩尔的详细讨论，见拙著，《美国，你恨自己更好：欧洲的反美主义与反犹主义》（*Ameriak, Dich hasst sich's besser. Antiamerikanismus und Antisemitismus in Europa*），汉堡（Hamburg）：Konkret-Literatur Verlag，2004。

的阐释——而非其具体的行动。这明显不同于当代反美主义的其他表现。例如,我的同事禹贞恩(Meredith Woo-Cumings)曾在一篇极具洞察力的、论述韩国公众舆论变化的文章中指出,韩国人对美国的厌憎,并不像欧洲的反美主义那样,具有纵深度、典型性与历史传统,仍然停留在明显的、源自于对美国具体行动的厌恶之上,他们讨厌的是美国的做法,而非美国的特点、美国的实质,亦即美国"是"什么。① 与世界上其他地区不同,至少直到最近,对于欧洲人而言,美国依然是一个特殊的、意味深长的概念,它代表了一个复杂的实体,自然,这正是因为美国是欧洲的创造物;不过,这个被造物不像是从前的欧洲的延伸,而是有意识地脱离了它的欧洲起源。欧洲的反美主义总是更关乎美国"是"什么,而世界上其他地区对美国的厌憎,则更多停留在美国"做"了什么之上。

无疑,对欧洲人而言,这一想象出来的美国可以用于各种目的,特别是可以用来描绘一个相对于自己的明确的"他者"形象;反过来,美国人也是如此。美国的整个历史,也都在制造各种各样想象出来的欧洲形象,这些想象出来的欧洲也同样具有"他者化"(othering)的功能。美国是欧洲的"他者",反之亦然,这可以恰当地形容为"长达三个世纪之久的强制性感应性精神病(folie

---

① 禹贞恩,《单边主义及其不满:冷战同盟的消逝与韩国公共舆论的变化》(Unilateralism and Its Discontents: The Passing of the Cold-War Alliance and Changing Public Opinion in the Republic of Korea),未刊稿,密歇根大学(The University of Michigan),2003。

à deux),其在编排上具有引人注目的稳定性,表演时则相当参差不齐,具有历史的特殊性"。① 不过,从这两个大陆"感应性精神病"在各自民众中的表现来看,我注意到一种重要区别:美国对欧洲的偏见与厌憎(如果有的话),以较低社会阶层的人群为主;美国精英,尤其是文化精英,则始终对欧洲交口称赞,目前也还是如此。对欧洲的品味、道德、时尚、风俗习惯的热爱与仿效,依然是美国精英文化的一个重要组成部分,即便那些本土主义者(nativist)、孤立主义者(isolationist)在这个国家甚嚣尘上时也不例外。我们可以比较有把握地说,实际上美国所有的高雅文化,依然是欧洲文化。只需要看一看任何一所美国重要大学中的人文学科,就能发现欧洲文化持续不断的支配权,甚至在那些坚决否定欧洲中心主义(Eurocentrism)的各种尝试中,其所诉诸的观念与方法,也全然是欧洲的观念与方法。(自然,不用说,那些谴责美国历史上欧洲文化霸权的美国精英们,也同样对目前的美国文化与美国的主流社会提出了批评。若说有什么区别的话,这些精英认为,美国文化不过是欧洲文化的一种肤浅版本。)与"美国"一词在欧洲所唤起的全然负面、贬损的看法(至多也不过是爱恨

---

① 贝恩德·奥士顿朵夫(Berndt Ostendorf),《反戴棒球帽的大傻瓜:美国化争论中的跨洋矛盾》(The Final Idiocy of the Reversed Baseball Cap: Transatlantische Widerspreuche in der Amerikanisürungsdebatte),《美国研究》(*Amerikastudien/American Studies*):44,1999 年第 1 期;《为什么美国流行文化如此流行?——一种欧洲视角》(Why Is American Popular Culture So Popular? A View from Europe),《美国研究》:46,2001 年第 3 期。对于这种"感应性精神病",本文只谈欧洲的这一面,不涉及美国。

交加[ambivalent])形成鲜明对比的是,"欧洲"一词在美国,在美国精英与平民大众中,总是常常用作正面的比喻修辞(trope),如"品质"、"古典"、"品味"、"优雅"等,体现在食品、舒适设施、汽车(如最近的福特福克斯[Ford Focus]汽车广告,夸口自己"传送源自欧洲的灵感")、传统、恋爱、性感(如欧式按摩、欧洲的装饰风格、欧洲人的相貌,名单可以拉得很长很长)等方方面面。事实上,美国广告使用"欧洲"一词的所有语境,总是极其讨人喜欢的。美国大众舆论表现出的对欧洲的忿恨,比起欧洲反美主义的存在来,在重要性上完全不可同日而语。可发一噱的"自由薯条"(freedom fries),在美国社会各阶层都没有引发任何影响。首先,与"反美主义"平行的"反欧主义"(anti-Europism、anti-Europeanism)一词,实际上并不存在。(的确,我的电脑的拼写检查程序并不知道"反欧主义",对"反美主义"却十分熟悉。)其次,从历史上看,美国人有过反法、反德、反俄、反英、反共的历史,却从未反过欧洲。毫无疑问,美国"文化接受"(acculturation)的一个重要方面,就是反对来自"旧国家"的事物,试图使自己与"旧世界"保持距离,以求创造出一种新的文化。(这一"文化接受"过程在 20 世纪也有所变化,20 世纪末由于多元文化的意识形态,美国需要对自己的起源引以为傲,从而反对 1960 年代之前"文化熔炉"的意识形态;"文化熔炉"要求人们与先前的文化保持距离。)在这种意义上,我们可以说,美国试图与欧洲保持距离。但是,这迥异于欧洲反美主义表现出来的对美国的厌憎程度。并且,就各个社会阶层、社会地位的人们的态度而言,同样也存在很大不同。

第十四章 欧洲的反美主义(与反犹主义):一再被矢口否认的现实

"普通"欧洲人从未像欧洲精英那样反感过美国。的确,正如自1960年代初以来各种民意调查所显示的那样,绝大多数的欧洲人都对美国持正面看法,只有大约30%的人持负面看法。显然,受访者的社会地位越高,对美国持负面看法的比例就越大。这样一来,我们可以认为,反美主义是当代欧洲少数的偏见之一,并且往往与教育程度、社会地位联系在一起:受教育的程度越高,偏见越深。同样,就奥地利与德国始于19世纪的反犹主义而言,直到1960年代中叶,最有敌意的反犹分子都出自大学校园,都是大学的研究生,如医生、律师、工程师等。在过去四十年间,这两个国家传统的反犹主义已经呈现出了集体偏见与仇视的另一模式:受访者的受教育程度越低、他/她的社会地位越低,越有可能怀有集体的偏见与仇视。反美主义与此不同(详见下),就反犹主义而言,或许也同样出现了新的变形。所以,欧洲与美国这种"感应性精神病"在其各自民众身上所具有的不同意义,可以说是一种颠倒过来的镜像:欧洲民众大致上喜欢、尊重美国,欧洲精英则否;美国精英喜欢、尊重欧洲,美国民众则很少如此。

当今欧洲反美主义的水平和性质,与过去的区别或许在于:绝大多数的欧洲公众,前所未有地均对美国持负面看法;在这个话题上,他们或许也是破天荒第一次与欧洲精英完全达成了一致。毋庸置疑,是布什政府的行为、言语、举止,极大地促进了欧洲民众与欧洲精英之间的这种一致,促进了他们在感受反美主义、在利用反美主义进行政治动员时这种自发的"同步"(Gleichschaltung)。

就我对反美主义的确切所指而言,为了避免某些误解与概念上的不确定性,可以参考保罗·荷兰德(Paul Hollander)在其高质量的、权威性的专题论著中就反美主义而做出的界定:"反美主义是一种针对美国、美国社会的'敌意倾向'(a predisposition to hostility),是一种对美国社会、经济、政治体制、传统、价值观念进行无情批判的冲动;它对美国文化及其海外影响尤为厌恶,也常常鄙视美国的国民性(或者说,是人们想象中的这样一种国民性),不喜欢美国人,不喜欢他们的行为、举止、服饰,等等;抵制美国的外交政策,坚信美国的影响是邪恶的、坚信美国出现在世界上各个角落是邪恶的。"①反美主义是一种概括性的、普遍常见的厌恶感,通常没有什么特殊的原因,也没有什么具体的理由。

反美主义是一种"主义",说明它已经被体制化(institutionalization),并且已经成了现代意识形态的一个常用语。直到 20 世纪初,尽管还没有明确使用"反美主义"一词,但

---

① 保罗·荷兰德,《反美主义:海内外评述,1965-1990》(*Anti-Americanism: Critiques at Home and Abroad, 1965 – 1990*)纽约:牛津大学出版社,1992,p.339。就这个论题而言,除了荷兰德这本重要著作之外,还可以提及另外三部著作。在我看来,它们都是对这一论题最为详尽全面的分析:德国有丹·戴纳(Dan Diner)的《魔怪美国:不变的忿恨》(*Feindbild Amerika: über die Best? ndigkeit eines Ressentiments*),慕尼黑:Propylaen Verlag,2002;法国有菲利普·罗杰(Philippe Roger)的《敌视美国人:法国人反美主义的渊源》(*L'Ennemi Américain: Généalogie de l'antiaméricanisme français*),巴黎:Editions du Seuil,2002;加拿大有马里奥·罗伊(Mario Roy)的《摆脱反美主义》(*Pour en finir avec l'antiaméricanisme*),魁北克:Boréal,1993。英国、意大利也有很多论述反美主义的著作,可以相提并论。

是,它所指称的情感就已经获得普遍理解,自 18 世纪末以来——如果不是更早的话,就已经在欧洲屡屡出现。① 反美主义是一种现实存在:明显察觉得到,看得到,听得到,读得到。为了避免陷入毫无结果的定义争论之中,这里用得上大法官波特·斯图尔特(Potter Stewart)关于什么是"色情"(妨碍风化)的名言:"今天,我不会试图用寥寥几笔就我所理解的这类物品作更进一步的界定。而且,我从来没有言简意赅地成功做到过。但是,一旦看见它,我就知道是它……"②

二、简略的历史概述

在我对这一论题的研究中,追溯历史,是为了弄清当今横扫欧洲的反美主义是否真的非比寻常。当今欧洲反美主义的某些

---

① 1901 年,曾有一位经济学家在《大西洋月刊》(*Atlantic Monthly*)上撰文,明确使用了"反美主义"一词,并且清楚讲明了该词的内涵:"(欧洲人)对其繁荣与成功深怀妒忌",这与商业、外交、道德上的一种别扭的无力感联系在一起;"有教养的欧洲人十分忿恨美国人的行为举止。他们讨厌美国人大摇大摆走路的样子,这不是针对哪一个人,如英国人,而是整个国家。"这里有一个国家,它"粗野地、彻底地泥足深陷于物质主义"。毫不奇怪,"反美主义正在出现"。见大卫·埃尔伍德(David W. Ellwood),《欧洲反美主义简史》(A Brief History of European Anti-Americanism),未刊稿,2003 年"美国历史学家组织"(Organization of American Historians)大会刊布,孟菲斯(Memphis),田纳西(Tennessee),2003 年 4 月 6 日。

② 大法官波特·斯图尔特支持"捷克百里斯诉俄亥俄州"(Jacobellis v. Ohio)一案,378 U. S. 134,1964。

表现,或许的确前所未有(详见下);但显而易见的是,历史上也从未出现过一个欧洲精英真诚喜欢美国的"黄金时代"。说得更准确些,欧洲的知识分子、文人学者,这些欧洲精英不带丝毫"忿恨"(ressentiment)地看待美国,还从来没有过;用"忿恨"一词来形容欧洲人对美国的感受,或许比前面所说的"憎恨"(hatred)一词更为恰当。① 看上去似乎有点奇怪,这就要一直追溯到1492年,追溯到克里斯托弗·哥伦布(Christopher Columbus)对所谓"新世界"的所谓"大发现",这个"新世界"即后来的美国及美洲。正如伊拉·斯图尔特(Ira Strauss)在一篇颇具洞察力的文章中所说的那样,面对美国,一种更简单朴素的、前意识形态的恐惧和"忿恨",开始在贵族、神职人员这些欧洲精英中露出端倪,他们相当敏锐地意识到,由哥伦布之旅开启的这个"新世界"中的各种变化,很可能会动摇他们的既定地位与既定观念。② 早在美国变得强大之前、早在美国成为一个独立国家之前,这些看法中浮现出

---

① 关于"忿恨"一词,这里我特意选用法语"ressentiment",而非英语"resentment"。正如马克斯·舍勒(Max Scheler)在其对这一论题的天才处理中所表明的那样,法语词汇"ressentiment"包含了嫉妒、猜忌的一面,尤其是所有挥之不去的仇恨均源于某种程度的无力感,英语词汇"resentment"则没有这一层意思。见马克斯·舍勒,《忿恨》(*Ressentiment*),刘易斯·科塞(Lewis A. Coser)撰写前言,威廉姆·霍尔德海姆(William W. Holdheim)译,格伦科(Glencoe):The Free Press,1961。当然,"忿恨"这一概念在尼采(Friedrich Nietzsche)的著作中也具有重要意义。在尼采这里,它意味着无力、仇恨、妒忌,还有被压制的报复欲。

② 伊拉·斯特劳斯,《反美主义还是反西方主义?》(Is it Anti-Americanism or Anti-Westernism?),未刊稿,2003。

第十四章　欧洲的反美主义（与反犹主义）：一再被矢口否认的现实　467

来的各种修辞说法（trope），直到今天也还是欧洲反美主义的重要组成部分：唯利是图、粗俗低级、平庸、虚假不实（inauthenticity）；与此同时，在其难以言喻、却又显而易见的吸引力中，还夹杂着一种清晰可辨的危机感。所以，相较于欧洲自称的"无力"，是美国不成比例的实力，居于欧洲对美国的"忿恨"、对美国各种莫须有之事的"忿恨"的核心深处。说得更明白些，甚至在美国实际上还无权无势之际（与英国、法国这些欧洲大国相比），欧洲人就已经对这一新实体充满了敌意。从此时开始，直到今天，欧洲精英始终将美国看成是一个充满威胁的暴发户（parvenu）。到了18世纪，欧洲人开始谈论美国的"退化"（degenerate），这尤为奇怪，毕竟这个国家才诞生不久。法国人类学家乔治·路易斯·莱切特（Georges Louis Leclerq），即更为人熟知的布封（Comte de Buffon），他认为，与非洲、亚洲、甚至南美洲相比，土生土长的北美人智力发育更为迟缓、"退化"，这种生理、心理上的劣势在某种程度上也转移到了欧洲新移民身上，他们一旦达到美国，就开始退化。布封认为，这一不可避免的退化过程，是通过与美国的接触而引发的，欧洲人随身携带的家禽、家畜也会受到感染。① 就像它们的人类主人一样，这些动物一旦与

---

① 布封，《人种的多样性》(Of the Varieties in the Human Species)，见巴尔（Barr）编辑的布封，《布封的自然史》(Buffon's Natural History: Containing A Theory Of The Earth, A General History Of Man, Of the Brute Creation, And Of Vegetables, Minerals, Etc.)，伦敦：T. Gillet，1807，卷4（10卷本），pp. 306-352。

"新世界"有所接触,就开始退化。整个18、19世纪,布封的"退化论"在欧洲精英中极受欢迎,赢得了广泛的听众;美国的欧洲"译员"们也鹦鹉学舌,如荷兰博物学家科尼利厄斯·迪·保(Cornelius de Pauw),他说美国的现实是"最不幸的灾难",这种灾难可能落到全人类身上;用迪·保的话来说,令人不安的是,竟连"新世界"的狗都不会吠了。① 视美国为"退化"的这种看法,直到今天也还是欧洲精英思想中的一个重要主题。② 正如我反复强调的那样,很多人也一致同意,欧洲对美国的反感轻易就可追溯到1776年7月5日,即这个共和国的起始时刻。所以,赫尔贝特·斯皮罗(Herbert J. Spiro)说:"最迟从1776年以来,反美主义就已经成为了欧洲大陆统治阶层中的一种地方病(endemic)。"③在众多美国观察者中,很少有人像法国贵族托克维尔(Alexis de Tocqueville)那样,能够完全理解、且在某种程度上反思这种欧洲对于美国的"忿恨";到了19世纪初,这种"忿恨"

---

① 科尼利厄斯·迪·保,《对美国人的哲学考察》(*Recherches philosophiques sur les américains*),收入氏著,《哲学著作》(*Oeuvres philosophiques*),1974,卷1,p. II.。

② 丹·戴纳曾讨论过迪·保、布封等这一时期的很多作家、思想家,见其大作《魔怪美国》,慕尼黑:Propylaen Verlag,2002。

③ 赫尔贝特·斯皮罗,《西欧的反美主义》(Anti-Americanism in Western Europe),收入托马斯·佩里·桑顿(Thomas Perry Thornton)主编,《反美主义:起源和语境》(*Anti-Americanism: Origins and Context*),《美国政治和社会科学学会纪事》(*The Annals of the American Academy of Political and Social Science*)特刊,比佛利山(Beverly Hills):Sage Publications,1988,pp. 124。

已经清楚表明欧洲人对于自己大权旁落的忧惧之情,这部分是因为美国很有可能成为一个强国,还因为特别是对于欧洲民众而言(当然不是它的那些贵族朋友),它具有一种无可争辩的、几乎是难以抗拒的吸引力。当托克维尔预言说俄国、美国将崛起成为20世纪的两个超级大国时——主要是因为这两个国家幅员广阔,他也清楚地意识到,一个国家会比另一个国家更有吸引力、更为成功。托克维尔认为,美国会在自由的旗帜之下成为一大霸主,而俄罗斯,则会凭借高压手段成为一代雄豪。托克维尔认为后者会一败涂地,前者则会兴旺发达,这不仅神奇地准确预言了20世纪最后十年之间的大事件,而且还预示了欧洲精英将会继续忧惧、鄙视美国。① 从一开始,美国这个地方,就不仅为无数欧洲民众准备了一种新生活,它还有一种神秘的吸引力。它既与欧洲相似,又有所不同;既弱小,又充满力量;既令人厌恶,又富有吸引力。与别的国家形成鲜明对照的是,从一开始,欧洲精英的大敌,就不是因为"美国是征服者,是'帝国共和国',而是因为美国充满魅惑"。② 这种始终如一的强烈情感,在强尼·哈里代(Johnny Hallyday)的歌词中表达得再清楚不过了。强尼·哈里代,自封为法国"猫王"(Elvis Presley),他在《关于田纳西的一切》(Quelque chose de Tennessee)中唱到:"那种力量将我们推至无限

---

① 这些关于托克维尔的观点,出自约翰·帕特托配(John Torpey)向维也纳国际文化学研究中心(IFK)提交的一份研究计划(未刊稿)。

② 约瑟夫·乔弗(Josef Joffe),《谁在怕老大?》(Who's Afraid of Mr. Big?),《国家利益》(The National Interest),2001年夏季号。

之境；爱那么少，欲望/妒忌却那么多。"

在随后的几个段落中，我将只以德国为例；这不是因为德国代表了欧洲"忿恨"美国的一个特殊个案，而是碰巧因为我对德国思想家与德国文献的了解，超过了我对其他欧洲国家相关情况的了解。我们很容易就能从俄罗斯、法国、英国、意大利找出类似例子，证明反美主义是横扫整个欧洲的一种现象。从18世纪末开始，直到今天，就德国的知识分子与精英而言，对美国方方面面强烈的负面评价，远远超过对于美国的各种正面意见。德国"文明"（Kultur）vs. 美国"文化"（Zivilisation）这种二分法，是将后者的物质主义、粗俗浅薄与前者的理想主义、高贵深刻进行比较。自黑格尔（Hegel）开始，实际上所有的德国观察者都谴责美国政治上幼稚、不成熟，因为它没有一个欧洲式的政府。如果美国无法建立起一个欧洲式的政体与国家结构，鉴于这个国家幅员辽阔及其内部的动荡（这是多种族、移民人口社会的自然后果），其前景不容乐观——美国，黑格尔总结说，将会永远处于世界历史的边缘。相应地，海涅（Heine）笔下的美国，是一个"自由的巨型监狱"，在那里，"暴民，最令人恶心的暴君"行使着"他们粗俗的权力"。他还说："我亲爱的德国农民们！到美国去！那里，没有王子，没有贵族；那里，所有人都是平等的；那里，所有人都是举止粗野的乡下人！"雅各·布克哈特（Jacob Burkhardt）将美国社会所谓的非历史与反历史性等同于野蛮、未开化。他认为，"一个非历史的有教养的人"（a-historical Bildungsmensch）置身于枯燥、单调、平庸、千篇一律的美国，其唯一出路，就是不可避免地、可悲地效仿欧洲的风俗习惯和价值观念。尼古劳斯·莱瑙（Nikolaus Lenau），前往美国之前，是出了名的"美国迷"；抵达美国之后，却对美国的所有一切深感失望，以至于重返德国后情绪异常消沉。他对自己的同胞说，在那个"老百姓衣衫褴褛"、"森林一片焦土"的可怕国度中，"既没有夜莺，也根本没有会唱歌的小鸟，其中必然有十分严肃、深刻的理由"。① 对浪漫派而言，美国的"无根性"（Bodenlosigkeit）是一种不可饶恕的原罪。西蒙·斯伽马（Simon Schama）认为，美国房屋脆弱的框架结构，对德国人来说，就是这种"无根性"显而易见的证据。自然，将美国与"无根性"联系在一起，比起激进右派与纳粹分子"血与土"的意识形态来，更是德国的美国观中的一个重要主题。所以，例如，在目前就所谓的"莱茵河"（Rhenish）模式比美国的经济、社会管理模式更胜一筹的诸多讨论中，人们常常听到说，与美国"灵活的"劳工市场的种种弊端（这实际上是劳工高度的地理流动性）相比较，德国人更愿意呆在家中、呆在壁炉边。

---

① 这里有三篇文章，对本文研究这些德国文化、政治、文学、哲学巨人的反美态度助益颇大，它们分别是：曼弗雷德·亨尼森（Manfred Henningsen），《黑格尔、马克思、恩格斯笔下的美国》（Das Amerika von Hegel, Marx und Engels），《政治杂志》（Zeitschrift für Politik），慕尼黑，1973；哈特穆特·华瑟（Hartmut Wasser），《德国人与美国》（Die Deutschen und Amerika），《政治与当代史》（Politik und Zeitgeschichte，《国会》周末副刊[Beilage zur Wochenzeitung Das Parlament]），1976 年 6 月 26 日；君特·莫特曼（Guenter Moltmann），《德国的反美主义：历史视角》（Anti-Americanism in Germany: Historical Perspectives），《澳大利亚政治与历史杂志》（Australian Journal of Politics and History），1975 年 8 月。

无论上面提到的这些德国知识分子有没有亲自造访过美国（如莱瑙），无论他们从万里之外做出判断（如海涅、布克哈特、尼采），都丝毫不影响他们在德国知识分子、政治文化精英、还有日益壮大的"中产阶级"（Bildungsbürgertum）中散播反美主义。尼采敌视美国，因为美国是现代的象征，同样，他也预言了欧洲将不可避免地被征服。早在好莱坞的电影、摇滚、说唱音乐之前，美国文化的传播就已经被比喻为疾病。它侵入欧洲，似乎在所难免。"美国人的信仰，正在变成欧洲人的信仰"，"尼采警告说"。① 还有，尼采的学生阿图·莫勒·凡登布鲁克（Arthur Moeller van den Bruck），"最著名的是普及了'第三帝国'（The Third Reich）一词，还提出了'美国性'（Amerikanertum）概念；他认为，对这一概念的理解'不是地理学上的，而是精神上的'"。② 西格蒙德·弗洛伊德（Sigmund Freud）认为，现代文明的所有可鄙之处，在美国身上体现得最为显著。那里，万能的金钱支配一切，"没有时间力比多"，完全是一个"反伊甸园"（anti-Paradise）。他问欧内斯特·琼斯（Ernest Jones）道："如果囊中无钱，美国人还有什么用？"他向琼斯坦诚道："是的，美国是巨大的，不过，却是一个巨大的错误。"至少，弗洛伊德还算明智，他承认美国是强敌；如果没有美国这个强敌，尤其是《文明及其不满》（Civilization and Its Discontents）一书在美国热卖，让他变成了有钱人，他还真不知该

---

① 詹姆斯·科塞,《反美主义的谱系》,《公共利益》,2003年夏季号。
② 同上。

如何是好。① 彼得·盖伊(Peter Gay)在其出色的弗洛伊德研究中指出,对于弗洛伊德而言,美国代表了低劣、原始、物质主义、假道学,但与此同时,美国又有着某种强烈的魅惑力,令人着迷,几乎难以抗拒,这也为尼采式的、舍勒式的典型的"忿恨"准备了肥沃的土壤。看来,弗洛伊德对美国的矛盾态度与"忿恨",与过去二百三十年来欧洲知识分子、精英表达出来的情感极为相似。还有海德格尔(Heidegger),他常常提及"美国精神"(Americanism),认为这是一种没有灵魂、贪婪、虚假不实的力量,它暗中侵蚀着欧洲。

在欧洲比较少见的是,德国人高度赞扬美国原住民,称他们是"高贵的野蛮人"。德国人将这些美国原住民看成是自己真正的灵魂之友,共同保卫真正的文化不受美国的物质主义、唯利是图文化的猛烈冲击。这一主题,在卡尔·麦(Karl May)的作品中有特别明显的表现。整个 20 世纪,卡尔·麦的低俗小说(pulp fiction)是每个中产阶级家庭的孩子、尤其是男孩的重要读物。卡尔·麦的作品讲述了一个名叫老沙特汉德(Old Shatterhand)的德国人(可以说是作者本人的化身),与自己的亲兄弟、阿帕契人(Apaches)的领袖温尼特(Winnetou)一起,勇斗各种邪恶势力,其中包括唯利是图的英国人、醉醺醺的苏格兰人、狡猾的犹太人,而特别野蛮的科曼奇人(Comanches)、苏族人(Sioux),则是兄弟俩的美国原住民盟友。卡尔·麦的作品突出运用了反美、反

---

① 引文均出自彼得·盖伊,《弗洛伊德传》(*Freud: A Life for Our Time*),纽约:W. W. Norton,1988,pp. 563、570。

英、反犹的各种修辞(trope),一直到 1945 年——如果不是早的话,这些修辞都是德国中产阶级的常用话语。德国人对美国原住民命运的关注,在欧洲与美国的对抗中十分特殊。原因显而易见:通过不断提起美国对其原住民的种族灭绝,德国人可以欣然指向美国自身的大屠杀,同时也体味到某种赎罪感,尤其是德国人认为受"东海岸"知识分子(这是对犹太人的一种便利代称)驱使的美国,总是不依不饶地提醒德国过去的纳粹历史。① 毫无疑问,也有少数德国知识分子、作家、诗人、思想家,他们并不特别反美。当歌德(Johann Wolfgang von Goethe)用一种不同寻常的(对歌德而言)、准托克维尔似的语气惊呼"Amerika, Du hast es besser"(美国,你的命运更好)时,他是在权衡美国民主政治的发展与欧洲现存的专制统治形式。卡尔·马克思、弗里德里希·恩格斯盛赞北方联邦,全心全意支持它与南方联盟(the Confederacy)开战。的确,1864 年,当亚伯拉罕·林肯(Abraham Lincoln)连任美国总统时,马克思发去了一份贺电,林肯的回复也似乎有先见之明,他用一种威尔逊式(Wilsonian)的语气说:每

---

① 国防部长唐纳德·拉姆斯菲尔德(Donald Rumsfeld)就"旧欧洲"发表了一通挑衅性的言论,意欲解散反对布什政府伊拉克政策的法德同盟,德国一家新闻报《法兰克福汇报》(*Frankfurter Allgemeine Zeitung*),刊登了一篇长文作为回应,其中汇集了诸多法、德著名知识分子的声音。有一位德国知识分子,即艺术家约亨?格尔茨(Jochen Gerz),他将自己的整个回应对准了美国边缘化其原住民,这无疑是在暗示说,美国不是一个民主国家。见约亨·格尔茨,《不能用我们的名义》(Not in Our Name),这是长文《旧欧洲答复拉姆斯菲尔德先生》(*Das alte Europa antwortet Herrn Rumsfeld*)的一个组成部分,见《法兰克福汇报》,2003 年 1 月 24 日。

第十四章　欧洲的反美主义(与反犹主义)：一再被矢口否认的现实　475

个国家都不是单独的存在,而是国际秩序的组成部分,必须承担义务,必须尊重全人类的福祉。(试比较乔治·布什)①我曾指出,欧洲精英鄙视美国,说它是现代资本主义的化身。这里,可以为我的这种观点添加一个佐证：法国、英国政治阶层的领导成员,都公开支持南方联盟,他们认为南方联盟比起粗鲁的、资本主义的、工业化的北方来,理所当然与自己的贵族政治方式更有亲缘性,如果北方获胜,将不可避免地使美国成为争夺全球统治权的一个令人生畏的政治竞争对手。② 最后,不止是 19 世纪德国的精英与知识分子表达出了针对美国的习惯性的轻蔑,我还愿意提及狄更斯(Charles Dickens)、弗朗西丝·特罗洛普(Frances Trollope)、克努特·哈姆生(Knut Hamsun)、伊芙林·沃(Evelyn Waugh)、约瑟夫·迈斯特尔(Joseph de Maistre)、司汤

---

① 杰洛特·埃勒尔(Gernot Erler)、迈克尔·穆勒(Michael Mueller)、施瓦尔迪伦(Angelica Schwall-Dueren),《一个国家的诞生 II》(Die Geburt einer Nation II),《法兰克福评论报》(*Frankfurter Rundschau*),2003 年 3 月 11 日。正如下面我们将会看到的那样,很多欧洲知识分子在目前的针对美国的跨洋争论中所追求的这一模式,这些知识分子试图提高他们对美国及美国政策加以批评的正当性,通过表面上追随"好"的步伐,如国际主义、开明的美国人,像亚伯拉罕·林肯、伍德罗·威尔逊(Woodrow Wilson)等。

② 菲利普·罗杰,《敌视美国人》,同上,p. 156。罗杰认为,拿破仑三世时期,南部在巴黎右派中成为一种令人伤感的存在。

达(Stendhal)等人,他们都是其他欧洲文化的杰出代表。① 的确,很显然,这里只存在一个欧洲人的反美主义,而非一个德国人、法国人、意大利人、俄罗斯人的反美主义,因为那些用来定义这种偏见的修辞说法,在整个欧洲文化中都是通用的(并且也是可以互换的)。在对奥地利反美主义的研究中,君特·比肖夫(Guenter Bischof)为我们提供了足够多的证据。君特·比肖夫认为,整个20世纪,对美国的"忿恨"十分活跃,且遍布全国;如同当今欧洲的其他地区一样,"忿恨"还在目前这种可以说是空前的社会接受度中迅速扩散。但是,正如作者在文章结语中所言:"今天,奥地

---

① 关于狄更斯,见《美国札记》(*American Notes*)、《马丁·瞿述伟》(*Martin Chuzzlewit*)。关于弗朗西丝·特罗洛普,见《美国礼仪文化》(*Domestic Manners of the Americans*)。关于伊芙林·沃,见《衰落与瓦解》(*Decline and Fall*)、《罪恶的躯体》(*Vile Bodies*)、《亲爱者》(*The Loved One*)。克努特·哈姆生的亲民与后来的亲纳粹观点,突出表现为对于美国所有一切的强烈憎恶。他到过美国两次:第一次是在芝加哥当电车售票员,第二次是在北达科他州(North Dakota)当农场工人。约瑟夫·迈斯特尔的作品赞美革命前的独裁主义(authoritarianism),抵制自由民主制度,可以视为查尔斯·莫拉斯(Charles Maurras)思想的先驱之一,后者是法西斯分子、《法兰西运动》(*L'Action Française*)主编。至于司汤达,他认为美国的自由并不能抵御社会压力,而且不容艺术、政治天才施展其创造力。

利的反美主义并非是独一无二的。"①国家与国家之间,反美主义的程度或许有所不同,其实质却非常稳定、相似。

第一次世界大战之后,欧洲精英蔑视美国、欧洲民众接受美国这一不可调和的分歧开始突显出来。后者在移民潮中离开欧洲,前往"新世界"寻觅家园,这说明民众在某种程度上无意识地受到美国的吸引;大众传播的新形式,又使得这种文化冲突直到今天也还是欧洲日常生活中的一种持续存在。第一次世界大战之前,欧洲人对美国的偏爱,可以说是靠用脚投票来表达的;如今,他们则毫不掩饰地大跳查尔斯顿舞、蜂拥而入电影院、崇拜电影明星、尽情享受爵士乐,简言之,就是让美国文化的关键特征变成欧洲人生活的组成部分。不用说,这如果有什么区别的话,就是加深了欧洲精英对美国的"忿恨"。爵士乐被痛斥为颓废的"黑人音乐"(Negermusik),那些爱财如命的犹太人兜售爵士乐,意在侵蚀欧洲人的生活质地。不仅如此,大众文化的方方面面,也都被抨击为低劣、肤浅、缺乏品味。如果真是这样,本不至于招来欧洲精英们的愤怒,因为具有如此"品质"的美国文化,理应不会

---

① 君特·比肖夫,《第二次世界大战之后奥地利有没有一种特别的反美主义?》(Is There a Specific Austrian Anti-Americanism after World War II?),未刊稿,提交于2003年美国历史学家组织大会,孟菲斯,田纳西,2003年4月6日,p.34。比肖夫说:"翻阅任何一天的《标准报》(Der Standard)、《新闻报》(Die Presse),读读那些奥地利人在网络上回应的即时的'本能反应',就会知晓翻阅这些主流报刊的奥地利人大致的公众舆论。《新皇冠报》(Neue Kronenzeitung)上的'编读往来'栏目,表明奥地利人的反美主义已经到了极其严重的地步。尽管反美主义在奥地利已经兴起,有时候还相当骇人听闻,但欧洲人、奥地利人'忿恨'的老套形象,也依然如故。"同上。

对那些被视为高级、优秀的东西构成威胁。但是，欧洲精英愤怒了——或至少精英们害怕这些威胁，这反过来，又加剧了他们对美国、美国文化的激愤。

纳粹分子（还有欧洲绝大多数的法西斯分子）对美国的仇视与轻蔑，不需要详加说明。美国所体现的任何一种社会、政治维度，纳粹分子都在其中发现与自己的对立之处。对他们而言，美国是一个平庸的、杂种的大众社会，没有文化，它受到以犹太人为主、以"东海岸"为大本营的财团的控制，这些财团的使命就是掌控全球的政治、经济、文化。这里有一个事实表明美国流行文化对欧洲大众的吸引力：战争期间，纳粹分子认为有必要向其军队播放爵士乐、摇摆舞音乐（swing）、拉格泰姆音乐（ragtime），以免人们将收音机调到美军电台。①

我曾在之前论述欧洲反美主义的一篇文章中，编制了一份四格表。这份表格的分类，一侧是左派、右派，一侧是政治、文化。下面是由这四个领域所构成的叙述：1) 左派/政治："美国，作为世界最主要的资本主义国家，它致力于帝国主义。它是世界反作用力的领袖。美国是一种掠夺性的力量，它决心控制整个世界……" 2) 右派/政治："美国，由于其粗俗本性，没有资格胜任自由世界、白人世界、西方世界迫切需要的领袖。由于缺乏传统的精英，由于一贯放任自流，美国的政治体系杂乱无章、乱成一团，连治理美国都极不胜任，更别说统治世界了。所以，欧洲的确不信

---

① 感谢大卫·布赫（David Buch）为我指出这一重要事实。

任美国,无论从结构上看,还是从历史上看,它始终不能产生出重要的政治领袖来。美国终究是虚弱的、浮浅的、幼稚的、缺乏经验的,无法对抗自由世界的敌人。"从某种意义上说,左派忧惧美国的实力,是因为它幅员辽阔、无处不在;而右派对美国的实力不屑一顾,则是因为它野心勃勃的暴发户本性,它总是假装无所不能,实际上却一无所能。3)左派/文化:"美国文化是疏离、冷酷、资本主义社会的一种表达,这个社会生产没有灵魂、不自然、虚假不实的艺术品,纯粹是为了大公司的利益。美国的'文化工业'为了谋求短期效益,制造低劣的、尤其是本质上毫无价值的东西投放大众市场,大众市场则是由那些被误导、被操纵、被剥削的个人所组成,他们被资本主义社会内在的分裂性剥夺了集体感……"4)右派/文化:"美国文化不配有一个名称。美国,因其粗俗本性,从来没有能力创造出任何持久价值。更糟糕的是,它用新攫取的财富来购买真正的文化,亦即欧洲文化,或是用暴发户(nouveau riche)那种粗制滥造的方式仿效欧洲文化,美国永远都是暴发户。不过,美国文化的威胁,在于其对大众的感染力,这使得它在欧洲民众中大获成功。所以,正是由于这种广泛的吸引力,美国文化不仅是无价值的、肤浅的,而且也是危险的、具有腐蚀性的。"也就是说,如果欧洲左派对美国实力的忧虑更甚于右派,也正是在文化领域颠倒了过来:在这里,右派比左派更加忧心忡忡。不过,左派与右派却在视美国文化为"虚假不实"这一点上合为一体,左派认为这主要是美国商业化本质的后果,右派则认为是所谓美国缺乏历史、传统的结果,故而没有深度、不够精细成熟、缺乏必不可少的"教养"(Bildung)。①

三、反犹主义:反美主义结构上的同伴

在目前的框架中,想要对反犹主义做出任何有意义的讨论,简直可以说是知识上的傲慢。这个论题至少需要从外围切入,因为在整个 20 世纪期间,反犹主义已经变成了反美主义概念上最持久的同伴之一,甚或是反美主义的结构特征之一。毫无疑问,欧洲的反犹主义早于反美主义数个世纪之久。并且,直到 19 世纪末期,这二者也并未像现在这样一前一后地携手出现。不过,二者之间最重要的区别在于,欧洲的反犹主义夺走了数百万人的无辜生命,而欧洲的反美主义——即便在其最不友善之际,也不外乎(即使有,也不多见)是焚毁美国国旗、捣毁建筑和破坏资产。

早在 17 世纪,早在美利坚合众国成立之前,两个大陆上的宗教就已经分道扬镳——直到今天,使得美国与欧洲区分开来的,宗教上的因素也远甚于任何其他单一的社会、政治、文化因

---

① 拙文,《反美主义与为西德身份而战》(Anti-Americanism and the Struggle for a West Germany Identity),收入彼得·默克尔(Peter H. Merkl)主编,《德意志联邦共和国四十周年》(*The Federal Republic of Germany at Forty*),纽约:纽约大学出版社(New York University Press),1989,pp. 42、43。

素①——这对反犹主义在这两个不同社会中的发展产生了重要影响,反犹主义在这两个社会之间的关系上也具有不同的意义。从地理上看,欧洲大陆中部、南部地区,人们的宗教生活仍然受到极端反犹的天主教会的支配;欧洲北部地区以国家为导向的、同样反犹的路德新教(需要区分德国路德宗狂热的反犹主义,与丹麦、瑞典较为温和的反犹主义),还有欧洲东部地区结构上比较相似的东正教,则呈现出多样性。而美国的宗教生活,则有着欧洲所无的两大特征,对于美国宗教的这种分流状态,欧洲人至今也不能充分理解:首先,宗教在美国,完全是去中心化的、地方性的。美国对政治自由的追求,也难分难解地与追求宗教自由联系在一起,故而宗教、宗教语言在美国政治中具有完全不同于欧洲的意义。对于这一点,比起同时代的其他欧洲人还有今天众多的欧洲精英来,托克维尔有着更加充分的理解。其次,美国以新教对犹太人予以广泛承认为特征,美国新教的确认为自己是犹太人的近亲,认为其古代著作与风俗习惯均值得赞美。毕竟,《圣经》中的人名,如以利亚(Elijah)、耶利米(Jeremiah)、杰迪代亚(Jeddediah)、约西亚(Josiah)等等,在这个国家屡见不鲜。这里的关键在于,早在美利坚合众国成立之前,就人们理解犹太人、犹太教的这一框架而言,美国与欧洲就已存在极大不同。此外,并非直到19世纪末、20世纪初,反犹主义才开始以一种系统化的、

---

① 美国与欧洲之间的这一重要区别,见罗纳德·英格哈特(Ronald Inglehart)的著作,以及他在安娜堡密歇根大学所做的"世界价值观调查"(World Value Survey)。

十分常见的方式与欧洲反美主义结合起来。正是对资本主义现代性的忧惧与抨击,使得这两种"忿恨"走到了一起。美国与犹太人均被视为现代性的典范:受金钱驱使、爱财如命、城市化、普遍主义、个人主义、流动性、无根性、对既有的传统与价值观念充满敌意。正是这种对现代性的恐惧,在欧洲人的"忿恨"中将犹太人与美国人联系在了一起,这有事实为证:直到二十多年后,犹太人移民美国才达到最高值,而当时美国在世界上的地位似乎还很不牢固。换句话说,欧洲人所担心、鄙视的,并不是美国及其犹太人的实际存在,而是犹太教与美国精神混合成思想观念和社会潮流。第一次世界大战之后,认为犹太人主宰了美国的观念,开始变得明朗起来。也正是在这个时候,所谓犹太人的华尔街、犹太人的好莱坞、犹太人的爵士乐等等观念,换句话说,即美国完全被"犹太化"(Jewified)的观念,开始成为老生常谈。同样,诸如"东海岸"这类指称的各种"先行者",也在这个时候永久地建立起来了。从此以后,犹太人与美国难解难分地缠绕在了一起,他们既是现代性的象征,也是实际权力的掌控者。美国是强大的,不过,美国的犹太人更强大。欧洲反犹主义的常见主题之一,便是莫须有地指责犹太人手中握有太多权力。而且,由于欧洲人相信美国犹太人的权力是秘密的、有派性的,使得这种想象中的权力变得更具威力。随着第一次世界大战之后美国实力的大幅度提升,认为犹太人与美国联手的观念,变得更加突出,并一直延续到今天。对于这一所谓的"联合"的敌意态度,不仅是国家社会主义的必要组成部分,也是后来的斯大林主义的必要组成部分,尽管后者在强度上有所减弱,尽管表现得不那么残忍。

随着第二次世界大战、大屠杀的结束,随着以色列的建国、冷战的开始,情形开始有所改变。尽管依然十分遭人忌恨,美国因其所具有的实力,却成了对抗苏联及其盟国、对抗共产主义所迫切需要的保护者。或许是 900 多年来的第一次,大屠杀使得公开的反犹主义不能被欧洲精英接受。① 而且,也是两千年多来的第一次,犹太人通过组建一个国家,实际上获得了真正的力量。这种结构上的变化,基本上改变了欧洲对犹太人、对美国的话语的语气及实质,但二者依然一如既往地缠绕在一起。到了 1960 年代末,在很多人看来,特别是欧洲的政治左派,以色列不过是美国实力的延伸。人们不喜欢以色列,尤其是左派,不是因为它是犹太人的,而是因为它是美国人的。而且,就其本身而言,以色列也是有实力的。正是由于这种力量上的转变,当代欧洲人很不喜欢以色列,当今欧洲的反犹主义也具有了不同于主宰欧洲长达千年

---

① 理查德·兰德斯(Richard Landes)的著作给我留下了深刻印象,他将欧洲的反犹主义追溯到公元 1010 年冬,当时穆斯林哈里发哈基姆(al-Hakim)捣毁了耶路撒冷圣墓堂(Holy Sepulchre),这导致了对欧洲(尤其是法国)的犹太人第一次有组织的大屠杀。这些有组织的、具有政治动机的大屠杀得以发生的语境,是基督教新的国家建构与各种现代化措施必须要动用军队来抵抗圣地的穆斯林。当然,这一事件之前,也有针对犹太人的暴力行为,但是,兰德斯认为,这些暴力行为通常不过是宿仇式的报复,世界上其他任何地方,在并生共存的相互竞争的社会体、文化之间,都会存在这种现象。见理查德·兰德斯,《耶稣不来会怎样:世界末日时犹太人与基督教的关系》(What Happens when Jesus Doesn't Come: Jewish and Christian Relations in Apocalyptic Time),未刊稿,千禧年学研究中心(Center for Millenial Studies),波士顿大学,2000,pp. 1、2。

之久的反犹传统的新面貌。马克·里拉(Mark Lilla)曾经雄辩地指出,当代欧洲那些主张所谓"后国家"(post-national)的精英们,不喜欢按照1945年以前欧洲国家风格行事的那些国家:独断专行、单边主义、特殊主义、现实政治(realpolitik);而所有这一切,却正是以色列这个国家在世界上的行事方式,美国也同样如此,尤其是布什当政时期的美国。① 可以肯定的是,"后民族主义"(postnationalism)只是内在于欧洲的一种维度,是好斗的欧洲各国之间的一种相互制衡。欧洲各国之间爆发战争,后果的确不堪设想,这无疑是令人印象深刻的一大成就。但是,如果视法国的政策为"后国家"政策,实可谓不得要领。的确,为了谋求更大的国家利益,法国依然一如既往地无所不用其极,它仅仅是披上了"后国家"的外衣,以之作为一种方便的障眼法,谋求其"现实政治"(Realpolitik);而过去15年来,这种"现实政治"主要针对的便是美国。德国也是如此,尤其是红绿联合的施罗德(Schroeder)执政时期。德国,同样也利用了"后国家"这一意识形态,来为自己的国家主义政策进行辩护。如果欧洲人(西欧人)是真诚的后国家主义者,那么,为什么法国、英国不放弃他们在联合国安理会的固定席位、取而代之以真正后国家的欧洲席位呢?德国反而像老式的国家主义那样,一心谋求加入联合国安理会。西欧所谓的后国家主义只以巴黎—马德里—柏林—莫斯科为轴心而延伸,其唯一目的,不过是试图在尽可能多的场合中针对美

---

① 马克·拉里,《政治的终结》(The End of Politics),《新共和国》(*The New Republic*),2003年6月11日。

国。

目前欧洲反犹主义所出现的各种变化,可以从如下事实中得到最好说明:那些为自己国内所发生的反犹事件深感震惊的人,往往也是最毫不留情抨击以色列的人。他们往往使用与往昔的老式欧洲反犹主义异常相似的词汇、语气来描述以色列的本质特征及其现实存在(以反对其政策),这证明欧洲的反犹主义远未寿终正寝,不过是出现了某种变异而已;这种变异,丹尼尔·戈德哈根(Daniel Goldhagen)贴切地形容为:将"夏洛克犹太人"(Shylock Jew,这在当今欧洲不可接受)改称为"兰博犹太人"(Rambo Jew,相当合法)。① 我们都清楚知道,在过去二十年来的欧洲话语中,兰博(Rambo)如何变成了美国及美国人的同义

---

① 丹尼尔·约拿·戈德哈根(Daniel Jonah Goldhagen),《反犹主义的全球化》(The Globalization of Anti-Semitism),《前方》(The Forward),2003年5月2日。"强硬的犹太人",自然也不是新概念。尤其是在美国,有完整的关于"强硬的犹太人"的文学作品,主要描写匪帮与拳击手,犹太人多扮演一个突出角色,常常欣赏别的犹太人(尤其是犹太男性),甚至引以为傲。如见里奇·科恩(Rich Cohen),《强硬的犹太人》(Tough Jews),纽约:Simon and Schuster,1998;该书对犹太匪帮的生活世界有着出色的描绘。虽然标题一样,保罗·布莱特纳(Paul Breines)的描述却相当不同,见保罗·布莱特纳,《强硬的犹太人:美国犹太社区的政治幻想与道德困境》(Tough Jews: Political Fantasies and the Moral Dilemma of American Jewry),纽约:Basic Books,1990。除了详细论述西格蒙德·弗洛伊德的"强硬的犹太人"梦想之外,布莱特纳认为,相关梦想与强硬的犹太人角色的增多,是对大屠杀的恐怖、对以色列建国的直接反应,以色列建国是近2000年来第一次给予犹太人以真正的力量。如见其中的章节,"从玛撒达到摩萨德:强硬的犹太人形象简史"(From Massada to Mossad: A Historical Sketch of Tough Jewish Imagery),"'兰博维茨'小说"(The 'Rambowitz' Novels)。

词。以全能的以色列人形象示人的"强硬的犹太人"（the tough Jew），则使得长期以来互为影响的反犹主义与反美主义呈现出了一种新的扭曲：过去，如果说强大的以色列是强大的美国的"帝国主义"、"新殖民主义"计划中的一个傀儡；现在，特别是在2003年伊拉克战争的背景下，我们却看到双方地位颠倒了过来，一个"全能"的以色列及其"东海岸"走狗们，为了他们自己的目的，将强大的美国"增补"（co-opted）了进来。如前所述，反美主义在欧洲，或许是硕果仅存的唯一偏见，并往往与受访者的受教育程度、社会地位联系在一起。人们可以合法地说出自己的这一偏见，因为这同时也表达了对于一个强权国家的批评，乃至于对抗。对强权心怀偏见，与对弱者心怀偏见相比，具有完全不同的社会接受度。欧洲新反犹主义的变异，正是这种立场的变异。既然后大屠杀时代敌视那些无权无势的犹太人（即目前生活在欧洲的犹太人）已经变得不合法，那么，憎恨强大的犹太人则更能为人所接受。前者是明显的反犹主义，只能在酒吧、在餐桌、在互联网上宣泄，也就是说，要远离可接受的公共话语。而后者，则是荣誉的标志，是可接受的公众话语。1960年代末的遗产之一，便是可接受的公众话语再也不允许指责、嘲弄弱者，如女性、残障人士、少数民族、动物等等。针对弱者的可接受话语，在所有发达工业民主国家的公共领域中真正发生了变化。对于强者，则恰恰相反。批评、嘲弄、攻击他们，不仅可以接受，实际上还成了荣誉的象征，是社会期望的进步团体的显著标志。所以，嘲弄犹太人不可以，因为犹太人是弱者；嘲弄以色列完全值得称道，因为以色列是强者。

第十四章 欧洲的反美主义（与反犹主义）：一再被矢口否认的现实 487

由于如下几个方面的发展，犹太人成了一个具有竞争意义的空间（contested space）：

1. 共产主义作为敌人、作为可能的威胁业已消亡，所以，遏制、乃至于打败这一可能的邪恶（甚或是恶魔），需要具有绝对的优先权。于是事情便发生了。

2. 的确，随着共产主义的消亡，目前的主要任务是与过去达成和解，反犹主义在很多东欧国家中已经时有发生，那里，"犹太人＝布尔什维克"的老话又重新复活。无论如何，就人们常常提及的犹太人在共产党精英中所占的少数比例而言，共产党政权中的反犹维度，总的说来比较罕见。苏联的医生投毒事件（Doctors' Plot）、匈牙利的拉吉克审判案（Rajk Trial）、罗马尼亚的鲍克事件（Pauker trial），捷克斯洛伐克的斯兰斯基事件（Slansky trial），东德的默克尔事件（Merker affair），这里提及的，都是其中最著名的反犹事件。

3. 由于共产主义的失败，对美国作为保护人的需要也大幅度锐减。这促进了早已存在的反美主义的复兴，知识分子与政治阶层往往是最激烈的反美主义者。众所周知，随着反美主义日趋明显，反犹主义往往也很少自甘落后。

4. 自然，使反美主义与反犹主义紧紧联系在一起的，是这二者都被视为现代性的典型表达。随着欧洲对现代性的广泛批评——正如美国与其他地方一样，也浮现出现了另一道难题，或许可以为理解欧洲反犹主义的兴起提供一种必要的（尽管不是充分的）理由。

5. 当然,现代性也与"欧洲"、与布鲁塞尔(欧盟总部所在地)联系在一起,还与正在成形的国家的新的中央权力联系在一起,这一令人神往的国家建构过程目前正展现在我们眼前。据史可知,所有国家的建构过程都十分痛苦。不可避免地有明显的赢家、有明显的输家。输家也不会轻易退出历史舞台。

至于欧洲的身份、用什么来构建这一新实体的灵魂及血肉——其眼下正在逐渐成形的骨架倒是无关紧要——相关的讨论甚至还没有真正展开。我们还不知道它会是什么样子、将要到哪里去、由谁来领导它、谁会是赢家谁会是输家。至少,在我看来,比较清楚的是,在这一国家建构过程中,敌人们已经从过去集结了各种最不利于犹太人的修辞说法(trope)。

6. 我在上面第5点中谈到的关于"欧洲"的一切,都属于"全球化"的问题范畴。全球化这一过程自资本主义出现之后、自16世纪发现美洲以来,就一直伴随着我们;并且,比起我们现在所经历的历史阶段来,全球化过程在其历史上取得了更为巨大的飞跃。某些历史阶段,如1890年-1920年间,也比我们今天所经历的一切,更为深远地改变了人类的存在。(福特主义[Fordist]的规模化生产、汽车、机场、抗生素、收音机、女性获得选举权步入政治舞台,而其中重要的一步,便是第一次世界大战。无论我们今天认为它具有什么局限[它的确存在局限],第一次世界大战都是介乎一个旧的、本质上是封建的世界与一个新的、被艾瑞克·霍布斯鲍姆[Eric Hobsbawm]恰当地称之为"短暂的20世纪"的资本主义世界之间的最为重要的一个空档期。)事后想来,对于这一重大历史转型的重要回应之一,便是"法西斯主义时代"的来临,毫不意外;这也促使我们停下来想一想,作为对我们眼下正在经历的全球化阶段的回应,究竟会有什么的集体社会构成、会有什么样的政治表现在等待着我们。

7. 欧洲的多元文化主义(multiculturalism)。这有如下几个维度:

a) 一个简单事实:后雅尔塔(Yalta)世界的一个后果,便是欧洲人未曾料想到的边境开放、人口迁徙,这使得较早时期的1960/1970年代的移民潮日趋严重。当时,这些国家还能以"客居者"、"临时居留"为由接纳这些移民。到了1990年代,整个文化认同、公民身份(永久居留、永久拒绝)的问题变成了重点。这完全改变了辩论的方向。欧洲人喜欢的多元文化主义,如越来越多样化的烹饪可能性,突然之间,就陷入了关于文化认同、公民身份、永久居留、语言、种族、宗教等等让人棘手的争论之中,变成了政治的敏感话题。

b) 经验性的现实:这些新移民绝大多数来自穆斯林世界,如德国的土耳其人(也包括阿拉伯国家与伊朗),法国的马格里布人(阿尔及利亚、突尼斯、摩洛哥),英国的巴基斯坦人与阿拉伯人,瑞典的库尔德人,意大利的阿尔巴尼亚人,西班牙的摩洛哥人。这些新移民都意识到自己承受着所有欧洲国家排外、仇外的沉重压力,而他们也从两个方面引发了反犹主义的死灰复燃:首先,就那些仇视新移民、希望他们遭殃的人而言,这是旧式的欧洲反犹主义,是"父辈的反犹主义";其次,就那些成为当地人仇视靶子的新移民而言,他们正好又来自那些原本就存在反犹主义的文化——主要(自然也有例外)是基于阿以冲突而形成的反犹主义。

不是因为穆斯林的反犹分子与德国(或欧洲)的反犹分子突然发现他们彼此之间惺惺相惜(这也纯属巧合),才使得德国与欧洲其他地方的某些右翼团体、极端右翼分子,谋求与激进伊斯兰主义者结成同盟(尽管他们也彼此相互仇视)的现象变得越来越平常;而是因为在其各自的遗产中,对犹太人、美国人的仇视都具有头等重要的地位,这才孕育出了这种怪诞非常的结盟。但是,这种复数形式与民主社会中的反犹主义,还需要存在另一种易被听众理解接受的声音。例如,当中东冲突突然波及到汉堡、伦敦、巴黎时,这些欧洲国家不得不远程裁判发生在自己国土之外的事件,总是不可避免地陷入争论之中——不管愿不愿意,这些争论又总是与犹太人有关。他们并不喜欢这样。

8. 毫无疑问,我们还需要提及以色列某些相当成问题的政策,还有其在被占领地区所采取的种种令人厌恶的行动,这刺激了绝大多数的欧洲公众,无论是精英还是大众,概莫能外。不过,在这里,对其方针政策完全合法的批评,与令人不安地质疑以色列的存在本身,这二者之间需要严格划清界限。哎呀,欧洲公众的评论却越来越无视这二者之间的界限。无论是《卫报》(*The Guardian*)还是法国驻英大使,都对以色列越来越生气,越来越缺乏耐心,这远远超出了对于这个国家的方针政策的批评,他们质疑的是这个国家是否还有存在的价值。尽管这在欧洲极左、极右分子中间屡见不鲜,尽管自1967年6月"六日战争"(the Six

第十四章 欧洲的反美主义（与反犹主义）：一再被矢口否认的现实

Day War）以来也已稀松平常，但是，直到1990年代，此类态度还没有成为欧洲人可接受的政治话语。毕竟，很多人都有理由对很多国家的政策表示不满。但事实上，因不满一个国家的政策而导致质疑其存在价值，我还找不出任何一个实例来。无疑，在斯雷布雷尼察（Srebrenica）屠杀了9000名波斯尼亚的穆斯林之后，米洛索维奇（Slobodan Milosevic）的南斯拉夫成为了欧洲公众心目中的"恶魔"（bogeyman）。但是，即便是这样的一种暴行，也从未令英、法、德、意的外交官或新闻记者在送交国内的报告中质疑南斯拉夫作为一个国家而存在的权利。说得难听点，越来越明显的是，"后奥斯维辛"时期，正逐步迈向终结。德国人巧妙地将这一时期称为"Schonzeit"，这明显是一个狩猎用语，意思是"禁猎期"。犹太人不再是欧洲的"禁地"了。① 这种发展变化，证实了我的观点，即在困扰欧洲历史的所有偏见中，反犹主义总是有着其独特的地位。它与种族主义有关，但又有所不同，它具有自己独特的范畴。它还在可接受的欧洲话语中回来了，而且来势汹汹。"Der Ton macht die Musik"，听话听音。从来没有像现在这样清楚过，当今欧洲对以色列、对犹太人的愤怒，不能就事论事，必须要从一种比较的角度切入分析。

---

① 关于这一点，一种相当令人震惊的分析，见《新政治家》（*The New Statesman*）的封面故事，题为"犹太洁食的关联"（The Kosher Connection）。另见彼得·鲍蒙（Peter Beaumont）刊登在星期天《观察家报》（*The Observer*）上的文章，2002年2月24日。该报没有刊出彼得·普勒（Peter Pulzer）的回应。

欧洲知识分子批评犹太人——不仅仅是以色列与以色列人，已经出现了一种新的语气，其中所包含的一定程度上的迫切性，显示出了一种特殊的渴望解脱的维度。我们几乎可以听得见这种解脱束缚的声音："终于自由了，终于自由了，我们终于从去他妈的大屠杀中解脱出来了！"从这个角度看，欧洲人认为，犹太人为欧洲人创造了一种罪感、耻感文化，不允许欧洲人说出心中所想，今天，欧洲人终于可以按自己的意愿行事了。限制取消了，犹太人再次成为合法的靶子。毫无疑问，反犹太复国主义（anti-Zionism）与反犹主义明显不同：一是政治立场，一是偏见。"但是，今天的反犹太复国主义与反犹主义，在话语上却有相当大的重叠部分；这在今时今日特别引人注目，因为有很多知识分子，特别是后现代左派、后殖民理论家，他们将自己的工作建立在'话语'的基础之上，声称各种各样的观念，早就嵌入在我们的语言与文化之中，预先设定（pre-select）了我们如何思考这个世界，从而也限定了知识与权力的生产。"①

在以色列人与纳粹之间不停进行违背常理、不怀好意的类比，欧洲藉此将自己从悔恨与耻辱中开脱出来，如释重负。有人伤害其预定目标，还把受害人等同于行凶者；这个行凶者，用几乎是凶残得难以想象的种族灭绝手段将受害人清除出这个世界。

---

① 米歇尔·科恩（Mitchell Cohen），《自动解脱与反犹主义：向伯纳德·拉扎尔致敬》(*Auto-Emancipation and Anti-Semitism: Homage to Bernard Lazare*)，《犹太社会研究》(*Jewish Social Studies*)，印第安纳大学出版社（Indiana University Press），2004年（即出）。

毕竟,所有这一切,都需要从一个比较的角度切入观察,既要从语气上看,也要从实质上看:就前者而言,这里最重要的是,没有其他哪一种冲突,其尖锐剧烈的程度可以比得上以色列与巴勒斯坦之间的冲突。我们可以比较一下流血更多的其他两次冲突(也是地理上毗邻欧洲的两次冲突):一是前南斯拉夫解体之后紧锣密鼓的四次战争,一是俄罗斯在车臣发动的战事。这两次冲突,都未曾像以色列那样,在欧洲知识分子中间引发一种对于侵略者(塞尔维亚人、克罗塞人、俄罗斯人)不屑一顾、憎恨、轻蔑的语气。牛津大学的教授们从未想过要禁止来自塞尔维亚、克罗塞、俄罗斯的学者使用他们的图书馆,然而,这却的的确确发生在了以色列人身上。如果俄罗斯、塞尔维亚或其他任何一个卷入军事冲突的国家,甚或是不容否认地采取了高压、无道手段的国家,只要他们提出申请,挪威的兽医们就从不拒绝将 DNA 样本送入其研究机构;但是,如果耶路撒冷的研究机构申请利用这些样本时,他们却肯定会断然拒绝。英国《翻译家与翻译研究概要》(The Translator and Translation Studies Abstract)的主编,不会因为自己编辑部同事的国籍、不会因为那个国家正卷入某种形式的冲突或不公而解雇他们的职务。但是,两位以色列学者——他们都批评沙龙(Sharon)政府,在以色列和平运动中都十分活跃——却被匆匆解除了职位,仅仅因为他们是以色列公民。我们没有看到欧洲知识分子与学者呼吁有组织地抵制塞尔维亚、克罗地亚、俄罗斯的研究机构,抵制双方的研究与文化合作计划,但是,欧洲 13 个国家的 120 位大学教授却呼吁用这种方式抵制以色列。英国教师联合会（Association of University Teachers，AUT）在抵制巴伊兰大学、海法大学（Bar Ilan and Haifa Universities）的决议中，单单拎出以色列，明确强调它是这个世界上唯一的恶棍、歹徒。伤害之余，还有侮辱，这所谓的抵制近似于通常所谓的"黑名单"，因为它污名化这些学者，不仅仅因为其所属的大学、所属的国籍，更糟糕的是，还因为他们的政治信仰——竟然还能发生这样的事情！毕竟，这份抵制声明清楚表明，如果这两个研究机构中的教职人员是"有良心的以色列学者、知识分子，能够反对他们国家的殖民与种族政策"的话，他们就能获得教师联合会的豁免。换句话说，如果能够顺利通过教师联合会的意识形态测试，这些以色列人就不会遭受抵制。德国学者对德国主流媒体报道阿以冲突的语气的研究，清楚表明二者之间存在显著区别：相对于阿拉伯一方更为中立的语气而言，对于以色列人及其所采取的行动，则常常用负面、贬损的词汇予以表达。巴勒斯坦的自杀式炸弹，无一例外是"国家主义的"，他们是出于"绝望"而以命相博；以色列的报复行动，则无一例外是"复仇心重的"、"残忍的"。有意思的是，德国媒体总是毫不犹豫地将西班牙巴斯克（Basque）民族分裂组织"艾塔"（ETA）与爱尔兰共和军（IRA）称为"恐怖分子"。他们对于以色列在语气上的强硬、态度上的尖锐，比起其他不公无道之国来，简直是不成比例。①

　　欧洲话语的这一显著变化，更多见于左派而非右派。由于纳粹主义与法西斯主义在欧洲公共舆论中仍然是不合法的，不为社会所接受，所以，比起左派来，右派对于如何描述犹太人、以色列更为小心谨慎。由于传统的反犹主义，其实践主要与欧洲的右派联系在一起，所以，左派在讨论与犹太人、以色列有关的各种事务时，也就具有了某种程度上的便利。左派可以随随便便地反以色列人、反犹太人，右派却不能。这种合法性便利，使得左派可以利用反以色列话语；而与此同时，反以色列话语也在欧洲变得屡见不鲜，完全为社会所接受。正是由于这种整体的社会可接受度与合法性，左派的反犹主义，比起右派来关系更为重大、更让人不安。毕竟，右派的反犹主义本质上还是与以往一样，没有出现任何重大变化，它依然是一种旧式的、"父辈的反犹主义"。今天的新纳粹分子是丑陋的、令人讨厌的，但是他们在可接受的欧洲话语中并没有容身之地，所以从整体的角度看来，不是特别危险。《卫报》、BBC、《独立报》（*The Independent*）这些英国媒体，还有其他欧洲国家具有类似地位的媒体，在"国民阵线"（National Front）的影响下，言语之间对于以色列、犹太人、美国并没有公开出现一边倒的情形；不过，却也折射出了英国人、欧洲人的态度变

---

① 对近来反美主义与反犹主义难解难分关系的出色分析，见尤西·克莱因·哈利维（Yossi Klein Halevi），《交织的憎恨：反美主义》（Entwined Hatreds: Anti-Americanism），在以色列赫兹利亚（Herzliya）"荣耀中心"（Gloria Center）所召开的关于反美主义的会议上提交，2003 年 7 月 17 日。

化,也改变了自 1960 年代末以来英国知识分子、欧洲知识分子话语的性质。BBC 从未警告过其文化评论员、诗人汤姆·波林(Tom Paulin),更不用说解雇他了。汤姆·波林曾公开煽动杀害犹太人:约旦河西岸"出生在布鲁克林"的犹太人定居者,"应该被杀死",因为"他们是纳粹分子","我对他们除了仇恨,没有别的"。① 不用说,波林是货真价实的左派人士,不是右翼分子,是受人尊敬的英国文化精英——这些文化精英认为自己是反法西斯、反纳粹的,毫无疑问,也是反反犹太人的。在这样的社会环境中,汤姆·波林并非特殊的例外。正是由于这些左派自由分子、而非旧式右翼反犹主义的言论,有 59% 的欧洲人认为,以色列是全球和平的最大威胁,将这个国家置于伊朗、北朝鲜、美国、伊拉克、阿富汗、巴基斯坦等国之首。有 30% 的欧洲人提及中国,位列第 13 位。毫不奇怪,欧洲人自我感觉良好,将自己对世界和平的威胁排在名单的最末尾。只有 8% 的受访者将欧盟或其任何一个成员国视为世界和平的威胁者;德国人则非常自信(也可以说是自私、自大),只有 2% 的受访者将德国列入名单的最后一位。荷兰的受访者尤为谴责以色列,有高达 74% 的人认为它对世界和平构成了威胁(德国的比例是 65%)。自 2000 年 9 月巴勒斯坦人在约旦河西岸爆发第二次抗争(Intifada)以来,任何人只要注意到欧洲媒体报道巴以冲突时的语气,就不会对这些调查结

---

① 马克·斯泰因(Mark Steyn),《伊玛目的魔咒让我们堕落》(We are falling under the imam's spell),《每日电讯》(*The Daily Telegraph*),2004 年 1 月 13 日。

果感到惊讶。需要再次强调的是,欧洲可接受话语中这种占压倒性优势地位的语气,完全源自于左派、而非右派。这种由精英与新闻记者等"意见领袖"所定下的基调,对于塑造可接受的大众舆论的面貌至关重要。①

并且,这也让我们看到了实质性的区别。显而易见,欧洲知识分子、政治阶层,还有越来越多的普通民众,并没有像表达他们对以色列、对犹太人的憎恶那样(对犹太人的憎恶表现得不那么直接),表达他们对受迫害的穆斯林、对处于弱势的阿拉伯人的同情。下面的这一悖论可以充分说明这个问题:波斯尼亚战争期间,那些对塞尔维亚人(也有克罗地亚人)大规模屠杀穆斯林保持沉默的欧洲人,同样也正是那些最强烈反对以色列的人。只是到了美国插手干涉波斯尼亚战争时,这些欧洲人才提高嗓门表示抗议。由于美国代表穆斯林插手干涉,很多欧洲知识分子事实上便倒向了大肆屠杀穆斯林的米洛索维奇一边。所以,对于以色列的憎恶,还有同时出现的反犹主义,不能与针对美国、针对美国所代表的一切的一种更大的敌意脱离开来。希腊的知识分子、政治家、神职人员,还有公众舆论,全都狂热地支持塞尔维亚人、激烈地反对波斯尼亚穆斯林(他们贬损地称之为"突厥人");但与此同时,他们也是那些最支持阿拉伯、巴勒斯坦的欧洲人。除了这种更大的敌意之外,还能有其他别的什么原因呢?促使欧洲左派自

---

① 对这一问题的详实讨论,见约翰·扎勒(John Zaller),《大众舆论的性质与起源》(*The Nature and Origins of Mass Opinion*),纽约:坎布里奇大学出版社(Cambridge University Press),1992。

由分子讨厌、仇视以色列和美国的,并不是因为他们真正同情、认同那些惨遭迫害的穆斯林。真正激怒欧洲左派的,也不是屠杀那些手无寸铁的穆斯林妇女、儿童。恰恰相反,还是美国这个"恶魔"(bogeyman),一旦它为了那些被凌虐的穆斯林采取为时已晚的干涉行动时,就使得成千上万的人涌向了柏林、巴黎、雅典的街头。并且,极左分子与极右分子再一次在同时牵涉到美国与犹太人的事件中握手言欢。欧洲的极右分子,谁也不像德国人、奥地利人那样,有着反塞尔维亚的丑陋历史。克罗地亚(如臭名昭著的"乌斯塔夏"[Ustashe])还有波斯尼亚等地,其最极端的反塞尔维亚法西斯分子,在德、奥两国都有长期的支持者。但是,对塞尔维亚人的仇恨,与对美国人的仇恨不可同日而语,一旦美国为了波斯尼亚的穆斯林、为了科索沃的同宗教友而插手干涉塞尔维亚时,德国与奥地利的新纳粹分子、极右分子们,就倒向了米洛索维奇一侧,坚决反对以美国为首的北大西洋公约组织的干涉行动。正像整个20世纪屡见不鲜的那样,一旦同时牵涉到犹太人与美国,就出现了所谓的"两极相同"(Les extremes se touchent)。

和别的时候一样,那些常用的修辞说法被反美主义广泛调动起来。何塞·波维(José Bove),反全球化的领袖人物,2002年春加入了拉马拉(Ramallah)的巴勒斯坦人,而不是前往有更多穆斯林惨遭印度暴徒杀害的古吉拉特(Gujarat)。他并不是想要表达与被压迫人民及其宗教同仇敌忾、并肩作战的声音,而是代表了一种集体的敌意:针对美国、针对美国所代表的一切。正是由于美国与以色列关系密切,所以,以色列也就成了反全球化运动中的一大"恶魔"(bogeyman)。在 2003 年达沃斯论坛的示威游行中,我们都看到了这种丑陋、但却相当明显的政治表演:有人头上戴着唐纳德·拉姆斯菲尔德的面具,佩戴代表犹太人的黄色大卫星(德国纳粹曾强迫欧洲被占领地区的犹太人佩戴这种六角形星),上面写着"警长"(sheriff)二字。他的同伴则扮成阿里埃勒·沙龙(Ariel Sharon),手中挥舞着大棒。这些示威者围着象征金钱与财富的"金牛犊"载歌载舞。毋庸置疑,彼时彼刻,大多数反全球化的示威者(即便不是所有人),都认为自己是左派、不是右派。同样,反全球化集会中,尤其是阿雷格里港(Porto Alegre)、德班(Durban)的反全球化集会,各种公开反犹的图像、图标无处不在。显然,仇视以色列的强烈程度,远远超出了对其方针政策的合法批评,这在很大程度上是因为人们将以色列看成是美国的代理人,将以色列视为美国的一个实际组成部分。这样一来,不管用什么样的语气,不管如何咄咄逼人,都完全合法、完全可以接受,因为它直接针对的是一个强权实体,而不是一个弱小的少数民族。但是,在反全球化运动中,还有一个将以色列与美国联系在一起的反犹维度。为什么是以色列?为什么不是沙特阿拉伯?美国与沙特阿拉伯的关系同样十分密切,比起以色列来,沙特阿拉伯在全球战略中甚至可以说还更重要、更有影响力。这个问题的答案,不仅在于以色列在政治上靠近美国,更重要的是,就犹太人与欧洲、欧洲历史的关系而言,以色列是一个犹太人的政权。以色列心理学家崔·雷克斯(Zvi Rex)曾经指出,因为奥斯维辛,德国人永远不会原谅犹太人。这不是德国一个国家的问题,而是属于全欧洲的问题。欧洲媒体对以色列的报道范围,远远大于对世界上其他任何地区冲突的报道,包括那些与欧洲毗邻地区的冲突,欧洲人显示出来的针对以色列的敌意"过剩"(surplus),说明这种情感、态度在性质上更接近于某种执迷(obsession),比起其他的政治冲突、政治分歧来,其程度远远超出了传统的批评。这里,有深入得多的历史、文化、心理因素在发挥作用。所以,我们有必要回到反犹主义与反美主义常见的三大重要支柱上面来,即犹太人、美国、现代性。

公众讨论的内容与语气,的确至关紧要。这些讨论制定了影响政治行为的各种"框架"(frames),也有助于形成各种影响深远的政治文化要素。讨论改变了政治话语空间(discursive space)的合法边界,因为它们界定了可接受的措辞领域,并制裁那些逾矩越轨者。讨论形塑了语言,为包括偏见、憎恶在内的各种旧观念创造了新的指称。毕竟,随着话语空间的变化,精英与普通民众就某些话题的讨论、思考,也就发生了改变。所以,这些公众讨论的语气,反映的是政治、社会生活中广泛得多的意识形态的转变。①

---

① 就德国、奥地利对纳粹历史的诸多研究而言,对这些观念的杰出处理,见大卫·阿特(David Art),《讨论历史教训:德国与奥地利往昔的纳粹政治》(*Debating the Lessons of History: The Politics of the Nazi Past in Germany and Austria*),博士论文,未出版,麻省理工学院(Massachusetts Institute of Technology),2004年春。

四、1992年1月1日~2002年12月31日
欧洲精英对美国的声音:居高临下、嘲弄、气恼、忿恨的渐强音,还有一种新情绪
——幸灾乐祸(Schadenfreude)

我从四个主要的欧洲国家中(德国、英国、法国、意大利)采集了大约1500篇论及美国的文章,这些文章可以说是欧洲反美主义更为经验性的投射。就我的研究而言,为了最大限度地说明美国"是"什么、而非它"做"了什么,我有意识地排除了那些公开涉及政治问题的文章或报道,尤其是所有那些可以认为是与美国外交政策有关的文章,因为正是通过外交政策,美国公然对其他国家"做"了什么。我将我的研究集中在那些谈论电影、戏剧、食品、旅游的文章上,它们都富有"人情味",是对某些特殊事件的形象化描述,诸如政党会议、汽车制造、地铁工程、世界体育等等。作为1960年代生人,我也深知,现在并不存在任何与政治无关的领域,任何社会、文化活动、乃至于所有的人类活动,都是政治的。但是,我竭力将那些明显的政治因素摒除在我的研究之外,正是为了分析欧洲对于美国的"忿恨",这种"忿恨"可以称之为"过剩的"、"无缘无故"(gratuitous)的反美主义。可以说,这是一种出于自身利益的反美主义,它对美国的概括,很少用来分析、描述眼下存在的问题,仅仅是为了强化那些业已存在的偏见。我的研究样本,包括欧洲精英,还有英国、德国、法国与意大利的各种刊物。

我查阅、分析的刊物主要有:英国的《卫报》(The Guardian)、《泰晤士报》(The Times)、《独立报》(The Independent)、《每日电讯》(The Daily Telegraph)、《星期日泰晤士报》(The Sunday Times)、《观察家报》(The Observer)。法国的《世界报》(Le Monde)、《费加罗报》(Le Figaro)、《解放报》(Libération)、《快报》(L'Express)、《观点报》(Le Point)、《队报》(L'Equipe)。德国的《法兰克福汇报》(Frankfurter Allgemeine Zeitung)、《法兰克福评论报》(Frankfurter Rundschau)、《南德意志报》(Süddeutsche Zeitung)、《世界报》(Die Welt)、《每日镜报》(Der Tagesspiegel)、《日报》(die tageszeitung)、《时代周报》(Die Zeit)、《明镜周刊》(Der Spiegel)。意大利的《晚邮报》(Corriere della Sera)、《新闻报》(La Stampa)、《共和国报》(La Repubblica)、《米兰体育报》(La Gazetta dello Sport)。①

早在乔治·布什代表美国牛仔成为欧洲媒体便利的、也是比较贴切的讽刺漫画之前,在我所收集、分析的文章中(包括那些出离愤怒的文章),约有三分之二,就已对这一主题表现出了居高临下、嬉笑嘲弄的态度。总体结论是:事实上,美国文化的方方面

---

① 欧洲主流媒体如何看待、解释美国,与"普通"欧洲"街头民众"如何看待、解释美国之间,存在明显的不一致,但在某种程度上也有内在的重叠之处。这种不一致,一位法国棒球迷说得好:"是媒体造成了对美国的反感,但人们不赞成这样。"转引自约翰·维诺科(John Vinocur),《大陆分水岭:尽管有好迹象,欧洲离棒球还很远》(Continental Divide: Despite Some Promising Signs, Europe Is Still a Baseball Backwater),《纽约时报》(The New York Times),7月19日,2003年。

面——包括其自以为高雅的部分,至少都会得到一条嘲笑或轻蔑的评论,即便是那些正面评价美国文化的文章,也不例外。不管文章涉及什么内容(电影、戏剧、大学、商业实践、风俗习惯),"美国化"一词总是用于贬义,带给人一种厌恶感。如奥地利竞选活动中,约格尔·海德尔(Jörg Haider)这一相当成功的口号:"维也纳决非芝加哥。"(Wien darf nicht Chicago werden)(为什么是芝加哥?为什么不是巴勒莫[Palermo]、利物浦[Liverpool]?或是任何别的比较麻烦的欧洲城市?)又如2002年,格哈德·施罗德(Gerhard Schroeder)不断诉诸"美国状况"(amerikanische Verhaeltnisse)这一强大的"恶魔"(bogeyman),来谋求自己的成功当选。这次竞选活动,是欧洲战后历史上第一次一个主要的政党(也是执政党),将其选举策略构筑在从国家层面上明确否定美国之上。毫无疑问,这也不会是历史上的最后一次。我在别处发表的研究成果曾经明确指出,在德国,"美国状况"已经变成了一个成语,可以用来形容任何坏的、不受欢迎的、低劣的、甚至是危险的境况。"美国状况"被工会领袖援引,也被商人援引,还有律师、教育家、政治官员、医生。事实上,德国人生活中任何一个可以想象得到的角落,都存在"美国状况",从足球到电影,从电视到工会,从建筑到教育,从法庭到动物世界。① 显然,究其实,读者压根儿就不清楚美国的真实境况到底如何。不过,这倒不是问题的重点所在。"美国状况"并没有描绘美国的具体状况。相反,它

---

① 更多细节,见拙著《美国,你恨自己更好:欧洲的反美主义与反犹主义》第三章。

不断被用来谴责德国所发生的事情。要做到这一点,除了援引"美国状况"之外,没有别的更好办法。将反美主义用作政治动员的有效催化剂,通常并不需要举出更有说服力的实例。毕竟,不管美国"做"不"做",它都是该死的。这种负面判断,几乎理所当然地确保了行动的意图、过程与结果。

足球世界为我的看法提供了一个很好的佐证。无论这项运动还是其文化,显而易见,美国充其量不过是平庸之辈,在整个20世纪都无足轻重。美国对此毫不在意,直到今天也还是一如故我。当1994年夏季世界杯决定交由美国承办时,绝大多数的欧洲媒体都大为震惊。不是为足球这项"美好的运动"征服了世界上这最后一块重要领地而感到高兴,相反,欧洲人大声表示反对,常见的反对理由有粗俗低级、商业主义、愚昧无知等等,这与拉丁美洲形成了鲜明对比。如果客观标准与真正的不公能够左右一个人的偏好与否定意见的话,比起欧洲而言,拉丁美洲有更多更令人信服的理由厌恶美国。很多欧洲人认为,让美国承办世界杯,等于贬低了这项运动及其传统。比赛设施受到诽谤,组织工作遭到嘲弄,美国的所有努力都备受挖苦讽刺。当运动场人头攒动、上座率在任何一届世界杯中都前所未有时,当暴力事件、被逮捕人数均低于同类赛事水平时,欧洲媒体却将这一切都归因于美国的愚昧无知。当然啦,美国人参加比赛,是因为他们喜欢大事件、喜欢盛会,但他们真的享受、理解这项运动吗?他们学得会吗?当超过60000人在一个周三下午拥入纽约附近的巨人体育场(Giants Stadium)、观看沙特阿拉伯与摩洛哥的比赛(这二者都

第十四章 欧洲的反美主义（与反犹主义）：一再被矢口否认的现实

不是足球世界的强队）时，这也被归因于美国对足球运动的极大无知。的确，曾有五篇文章骄傲地指出如下这一事实：1990年深知足球运动的意大利承办世界杯时，只吸引了不到20000人观战。很少有欧洲新闻记者不辞辛苦地报道美国的运动项目，如棒球。夏季也是棒球最如火如荼的时刻，但欧洲人除了蔑视、嘲弄之外，就没有别的：从未想过深入探究其传统，从未努力按照它的方式去理解它，它只是简单地成为确认对美国的偏见的又一载体。米歇尔·普拉蒂尼（Michel Platini），1980年代伟大的法国足球运动员，随后的1998年法国世界杯组委会主席，他用当今欧洲的"行话"总结自己的感受和判断说："美国世界杯是杰出的，但就像可口可乐一样。我们的世界杯将会是泡沫四溅的香槟。"①毫无疑问，普拉蒂尼不可能指的是骚乱、暴力、门票丑闻、种族歧视，这些在法国世界杯期间正像是"泡沫四溅的香槟"一样。同样，我们也不清楚他为何将美国世界杯形容成"可口可乐"。不过，这个指称，所有人都心知肚明：不管实际上多么成功、不管有何等成就，美国世界杯就其本身而言，是粗俗的、虚假不实的（就像可口可乐一样）；而法国世界杯，同样就其本身而言，毫无疑问将会是完美的、深刻的（就像香槟一样）。

相对于日韩联合举办的2002年世界杯，欧洲媒体的报道明显不同。与美国一样，日本、韩国都是足球世界的新人。这两个国家的比赛设施、组织工作，得到了高度赞扬。这与报道1994年

---

① 见拙文，《反思98年世界杯》(Reflections on the World Cup '98)，《法国政治与社会》(French Politics and Society)16,3(1998年夏):1。

美国世界杯比赛设施、组织工作的负面语气,形成了鲜明对比;其实,当时甚至国际足联(FIFA)、各个足球官员都曾高度评价美国所做出的努力。美国世界杯上被视为媚俗的(如开幕式、比赛期间的其他盛典),在日韩世界杯上却被誉为精美、新颖。最后,美国队还首次被嘲笑为不合格的参赛者,它不配出现在赛场上。美国队首轮意外击败葡萄牙队,被视为纯属运气。当美国队挺近第二轮、击败其主要竞争对手墨西哥队时,比赛期间为墨西哥队呐喊助威的记者团,在新闻中心震惊得哑口无言。与对土耳其、塞内加尔、韩国,还有其他"丑小鸭"队充满好感形成鲜明对比的是,美国队只得到了挖苦与嘲弄。到了四分之一决赛,强大的德国队终于勉勉强强(也是纯属运气)击败美国人时,一些欧洲评论员才开始真正惊慌失措起来。一位英国新闻记者调侃说:"太糟糕了。现在,他们也变得这样好了。他们偷了我们的比赛。想象一下吧,十一个迈克尔·乔丹冲进了温布利(Wembley)球场。这就是答案。""做了也是歹,不做也是歹"(Damned if you do, damned if you don't)——这句俚语说得再清楚不过了:美国人踢得臭,他们生气,因为美国人远离了所有人;美国人终于踢好了,他们不喜欢,因为美国人加入了所有人,但这么一来,也就更有威胁性了。

我曾在德国曾做过好几次比较运动学方面的讲演,特别是就拙著《越位》(Offside)一书德文版所做的那两次巡回讲演,可以进一步证实这种潜在的激怒。毫不夸张地说,每当我介绍我的著作和研究时,无论什么场合——从大学校园到书店,从临时租借的公共会堂到半私人场合,从德国西部的萨尔布吕肯

(Saarbrücken)到东部的波茨坦(Potsdam)——总有听众提出疑问,问我是不是没有发现美国人傲慢自大,他们的运动文化以棒球、美式橄榄球为中心,并不包括足球;这难道不是美国自我圣化(self-anointed)、认为自己比世界上其他地方都更好的另一种表达吗?我回答说,这说明美国有着不同的历史,其现代性构建过程要求它创造出自己的运动文化。但是,对很多人而言,我的回答并未减轻他们的疑虑。他们认为,所有这一切的背后,其实都隐藏着一个标准的发展维度,即无论如何,都是为了让美国(在美国人看来)比别的国家更好、而不仅仅是与众不同。顺此思路,对美国有可能成为足球强国的担忧,其实不过仍然是在强化对美国早已存在的不安与鄙视,不管它做还是不做。

最后,我们只需要看一看近日英国媒体在反对美国犹太商人马尔科姆·格莱泽(Malcolm Glazer)入主"曼联"(Manchester United)时公然的反美主义(还有几乎不加掩饰的反犹主义)语气。英国媒体对格莱泽的嘲笑,诸如衣着无品、相貌丑陋、傲慢自大、贪婪、对足球世界一无所知等等,无所不用其极。除此之外,"曼联"易主——毫无疑问,这是这个世界上最资本主义的足球俱乐部,也是你所能想象得到的最全球化的商业实体——则千篇一律地被形容为一个丑陋的美国犹太人强奸了一个质朴、纯洁的英国地方俱乐部,这个俱乐部从来就没见过资本主义,更别说要把它变成国际体育世界最招摇的典范了。对于格莱泽与"曼联"联姻,英国媒体的语气和内容,恰好与同时发生在德国的臭名昭著的"蝗虫"事件相类似。社会民主党(SPD)主席弗朗茨·明特费特(Franz Muentefering),点名抨击一些美国公司——这些公司的名称听起来像是犹太人的公司——称他们是"蝗虫":突然袭击毫无防范的德国公司,榨干它们的利润、财产,然后像蝗虫一样地离开。德国金属业工会(IG Metall)也不甘落后,这是德国、乃至欧洲最重要的行业工会,在其月刊《金属》(metall)上形容说,有一群蚊子,头带美国帽、长着施蒂默尔式(Stuemer-style)的鹰钩鼻,它们吸干了善良正直的德国公司的鲜血,还在伤痕累累的尸体上打着饱嗝。这里,无论是德国还是英国,都明确地将犹太人与美国联系在了一起。

果不其然,那些左倾的刊物,如《卫报》、《世界报》、《法兰克福评论报》、《日报》等,就其风格、内容而言,比起那些中间派、保守派的竞争对手来,总的说来有更多关于美国的负面报道,但也不总是这样。正是由于我所采集的样本偏重于文化话题,距离通常的政治话题较远,所以,鄙视、嘲弄的措辞,在《费加罗报》、《法兰克福汇报》、《泰晤士报》、《新闻报》也十分常见。过去十年来,激忿明显与日俱增。早在乔治·布什入主白宫之前,甚至早在比尔·克林顿执政期间,欧洲媒体就已经对美国没完没了地挑毛拣刺了。毕竟,这个十年,法国外交部长贝尔·韦德里纳(Hubert Védrine)总是不放过任何一个机会,猛烈抨击美国这个新的"超级大国"(hyerpuissance)。这十年间,每过一年,都有越来越多的欧洲人欢迎他的言论。

欧洲对美国的负面态度是如此深入,以至于美国不多的革新行为(原本以为会受到欧洲进步人士的欢迎),结果基本上也被歪曲成了一幅讽刺漫画。对于美国的"平权法案"(affirmative action)、多元文化主义、女性主义、禁烟运动，很多欧洲评论家，甚至是左派评论家，不是将这些重要举措视为进步性的变革，而是贬低它们，说它们不过是美国清教主义(puritanism)的变态表达，是集体控制，是歇斯底里。有很多文章讥讽这些变革，说它们处于"政治正确"的大字标题之下。他们警告说，美国大学已经被那些狂热的女性主义者接管，这些女性主义者规定了一套道德准则，不允许调情，还惩罚那些恭维女性的男性。的确，那些重要的法国精英们几乎都同声谴责美国的女性主义者间接削弱了法语的纯正性。当法国准备引进"directrice"（女主管、女导演、女董事等）、"conseillère"（参议员夫人、参赞夫人等）、"Madame la minister"（女部长）这些新词时——这些新词都是女性化的阳性名词，用来指称那些身居高位的女性——法兰西学院的终身秘书尤其反对这些潜在的变化，不仅仅是为了捍卫传统与语言的美感，还因为他认为这种大可不必的改变，是美国女性主义者策划的阴谋诡计，他们在加拿大魁北克省已经成功破坏了当地所使用的法语，现在又妄图在法国本土偷偷削弱法语的纯正性。说到女性在美国足球世界中的杰出表现，欧洲人认为，这不过是另一显而易见的事实，即美国人喜欢颠覆、歪曲，实质上是喜欢玷污神圣的欧洲传统。

一篇又一篇文章警告说，美国的大学正在衰落，其课程设置据说受到了意识形态"政委"的劫持，这些"政委"的职责便是用"政治正确"的多元文化主义取代西方文明。还是那句老话说得好,"做了也是歹,不做也是歹"。如果说,美国大学所谓的精英主义(elitism)常常是欧洲批评的标靶之一,现在,精英主义所谓的对立面又被用来反对美国;无论如何,由于绝对的"政治正确"主宰了美国大学,这些研究机构似乎已经丧失了如何评判其成就的标准。很多欧洲评论家、还有那些自视甚高的听众们,都认为美国已经堕落成一个准奥威尔式(quasi-Orwellian)的社会,一方面,它遵从由越来越严苛的政府条文所监控的清教主义文化的规定,另一方面又屈从于一个毫无社会意识的、无法控制的市场的迫切需求。美国是假道学的,同时又是淫乱的;它是恣意妄为的个人主义的家园,又是集体主义者俯首听命的家园;既是哈佛大学的发祥地,又是好莱坞的发祥地,前者代表最好的教育,只不过用钱才买得到,后者则代表了肤浅、鄙陋的次品。在某种意义上,越来越多的欧洲人开始将美国看成是一种不同于欧洲的文化,无疑也是更为低劣的一种文化。①

欧洲劳工的反美主义,通常仅限于直言不讳地反对美国的资本主义及其外交政策,但也表现为对美国工人的一种鄙视态度。曾有一份详细的研究表明,斯图加特的戴姆勒(Daimler)公司工人,对其兄弟企业即底特律的戴姆勒—克莱斯勒(Daimler-Chrysler)公司工人的态度,是不加掩饰的轻蔑与鄙视。克莱斯

---

① 对这种看法的概述,见德米特里·什拉朋托赫(Dmitry Shlapentokh),《新反美主义:美国作为奥威尔式的社会》(The New Anti-Americanism: America as an Orwellian Society),《党派评论》(*Partisan Review*)LXIX,2,2002。

勒的工人被形容为懒惰、不称职、低劣。斯图加特的工人们不愿意自己所谓的优质产品被克莱斯勒的工人用劣等的美国方式"玷污"。这种蔑视态度,不囿于工厂大门。克莱斯勒工人的家庭环境,还有他们的娱乐习惯,也都受到嘲笑,被说成是低劣的。①

总的结论:事实上,美国文化的方方面面——包括其自以为高雅的部分,至少都得到了一条嘲笑或轻蔑的评论,即便是那些为数甚少的、正面评价美国文化的文章,也不例外。就其所论的话题而言,有超过75%的文章都对美国持压倒性的负面态度。其中的大多数文章,表现出来的又都是我所谓的"无缘无故"、"过剩"的反美主义,不是对所谈论的问题提出内在批评,而是迎合那些针对美国、美国人的贬损性的泛泛之论,很少与其论题有关。无论涉及到什么内容(电影、戏剧、大学、商业实践、风俗习惯、地铁工程、汽车制造、运动),"美国化"一词总是用于贬义,带给人一种厌恶感。甚至除了美国之外,欧洲面临的诸多不幸,也顺手与美国联系在了一起。当埃尔福特(Erfurt)一位青少年向老师、同学疯狂开枪射击时,随后德国的很多讨论,便将这一悲剧归咎于德国青少年、社会、文化所谓的"美国化"问题。当热浪席卷欧洲时,就有文章出来谴责欧洲气候的"美国化"。美元升值,怪美国人;美元贬值,还是怪美国人。所以,格哈德·施罗德不断诉诸"美国状况",将之作为一种负面形象,进行有效的政治动员,为他

---

① 见拙文,《是德国人的自大,不是国际团结:可悲的意外》(Deutscher Hochmut statt internationaler Solidarität-en trauriger Vorfall),《工会月刊》(*Gewerkschaftliche Monatshefte*)52,3(2001年3月):186-188。

赢得 2002 年大选提供了完美的理由。与此同时,所有一切的"美国化",也在西欧演变成了一个固定的贬义词,政治家往往利用这种情绪作为政治动员与合法化的代言人。毕竟,"美国化"实际上可以引发不约而同的轻蔑,超越了政治忠诚、社会地位、国籍、年龄、还有性别的界限。一言以蔽之,"美国"在当代西欧变成了一种无所不在的、彻底负面的修辞说法。

"9·11"为这种复杂的反美心态增添了一种一直以来尚未充分发展的情绪,这就是"幸灾乐祸"(Schadenfreude)。在大西洋的这一侧,我们总是听到说,"9·11"之后欧洲对美国人的好意,如何被布什政府富有侵略性的单边主义白白浪费了。这种说法,就欧洲大众而言,的确是真的;但欧洲精英则否。精英们并没有什么好意可以被人白白浪费。欧洲精英与欧洲民众在对美态度上的分歧,从来没有像这场悲剧之后表现得那么明显过。总体而言,欧洲民众对美国人(特别是纽约人)深表同情,认为美国是受害者;而欧洲精英,尤其是文化精英,总体而言则否。"世贸中心"(Ground Zero)还在燃烧,主流媒体的首次报道便启动了所有的争论、反对、分析、推测,阴谋论与公开的欣喜四处可见:明显是美国人自作自受、自取其祸;这是对往昔美国各种恶劣行径的正当报复,如从越南到全球化,从灭绝美国原住民到德累斯顿(Dresden)大轰炸(这是德国常常提及的两大重要话题,常常见于《日报》、《明镜周刊》、《法兰克福评论报》,以及电视、电台的谈话节目;法兰克福的罗马广场论坛[RömerbergGespräche],也有几次涉及这两个话题);没什么大不了的,每年也有很多美国人死于交通意外啊；如果有什么不同的话，没有了双子大厦，反倒改善了纽约的天际线；以色列情报局摩萨德（Mossad）藏在幕后，因为这一天很多犹太人不用上班，免得误杀他们；整个事件都是美国政府的阴谋，它试图获得自由行动权（carte blanche），为其帝国主义策略张本，类似于 1933 年 2 月纳粹焚毁德国国会大厦（Reichstag），最终巩固了纳粹的独裁统治（主要见于德国，别的国家也有类似意见）；乔治·布什与本·拉登（Osama bin Laden）有着同样的精神构造，有着同样的狂热、盲信（主要是宗教性的狂热），两者基本上互为镜像，正如美国的信仰复兴运动（revivalism）一样，它并不是真正的民主，实则类似于伊斯兰主义者对神权政治的狂热。以色列心理学家崔·雷克斯曾说过，因为奥斯维辛，德国永远不会原谅犹太人。没错儿，他们也永远不会原谅美国人，因为美国的存在每时每刻都在提醒他们：打败纳粹主义的，是美国人、还有红军，而不是德国人。到了这年年底，巴黎、柏林、伦敦的书店，到处都充斥着各种因"9·11"而欣喜若狂的书籍。在法国，蒂埃里·梅桑（Thierry Meyssan）的《大骗局》（L'Effroyable Imposture），认为"9·11"完全是美国政府犯下的罪行，这本书位列排行榜之首，成为销量稳定的畅销书。还有《日报》前主编马提亚斯·贝克尔（Mathias Broecke），其撰写的同样主题的书籍，由一个很小的德国出版社发行，在不到 8 个月内，卖出了 130000 本，在各大畅销书排行榜上一直榜上有名。对于美国的灾难，那些比较著名的欧洲知识分子和精英所发出的声音，实际上表达的是一种公开的"幸灾乐祸"。这样的例子，不胜枚举:对鲍德里亚(Baudrillard)而言,双子大厦的坍塌,实现了一个长久以来的梦想;对施托克豪森(Stockhausen)而言,这是一件伟大的艺术作品。欧洲知识分子的这类狂想(rhapsodization),此起彼伏、持续不断。9月12日,法国《世界报》约安—玛丽·科隆巴尼(Jean-Marie Colombani)撰写社论,标题是《我们都是美国人》(Nous Sommes Tous Américains),这篇被誉为与美国团结一心的重要评论,却显示了相当不同的一面:科隆巴尼指责美国人是本·拉登的始作俑者,故而也是伊斯兰圣战士(Jihaddist)恐怖主义的教父。请允许我说出如下这一明显相反的事实:1994年12月24日,法航A300空客8969航班,如伊斯兰武装组织(Groupe Armée Islamique)所预期的那样,冲入了巴黎的埃菲尔铁塔。我很怀疑,有哪一位美国知识分子(更别说很多了),12月26日、27日便在权威媒体如《纽约时报》、《华盛顿邮报》上撰写长文,为这桩罪行开脱,说这是由法国错误的政治、军事举措及其残暴行为(从旺代[Vendée]到巴黎公社,从印度支那到阿尔及利亚)所导致的。美国知识分子也不会诉诸各种各样的阴谋论,将法国政府、以色列的摩萨德、或是其他机构牵涉进来,欧洲知识分子却频频将这些机构与"9·11"联系在一起。如果有书籍声称这样的一桩罪行实际上是法国总统策划、执行的,是法国总统将这场可怕的悲剧变成了现实,我很怀疑,这类书籍会出自美国知识分子之手,更不用说在美国成为畅销书了。但是,所有这一切,的的确确发生在了欧洲,特别是发生在了那些我们对其智识、教育心存期望的社会群体身上。显然,正如我们在反美主义中常常看到的那样,憎恶压倒了智识,压倒了教育,压倒了这二者。

轮到"老大"(Mr. Big)自食其果了,因为他傲慢自负,因为他劣迹斑斑,说大点,如帝国主义,说小点,如德累斯顿大轰炸;但最主要的,很简单,就因为他是"老大"。毫无疑问,人人都恨"老大",无论什么时候,无论是政治还是课堂,无论是在"曼联"、纽约"洋基队"、还是哈佛。① 哎呀,"幸灾乐祸"乃人之常情,如果倒霉的是所谓的巨人,"幸灾乐祸"实际上也就赢得了尊重与合法性。"9·11"所触发的这种很多人蕴之于心、宣之于口的"幸灾乐祸"和愤怒,很快就从欧洲知识分子与精英身上,转移到了在人口中占绝大部分比例的民众。民意调查清楚表明,例如,到了2003年夏,30岁以下的德国人,有三分之一的人相信是美国政府发动了2001年9月11日针对纽约、华盛顿的袭击。这次调查还表明,同意这种观点的德国人,约占德国总人口的20%。② 当安德雷斯·冯·布洛(Andreas von Buelow),以社会民主党为主导的德

---

① 有很多作品,纯粹是为了表达对"曼联"的憎恶而作。其中最著名的,有《曼联毁掉了我的生活》(*Manchester United Ruined My Life*)、《红魔:曼联的流氓恶棍史》(*Red Devils: A History of Man United's Rogues and Villains*)、《是是是! 在失败中团结起来》(*Yessss!!!: United in Defeat*),最后这一本书尤能唤起一种"幸灾乐祸"感。至于纽约洋基队,我们只需要想想曾经广泛流行的歌曲《该死的洋基队》(*DamnYankees*),洋基队被说成是恶魔。至于哈佛,我还从未听到有同事称其他任何大学为"邪恶帝国"(evil empire)。

② 约亨·比特纳(Jochen Bittner),《民意调查:白宫的暗箱操作——世界形势越复杂,德国人越相信阴谋论》(*Umfrage: Blackbox Weisses Haus-Je komplizierter die Weltlage, desto fester glauben die Deutschen an Verschwoerungstheorien*),《时代周报》(*Die Zeit*),2003年7月31日。

国政府前国务卿,连这位谨严君子也写了一本相当受欢迎的书籍,竭力兜售这种观点时;当饱含着反美主义与反犹主义的阴谋论进入德国、法国的主流社会时,这,显然构成了一个相当严重的问题。

五、从怨恨到反抗?——欧洲国家建构过程中反美主义的政治功能

那又如何?欧洲精英、尤其是其中那些"刺刺不休的阶层",鄙视美国又有什么要紧?正像本文所说,这里并没有什么新鲜的东西。但是,似乎对我而言,上述调查结果显示出来的反美主义从精英溢向大众,实际上代表了处于特殊关口时期欧洲政治发展的一种新态势。"9·11"悲剧之后,尽管欧洲精英与大众之间仍然存在明显的断裂,但是,在涉及到伊拉克战争的方方面面,这二者在观点上也出现了一种前所未有的重合。尤其是在对伊战争即将爆发的四个月中,这种精英与民众之间、政府与反对派之间、左派与右派之间(尤其是法国、德国)在观点上的重合,战后欧洲还找不出其他任何别的例子。我将进一步深入描述这些国家公众的声音和他们的情感,其他国家也是如此,都是"同样反应"(gleichgeschaltet)。这种"同步"(Gleichschaltung)之所以不同于多数独裁统治下的"同步",在于它纯属自觉自愿,故而也是民主的。在反对美国即将采取的行动时,所有人都团结了起来。虽然这种对抗的动力对准的是美国的行动,但其令人惊异的激情,却

深系在欧洲对美国的本质、对美国的身份的认识之上。对很多欧洲人而言,甚至在那些统治精英不得人心地继续支持美国即将发动的伊拉克战争的国家中(如英国、西班牙、意大利),美国变成了"非欧洲"(un-Europe),变成了一个明确的"他者"。这种"他者化",当然,一点也不新鲜,有过很多先例。早在布什政府之前,甚至在比尔·克林顿时代——欧洲知识分子全身心地支持克林顿,即便是在莱温斯基丑闻、以及随后的弹劾过程中,欧洲人也认为他与自己志趣相投——欧洲人便着手开始有意识地将欧洲建构为美国的"他者"。迈克尔·埃利奥特(Michael Elliott)在刊于《国际新闻周刊》(*Newsweek International*)上的一篇文章中声称,"欧洲:非美国",对大西洋两岸同源文明的相似性置之不论。① 很多欧洲知识分子,尤其是法、德、英、意的知识分子,大多挪用了塞缪尔·亨廷顿(Samuel Huntington)那著名的、引起广泛争议的"文明冲突"论,他们用这一思想来描述欧洲与美国之间日益加深的分歧;但是,这却并不符合亨廷顿的原意,"文明冲突"原本指的是占优势地位的基督教西方与伊斯兰世界之间的冲突。② 对于美国大开历史倒车的最广泛的声讨,主要集中在三个

---

① 转引自约瑟夫·乔弗,《谁在怕老大?》,《国家利益》,2001年夏季号。

② 所谓"欧洲人来自金星,美国人来自火星",这种对欧美之间日益加深的分歧最著名的阐释,无疑,出自罗伯特·卡根(Robert Kagan)的名作,《天堂与实力:新世界秩序中的美国与欧洲》(*Of Paradise and Power: America and Europe in the New World Order*),纽约:Alfred A. Knopf,2003。

层面上：道德（美国是死刑的供应商，也是宗教原教旨主义[fundamentalism]的供应商；相反，欧洲废除了死刑，坚持开明的政教分离政策[secularism]）；社会（用德国前总理赫尔姆·施密特[Helmut Schmidt]的话来说，美国是放任自流的"掠夺性资本主义"的大本营，也是刑罚的大本营；相反，欧洲是周到体贴的福利国家，是疗治罪犯的康复之家）；文化（美国是商业化的，欧洲是优雅的；美国是假道学，是淫乱，欧洲是理性的、明智的）。① 早在乔治·布什竞选总统之前，法国外交部长休伯特·魏德林（Hubert Vedrine）就曾猛烈抨击美国是"超级大国"，即hyperpuissance，需要一个"非美国"的欧洲来打倒它，这个欧洲理所当然要由法国来领导。魏德林号召欧洲起而反美，号召所有善良的欧洲人都应对下面这些美国弊端予以迎头痛击："极端自由主义的市场经济，排斥政府，非共和政体（nonrepublican）的个人主义，不假思索地强化美国无处不在、'不可或缺'的重要地位，习惯法，使用英语等多种语言的国家，新教而非天主教的思想观念"。② 早在乔治·布什入主白宫之前，"文化战争"（Kulturkampf）就已经打响了。的确，这个词常常被德国知识分子与文化精英用作反美的战斗口号。语言与态度上的公开敌意，已经成为欧洲知识分子和精英反对另一个文化、另一个国家的图腾，只要关乎美国，便能被社会接受。正如我在本文开篇所说的

---

① 约瑟夫·乔弗，《谁在怕老大？》，《国家利益》，2001年夏季号。
② 魏德林，《全球化时代的法国身份》（*La carte de la France à l'heure de la mondialisation*）。转引自约瑟夫·乔弗，同上。

第十四章 欧洲的反美主义(与反犹主义):一再被矢口否认的现实

那样,公开的反美主义,在某些欧洲团体中已经变成了荣誉的标志。所以,一位著名的德国导演说:"文化战争?算上我。美国让我极为不爽。"① 或者,用英国小说家玛格丽特·德赖布尔(Margaret Drabble)的话来说:"我的反美主义,已经难以自已了。"②

毫无疑问,布什政府的所作所为,加剧了这种"文化战争",使其在欧洲民众中合法化到了一个之前难以想象的程度。舍勒提醒我们说,"忿恨"会挥之不去,会化脓溃烂,甚至会摧毁怀有这种情感的主体。所以,"忿恨"会变成一种完全负面的、毁灭性的力量。但另一方面,它也可以将自身转化为一种反抗。舍勒认为,这种反抗,总是必须要确立一种可以与之相抗衡的价值观念,作为迈向新的身份建构的首要的积极一步。③ 没有哪一次动员,比起 2003 年 2 月 15 日、一个在星期六出现的声势浩大的示威游行来,更能清楚表明这种围绕与欧洲相对立的价值观而进行的政治动员了。数百万欧洲人为了同一个目的而聚集在了公共场所,这在欧洲史无前例、前所未有:它没有出现在 1914 年 8 月欧洲军队

---

① 彼得·扎德克(Peter Zadek),《文化战争?算上我。美国让我极为不爽》(Kuturkampf? Ich bin dabei. Mir ist Amerika zutiefst zuwider),《明镜周刊》,2003 年 7 月 14 日。札德克是典型的狂热的反美主义者,他骄傲地声称,他从未去过美国,也压根儿不想去美国。

② 转引自理查德·伯恩斯坦(Richard Bernstein),《屏住呼吸,欧洲在等待》(Europe Awaits, With Bated Breath),《纽约时报》,2003 年 5 月 31 日。

③ 马克斯·舍勒,《忿恨》(*Ressentiment*),p. 24。

开始相互屠杀的那一天,也没有出现在第二次世界大战结束、共产主义垮台的那一天。从伦敦到罗马,从巴黎到马德里,从雅典到赫尔辛基,从柏林到巴塞罗那,欧洲人超越了各种政治谱系,携手团结起来,反对美国即将展开的针对伊拉克的军事打击。果不其然,还有相当多的欧洲知识分子声称,将来的历史学家将会把这一天视为一个真正统一的欧洲的生日,因为欧洲历史上还没有别的哪一天,如此地从情感上——而不是通过无面目的官僚机构,从布鲁塞尔用令人费解的语言所发布的命令——将欧洲人团结在了一起。

至少据我所知,最早将2003年2月15日解读为欧洲新生的"国庆日"的,是多米尼克·斯特劳斯-卡恩(Dominique Strauss-Kahn)刊登在《世界报》上的一篇长文。文章开篇,斯特劳斯·卡恩就说得再直接不过了:"2003年2月15日,星期六,一个国家在街头诞生。这个国家就是欧洲人的国家。"①斯特劳斯-卡恩文章的方方面面,都明确无误地表明,这个新生的国家的唯一共性,便在于它反对美国。担心被人误解为这是一种政策解读、政治竞争或利益上的不同,斯特劳斯-卡恩毫不含糊地指出,他所认为的欧美之间的分歧,是价值观、身份、本质上的分歧;这种分歧,或许可以在一个肤浅的层面上沟通、协调,但从深层次上来看,却是完全不可调和的、是明显相互冲突的。仅仅两个月之后,尤尔根·哈贝马斯(Jürgen Habermas)便加入了讨论,加入了这场前所未

---

① 多米尼克·斯特劳斯-卡恩,《一个国家的诞生》(*Die Geburt einer Nation*),《法兰克福评论》,2003年3月11日。这里逐字逐句照法文译出。

第十四章 欧洲的反美主义(与反犹主义):一再被矢口否认的现实 521

有的协同作战:很多评论家指出,只有像哈贝马斯这样鼎鼎有名的学者介入,才能成为全欧洲媒体的头等大事。2003年5月31日,哈贝马斯在德国新闻报《法兰克福汇报》上刊登了一篇文章,谈论欧洲在伊拉克战争爆发后的"重生"。这篇文章的法文版,由哈贝马斯与世界知名的法国知识分子雅克·德里达(Jacques Derrida)共同执笔,刊登在《解放报》上。同一天,哈贝马斯的朋友、美国知识分子理查德·罗蒂(Richard Rorty),也在德国另一家新闻报、《法兰克福汇报》的主要竞争对手《南德意志报》上刊登了支持文章。阿道夫·穆希格(Adolf Muschg)在瑞士著名的《新苏黎世报》(*Neue Zürcher Zeitung*)上撰文,翁贝托·埃科(Umberto Eco,一译安伯托·艾柯)在意大利《共和报》上撰文,吉安尼·瓦蒂莫(Gianni Vattimo)在意大利《新闻报》上撰文,费尔南多·萨瓦尔特(Fernando Savater)在西班牙《国家报》(*El Pais*)上撰文。《法兰克福汇报》与《解放报》除了哈贝马斯、德里达的文章之外,其他所有来稿,都是独立成篇,围绕一个共同的主题而集结在一起:伊拉克战争是一个欧洲人的国家的吉祥开端。当所有文章都在讨论美国作为欧洲的"他者"时,埃科却远离这种指控的腔调,认为美国远远不是人们梦寐以求的"他者","它仅仅是与众不同,它总是与众不同,也永远会与众不同"。不同于所有的其他撰稿人,埃科用一种审慎、清醒的语气警告欧洲人说,等待欧洲大陆的主要问题,不可能仅仅通过号召人们起而反美这一负面行动得到解决;而欧洲很多的知识阶层、政治阶层,还有前所未有的越来越多的民众,却越来越倾向于这么做。最让我失望的,是明显有意识地将英国、斯堪的纳维亚与低地国家的知识阶层排除在外,还将绝大多数的东欧国家排除在外。的确,甚至粗粗浏览哈贝马斯、德里达的文章——两位作者自己也承认,文章主要是由哈贝马斯一人执笔——也能看出,这种所谓的"欧洲视野",充其量不过是德、法这一核心阶层不加掩饰地鼓吹让欧洲挣脱美国的监护。哈贝马斯公开谈到一个作为"先锋"(avantgardistisches)的核心欧洲。这篇文章盛气凌人地抹杀了其他各种观点,完全无视东欧、无视其共产党统治长达五十年之久的经历;与此同时,特别是考虑到其作者身为一位真诚的"世界主义者"(Weltbürger)的立场,这份声明却引人注目地以德国为中心。更有说服力的是,哈贝马斯明确指名道姓提及的唯一一位欧洲政治家,也是德国外长约施卡·费舍尔(Joschka Fischer)。哈贝马斯集中笔墨,着重论述了欧洲价值观的所谓支配地位,他将这种显然较为可取的价值观含蓄地(但所有人又都心照不宣)与天生低劣的美国价值观并置比较:对市场持高度怀疑态度的同时,承认政府是一个重要的社会行动者;审慎对待技术进步;反对公共生活中任何形式的宗教狂热的世俗化信念。这些所谓的欧洲"优点",至少自1945年以来——如果不是更早的话——就已经成为了欧洲讨论美国、美国精神的主要内容。很多欧洲知识分子,如前面提到的魏德林,早在哈贝马斯之前也已列出了清单。但是,正如尤尔根·考博(Jürgen Kaube)在对哈贝马斯的出色批评中所指出的那样,哈贝马斯所列出的欧洲价值观,并非完全适用于欧洲:很少有几个实体,能像欧盟那样更受市场的驱动;法国人、瑞典人、比利时人,实际上并不像德国人那样对技术进步心存忧惧;波兰、爱尔兰、西班牙的宗教,明显仍在公众生活中起到了重要作用。考博总结说,哈贝马斯的真正所指,主要还是德国的价值观念,他轻率地推己及人、推之于欧洲其他国家。① 简·罗斯(Jan Ross),另一位哈贝马斯的批评者,正确地指出,哈贝马斯对欧洲价值观的看法,与柏林墙倒塌之前的旧波恩共和国、旧欧盟的看法十分相似。② 这无疑是准确的,但也有重要一点例外:毕竟,比起其他的德国知识分子来,尤尔根·哈贝马斯更相信旧波恩共和国的最大成就,便是无条件地全盘接受"西方",接受其文化、社会、政治的所有形式。显而易见,对当时听到哈贝马斯声音的所有人来说,他所谓的"西方",不仅包括了美国,而且实际上也是对美国的一个特写。同样,对哈贝马斯而言,在目前欧洲的发展过程中,"他者化"美国的一个方面,便是声称这个与欧洲有着亲密关系的"真正"的美国,似乎在过去的十年间迷失了方向。所以,至少对于哈贝马斯这类有着某种偏向的自由派人士而言,这个新欧洲,不仅是一种"非美国"(un-America),实际上也是一种"古美国"(ur-America)。

六、结　语

50多年前的1954年,社会理论家汉娜·阿伦特(Hannah

---

① 尤尔根·考博,《我们究竟讲不讲理?》(Sind wir denn vernuenftig?),《法兰克福汇报》,2003年6月2日。

② 简·罗斯,《普拉里尼峰会精神》(Die Geister des Pralinengipfels),《时代周报》,2003年6月5日。

Arendt)在普林斯顿大学举行的一次讲座中,谈到了欧洲的"America"(即美利坚合众国)形象问题。她警告说存在一股政治文化潜流,并将之概念化为正在兴起的"泛欧国家主义"(pan-European nationalism)。① 她声称,这种"泛欧国家主义"的基础,既不是一种共同的欧洲历史经验,也不是一种业已存在的欧洲身份,它首先是一种反美主义;与欧洲这种"泛国家主义"密切相关的,主要是一种针对美国、美国公民的普遍敌意。阿伦特认为,在欧洲人心目中,如今的美国:1)已经成了(欧洲的)极权主义(totalitarianism)问题的象征;2)代表了社会、文化与科技现代化的所有负面因素;最重要的是,3)对欧洲自身而言,美国作为公敌、作为对立面形象,具有身份建构的功能。

以经验观察为基础,阿伦特担心,欧洲的政治一体化、还有欧洲的整合(她从原则上对此表示强烈赞同),存在着从行动上脱离美国的民主、脱离美国的文化、将美国视为现代性的整体象征的危险:"如果真的每一种国家主义(当然,并不是每个国家的诞生)都始于一个真实的或编造出来的公敌,那么,目前美国在欧洲的形象,也成为了新的泛欧民族主义的开端。……既然就欧洲自身未来的发展而言,不管它希望、害怕的是什么,它也明显不再愿意唯美国马首是瞻,那么,它就倾向于将欧洲政府的建立,视为从美

---

① 关于汉娜·阿伦特的这一部分内容,完全要归功于与我的朋友及同事拉尔斯·伦斯曼(Lars Rensmann)的长期合作。

国解脱出来的一种行动。"①

阿伦特发现美国总是被视为激进现代化的象征；与此同时，她也指出，那种将美国看成是欧洲的同步投射，与旧欧洲的历史、文明存在密切关系的观点——如托克维尔等很多欧洲著者在19世纪时所相信的那样，如今却在欧洲的美国形象中令人瞩目地消失了。但是，所有其他的梦想、噩梦，却在某种程度上延续了下来，用阿伦特的话来说，"它们蜕变成了陈辞滥调，琐碎平庸得不可能就这一主题日积月累、越来越多的资料做出严肃认真的思考。"②不过，阿伦特认为，战后民族国家林立，如果美国不是常常被建构为一个对立于欧洲的形象，那么，对于欧洲而言，美国与别的其他国家一样，并无任何特殊之处。

阿伦特指出，在欧洲占主流地位的看法中，"美国"不再与欧洲文明发展的自我形象缠绕在一起，而是在很大程度上分离开来。阿伦特认为，第二次世界大战之后，"美国"形象，不断在一个二元对立的框架中被建构了起来，认为欧美之间存在内在联系的看法，越来越多地被对美国爱恨交加（ambiguity）的看法所取代。在阿伦特看来，如今的美国，似乎只是现代化所有"邪恶"一面的代表：现代科技，具有大规模的杀伤性，具有毁灭全人类的可能性；大众社会新的盲从因循（conformism）；一种"低劣"的消费者

---

① 汉娜·阿伦特，《理解文集：1930-1954》（*Essays in Understanding*，1930-1954），杰罗姆·科恩（Jerome Kohn）编，纽约：Harcourt, Brace And Co, 1994, pp. 416 等处。

② 同上，p. 412。

文化、金钱文化,缺乏共有的传统、历史与"本质";由移民与杂种文化构成的个人主义的国家,而非"有根"的文化共同体;外交政策完全建立在经济帝国主义、现实利益之上,不依靠外交手段,不依靠调解仲裁。与此相反,阿伦特说,在很多欧洲人心中,他们的大陆是重新定义过的,所有一切都与美国形成了鲜明对照。的确,欧洲的政治统一、新的"超/泛国家的"欧洲国家主义,似乎正是建立在这种二元结构之上,也是依靠这种二元结构在意识形态上进行动员。

阿伦特的目的所在,正是想要指出欧洲这种二元建构是虚假的(false)、扭曲的。在阿伦特看来,欧洲的美国形象,主要折射的是欧洲的问题、而非美国的问题。不过,需要注意的是,她也试图理解欧洲的看法,特别是希望理解那些正在出现的问题。也就是说,阿伦特也试图反思当时的美国、反思现代社会本身所面临的各种现实危机。看起来,她试图"拆解"(deconstruct)反美思想、"拆解"内在的欧洲身份模式,与此同时,她又将欧洲的这种错误认识作为一面凸镜而呈现出来:阿伦特不是全盘否定反美主义,认为它仅仅是各种投射的结果,她对反美主义的分析在讲演中完全不成比例;但与此同时,她也认为反美主义是一种标准的"标签"(ticket),包含有某些真实的成分,在某种程度上也反映了现代的境况。无论如何,在对美国听众的这次讲演中,阿伦特也使用了欧洲针对美国形象的批评话语,她希望人们意识到美国与现代社会中出现的那些存在问题的发展趋势,如麦卡锡主义(McCarthyism)、现代的盲从因袭、原子弹等新的军事技术的运用等等。她还谈到"国内正在抬头的美国精神",认为这种美国精神"比起传统的孤立主义来,比起不那么受欢迎的'美国第一'〔America First〕运动来,表达了一种更为普遍的情感"。故此,阿伦特认为,"美国精神"诡异地与海外危险的反美主义相呼应。①在阿伦特看来,尽管还没有受到更全球性的外交政策的影响,具有极大危险的反美主义,既是那些"研究美国的学者"(Americanistic)的态度与美国的意识形态(阿伦特并未对此详加说明)的反映,又被这二者所"强化"。阿伦特认为,尽管"欧洲的美国形象,或许不会告诉我们更多美国的现实",但如果我们愿意去理解,欧洲的忧惧,或许可以合理地看成是"整个西方世界的忧惧,也是整个人类的忧惧"。②

2003年2月15日之后,欧洲对美国的讨论,欧洲各种关于美国的态度、观点,与"真实存在的美国"本身并没有什么关系,却与欧洲的一切密切相关。无法确定的是,本文所分析的反美主义将会朝哪个方向发展;因为,欧洲将会朝哪里发展、如何发展、甚至是否会发展,同样都无法确定。但可以肯定的是:柏林墙倒塌时、苏联解体时、共产主义对欧洲大陆东部的统治终结时,谁也没有谈论过欧洲的诞生。的确,上述所有这些大事件,都没有像2003年2月15日那样,唤起了几乎整个欧洲民众的热情。1989年-1990年,柏林人在街头载歌载舞,伦敦人、巴黎人却在家中焦虑不安。在西欧,也没有任何人拥入任何公共场合,响应华沙、布

---

① 汉娜·阿伦特,p. 415。
② 汉娜·阿伦特,p. 427。

拉格的庆祝活动。施特劳斯-卡恩、哈贝马斯及其朋友们是否言之有理,这一天是否会成为欧洲的"国庆日",只有将来的历史学家才能予以确认。不过,有一点倒是清楚的:欧洲对美国源远流长的矛盾心态,欧洲对美国总是耿耿于怀,显然为这一具有浓厚象征意味的、具有重要历史意义的日子的出现,做好了知识上的准备。历史告诉我们,任何实体——特别是处于发展阶段的实体,只有借反对另一个实体来界定自己,才能形成意识与自我意识。所有的国家主义,都是凭借反对别的国家主义而兴起。我们不清楚,是哪些积极的情感与身份认同将瑞典人、希腊人团结在了一起;但是,有哪些负面的因素将人们团结起来,却清晰可辨:即"不是美国人"。这根本就不需要一种活跃的反美主义,勾勒出一条反美的清晰轮廓,便已足够。今天,一个人是欧洲人,首先就是因为他不是美国人。尽管欧盟盟旗显然已经变成了一个新的主权国家的重要符号,我也还没有觉得它像传统国家的国旗那样,能够常常代表各种正面的情感与骄傲。只有一次,我发现欧盟盟旗成了骄傲的对象,表达了明确的爱憎——毫不意外,当时的语境是美国与欧洲之间进行的一项体育比赛:即2004年9月,密歇根州底特律郊区举办的莱德杯赛(Ryder Cup)。我身边的草坪上,坐着一位略微有些发福的英国男子,他身穿一件醒目的英格兰T恤(不是英国T恤)。当爱尔兰运动员帕德里克·哈林顿(Padraig Harrington)用完美一杆进洞、击败其美国对手时,这位英国人激动得跳来跳去,他到处挥舞着手中的欧盟盟旗,扯开嗓门,大声喊道:"欧洲加油!"的确,每当高水平的欧洲运动员折辱

第十四章　欧洲的反美主义（与反犹主义）：一再被矢口否认的现实　529

了低水平的美国运动员,接下来的庆祝场景,便是很多欧盟盟旗披挂在那些来自英国、北爱尔兰、爱尔兰、瑞典、西班牙的运动员身上。这些运动员的教练,则是一个德国人。不要误解我,我最不愿意做的事情,就是指责这些运动员在用一种非常隐晦的方式反美。毫无疑问,他们不是的。但是,作为一个整体,他们被定义为"欧洲人",仅仅因为比赛的对象是美国队。随着"欧洲"这一实体步入议事日程,反美主义或许可以为这一新实体的建立起到一种有效的凝聚作用,从而在大众的层面上成为一股潜在的政治力量,超越精英的厌憎与"忿恨";这些厌憎与"忿恨",自 1776 年 7 月 5 日以来——如果不是更早的话,便已成为了欧洲精神生活中的一个重要内容。

第四部分

结　语

第四部分

結 語

第十五章
重新思考美国化

罗兰·罗伯逊(Roland Robertson)

分析世界的美国化程度时所涉及的问题,比起世界各地的知识分子、政治家、新闻工作者常常提请我们思考的那些问题,还要复杂得多。这种复杂性,也表现在受到知识分子、政治家、新闻工作者影响的那些人身上,表现在把所愤之世、所嫉之俗全都归因于"America"(美国、美洲)的那些人身上。当然,"America"一词,其实涵盖了南北美洲的所有国家,包括北部的加拿大,南部的阿根廷、智利;所以,强调此点并非无关紧要,即我们使用"Americanization"一词时,实际所指的几乎都是"USA 化"(USAmericanization)。无论如何,据称美国是后冷战时期唯一的超级大国,按照传统观点,其空前的政治势力和经济水平独步天下,所以,关于"美国化"的断言甚嚣尘上。的确,有的甚至还可以称为歇斯底里(涉及疆界之外的外部世界时,美国国内自身的歇斯底里也是一种补充和反映)。本文刚刚开始写作之际,对美国的贬损态度,则因 2000 年 11 月备受争议的美国总统大选那令人不安的境况而严重恶化。美国国外,很多评论对选举闹剧表现出的幸灾乐祸十分明显。

自然,由于 2001 年 9 月 11 日发生在纽约世贸中心、华盛顿特区五角大楼的袭击,以及在宾夕法尼亚州匹兹堡附近坠毁的被劫持航班,这一情形更加引人注目。那时,从名称上看极易让人误解的"反全球化"运动,似乎在道德上受到了严重损害。尽管全世界抗议资本主义全球化的一言一行,几乎表达的都是反美情绪,相对于全球化的其他形式或维度而言,"反全球化"运动在某种程度上还是美国人的运动。"9·11"事件正好发生在反美情绪高涨的关口。世界很多地区的反美情绪,因"9·11"而跌入低谷——不过事实证明,这只是暂时性的。

对于反全球化运动陷入低潮,我的最初直觉也缺乏先见之明,因为这场运动,其中一部分很快就将自身转化为一种和平运动,别的部分一方面缓慢地转变为针对纽约、华盛顿、宾夕法尼亚袭击的各种观点的矛盾杂烩,另一方面则是好战得多的"反美、反全球化"情绪。说得具体些,对美国的同情很快就变得稀薄——两三年内便又引发了全球范围的反美情绪。

这篇短文主要遵嘱写于"9·11"之前,时至今日,其内容无疑亦因"9·11"而更为丰富。这主要是因为自"9·11"事件及其余波,使得美国精神、反美情绪的主要特征均被推至前台。当然,这主要涉及对伊拉克问题广泛深入的关注,伊拉克问题在我完成本文写作之际（2003年早春）也依然处于风口浪尖。尽管如此，这里我所关心的，主要还是方法论上的问题。说得具体些，我的主要兴趣在于厘清谈论美国化、反美情绪、美国帝国主义、美国例外论、"全球的美国"等等问题时必须关注的那些关键性问题。尽管各有其特殊的历史背景，这些问题却关系重大；可以毫不犹豫地说，作为在"9·11"之后世界动荡时期保持我们"分析冷静"的一种方式，这些问题也都是关系莫大的问题。

在某种意义上，刻意将这些问题复杂化，正是为了获得一种长期适用的更为精简的阐释公式。为了获得一种便于操控的精简性、或曰简明性——但仍将矛盾性（ambivalence）、含混性（ambiguity）包含在内，提出一个能够揭示其复杂性的命题，的确是本文主旨。美国人喜欢确定性，其他社会文化背景则更能承受不确定性与矛盾性，两者之间的不同，可以说明本文并非故作晦涩。这里，我们不得不面临对东方风格、西方精神的划分：美国人一则认为欧洲、亚洲、非洲、拉丁美洲在很大程度上缺乏对明晰性的体认，一则认为它们古色古香、充满异域风情；而与此针锋相对的，则是贬讥大多数美国人生活平庸、天真，缺乏精致、超越。

这里，我的任务不是为诸多加之于美国的指控进行辩护，也不是描画美国社会的美好图景。就我个人而言，一半时间居留英国，一半时间居留美国，过去三十年间主要在欧美大陆往返通勤，也在亚洲、非洲与拉丁美洲的很多国家间飞来飞去，所以谈到国籍身份、忠诚度等等问题时，我只是对自己的矛盾性心知肚明。这种生活经历，无疑让我体验了某种程度的跨国性

(transnationality),对于社会文化差异亦有特殊的体会。这么说显得有些狂妄自大,但我不过是想强调矛盾性是我们这个时代重要的心理社会(psychosociological)特征。当然,这也肯定不是没有什么弊端。当矛盾性成为风险社会(贝克,1992)的伴随物、成为风险社会不可或缺的一个功能时,面临社会上日渐增多的不确定性,也会滋生出对于可修正的、自反的确定性的同等需求。不仅世界政治与"恐怖"(terror)的"宏观"层面如此,每个人的日常生活层面更是如此,人们总是在急剧增加的不确定性中调整自己的方式。(贝克,2001)但是,我们的分析信心无论如何都不应倒退回原教旨主义者的简化论(fundamentalistic reductionism),简化论意味着坚决排斥任何修正,意识形态、宗教上的变化更无从谈起。实际上,原教旨主义——尽管草率地将此词用作分析概念,不可避免地成为了多学科意义上当代全球化的一个特征。

世界美国化的程度问题,需要一种目前还不常见的精细分析,尤其是基地组织(al-Qaeda)、"反恐战争"、"伊拉克政权交替"这些问题都搅在一起时。往往,"亲以"(以色列)、"反以"情绪也卷入其中。无论如何,先不表明我的立场,我认为,在分析上宜将"和平"这一口号(也缺乏细致的分析)视为基本的原教旨主义者的口号——即便不是乔治·W·布什总统周围那些像十字军一样好战的原教旨主义者,也是布什的那些主流基督教右翼(Christian Right)支持者。

作为严谨分析的起点,这里我首先列出几种对于美国的基本态度,这些态度既见于美国人本身,也见于非美国人。(当然,"美

国人"、"非美国人"这两种称谓,都相当简单化、不稳定)

(1) 亲美派:不同意强势美国化(strong Americanization)的观点(如世界正变得美国化)。

(2) 亲美派:同意强势美国化的观点。

(3) 反美派:不同意强势美国的观点。

(4) 反美派:同意强势美国化的观点。

很明显,(2)、(4)与本文论题最有关联。(1)、(3)也不能忽略,但无法在这里展开讨论。所以,我的注意力一是放在对目前"全球的美国"美好前景表示赞同的亲美情绪,一是对这个世界被迅速美国化表示不满的反美情绪。

不过,在这之前,首先还需指出某些较为深入的分析性问题,做一些相关的经验性考察。就前者而言,应该指出的是,在思考"美国化"时——于此可见其与"全球化"明显的、概念上的区别(如参阅罗伯逊,1992),必须分出文化、社会交往(social communication)、政治、经济等四个维度。要追问美国化的程度问题,必须分别讨论上述四个维度,与此同时,还必须意识到这四个维度实际上是相互渗透的。不同于理论分析,这四个维度在经验上密不可分。

在直接的经验层面上,我们可以有选择性地看看那些美国化论题中常常受到忽略的方面。① 在美国国内产生广泛影响的流行音乐都是极尽折衷调和的音乐,近年来 CD、DVD 的销售排行榜上,英国、拉丁美洲、德国、法国、乃至冰岛都有一席之地。欧洲明显支配时尚圈。英国频繁现身百老汇。电视、电影方面,好莱坞似乎在全球占据优势,但其影响力被夸大其词。除了拉美电视节目在美国的重要性日益显著、且多以西班牙语播出之外,更能说明问题的是,今日红遍欧美的电视节目,大多——当然也非全部——都是美国流行的"电视秀",尤其是所谓的"真实秀"(Reality TV),实际上起源于欧洲。不过,说到起源问题,也相当复杂。毕竟,好莱坞在很大程度上是由德国、东欧的犹太移民所创建、发展的,只有少数制片厂全权归属美国人。(戈布勒[Gabler],1988;波提格斯[Portuges],1998)不过,尽管好莱坞对世界产生了毋庸置疑的影响,有什么分别的话,就是其电影制作人、导演越来越"世界性"。(罗伯逊、怀特[White],2003)实际上,由于"世界的美国化"这一论题如此关注"好莱坞",意识到世界主义与"狂热的"(gung-ho)美国精神耐人寻味的混合(在松散的意义上),为那些思考美国在世界上的地位的严肃学者提出了一些极为重要问题。无论美国国内还是国外,每一代人似乎都要面临这一问题。

如果同意在全球化与美国化之间做出区分——我认为理应

---

① 本段及下段文字,部分见于麦克列威特(Micklethwait)、伍德里奇(Wooldridge)(2000)。我所谓的歇斯底里的反美情绪(学术上),可参阅加尔通(Galtung),2001。

做出此种区分,那么,我们可以认为全球化是一个普遍关注范围十分广泛的文化主题的过程。这样一来,无论我们谈论的是芭蕾、戏剧、艺术上可圈可点的电影、建筑、混合菜式(fusion cuisine),还是文化产品的其他形式,我们便能明确区分什么是美国的"糟粕"、什么是更为复杂的美国影响。例如,如果主张西班牙毕尔巴鄂(Bilbao)古根海姆博物馆(Guggenheim Museum)可与通常意义上"美国精神"一词的代表西尔威斯特·史泰龙(Sylvester Stallone,意大利裔美国人)等量齐观,这就近似于剑走偏锋、故作高论了。就美国化指的是美国的文化均质化而言,持论并不清晰。更准确的说法应该是,世界的日益混杂化(起码在世俗的意义上是世界主义化)乃全球化、而非美国化的结果。当然,另一方面,也有人因而认为美国是全球化的完满终点(consummation)。谈到美国化、全球的美国这类问题时,最应牢记于心的是,美国的文化多样性明显与日俱增,尽管存在一些相反的表面特征,美国自身在文化上也是越来越参差多样的。就此而言,主张全球的美国、世界是美国的推演广延(extrapolation),这些观点都颇有道理。

这些主要属于经验主义的论调,大多数时候讨论的是文化维度问题。现在,容我匆匆转向社会、政治、经济维度。就目前文化美国化的深广程度而言,人们或许会觉得在社会交往模式中也可看到同样的美国化。在我看来,确有大量此类现象存在,但各地程度不一。就宗教虔诚、神秘主义与千禧年信仰(主要是文化特征)、问候礼节、性爱的表达方式(美国依然高扬清教主义旗帜,包括其色情的清教主义[pornographic puritanism]）、言语交际（verbal interaction）中的喧闹度等等方面而言，世界无疑并未被"美国化"。尽管从所谓的全球青少年身上，我们可能辨认出明显的美国社会（还有文化）痕迹，但我们同样也可以说他们身上还有别的其他影响——基本上大多是西方影响（也包括拉丁美洲），但绝非完全如此。无论如何，无数例子可以用来说明各种风格的社会交往形态日渐盛行于世界上很多地区，但它们都并非起源于"美国"。例如，可以想想"两颊吻"（double kiss），这是一种男女之间常见的问候方式，在拉美、中东、越来越多的欧洲国家及其他地区尤为普遍。而今这种问候礼节，已经慢慢进入美国——当然，除了迅速发展的"名流"亚文化，以及美国裔的拉美人、中东人外。总而言之，"社会的"美国化在过去几年间并不是特别明显。的确，有很多迹象表明，用简单的社会术语来说，美国实际上正在面临着"去美国化"（de-Americanization，参阅本书所收贝克[Beck]一文）。

一说到经济维度，我们便步入了一个相当复杂的地带。这里，我们谈论的不仅仅是 USA 影响意义上的美国化问题，也不仅仅是美国文化社会实践的传播扩散问题，而是比起文化、社会领域来要显著得多的权力与宰制问题。很明显，就经济在经验上可与文化相分离的程度而言，美国的确享有相当突出的霸权地位。不过，正如吉登斯（Giddens）所说，冷战期间"美国的经济实力得到全球军事联盟网络的支持，得到各种干涉主义的大量支持，得到'代理人战争'（proxy war）在世界各地的推广的支持"。（赫顿

[Hutton]、吉登斯，2000：61）但是，今日美国不再享有彼时的战略利益或重要性了。（尽管后"9·11"时代再一次对此有所改变）所以，美国对于所谓的世界经济的控制究竟达到了何等程度，是一个备受争议的问题——尽管老左派的观点与此相反。

谈到前面提及的第四个最为突出的维度即政治维度时，我们面临了思考经济维度时所遇到的类似问题。这种相似性在于，既要反思美国在当今世界的政治军事实力，又要反思其他国家对美国的治理模式、自我利益等概念的接受与信奉程度。值得一提的是，就后者而言，"实用政治"（Realpolitik）并不是美国人的发明。事实上，早些年间，美国甚少对世界政治表现出兴趣。

显然，就其合宪性（constitutionality）与民主制度的形式（姑且不论其内容）而言，美国对整个世界产生了巨大影响。尽管存在明显缺陷，尽管各种评论对2000年总统选举的突出弊病幸灾乐祸，无论如何，美国还是开创了我们今天所熟知的合宪性，这一影响深远的美国模式被很多国家学习仿效。至于美国的政治军事力量，毋庸置疑，美国是后1989时代世界上最强大的国家。尽管如此，欧洲军事架构的创试，中国与日俱增的军事力量，拥有核武器、生化武器的国家事实上或潜在的增加，近年来的所有这些变化，足以使得那些轻率断言美国玩转世界的人们大费踌躇。的确，这一问题在2003年年初的背景下，成为了具有莫大全球重要性的问题。

自第二次世界大战以来，美国便陷入了必输无疑的境况。如果倒向孤立主义（isolationism），如乔治·布什执政的最初几个月,人们就批评美国未能发挥充分的国际作用。而另一方面,如果美国试图充当世界警察,插手他国事务,人们又谴责她是帝国主义。当然,后者与布什身边的智囊团占多数的权力主义(authoritarian)、扩张主义(expansionist)观点存在绝大关系,也与美国左翼、美国新闻界的懦弱密切相关。

结束本文之际,我想吁请社会科学家们在表述他们对"美国化"这一重大问题的看法时能够更加谨慎、在分析上更为细致。很多无法在此展开论述的问题,还包括美国社会自身的变动不居,尤其是论到其跨国性时。① 在谈及美国化、全球的美国这些问题时,我们必须熟悉美国本身大量的社会学特征。但是,目前对相关术语的运用,还罕见这一方面知识的梳理。我们有理由说"反美情绪"不该脚踏两只船。但在逻辑上,我们却不能一边说美国主宰世界,一边又说我们太过于关注美国。今天的美国看起来正迈入一个不同种族、文化"共同体"越来越游离于"核心的美国精神"、相应地却越来越强烈系于美国之外的渊源(包括对这些渊源的选择)的时期。谈到世界的美国化时,应该好好反思这一点,反思这些相关的问题。

参考文献

U·贝克(U Beck),2000,《风险社会》(*Risk Society*),伦敦:

---

① 该观点受到林德(Lind,1995:259—298)的启发。不过,我并不完全同意他的看法。

Sage

——2001,《在一个失控的世界中过属于自己的生活:个人化、全球化与政治》(Living Your Own Life in a Runaway World: Individualisation, Globalization and Politics),收入赫顿(W Hutton)、吉登斯(A Giddens)主编,《在边缘:全球资本主义生活》(*On the Edge: Living with Global Capitalism*),伦敦(London):Jonathan Cape/ Vintage:167-174

N·戈布勒(N Gabler),1988,《他们自己的帝国:犹太人创造好莱坞》(*An Empire of Their Own: How the Jews Invented Hollywood*),纽约(New York):Anchor Books

J·加尔通(J Galtung),2001,《美国化与全球化》(Americanization Versus Globalization),收入 E·本-拉夫莱(E Ben-Rafael)、Y·斯泰恩伯格(Y Sternberg)主编,《身份认同、文化与全球化》(*Identity, Culture and Globalization*),莱顿(Leiden):Brill:277-289

赫顿、吉登斯,2000,《全球化等于美国化?》(Is Globalization Americanization?),《异议》(*Dissent*)夏季号:61

M·林德(M Lind, 1995),《下一个美国》(*The Next American Nation*),纽约:The Free Press

J·麦克列威特(J Micklethwait)、A·伍德里奇(A Wooldridge),2000,《文化守门人搞错了》(The Cultural Guards Have Got It Wrong),《国际先驱论坛报》(*International Herald Tribune*)5月19日:5

C·波提格斯(C Portuges),1998,《1940年代好莱坞的中欧侨民》(Accenting LA: Central Europeans in Diasporan Hollywood in the 1940s),收入 E·巴坎(E Barkan)、M·D·谢尔顿(M D Shelton)主编,《疆界、放逐、离散侨居》(*Borders, Exiles, Diasporas*),斯坦福,加利福尼亚(Stanford,CA):斯坦福大学出版社(Stanford University Press):46-57

R·罗伯逊(R Robertson),1992,《全球化:社会理论与全球文化》(*Globalization: Social Theory and Global Culture*),伦敦:Sage

罗伯逊、K·E·怀特(K E White),2003,《全球化概述》(Globalization: An Overview),收入罗伯逊、怀特主编,《全球化:社会学的批评视角》(*Globalization: Critical Concepts in Sociology*),伦敦:Routledge

译 后 记

本书的议题与内容，开篇的"引言"部分已有清晰概述。这篇后记，只算是"多余的话"。

我本人的"专业"是中国古代文学，参与本书的翻译，实属偶然。原本的计划是辅助中国社会科学院文学所理论室的杨子彦完成本书的翻译，结果，她因事务繁忙，只译出了第一、第十三章，倒是我喧宾夺主，承担了大部分的翻译工作。自然，翻译中存在的错误，责任也在我。

这里，首先要感谢很多朋友的无私帮助，特别是北京交通大学的田立年博士，他审校了书中的德语资料部分。投桃报李，赠书似乎是必然的——但是，我不能确定的是，我的这些朋友，是否都会对本书发生兴趣，尽管我们所有人都身处"全球化"之中，我们所有人都在被"全球化"。

本书的翻译工作,始于 2009 年初。可以想见,我对 google 的使用该是多么频繁。不过,在这一年的翻译过程中,也明显感觉到 google 的搜索结果,越来越不能令人满意。到了完成翻译的 2010 年初,竟然传出了"谷歌中国"退出中国的大新闻。这件事情,至今尚未尘埃落定。个中的复杂因由,我无从置喙,但以"全球化"的视野视之,只觉莫名的反讽。

本书所收的文章,都是对我们所正在经历的一切的"生动的思考",其中,我最感兴趣的是《从里斯本灾难到奥普拉·温弗莉:全球化时代作为身份的苦难》一篇。显然,这是因为我们经历了 2008 年的"5·12"汶川大地震。而 2009 年"1·12"海地大地震之后,重读这篇文章,依然启人深思。这篇文章问道:苦难业已成为成熟的全球公共领域,苦难形象这一表征是否允诺了一种世界主义意识呢? 与"苦难"相认同,是不是达到跨国团结的途径呢? 比较国内主流媒体对这两次大地震的报道,我们看不到伏尔泰从里斯本大地震中看到的东西。我想,问题恐怕不在于我们缺乏谈论世界的距离,而在于我们对远方的受难者、对近处的观众施展的是汉娜·阿伦特所谓的"怜悯政治",偏离了"能够带来真正联合的道德的培育"。

与水静流深的古代世界相比,今天的一切都在剧变之中。这个世界是变得更好,还是变得更坏? 我希望越来越好——更多的自由、更多的正义,更少的剥夺、更少的苦难。但是,用罗素的话来说,"我们所厕身其间的现存世界却另有所图"(《应该创造什么样的世界》)。人类的历史,永远交织着不满和希望,也许正是因为这些不满与希望,我们才可以理所当然地期望这个世界可能与其现状有所不同。

刘 倩

2010 年 2 月 11 日